Das Geschlecht des Wissens

Sandra Harding ist Professorin für Philosophie an der Universität von Delaware.

Sandra Harding

DAS GESCHLECHT DES WISSENS

Frauen denken die Wissenschaft neu

Aus dem Englischen
von Helga Kelle

Campus Verlag
Frankfurt/New York

Die Originalausgabe *Whose Science? Whose Knowledge? Thinking from Women's Lives*
erschien 1991 bei Cornell University Press.
© 1991 by Cornell University

Die Deutsche Bibliothek – CIP-Einheitsaufnahme

Harding, Sandra:
Das Geschlecht des Wissens : Frauen denken die Wissenschaft
neu / Sandra Harding. Aus dem Engl. von Helga Kelle. –
Frankfurt/Main ; New York : Campus Verlag, 1994
Einheitssacht.: Whose science? Whose knowledge? <dt.>
ISBN 3-593-35049-1

Das Werk einschließlich aller seiner Teile ist urheberrechtlich geschützt. Jede Verwertung ist
ohne Zustimmung des Verlags unzulässig. Das gilt insbesondere für Vervielfältigungen,
Übersetzungen, Mikroverfilmungen und die Einspeicherung und Verarbeitung in
elektronischen Systemen.
Copyright © 1994 Campus Verlag GmbH, Frankfurt/Main
Umschlaggestaltung: Atelier Warminski, Büdingen
Satz: L. Huhn, Maintal-Bischofsheim
Druck und Bindung: Thomas Müntzer, Bad Langensalza
Gedruckt auf säurefreiem und chlorfrei gebleichtem Papier.
Printed in Germany

INHALT

Vorwort
7

Kapitel 1
Nach der Wissenschaftsfrage im Feminismus
13

TEIL I
WISSENSCHAFT

Kapitel 2
Der Feminismus konfrontiert die Wissenschaften
33

Kapitel 3
Der Nutzen der Frauenbewegung für die Wissenschaft
65

Kapitel 4
Warum »Physik« ein schlechtes Modell für die Physik ist
92

TEIL II
ERKENNTNISTHEORIE

Kapitel 5
Was ist feministische Erkenntnistheorie?
121

Kapitel 6
»Strenge Objektivität« und sozial verortete Erkenntnis
155

Kapitel 7
Feministische Erkenntnistheorie in und nach der Aufklärung
181

Teil III
»Andere«

Kapitel 8
»... und Rasse?« Die Wissenschaftsfrage in globalen Feminismen
207

Kapitel 9
Wissenschaft in der Ersten und Dritten Welt
235

Kapitel 10
Denken aus der Perspektive lesbischen Lebens
265

Kapitel 11
Wie wir uns selbst als Andere neu erfinden
284

Kapitel 12
Was ist feministische Wissenschaft?
313

Anmerkungen
331

Literatur
346

VORWORT

In meinem Buch *Feministische Wissenschaftstheorie* (1990) habe ich gezeigt, wie feministische Kritikerinnen wichtige Ergebnisse erzielt haben nicht nur in Fragen der sozialen Struktur und der Anwendung der Wissenschaften[1], sondern auch in bezug auf die Herkunft, die Problematiken, sozialen Bedeutungen, Themenkataloge und Theorien des wissenschaftlichen Wissen-Suchens. Feministinnen stellten die »Frauenfrage« in der Wissenschaft: »Was erwarten Frauen von den Wissenschaften und deren Technologien?« Aber sie stellten auch die »Wissenschaftsfrage im Feminismus«: »Ist es möglich, dieselben Wissenschaften, die gegenwärtig so eng mit westlichen, bürgerlichen und männlichen Projekten verknüpft sind, für emanzipatorische Zwecke zu nutzen?« Ein Thema dieses Buches war die Bedeutung von Spannungen zwischen drei erkenntnistheoretischen Programmen: feministisch-empirische Philosophie, die versucht, »schlechte Wissenschaft« zu korrigieren, feministisches Standpunkt-Denken, das Wissen aus der Perspektive des Lebens von Frauen zu konstruieren versucht, und feministischer Postmodernismus, dem die Loyalität gegenüber der Aufklärung, die diese wissenschaftlichen und erkenntnistheoretischen Projekte zeigen, verdächtig ist.

Einige Themen meines früheren Buches werden hier weiterverfolgt. Weil die sozialen und intellektuellen Kontexte für das Nachdenken über Frauen, Feminismus, Wissenschaft und Erkenntnis sich rapide verändert haben, ist heute sichtbar, daß sich bestimmte Projekte in andere als die Richtungen entwickelten, die meine frühere Studie antizipiert hatte. Zum Beispiel sehe ich heute, daß wir bedeutende Möglichkeiten haben, die intellektuell starke feministische Standpunkt-Theorie der Erkenntnis so weiterzuentwickeln, daß sie einem guten Teil der Fragen, die ich damals über sie formuliert habe, gerecht wird. Diese Erkenntnistheorie ebenso wie die feministische Lehre und Forschung, für die sie eine Metatheorie bereitstellt, können noch weiter von den exzessiv westlichen und »modernistischen« Zügen der älteren Theorie, bei der sie fruchtbare Anleihen machte, weggelockt werden.

In den letzten fünf Jahren gab es eine Fülle an kritischen Untersuchungen zur westlichen Wissenschaft, Technologie und Erkenntnistheorie, die von Friedens- und Ökologiebewegten, Linken, PhilosophInnen, HistorikerInnen, WissenschaftssoziologInnen und Dritte-Welt-KritikerInnen wie auch von westlichen Feministinnen erarbeitet wurden. Folglich sind die feministischen Kritikerinnen keine Ruferinnen in der Wüste mehr (falls sie es je waren), sondern sind thematisch und historisch verbunden mit einer wachsenden Zahl an kritischen Analysen des Denkens und der sozialen Beziehungen der modernen, androzentrischen, imperialen, bürgerlichen, westlichen Welt einschließlich ihrer Wissenschaften und Wissensvorstellungen. Das vorliegende Buch ist eine Studie über diesen Aspekt der feministischen Wissenschafts-, Technologie- und Erkenntniskritik. Es ist *eine*, nicht *die* Studie; andere, die an diesen Debatten partizipieren, würden sich auf andere Themen konzentrieren, als ich es tue. Es ist ein Buch über die westlichen Wissenschaften, Technologien und Ansprüche an das Wissen aus feministischen Perspektiven. In den hinteren Kapiteln geht es dann darum, wie angemessene Blickwinkel auf diese Themen aus der Perspektive »globaler Feminismen« gewonnen werden können – damit meine ich Feminismen, die in der Lage sind, sich auf dem Hintergrund spezifischer historischer Anliegen zu artikulieren, die andere sind als die westlichen, die immer noch einen Großteil unseres intellektuellen Lebens verzerren.

Es war nicht mein Anliegen, die Positionen anderer PhilosophInnen, WissenschaftskritikerInnen oder Feministinnen wiederzugeben oder aufzugreifen, es sei denn zur Unterstützung der Argumentation dieses Buches. Mein Denken wurde jedoch insbesondere angeregt von den Arbeiten aus drei zeitgenössischen intellektuellen Kontexten, die sich gegenseitig überschneiden, miteinander verwoben sind und zum Teil auch in Spannung zueinander stehen. Zuerst und vor allem sind hier die Arbeiten von anderen Feministinnen über Wissenschaft, Erkenntnistheorie und politische Philosophie in allen gegenwärtig führenden Formen zu nennen. Afroamerikanische, sozialistische, postmoderne und Dritte-Welt-Blickwinkel auf die feministische politische Philosophie haben sich als sehr hilfreich erwiesen. Zweitens hat die Kritik am Eurozentrismus von afrikanischen und afroamerikanischen PhilosophInnen, afroamerikanischen Feministinnen und Dritte-Welt-AutorInnen mir gezeigt, daß es wichtig ist zu überlegen, wessen Fragen die westliche Wissenschaft, Philosophie und Wissenschaftssoziologie (einschließlich der feministischen) ins Zentrum gerückt haben. Außerdem ist die Notwendigkeit deutlich geworden, »Wissenschaft«, »Frauen« und »Feminismus« zu historisieren. Und drittens habe ich von Arbeiten zeitgenössischer PhilosophInnen, SoziologInnen und HistorikerInnen, die sich mit wissenschaftssoziologischen Studien befassen, profitiert.

Dieses Buch profitiert aber nicht nur von den genannten intellektuellen Traditionen, es richtet sich auch an diejenigen, die in diesen Traditionen stehen. Folglich beabsichtigt es auch solche LeserInnen zu erreichen, die gerade erst anfangen sich vorzustellen, welchen Beitrag sie zu einem realistischeren Verständnis der Beziehungen zwischen Feminismus, Wissenschaft und sozialem Leben leisten können. Nicht jedes Kapitel richtet sich an alle genannten InteressentInnen. Ich hoffe jedoch mit den hinteren Kapiteln einen Rahmen geschaffen zu haben, der es LeserInnen ermöglicht, gleichzeitig sowohl in diesen als auch über diese zeitgenössischen intellektuellen und politischen Strömungen nachzudenken.

In gewisser Hinsicht gibt es zwei Einleitungen zu diesem Buch. Zunächst untersucht die formale Einleitung »Nach der Wissenschaftsfrage im Feminismus« den historischen Kontext, in dem gegenwärtiges feministisches Denken über Wissen und Wissenschaft steht und identifiziert fünf Gegenstände, die in den folgenden Kapiteln bearbeitet werden. Das Anfangskapitel von Teil I, »Der Feminismus konfrontiert die Wissenschaften: Reform und Transformation« listet die Hauptthemen der gegenwärtigen feministischen Wissenschaftsliteratur auf und diskutiert die Relevanz der darin enthaltenen Kritiken für zeitgenössische intellektuelle und politische Belange.

Während jedes der anderen zehn Kapitel als eigenständig konzipiert ist, werden zwei tragende Argumente das ganze Buch hindurch verfolgt. Zunächst einmal brauchen wir ein komplexeres Verständnis davon, wie die Entwicklung der westlichen Wissenschaften und Wissensmodelle in die Entwicklung der westlichen Gesellschaft und Kultur eingebettet ist und diese befördert hat, wie sie aber gleichzeitig zur Nicht-Entwicklung und Rück-Entwicklung von »Anderen« geführt hat – von Völkern der Dritten Welt, Frauen, Armen, der Natur. Wissen und Wissenschaft werden immer zutiefst von den sozialen Verhältnissen durchdrungen sein, durch die sie entstehen, aber es sind die gegenwärtigen sozialen Verhältnisse, die das Wissen und die Wissenschaft von heute produzieren und reproduzieren. Die Wissenschaften, die sich in der Zukunft durchsetzen, werden kaum so unverwechselbar westlich und androzentrisch wie die heute vorherrschenden Tendenzen sein. Auf der einen Seite haben konventionelle Denker argumentiert, daß die Naturwissenschaften das Modell für kritische Sozialwissenschaften abgeben müssen, auf der anderen Seite, daß Natur- und Sozialwissenschaften mehr oder weniger irrelevant füreinander sind. Wenn aber die Naturwissenschaften und ihre Voraussetzungen, über Natur zu forschen, in gesellschaftliche Projekte eingebunden und an diesen beteiligt sind, dann muß der kausale, wissenschaftliche Begriff von der Natur und davon, wie sie erforscht werden kann, ein Teilgebiet von kausalen, wissenschaftlichen Studien über soziale Beziehungen, also ein Gegenstand der Wissenschaftssoziologie sein.

Zweitens müssen die Feminismen fähig werden, andere Emanzipationsbewegungen zu beeinflussen, so wie diese gleichzeitig sie selbst beeinflussen. Viele BeobachterInnen haben die schwierigen Beziehungen zwischen verschiedenen progressiven politischen Bewegungen und deren wissenschaftlichen und Erkenntnisinteressen angemerkt. Zum Beispiel sind Feministinnen, die sich mit der Rolle von Klassenbeziehungen für die Strukturierung des sozialen Lebens oder mit ökologischen Fragen befassen, oft abgestoßen von dem alles andere als subtilen Sexismus und Androzentrismus, die weite Teile linker und ökologischer Bewegungen durchdringen. Es gibt jedoch keinen Zweifel, daß viele der mit Klassen- und Rassenfragen Beschäftigten finden, daß bestimmte Aspekte des Feminismus einen Teil des Problems bezeichnen, das sie selbst mit *ihrer* Arbeit zu lösen versuchen. Wenn feministische Ansätze Erfolg haben sollen, dann dürfen sie nicht eine binäre Opposition zwischen zwei sozialen Gruppen, zwischen »Frauen« und »Männern« fördern, obwohl sie immer noch entschlossen feministisch bleiben müssen. Mehr und mehr wird der Fokus auf die männliche Vorherrschaft, der viele der feministischen Arbeiten aus den siebziger Jahren bestimmte, zugunsten von neuen Analysen der Geschlechterverhältnisse verdrängt, die deren historische Konstruktion durch Imperialismus, Klassenausbeutung und die Kontrolle der Sexualität thematisieren. Diese Arbeiten wollen nicht etwa die männlichen Befürchtungen zerstreuen, daß »Frauenstudien« oder »feministische Studien« zu politisch seien; sie sind ganz und gar politisch, so wie jede menschliche Feststellung unausweichlich politisch ist. Aber sie nehmen ein breiteres und reflexiveres Feld für ihre eigenen Analysen in Anspruch: Sie historisieren und kontextualisieren die männliche Vorherrschaft, die bis heute ein so bestimmender und unerträglicher Teil der Geschlechterbeziehungen ist.

Teil I dieses Buches mit dem Titel »Wissenschaft« konzentriert sich auf Themen, die besonders für NaturwissenschaftlerInnen und solche ForscherInnen interessant sind, die zur Wissenschaftssoziologie der Naturwissenschaften arbeiten. Es entwickelt neue kritische Fragen über die Wissenschaften und dient dazu, die spätere Diskussion dieser Schwerpunkte für LeserInnen, für die die feministische Wissenschafts- und Erkenntniskritik neu ist, leichter zugänglich zu machen. Teil II zur »Erkenntnistheorie« verfolgt einige der Fragen weiter, die die »Standpunkt-Theorien« in bezug auf traditionelle Erkenntnistheorien gestellt haben, schätzt die Ergebnisse und logischen Konsequenzen dieser Theorien kritisch ein und vergleicht diese Art Erkenntnistheorie mit postmodernen Theorien der Erkenntnis. Teil III zum Thema »Andere« begreift die Standpunkt-Erkenntnistheorien als Anleitung dafür, unser Denken beim Standpunkt des Lebens der Gruppen anzusetzen, die bisher in westlichen feministischen Diskussionen über Wissenschaft und Erkenntnistheorie (ganz zu schweigen von den dominanten Diskursen) vernachlässigt wurden. Dieses Kapitel überdenkt noch einmal die Beziehung zwischen Erfahrung und Erkenntnis und fragt danach, wie emanzipatorische Bewegungen die »Geburt« neuer AkteurInnen in Geschichte und Erkenntnis beschleunigen können. Das abschließende Kapitel argumentiert, daß es angesichts der in den vorangegangenen Kapiteln dargestellten transformierten Logik von Feminismus und Wissenschaft sinnvoll ist, davon zu sprechen, daß spezifisch feministische Wissenschaften bereits entstanden sind.

Die Theorie des Dramas von Bertolt Brecht besagt, daß die Struktur des aristotelischen Dramas progressiven politischen Interessen abträglich und daher abzulehnen sei. Die aristotelische Tragödie ermögliche eine Katharsis des Publikums, die allzu tröstlich sei. Theater dagegen, das sich für progressiven sozialen Wandel einsetzen will, sollte die Zuschauer nicht darin bestärken, daß sie sich nach dem »bösen Traum« im Theater glücklich schätzen, am Leben, wohlauf und für die Wiederaufnahme ihres Alltagsleben bereit zu sein. Brecht glaubte, daß möglicherweise vorhandene Tendenzen für einen progressiven sozialen Wandel durch eine solche narrative Struktur gedämpft und unterdrückt werden. Feministische Wissenschaft und Erkenntnistheorie können keine einfache und befriedigende aristotelische Geschichte erzählen; sie müssen einer eher verwirrenden Brechtschen Erzählweise folgen. Der Versuch, innerhalb eines Buches die Spannungen, Antagonismen und Widersprüche in den Auseinandersetzungen zwischen dem Feminismus und den westlichen Wissenschafts- und Erkenntnismodellen zu schlichten, wäre nicht nur vermessen, sondern auch intellektuell und politisch regressiv. Statt dessen hoffe ich, nützlichere Wege für zukünftige Begegnungen zwischen beiden Bereichen voranzutreiben. Die Wahrheit (was immer das ist!) macht uns nicht frei. Aber weniger voreingenommene und weniger verzerrte Glaubenssätze – weniger falscher Glaube – sind entscheidende Ressourcen für das Verständnis von uns selbst und anderen und dafür, befreiende soziale Beziehungen zu entwerfen.

Mehr Personen, als ich nennen kann, haben zum Entstehen dieses Buches durch hilfreiche Kommentare zu früheren Fassungen und durch Reaktionen auf meine Vorlesungen zum Thema beigetragen. Für die kritische Lektüre des Manuskripts oder von Teilen desselben bin ich insbesondere Christain Brouwer, Judith Butler, Anne Fausto-Sterling, Evelynn Hammonds, Frances Hanckel, Nancy Hartsock, Ruth Hubbard, Alison Jaggar, Anna Jonasdottir, Margareta Lindholm und Judith Roof dankbar. Für den jahrelangen Austausch, der mich bewegt hat, meine Denkweise zu ändern, bin ich besonders Margaret Anderson, Cynthia Enloe, Jane Flax, Donna Haraway und Nancy Hartsock verpflichtet.

Ein Forschungsstipendium von 1989 bis 1990 am *Center for Advanced Studies* der Universität von Delaware gab mir die Zeit, die Kapitel 6, 8, 9 und 12 zu überarbeiten. Unschätzbar waren für mich die Unterstützung und die guten Ratschläge von Frank Dilley von der Universität Delaware und John G. Ackerman von Cornell University Press. Von Bill Lawson stammt der Original-Titel »Whose Science? Whose Knowledge?«. Patricia Sterlings Redaktion hat dieses Buch sehr verbessert. Frances Hanckels Enthusiasmus und Unterstützung haben die Mühe der Produktion dieses Buches sehr viel erfreulicher gemacht.

Kapitel 3 ist die leicht veränderte Fassung eines Artikels, der in *Women's Studies International Forum* 12, 3 (1989), S. 271-283 (copyright Pergamon Journals Limited) erschienen ist. Eine frühere Version der Auseinandersetzung mit feministischer Standpunkt-Theorie in Kapitel 5 erschien in *Journal of Social Philosophy* 21 (1990).

Sandra Harding

Kapitel 1
NACH DER WISSENSCHAFTSFRAGE IM FEMINISMUS
Einleitung

Die feministischen Diskussionen über Wissenschaft, Technologie und Erkenntnistheorie tauchen auf zu einer Zeit des wachsenden Skeptizismus gegenüber dem Nutzen, den die Wissenschaften und ihre Technologien für die Gesellschaft bringen können. Die Forderung nach Reform und Transformation ist von vielen verschiedenen Gruppen gestellt worden. Diese Diskussionen tauchen jedoch auch in einer Zeit des wachsenden Einflusses von Intellektuellen aus Wissenschaft und Technologie auf das höhere Bildungswesen und die Regierung auf.

Innerhalb des Feminismus gibt es mindestens drei verschiedene Anschauungen über die Wissenschaften. Feministinnen kritisieren nicht nur »schlechte Wissenschaft«, sondern auch die Problemstellungen, Programme, Ethiken, Konsequenzen und den Status der sogenannten »science-as-usual« (dt. etwa »herkömmliche Wissenschaft«). Diese Kritiken stehen im Zusammenhang der Forderung nach besserer Wissenschaft: Wichtige feministische Ansätze versprechen, empirisch adäquatere und theoretisch weniger voreingenommene und verzerrte Beschreibungen und Erklärungen von Frauen, Männern, Geschlechterverhältnissen und allen sonstigen sozialen und natürlichen Welten bereitzustellen, einschließlich der Frage, wie die Wissenschaften funktioniert haben, funktionieren und funktionieren könnten.

Einige Theoretikerinnen, die sich auf die Tradition der europäischen Philosophie beziehen, kritisieren jedoch die Idee einer Rekonstruktion der Wissenschaft, ob in feministischer Weise oder nicht. Diese Feministinnen argumentieren, daß es kein Kind geben wird in dem Bade, das wir ausschütten würden. Außerdem kommen die Analysen nicht nur aus einem, sondern aus vielen Feminismen, die alle in theoretischer und historischer Hinsicht hochentwickelt sind. Folglich stimmen verschiedene feministische Analysen von Wissenschaft, Technologie und Erkenntnistheorie in vielen wichtigen Aspekten nicht miteinander überein.

Feminismus und Wissenschaft: eine verwirrende Begegnung

Skeptizismus gegenüber den Wissenschaften

Die modernen westlichen Wissenschaften und ihre Technologien sind immer sowohl mit Enthusiasmus wie auch mit Furcht betrachtet worden. Auf der einen Seite verbinden wir mit ihnen eine zumindest teilweise Verantwortlichkeit für den hohen Lebensstandard, den viele – vor allem Weiße und Angehörige der Mittel- und Oberschicht – in den westlichen Gesellschaften genießen. Es ist unvorstellbar für uns, daß wir uns einmal wünschen könnten, die Nahrung und Kleidung, medizinische Versorgung, Autos, Flugzeuge, Computer, Fernsehen und Telephon, die durch die wissenschaftliche und technologische Entwicklung zur Verfügung stehen, aufzugeben. Auf der anderen Seite müssen wir fragen, wer oder was für Atombomben, Agent Orange, industrielle Ausbeutung, Luftverschmutzung und Ölteppiche, gefährliche Verhütungsmittel, unangemessenen Gebrauch von Valium, Profite der Pharmaindustrie, hohe Kindersterblichkeit und die Entwicklung einer schwarzen Unterschicht in den Vereinigten Staaten oder Hunger in Äthiopien verantwortlich ist. Die konventionelle Auffassung besteht darauf, daß der Wissenschaft die volle Anerkennung für die gute Seiten des westlichen Lebensstils gebührt und daß solcher »Mißbrauch« einzig und allein Politikern und der Industrie anzulasten ist, die vormals »reine« Informationen in sozial unverantwortlicher Weise anwenden.

Das Bestehen auf der Trennung zwischen der reinen wissenschaftlichen Forschung hier und der Technologie und den angewandten Wissenschaften da ist schon lange als eine wichtige Strategie westlicher Eliten erkannt worden, die es vermeiden wollen, die Verantwortung für die Ursachen und Konsequenzen von Wissenschaften und Technologien oder für die Interessen, Wünsche und Werte, die sie befördern, übernehmen zu müssen. Aus soziologischer Perspektive ist es unumgänglich, die gegenwärtige Wissenschaft als ein von Grund auf soziales Problem zu betrachten. Sal Restivo (1988) schlägt vor, die Wissenschaft in dieser Hinsicht genauso zu konzeptualisieren wie z.B. Alkoholismus, Kriminalität, exzessiven Drogenkonsum oder Armut. Der Name »Frankenstein«, den Mary Shelley in ihrem distopischen Roman dem Wissenschaftler gab, wird im Alltagsverständnis dem Monster, das jener unachtsamerweise geschaffen hat, zugeschrieben. Wie das Monster tatsächlich entstanden ist und wie es Tag für Tag ernährt und reproduziert wird, diese Fragen verschwimmen, so als ob es keine Personen und keine institutionelle Praxis gäbe, die wir für die Form der Wissenschaften und die Art der sozialen Ordnung, in die sie sich einordnen, verantwortlich machen können.

Diese Sorte Fragen wird zwar von Feministinnen formuliert (vgl. Kapitel 2), aber sie sind sicherlich nicht das, was an feministischen Analysen einzigartig ist. In der einen oder anderen Form sind diese Problemstellungen von der Ökologie- und Umweltschutzbewegung, der Friedensbewegung, der Tierschutzbewegung, von linken, antirassistischen, antiimperialistischen und Arbeiterbewegungen in der westlichen wie auch in der Dritten Welt vorgebracht worden. Selbst die »postmoderne« Kritik der philosophischen Grundlagen der westlichen Rationalität sollte als Teil der Gegenkultur zur Wissenschaft angesehen werden. Was für alle diese KritikerInnen einschließlich der feministischen in Frage steht, sind nicht nur die leicht zu identifizierenden Theorien, Methoden, Institutionen und technologischen Konsequenzen der Wissenschaften, sondern auch etwas schwerer zu Fassendes: die westliche wissenschaftliche Weltsicht oder Denkweise. Die »Eingeborenen« der westlichen modernen Welt – diejenigen, die sich in den westlichen Gesellschaften am ehesten zu Hause fühlen – haben kulturell charakteristische Glaubensmuster, in denen wissenschaftliche Rationalität eine zentrale Rolle spielt. Diesen »Einheimischen«, wie vielen anderen auch, fällt es schwer, überhaupt wahrzunehmen, daß sie ganz bestimmte kulturelle Glaubensmuster vertreten; es ist, als sollten sie erkennen, daß sie nur einen ganz bestimmten Slang und nicht etwa Hochdeutsch sprechen. Aus anthropologischer Perspektive ist der Glaube an die wissenschaftliche Rationalität zumindest zum Teil verantwortlich für viele westliche Anschauungen und Verhaltensweisen, die für jemanden, dessen Lebensmuster und -pläne nicht in das moderne westliche Muster passen, höchst irrational anmuten. Auch aus der Perspektive des Lebens von Frauen wirkt die wissenschaftliche Rationalität oft irrational.

Dennoch ist die wissenschaftliche Rationalität nicht so monolithisch oder deterministisch, wie viele glauben oder wie die obige Beschreibung suggerieren mag. Sie ist auch nicht nur »schlecht«. Sie ist ihre ganze Geschichte hindurch vielseitig und flexibel genug geblieben, um die permanente Reinterpretation der Legitimität von Objekten und Prozessen wissenschaftlicher Forschung zu erlauben. Sie ist selbst geprägt von kulturellen Veränderungen und muß sich mit ihnen auseinandersetzen. Und sie ist selbstverständlich nicht besser oder schlechter als andere sozial weitverbreitete Annahmen, die auf Gruppen mit verschiedenen und manchmal konträren Programmen einwirken. Vielleicht können hier sogar Liberalismus und Feminismus als Beispiele dienen, da beide zeitweilig mit rassistischen und bürgerlichen Projekten assoziiert waren, obwohl sie zu anderen Zeiten die Kämpfe gegen Rassismus und Klassenausbeutung vorangetrieben haben. Es ist ein Thema dieses Buches, daß die moderne westliche Wissenschaft sowohl progressive als auch regressive Tendenzen aufweist und daß es unsere Aufgabe ist, erstere zu fördern und letztere zu hemmen. Die wissenschaftliche Rationalität ermöglicht selbst eine Transformation ihrer Programme; feministische Kritikerinnen und andere wissenschaftliche Gegenkulturen wollen sie zweifellos für dieses Ziel nutzen.

Das wachsende Prestige der Intellektuellen in Wissenschaft und Technologie

Eine verstärkte Partizipation an den Gegenkulturen zu den Wissenschaften erfolgt zur selben Zeit, in der das Prestige der Intellektuellen aus Wissenschaft und Technologie im höheren Bildungswesen und in der Regierung wächst. Wissenschaftler sind spätestens seit der Entwicklung des Sputnik – wenn nicht seit Newtons Zeiten (vgl. van den Daele 1977) – hoch angesehen, aber die Flut von industriellem Kapital und Bundesmitteln, die heute in wissenschaftliche und technologische Projekte an den Universitäten fließt, ist doch erstaunlich. Die wissenschaftliche Forschung kann schon lange nicht mehr als von staatlichen und industriellen Zielen streng abgegrenzte betrachtet werden – wenn das überhaupt jemals gegolten hat. Sie ist ein wichtiger Teil der ökonomischen Basis moderner westlicher Gesellschaften.

Ohne Zweifel spielt auch der Neid eine gewisse Rolle bei der Kritik an der (Natur-)wissenschaft. Hochschulangehörige aus den Human- und Sozialwissenschaften finden sich selbst immer häufiger in engen Dach- oder Untergeschoßbüros der Universitäten wieder, während neue Gebäude für die Natur- und Ingenieurwissenschaften eröffnet werden; ihrer Auffassung nach verlieren sie zu viele der besten Studenten und Studentinnen an diese Wissenschaften, und die finanzielle Unterstützung für die Graduiertenprogramme wird immer magerer. Immer öfter treten sie Dekanen, Präsidenten, Kanzlern und Vorständen gegenüber, die aus den Natur- und Ingenieurwissenschaften kommen und die Arbeit der Universitäten danach ausrichten, Geld einzubringen. Diese Verwaltungsbeamten lassen keine andere Rechtfertigung für die Existenz der Hochschulen gelten.

Intellektuelle in Wissenschaft und Technologie selbst sehen ihre Situation auch nicht als rosig an. In kaum einer wissenschaftlichen Zeitschrift und selbst nicht in den Magazinen, die man im Flugzeug zu lesen bekommt, fehlt die händeringende Voraussage eines Mangels an WissenschaftlerInnen und IngenieurInnen. Die Situation hat sich so verschlechtert, so wird behauptet, daß man bereit ist (damit »Amerika stark bleibt«), spezielle Programme zu entwickeln, über die Frauen und Minderheiten für die Naturwissenschaften, die Mathematik und die Ingenieurdisziplinen rekrutiert werden sollen. Diesen institutionellen Hintergrund sollten wir im Kopf behalten, wenn wir über die »postmoderne« Kritik der philosophischen Grundlagen der modernen Wissenschaften nachdenken. Die Attraktivität der postmodernen Kritik ist groß[1], vor allem auch deshalb, weil sie als nützlich für die Restauration des Status der Humanwissenschaften angesehen wird. Dieser Status ist auf Naturwissenschaften übergegangen, ohne daß Nutzen und Kosten dieses Wandels öffentlich diskutiert worden wären.[2] Der intellektuelle Fundamentalismus eines Allan Bloom und die »Zurück zur Klassik«-Bewegung in den Vereinigten Staaten sind andere kritische Reaktionen auf den Statusgewinn von Naturwissenschaft und Technologie. Die Gegenkulturen zur Wissenschaft fangen zumindest an, eine realistische Einschätzung für die Zukunft des Westens zu entwickeln, eine Fähigkeit, die fundamentalistischen intellektuellen Lehren fehlt.

Die Notwendigkeit neuer Wissenschaften

Heute melden sich der Feminismus und andere emanzipatorische Bewegungen mit Programmen zu Wort, die die Entwicklung neuer Wissenschaften einschließen. Frauen brauchen Wissenschaften und Technologien, die *für* Frauen in *jeder Klasse, Rasse und Kultur* eingerichtet sind. Feministische Frauen und Männer wollen die Kluft zwischen den Geschlechtern in bezug auf die wissenschaftlichen und technischen Fertigkeiten schließen, wollen neue Denkweisen erfinden und sich jene vorhandenen Techniken und Kompetenzen aneignen, die Frauen befähigen können, mehr Kontrolle über die Bedingungen ihres Lebens auszuüben. Solche Wissenschaften können und müssen auch Männern nutzen, insbesondere den durch Rassismus, Imperialismus und Klassenausbeutung marginalisierten; die neuen Wissenschaften können nicht nur für Frauen dasein. Es ist Zeit zu fragen, wie Wissenschaften aussehen könnten, die *für* »weibliche Männer« sind und nicht in erster Linie für die weißen, westlichen und ökonomisch besser gestellten »männlichen Männer«, die bisher so überproportional von den Wissenschaften profitiert haben. Außerdem müssen wir die sich widersprechenden Interessen, die Frauen aus verschiedenen Klassen und Rassen möglicherweise haben, kritisch untersuchen; Laueninteressen sind nicht homogen. Der Feminismus betont, daß seine Fragen zur Natur, zu den sozialen Beziehungen und den Wissenschaften sich von denen der »Präfeministinnen«, ob konventionellen oder gegenkulturellen, unterscheiden müssen. Wie können Frauen ihr Leben bewältigen im Kontext von Wissenschaften und Technologien, die durch machtvolle Institutionen entworfen und bestimmt werden, wenig Interesse zeigen, soziale Verhältnisse zu schaffen, die allen und nicht nur den herrschenden Gruppen nutzen?

Ohne zu leugnen, daß Wissenschaft ein wichtiges soziales Problem darstellt, können wir auch danach fragen, wer davon profitiert, sie als *nichts anderes* als ein soziales Problem zu begreifen. Die möglichen wissenschaftlichen Überzeugungen und Handlungsweisen sind nicht begrenzt auf diejenigen, die bereits existieren, und schon gar nicht auf die Teilmenge der modernen westlichen Wissenschaft. Die Auffassung, daß nur dasjenige den Namen »Wissenschaft« verdient, das in der modernen westlichen Welt entstanden ist, entspricht der herrschenden Ideologie. Wir müssen allerdings auf realistische Weise mit dem konkurrieren, was der Westen mit seinen Wissenschaften hervorgebracht hat. Es ist wichtig für die Gegenkulturen, sich mit Wissenschaft und Technologie auf dem bestehenden sozialen Terrain auseinanderzusetzen. Gleichzeitig müssen sie andere soziale Umstände für die Wissenschaft der Zukunft zu antizipieren und zu planen versuchen.

Die Vielfalt feministischer Analysen

Feministische Analysen von Wissenschaft, Technologie und Erkenntnis sind nicht monolithisch. Jenseits von einigen allgemein von Feministinnen anerkannten Auffassungen gibt es keinen feministischen Kanon. (Das gilt auch für Sexismus, Androzentrismus oder nicht-feministische Sichtweisen, die ebenfalls verschiedene historische Rahmenbedingungen und Bezüge in Anspruch nehmen können: Aristoteles ist nicht Freud.) Die feministischen Wissenschaftsdiskussionen werden durch die unterschiedlichen politischen, praktischen und konzeptuellen Perspektiven, mit denen sie die Wissenschaft, deren Überzeugungen, Praktiken und Institutionen konfrontieren, sowohl bereichert als auch beschränkt.

In diesem Zusammenhang möchte ich anmerken, daß der Begriff »Feminismus« selbst umstritten ist, nicht nur innerhalb des Feminismus, sondern auch zwischen dem Feminismus und seinen KritikerInnen. In der Zweiten und Dritten Welt und in einigen Subkulturen des

Westens benutzen Frauen und Männer den Begriff oft als eine Art Schimpfwort, das Frauen davon abhalten soll, sich über Klassen-, Rassen- und nationale Grenzen hinweg zu organisieren; es verweist sie »auf ihren Platz«.[3] Auch die weitverbreitete Tendenz in den westlichen Gesellschaften, daß Frauen und Männer darauf bestehen, absolut nicht feministisch zu sein, im nächsten Atemzug aber dieselben intellektuellen und politischen Programme unterstützen, die andere unter dem Namen »Feminismus« vertreten, ist bemerkenswert. Diese Nicht-Feministen und -Feministinnen sind auch dafür, die Gewalt gegen Frauen, die sexuelle Ausbeutung, die Armut von Frauen, die Diskriminierung im Beruf, den Ausschluß von öffentlichen Ämtern, ungleiche Bildungschancen oder sexistische Anschauungen in Biologie, Soziologie und Geschichte zu beenden. Diese Menschen verwenden den Begriff »Feminismus« als Etikett, um sich von bestimmten Elementen, die er auch einschließen kann, zu distanzieren – und es sind eurozentrische, rassistische, bürgerliche und heterosexistische Elemente oder aber auch ganz gegenteilige Aspekte, von denen sich unterschiedliche Gruppen distanzieren wollen.

Ich halte es für wichtig zu versuchen, regressive und progressive Tendenzen in den Aktionen und Überzeugungen von Menschen zu unterscheiden und die progressiven Tendenzen zu unterstützen, unabhängig davon, ob andere mit mir in den Differenzierungen übereinstimmen. Aus der Lebensperspektive einiger Frauen mag als zu konservativ, zu gefährlich oder schlicht als irrelevant erscheinen, was für andere durchaus radikal und progressiv ist. Wenn Menschen den Begriff Feminismus angemessen finden für ihre Versuche, die Bedingungen für Frauen zu verbessern, dann werden sie ihn verwenden. Es wäre regressiv und ethnozentrisch, würde ich für sie die Begriffe auswählen. Nichtsdestotrotz gebrauche ich den Begriff »Feminismus« in diesem Buch, da ich annehme, daß die Mehrheit der LeserInnen ihn hier angemessen findet.

Verschiedene Denktraditionen, auf die sich Feministinnen in ihren Analysen der menschlichen Natur, der Ursachen für die schlechteren Bedingungen von Frauen und dazu, wie diese Bedingungen geändert werden könnten, beziehen, generieren unterschiedliche Fragen über Wissenschaft, Technologie und Erkenntnistheorie. Am wichtigsten sind die Bezüge auf die »großen« Theorietraditionen, die westliche politische Theorie in feministischem Interesse beerben: liberaler Feminismus und traditionell marxistischer Feminismus. Wir sollten auch den afroamerikanischen Feminismus einbeziehen, der in den Kämpfen von afroamerikanischen Frauen im 19. Jahrhundert verwurzelt ist (vgl. z.B. Carby 1987; Davis 1981; Giddings 1985). Außerdem gibt es die bis heute weiterentwickelten Feminismen, die in den 1960er Jahren aufkamen: Radikalfeminismus, sozialistischer Feminismus und der Feminismus von Frauen, die aufgrund ihrer Rasse marginalisiert sind, sowohl im Westen wie auch in der Dritten Welt, und von denen einige mit nationalen Emanzipationsbewegungen verbunden sind (vgl. Jaggar 1983). Andere feministisch-politische Orientierungen und Traditionen verorten sich folgendermaßen: anarchistischer Feminismus, jüdischer Feminismus, lesbischer und schwuler Feminismus, antimilitaristischer Feminismus, ökologisch-zentrierter Feminismus und andere. Die zusammengesetzten Identitäten deuten an, daß die meisten dieser FeministInnen auch in anderen intellektuellen und politischen Bewegungen arbeiten. Jede dieser »Bewegungs«-Orientierungen liefert eigenständige Interessen und Herangehensweisen an die Diskussionen über Geschlecht, Wissenschaft und Erkenntnis.

Außerdem arbeiten Feministinnen unter vielfältigen sozialen Rahmenbedingungen. In den Vereinigten Staaten arbeiten wir in Häusern für geschlagene Frauen und in Krisenzentren für Vergewaltigungsopfer, in Agenturen für internationale Entwicklung und in gängigen politischen Organisationen, in der Rechtsprechung und der Medizin, in der Kinderbetreuung und im Management, in Fabriken und Verwaltungen, als Programmiererinnen und als Therapeutinnen – nicht zu reden von Forschungslaboren und Frauenstudienprogrammen. Und wir erfahren die Auswirkungen von wissenschaftlichen und technologischen Entwicklungen nicht nur bei der Arbeit, sondern auch als schwangere Frauen und Mütter, als Alte und Kranke, als Fußgängerinnen und Autofahrerinnen und in jedem Moment, in dem wir essen oder atmen. Wir begegnen Wissenschaft und Technologie in unserem Alltagsleben, in den Kämpfen, in denen sich Frauen für ihre Verwandtschaft, ihre Gemeinschaften und natürlich für sich selbst für Würde und eine angemessene Existenz einsetzen (vgl. Aptheker 1989). In Westeuropa, in der Zweiten und Dritten Welt treffen wir auf differente kulturspezifische Alltagstätigkeiten von Frauen, die die jeweiligen Erfahrungen mit westlicher Wissenschaft und Technologie bestimmen. An jedem dieser Orte erleben Frauen Wissenschaft und Technologie in unterschiedlichen und gegensätzlichen Weisen. Analysen aus diesen unterschiedlichen sozialen Perspektiven heraus ermöglichen – zum Teil widersprüchliche – Einblicke in unser Verständnis von Wissenschaften und Technologien.

Zusätzlich haben die Begriffssysteme, die gängigen Themenkataloge und die vielfältigen Herangehensweisen unserer Disziplinen wichtige Ressourcen für feministische Wissenschaftsbetrachtungen bereitgestellt. Feministische Analysen beziehen sich auf wissenschaftsgeschichtliche Untersuchungen mit dem Fokus auf Geistes- oder Sozialgeschichte, auf formellen und informellen Institutionen, auf der Geschichte der Ökonomie oder von Individuen; auf die Wissenschaftssoziologie mit den Schwerpunkten Arbeitsmarktstrukturen, Arbeitsweisen von Institutionen, Legitimationen von Vorurteilen, Klassenstruktur der Wissenschaft, Wissenssoziologie oder auch soziale Mikrostrukturen in Forschungslaboren; auf die Philosophie der Wissenschaft mit traditionell rationalistischen und empiristischen Programmen, auf marxistische Erkenntnistheorie, Kritische Theorie oder die postmoderne Theorie von Jean-François Lyotard, Michel Foucault und Richard Rorty. All diese theoretischen und disziplinären Grundlagen – neben weiteren wie z.B. Literaturkritik, Psychoanalyse und sogar Kunstgeschichte – bieten reichhaltige Quellen für die Untersuchung des Zusammenhangs von Geschlecht und Wissenschaft.[4] Zur selben Zeit haben aber die »präfeministischen« Sichtweisen auch wichtige Wege begrenzt und verstellt, die Beziehungen zwischen den Kategorien Frauen, Geschlecht[5] und Wissenschaft zu untersuchen.

Ein komplexes und sich wandelndes Umfeld für Diskussionen

Die Summe der Aktivitäten der verschiedenen miteinander konkurrierenden und interagierenden Kräfte in dem Terrain, in dem sich auch der Feminismus bewegt – der Feminismus ist selbst ein Teil dieser Tendenzen –, wird andere Konsequenzen haben als die, die aus der Perspektive der feministischen Kritik allein zu erwarten wären. Es ist, als wären wir an dem Punkt, an dem Gruppen von Männern und Frauen aus verschiedenen Nachbarschaften ihre gewohnte Umgebung verlassen, um gemeinsam an einem fortlaufenden Marsch auf einer größeren Straße teilzunehmen. Wir beobachten, wie jede Gruppe darum kämpft, ihre Identität zu behaupten und ihre Fahne hochzuhalten in dem Meer von Fahnen von all den anderen Gruppen mit ähnlichem Anliegen. Während die Menge sich vorwärts bewegt, verlassen einzelne ihre Gruppen und schließen sich anderen an: Einige Gruppen schließen sich zusammen, andere verschwinden. Die Texte der Sprechchöre verändern sich, und die unbeabsichtigten Harmonien und Disharmonien, die entstehen, wenn jemand zwei Bands auf einmal spielen hört, eröffnen vorher ungeahnte – nicht immer wünschenswerte – musikalische Möglichkeiten. Die Notwendigkeit, die eigenen Ziele in einer Umgebung voranzubringen, in der viele andere dasselbe Bestreben haben, schafft andere Konfigurationen, als wenn jede Gruppe für sich allein marschiert. Genauso müssen feministische Gruppierungen gegen, mit und in den zeitgenössischen intellektuellen, politischen und sozialen Strömungen kämpfen. Die Auswirkungen dieser Interaktionen müssen für alle Beteiligten überraschend sein.

Herausforderungen

Es sind vor allem fünf Fragen, die sich in der einen oder anderen Form durch neuere Analysen von Wissenschaft, Technologie, Erkenntnistheorie und Feminismus aufdrängen und die meine Interessen in den folgenden Kapiteln bestimmen. In jedem Fall lautet die Herausforderung, einen begrifflichen Rahmen zu entwickeln, der theoretisch reichhaltig genug und empirisch angemessen ist, um uns zu befähigen, auf den ersten Blick widersprüchliche Gedanken zu integrieren.

(1) Wissenschaft ist Politik mit anderen Mitteln, und sie generiert außerdem zuverlässige empirische Informationen. Wissenschaft ist selbstverständlich mehr als Politik, aber sie ist auch das. Seit ihren Anfängen ist sie ein umstrittenes Terrain. Gruppen mit gegensätzlichen sozialen Interessen haben darum gekämpft, die Kontrolle über die sozialen Ressourcen zu gewinnen, die die Wissenschaften bereitstellen – ihre »Informationen«, ihre Technologien und ihr Prestige. Für diejenigen, die an den Auswirkungen der Wissenschaften, ihrer Technologien und ihrer Formen von Rationalität gelitten haben, mutet es absurd an, Wissenschaft als den wertfreien, unparteiischen, interesselosen, archimedischen Schiedsrichter zwischen widersprüchlichen Anliegen, als der sie gerne hingestellt wird, zu betrachten.

Obwohl die Wissenschaften – alle, die wir jemals hatten – durch politische Auseinandersetzungen entstanden sind, produzieren sie gewöhnlich zuverlässige Informationen über die Natur und über soziale Beziehungen – zuverlässig für diese Gruppe oder jene Absichten. Sie sind deshalb nicht weniger »Wissenschaft«, weil sie von bestimmten historischen oder politischen Interessen bestimmt werden.

Im Rahmen der konventionellen Philosophie der Wissenschaft, der Erkenntnistheorie und der Wissenschaftssoziologie gibt es allerdings wenig Möglichkeiten, diese scheinbar widersprüchlichen Auffassungen zu artikulieren und zu entfalten. Es ist eine Herausforderung für den Feminismus und andere Gegenkulturen zur Wissenschaft, begriffliche Rahmenbedingungen zu schaffen, die die allgemeine Diskussion über den offensichtlich widersprüchlichen Charakter der Wissenschaft anregen.

(2) Die Wissenschaft wie auch der Feminismus zeigen sowohl progressive wie regressive Tendenzen. Diese Aussage widerspricht der Sichtweise, daß »Wissenschaft an sich gut ist, obwohl sie manchmal in rückschrittlicher Weise angewandt wird«. Und sie widerspricht der Anschauung, daß »Wissenschaft an sich wertneutral ist, obwohl sie in progressiver und regressiver Weise angewandt werden kann«. Ich widerspreche beiden Ansichten, weil sie sich weigern wahrzunehmen, daß die sozialen Grundlagen der Wissenschaft und die Werte, die sie transportiert, die wissenschaftlichen Projekte einfärben. Die kritische Untersuchung dieser Grundlagen und Werte kann jedoch als Teil des Projekts »Wissenschaft« erarbeitet werden. Dieselbe wissenschaftliche Rationalität, die das Objekt der Kritiken unterschiedlichster Provenienz ist, beinhaltet die Möglichkeit ihrer eigenen Transformation. Was die Wissenschaft in einer beliebigen historischen Epoche ist, hängt so gesehen davon ab, was wir aus ihr machen.

Dasselbe kann über den Feminismus gesagt werden. Er umfaßt ebenfalls progressive und regressive Tendenzen. Ohne die Annahme, daß er an sich gut ist, wäre er nicht sinnvoll konzeptualisiert – und niemand würde den Feminismus als wertneutral charakterisieren, weil seine Grundlagen und Werte sein Projekt ganz klar beeinflussen. Diejenigen Teile des Feminismus, die die männliche Vorherrschaft und die Geschlechterverhältnisse in den Mittelpunkt rücken, ohne andere wichtige Aspekte sozialer Beziehungen angemessen zu berücksichtigen, befördern möglicherweise eurozentrische, rassistische, imperialistische, heterosexistische und ausbeuterische Überzeugungen und Praktiken – ob dieses Ergebnis nun offen oder bewußt beabsichtigt ist oder nicht. Aber der Feminismus umfaßt ebenso Tendenzen, die diesen Formen von Unterdrückung, Ausbeutung und Herrschaft entschieden entgegenarbeiten.

Es ist eine Herausforderung für den Feminismus und andere heutige Gegenkulturen zur Wissenschaft, die regressiven und progressiven Tendenzen, die jedes einzelne wissenschaftliche oder feministische Projekt ins Spiel bringt, zu identifizieren und herauszuarbeiten, wie die progressiven gefördert und die regressiven gehemmt werden können. Die Gegenkulturen müssen die widersprüchlichen Elemente in den Wissenschaften und im wissenschaftlichen Bewußtsein ans Licht bringen und benennen (und Feministinnen müssen dies für ihre vielfältigen Feminismen leisten). Die Alternative hierzu ist, daß regressive Kräfte in der Gesellschaft diese widersprüchlichen Merkmale verfremden und die progressiven Tendenzen für ihre eigenen Zwecke mobilisieren. Zum Beispiel appellieren internationale Finanzexperten an den Glauben an den wissenschaftlichen und technologischen Fortschritt, um Unterstützung für den Technologie-Transfer in die Dritte Welt zu gewinnen, der die Macht der Menschen dort, ihr Leben selbst zu kontrollieren, schwächt. Die westliche Welt nimmt an, daß irgendetwas nicht in Ordnung ist mit diesen Menschen, wenn sich ihre Gesellschaft selbst dann nicht entwickelt, wenn sie mit den vermeintlichen Früchten der Wissenschaft und Technologie der Ersten Welt »beschenkt« wird. Die Industrie bezieht sich auf feministische Themen über neue Gesundheitsstandards von Frauen, nur um Profit aus dem Verkauf von Sport- und Kosmetikartikeln und sogenannter »gesunder Nahrung« zu ziehen

(3) Beobachtende und Beobachtete befinden sich auf derselben kausalen wissenschaftlichen Ebene. Eine Fülle neuerer Studien aus allen Gebieten der Wissenschaftssoziologie nötigt zu der Auffassung, daß alle wissenschaftliche Erkenntnis immer und in jeder Hinsicht sozial verortet ist.[6] Weder die Erkennenden noch die Erkenntnis selbst können unparteiisch, interesselos, wertneutral oder archimedisch sein. Die Herausforderung besteht darin, den sozial verorteten Charakter der Erkenntnis, den die konventionelle Betrachtungsweise verleugnet, zu benennen und zu charakterisieren und sich durch die Transformationen zu arbeiten, die diese neue Konzeption der Erkenntnis in bezug auf die traditionellen Begriffe von Objektivität, Relativismus, Rationalität und Reflexivität erfordert.

Eine weitere Möglichkeit, das Problem zu fassen, liegt in der Schlußfolgerung, daß, wenn Wissenschaft nur innerhalb politischer Auseinandersetzungen entsteht, auch unsere »besten Überzeugungen« soziale Ursachen haben.[7] Das bedeutet, daß sich BeobachterInnen und ihre Untersuchungsobjekte auf den gleichen sozialen, politischen, ökonomischen und psychologischen wissenschaftlichen Ebenen befinden. Wenn, wie die Sozialwissenschaften behaupten, wir uns auf Klassen-, Rassen- und Geschlechterbeziehungen berufen müssen, um beobachtbare Muster in den sozialen Überzeugungen und Verhaltensweisen anderer Menschen zu erklären – nehmen wir beispielsweise Profiteure des Gesundheitswesens, Anhänger des Ku Klux Klan oder Vergewaltiger –, dann haben möglicherweise andere Aspekte eben dieser Beziehungsformen auch die »empirisch begründeten«, »von der Erfahrung bestätigten« und deshalb weniger »falschen« Ergebnisse unserer so glatt konzipierten Forschungsprojekte beeinflußt. Wir sollten über die soziale Verortung unserer eigenen Forschung nachdenken – über den Ort im Rahmen von Klassen-, Rassen- und Geschlechterverhältnissen, auf den sie sich gründet und von dem sie ihre empirische Unterstützung bezieht – als Teil der impliziten oder expliziten Begründungen für unsere besten genauso wie unsere schlechtesten Ansprüche.

Eine Konsequenz dieser Forderung ist, daß wir verstehen können, wie die unbelebte Natur menschliche Kultur insofern *simuliert*, als sie immer schon, wenn wir sie als Objekt der Erkenntnis betrachten, genauso wie der Mensch kulturell vorgeformt ist. Menschen konstruieren sich selbst und die unbelebte Natur als mögliche Objekte der Erkenntnis. Wir können nicht »die Natur bloßlegen« oder »ihre Geheimnisse entschlüsseln«, wie traditionelle Sichtweisen behaupten, weil wir immer, egal wie lange das »Entkleiden« dauert oder wie streng es inszeniert sein mag, unter jedem »Schleier« lediglich eine kulturell konzeptualisierte Natur finden werden; wir werden immer neue Schleier entdecken. Außerdem stellt sich heraus, daß durch den Versuch, die Natur bloßzulegen, auch neue Schleier gewebt werden. Die Natur-als-Objekt-der-Erkenntnis simuliert Kultur, und die Wissenschaft ist Teil der kulturellen Aktivität, die fortlaufend Natur-als-Objekt-der-Erkenntnis in kulturspezifischen Formen hervorbringt.

Weder die traditionellen noch die gegenkulturellen wissenschaftlichen Diskussionen haben einen begrifflich ausreichenden oder empirisch adäquaten Rahmen entwickelt, der ein kritisches Nachdenken über die Tatsache und deren Konsequenzen ermöglichte, daß Beobachtende und Beobachtete demselben wissenschaftlichen Feld angehören. Das Verständnis dieses Zusammenhangs rückt eine neue Sorte der Vermittlung von Erkenntnis und Geschichte in den Blickpunkt.

(4) Es ist notwendig, weiße, heterosexuelle, westliche Mittelschichtsfrauen im westlichen feministischen Denken weniger zentral zu setzen und trotzdem feministische Analysen aus der Perspektive des Lebens von Frauen anzustellen. Feministinnen treten dafür ein, daß sich das gesellschaftliche Denken und die gesellschaftliche Praxis weniger auf Männlichkeit konzentrieren sollen: Die wie auch immer kulturell definierte Männlichkeit sollte nicht länger der Maßstab des Menschlichen sein; Männlichkeit und ihr vielfältiger Ausdruck unter dem weitgespannten Dach kulturellen Lebens sollten nicht länger die gespannte Aufmerksamkeit aller in Anspruch nehmen. Die Konzentration auf die männlichen Bedürfnisse, Interessen, Wünsche und Visionen stützt lediglich einseitige und verzerrte Auffassungen und soziale Handlungsweisen. (Und Frauen *müssen* diese Institutionalisierung von Männlichkeit kritisieren können, ohne als »Männerhasserinnen« angesehen zu werden.)

Aber als nächstes ist es genauso notwendig, von der Konzentration feministischen Denkens und feministischer Politik auf weiße, ökonomisch abgesicherte, heterosexuelle, westliche Feministinnen wegzukommen. Deren Bedürfnisse, Interessen, Wünsche und Visionen sollten nicht länger als Maßstäbe für feministische Visionen des Menschlichen gesetzt werden und so viel Aufmerksamkeit in der feministischen Literatur genießen. Wie kann sich diese Dezentrierung der Diskussionen und Praxis feministischer Wissenschaft und Technologie vollziehen? Was wird das Feministische an ihnen sein, wenn sie sich nicht mehr auf die angenommenen Gemeinsamkeiten des Lebens von Frauen gründen?

Für die Beantwortung dieser Frage ist es hilfreich, sich an das Argument von Jane Flax (1990) und anderen zu erinnern, daß die Kategorie Geschlecht viel mehr eine Beziehung als eine Sache ausdrückt. Die Begriffe männlich und weiblich werden immer als komplementär zueinander definiert, obwohl der »Inhalt« von Männlichkeit und Weiblichkeit immens variieren kann. Judith Butler (1990) argumentiert außerdem, daß Geschlecht kein »innerlicher Zustand«, sondern eine »Performance« ist, die wir täglich wiederaufführen. Des weiteren ist die Beziehung, die mit den Begriffen »Frau« und »Mann« bezeichnet ist, immer eine historisch verortete. Sie wird nicht konstruiert durch die Beziehungen von Frauen und Männern im allgemeinen, weil es diese allgemeinen Personen und deshalb auch deren Beziehungen nicht gibt. Die Geschlechterbeziehungen in einer bestimmten Gruppe sind darüber hinaus nicht nur von den Frauen und Männern in dieser Gruppe geprägt, sondern auch davon, wie Frauen und Männer in benachbarten Rassen, Klassen und Kulturen definiert werden. Geschlechterbeziehungen sind in jeder historischen Situation von der ganzen Kette hierarchischer sozialer Beziehungen, an denen »Frauen« und »Männer« partizipieren, bestimmt. Die Weiblichkeit, die z.B. der Gattin des Plantagenbesitzers zugeschrieben wurde, umfaßt exakt die Verhaltensweisen, die schwarzen Sklavinnen verboten waren (vgl. Davis 1981). Die Form von Weiblichkeit, die arischen Frauen im nationalsozialistischen Deutschland abverlangt wurde, war genau dieselbe, die Jüdinnen, Zigeunerinnen und Angehörigen anderer »minderwertiger Rassen« untersagt war (vgl. Bock 1983). Wir können also nicht bedeutungsvoll über »Frauen und Wissenschaft« oder »Frauen und Erkenntnis« sprechen, ohne die differenten Bedeutungen und Praktiken zu untersuchen, die in einem Frauenleben in einem bestimmten historischen Abschnitt in bezug auf Rasse, Klasse und Kultur zusammenkommen. Es gibt ebenso viele Beziehungen zwischen Frauen und Wissenschaft, wie es kulturelle Konfigurationen von Weiblichkeit (und von Wissenschaft) gibt.

Weiß, westlich, ökonomisch besser gestellt oder heterosexuell zu sein, muß sich jedoch wissenschaftlich und erkenntnistheoretisch nicht so nachteilig auswirken, wie wir es vermuten mögen, wenn wir diese Identifikationen in ihrer Parallelität zu den androzentrischen Lebensweisen von Männern betrachten. Männlichkeit nicht länger zentral zu setzen muß nicht heißen, daß Männer nichts zum Feminismus beitragen oder daß sie nicht sogar aus ihren eigenen spezifischen historischen Erfahrungen heraus genuin feministische Einblicke hervorbringen können. Schließlich gibt es schon einige männliche Beiträge. Ebenso können weiße Frauen (und sie tun es auch) aus ihren spezifischen historischen Erfahrungen heraus genuin antirassistische Anschauungen entwickeln. Wir können von uns selbst verlangen, daß wir die Bedingungen schaffen für Analysen und eine Politik, die einem Feminismus in globalem Zusammenhang angemessen sind. Aber gerade die Frage, was wir von uns selbst verlangen sollten angesichts so offenkundig widersprüchlicher sozialer Verortungen wie »feministischer Mann« und »weiße Antirassistin«, erfordert noch mehr Analysen, als bisher vorliegen.[8]

(5) Die Naturwissenschaften werden erhellenderweise als Gegenstand der Sozialwissenschaften begriffen. Welche Art begrifflicher Rahmen ermöglicht es, die Wissenschaften-in-der-Gesellschaft zu verstehen und die Gesellschaft-in-der-Wissenschaft? Für einflußreiche Richtungen im traditionellen Denken gibt es nur einen Maßstab für Wissenschaft, und zwar den naturwissenschaftlichen. Der Physik mit ihrem Vertrauen in quantitative Methoden und ihrem positivistischen Ethos gebührt in dieser Sichtweise der höchste Rang unter den Naturwissenschaften, gefolgt von der Chemie und abstrakteren Teilgebieten der Biologie. Die Sozialwissenschaften rangieren auf dieser Skala weiter unten. Die »harten« Sozialwissenschaften wie Ökonomie und behavioristische Psychologie (heute sprechen wir besser von kognitiver Psychologie) führen vor den »weicheren« Fachgebieten (weicher deshalb, weil sie sich stärker auf »qualitative« Studien beziehen) wie Anthropologie, Soziologie und Geschichtswissenschaft. Einige Autoren haben sogar vertreten, daß die Naturwissenschaften das Modell für jegliche Erkenntnis abgeben sollten, ganz sicher aber für das Wissen, das die prestigeträchtigen Attribute »wissenschaftlich«, »rational« und »objektiv« verdient. Die Wissenschaften werden grundsätzlich als Einheit gedacht, deren Modell die Physik ist. Diese interne Ordnung spiegelt die Macht und das Prestige, die mit verschiedenen wissenschaftlichen Forschungsfeldern heute verbunden werden, sehr genau wider.

Solch eine Konzeption hält uns jedoch davon ab, Natur- und Sozialwissenschaften zu entwickeln, die nicht systematisch ausblenden, wie Herkunft und Auswirkungen der Forschungspraxis und die von dieser

Praxis beförderten Interessen, Wünsche und Werte die wissenschaftlichen Beschreibungen und Erklärungen prägen. Wie können Natur- und Sozialwissenschaften dazu gebracht werden, die Verantwortung für ihre soziale Verortung und damit für ihre Herkunft, Werte und Auswirkungen zu übernehmen? Dies zu fragen bedeutet, eine sozialwissenschaftliche Frage zu stellen. Adäquate wissenschafts*soziologische* Untersuchungen stellen sich als notwendige Grundlage heraus, auf der eingehendere und weniger verzerrte Beschreibungen und Erklärungen von Natur aufbauen können. Diese Schlußfolgerung stützt sich auf die Wahrnehmung des Phänomens, daß die Kultur vieles »weiß«, was die Individuen nicht wissen. Die Kultur bewahrt zuverlässig das Wissen um all die Dinge, für die wir persönliche und institutionelle Verantwortung leugnen oder zurückweisen. Sie »weiß« um den Euro- und den Androzentrismus, den »Einheimische« einer Kultur für gewöhnlich ausdrücken, aber selbst nicht wahrnehmen. Wenn androzentrische und eurozentrische Überzeugungen und Praktiken, ob unachtsamerweise oder nicht, als Beweis für die Überlegenheit einer Hypothese über eine andere herangezogen werden, dann müssen wir als Teil unserer wissenschaftlichen Praxis lernen, wie wir diese aufdecken und eliminieren können. Obwohl die Ergebnisse der Naturwissenschaften davon abhängen, wie gut diese Aufgabe bewältigt wird, sind doch die naturwissenschaftlichen Methoden die falschen dafür. Folglich ist es sinnvoll, die Naturwissenschaften als Teilgebiet der kritischen Sozialwissenschaften zu betrachten. Wir alle werden weiter darüber nachzudenken haben, was dieser der Intuition entgegenstehende Vorschlag in der Praxis bedeutet. Offensichtlich haben nur wenige Gebiete der zeitgenössischen Sozialwissenschaften Methodologien, institutionelle Strukturen oder Programme, die sozusagen »hinter dem Rücken« der traditionellen Natur- und Sozialwissenschaften in der Lage sind, die Formen nahezu kulturweit verbreiteter Interessen, Werte und Voraussetzungen zu identifizieren. So ist es eine Herausforderung, das Problem in den Sozialwissenschaften anzugehen, und eine weitere, eine Beziehung zwischen den Natur- und den Sozialwissenschaften zu konzeptualisieren und zu institutionalisieren, die es ersteren ermöglicht, ihre Aussagen besser als bisher zu kontrollieren.

Der zairische Philosoph V.Y. Mudimbe (1988) argumentiert, daß, so wie die amerikanischen Imperialisten ein Afrika erfanden, das ihren Interessen diente (sie behaupteten, es entdeckt zu haben), AfrikanerInnen heute einen Westen erfinden müssen, der afrikanischen Interessen dient. Die Imperialisten schrieben Afrika Primitivität, Vorrationalität und Immoralität zu, Merkmale, die als komplementär zu denen des angeblich zivilisierten Westens, den sie gleichzeitig erfanden, konstruiert wurden. Mudimbe stellt heraus, daß solch eine Sichtweise auch von und zum Nutzen der anderen Seite entwickelt werden kann. Für AfrikanerInnen heute, so Mudimbe, ist die »kritische Auseinandersetzung mit westlicher Erfahrung ein Weg, um eine fremde Tradition zu ›erfinden‹ und sich deren Techniken und vielschichtige Strategien für andere Zwecke anzueignen.« (ebd.: 171)

Die feministische Kritik an Wissenschaft und Erkenntnistheorie engagiert sich in derselben Weise: Wir müssen die westlichen Wissenschaften und Institutionen der Erkenntnis, an denen wir partizipieren (und die einige unserer Gehälter bezahlen), als Orte der bizarren Überzeugungen und Handlungsweisen der »einheimischen« Menschen, die die moderne westliche Welt regieren, »entdecken«. Wir müssen ihre Techniken beherrschen und gleichzeitig fortfahren, herauszustellen, inwiefern sie uns und unseren Programmen »fremd« sind.

Wenn wir im Westen diesen Teil der westlichen Welt neu erfinden können, dann kann die westliche Kultur etwas über sich selbst und über die »anderen« lernen, gegen die sie mächtige begriffliche und institutionelle Festungen aufgebaut hat. Dies erfordert allerdings eine andere Praxis genauso wie ein anderes Denken.

Teil I
Wissenschaft

Kapitel 2

Der Feminismus konfrontiert die Wissenschaften
Reform und Transformation

Erst Ende der 70er Jahre begannen Feministinnen damit, Theorie und Praxis der etablierten Wissenschaft und Technologie mit den Untersuchungen, die sich in den Sozial- und Humanwissenschaften und, allgemeiner, in der Frauenbewegung entwickelt hatten, zu konfrontieren. Vielen von uns dämmerte, daß für eine Reform der Wissenschaften wie auch der Philosophie, der Geschichte und der Wissenschaftssoziologie breite Transformationen sowohl auf dem Gebiet der Wissenschaft wie auch auf dem der Gesellschaft nötig wären. Sollten Reformen Revolutionen erfordern? Wären solche Revolutionen ohne weitere Reformen realisierbar?

Möglicherweise erforderte »affirmative action«[1] in den Naturwissenschaften breitere Anstrengungen und hätte radikalere Konsequenzen, als zunächst angenommen wurde. In Bezug auf die Bedeutung wissenschaftlicher Technologien für das Leben von Frauen stand vielleicht mehr als Mißbrauch und Fehlnutzung der Wissenschaften in Frage. Um sexistische Vorurteile in Biologie und Sozialwissenschaften zu überwinden, könnte eine Neubegründung von Objektivität, Rationalität und wissenschaftlichen Methoden erforderlich sein. Um den Bezug auf frauenverachtende Metaphern in der Wissenschaft zu eliminieren, könnte die Abschaffung der Kategorie Geschlecht selbst nötig sein, in Anlehnung an die Argumentation, daß »Geschlecht« ganz grundlegend asymmetrische Machtverhältnisse bezeichnet. In all diesen feministischen Herangehensweisen an Wissenschaft und Technologie erwachten bestimmte Zweifel. Vielleicht war das Grundproblem ein erkenntnistheoretisches: Innerhalb konventioneller Herangehensweisen an wissenschaftliche Untersuchungen war es unmöglich zu sehen, wie das Leben von Frauen als legitime Basis für die Generierung wahren – oder wenigstens »weniger falschen« – Wissens anerkannt werden könnte. Eine »(Natur)wissenschaftler*in*« erschien als Widerspruch in sich; der Grund dafür war, daß »Männlichkeit« und »Wissenschaft« ein allzu perfektes Bündnis darstellten.

Obwohl alle verschiedenen Kritiken an den Wissenschaften und ihren Technologien ähnliche erkenntnistheoretische Fragen vorbrachten, bleiben in der feministischen Literatur grundlegende Meinungsverschiedenheiten zurück, die auch das Problem einschließen, wie erkenntnistheoretische Fragen angegangen werden sollten. Weil Feministinnen ihre Problemstellungen in bezug auf Wissenschaft und Technologie aus so vielen verschiedenen Perspektiven heraus entwickeln, generieren diese Kritiken einige der interessantesten und herausforderndsten Fragen über diese zentralen Institutionen des zeitgenössischen westlichen sozialen Lebens.

Zum Teil stehen diese Kritiken in Spannung zueinander. Manchmal sind sie auch in sich widersprüchlich. Ihre Annahmen widersprechen sich hinsichtlich der wünschenswerten Ziele feministischer Kritik an Wissenschaft und Technologie und hinsichtlich der Frage, wie wir die gesetzten Ziele erreichen wollen. Solche Situationen entstehen nicht, weil der Feminismus nicht in der Lage ist, klares Denken hervorzubringen, oder weil von uns als Frauen nicht erwartet werden kann, diese »männliche Institution« zu verstehen. Diese Spannungen, Konflikte und Widersprüche entstehen, weil so viele der gängigen Annahmen über die Wissenschaft, auch die feministischen, auf den eingeschränkten, voreingenommenen und oft auch unrealistischen Bildern vom wissenschaftlichen Unternehmen, die das konventionelle Denken beherrschen, basieren. Wenn Feministinnen bei den gängigsten Herangehensweisen an Wissenschaft Anleihen machen, um relativ bescheidene Forschungsprogramme durchzuführen, kann es sein, daß die Erfüllung dieser Programme sich als unerreichbar erweist. Wenn sie radikalere Positionen einnehmen, um wenigstens so die bescheideneren Ziele zu erreichen, werden diese Positionen häufig von konventionellen Wissenschaftlern und Wissenschaftsbeobachtern als irrelevant oder unangemessen ausgegrenzt. Feministinnen erfahren in jedem Gebiet, in dem sie versuchen, »Frauen« und »Geschlecht« den konventionellen Gegenständen und dem begrifflichen Rahmen hinzuzufügen, daß die beiden Begriffe so gegeneinander definiert werden, daß sie nicht kombiniert werden können. Das vorherrschende heroische Drama des entschlossenen, bilderstürmerischen Kampfes der Wissenschaft gegen die dunklen Mächte der Ignoranz und des Aberglaubens sieht die Mitwirkung von Frauen (und Farbigen) nicht vor. Auch die profaneren Dramen, die die anthropologische und soziologische Erforschung des alltäglichen Laborlebens schreibt, schließen Wissenschaftlerinnen aus.

Dieses Kapitel untersucht einige der Fragen, an denen sich Konflikte, Spannungen und Widersprüche im Zusammenhang feministischer Einstellungen gegenüber den Wissenschaften und deren Technologien entzünden. Um der Leserin, dem Leser Hilfestellungen für die Wahrnehmung der Vielfalt der zentralen Diskussionspunkte der späteren Kapitel zu geben, stellt der folgende Überblick fünf Forschungsgebiete heraus: die Analysen der Situation von Frauen in der Wissenschaft, den sexistischen Mißbrauch der Wissenschaften und ihrer Technologien, sexistische Vorurteilsstrukturen in den Ergebnissen von biologischer und sozialwissenschaftlicher Forschung, die sexuellen Bedeutungen von Natur und Forschung und androzentrische Theorien wissenschaftlicher Erkenntnis. Ich lege das größte Gewicht auf den ersten dieser fünf Schwerpunkte, weil die Situation von Frauen in der Sozialstruktur der Wissenschaften oft das erste Interesse von Wissenschaftlerinnen ist, die auf dem Gebiet feministischer Analysen neu sind. Ich versuche, etwas vollständiger als in anderen Fällen zu umreißen, wie ein anscheinend einfaches Problem – wie mehr Frauen effektiver in die Wissenschaften eingebunden werden könnten – sehr schnell zu tieferen Reflexionen über Wissenschaft und Gesellschaft führt.[2]

Ich möchte zunächst einen Punkt anmerken. Einige dieser Fragestellungen betreffen sowohl die Natur- wie auch die Sozialwissenschaften, aber viele andere werden als nur für die Sozialwissenschaften relevant erscheinen. Wenn diese Erscheinung auch trügt, so wird dieses Kapitel doch die Beziehung zwischen metawissenschaftlichen und erkenntnistheoretischen Fragen in den Sozialwissenschaften einerseits und in den Naturwissenschaften andererseits (in Anlehnung an die meisten Arbeiten über Frauen und Wissenschaften) nicht theoretisch fassen. Es ist jedoch ein Thema dieses Buches, daß die Beziehung zwischen Natur- und Sozialwissenschaften im allgemeinen, d.h. in den »präfeministischen« Metatheorien und in verschiedenen Erkenntnistheorien, irreführend theoretisch gefaßt wird. Die späteren Kapitel bieten ausführliche Möglichkeiten, die *wechselseitigen* Wirkungen der feministischen Kritiken an Sozial- und Naturwissenschaften zu reflektieren.

Frauen in der Wissenschaft

Zunächst einmal möchte ich vier Schwerpunkte für die Betrachtung des Lebens von Frauen in den sozialen Strukturen der Wissenschaft setzen. Jeder von ihnen hat neue Sichtweisen der Situation von Frauen bewirkt, aber für sich genommen hat auch jeder dieser Schwerpunkte, indem er sich auf nur jeweils einen Aspekt konzentriert, unseren Blick begrenzt. Wir brauchen alle vier – und eine Analyse, die von den weiter oben diskutierten Belangen informiert ist –, um ein umfassenderes Bild von der Situation der Frauen in den Wissenschaften zu bekommen.

Würdenträgerinnen

Historische Studien und Biographien von zeitgenössischen WissenschaftlerInnen lenken unsere Aufmerksamkeit auf »Würdenträger*innen*« in der Wissenschaft: die vielen Frauen, die bedeutende Beiträge geliefert haben, die aber in der vorherrschenden androzentrischen Literatur ignoriert werden. Eine neue Generation von Historikerinnen bezieht sich auf das Leben dieser Frauen vor dem Hintergrund der Einblicke der seit einigen Dekaden erarbeiteten feministischen Ansätze zur Frauengeschichte. Wir erhalten auf diese Weise ungleich reichere Analysen über die sozialen Mittel und Strategien (und die sozialen Prozesse außerhalb ihrer Kontrolle), die es Frauen ermöglicht haben, in den oftmals feindseligen wissenschaftlichen Gebieten voranzukommen. Die Wissenschaften hatten in einigen Perioden eine abweisende und in anderen eine einladende Haltung gegenüber Frauen. Dieser Wechsel hat ebenso viel mit den Mustern der Entwicklung der individuellen Wissenschaften wie mit dem sich wandelnden Geschick von Sexismus und Androzentrismus zu tun (vgl. Abir-Am/Outram 1987; Rossiter 1982; Schiebinger 1989).

Klassen- und Rassenzugehörigkeit spielten für die Chancen dieser Frauen genauso wie für die ihrer Brüder eine Rolle. Zu der Zeit als das wissenschaftliche Sammeln und Experimentieren in erster Linie Aktivitäten von »Gentlemen« (Männern der gehobenen Schichten) waren, konnten Töchter genauso wie Söhne eine wissenschaftliche Erziehung im Labor »draußen hinter der Küche« bekommen. Es ist auffällig, wie viele frühe Wissenschaftlerinnen mit Wissenschaftlern verwandt waren; sie erlernten das wissenschaftliche Handwerk oder wurden unterstützt von Vätern oder Ehemännern, die selbst Wissenschaftler waren. Tatsächlich ist es für viele Zeiten schwierig, Wissenschaftlerinnen zu finden, die nicht einen männlichen Verwandten als Mentor hatten. Die Chancen aufgrund von Klassen- und Rassenzugehörigkeit sind offensichtlich aufeinander bezogen: Arme und farbige Frauen hatten genauso wie ihre Brüder sehr wahrscheinlich keine Verwandten, die Wissenschaftler waren; den Brüdern gelang es jedoch in Einzelfällen, eine wissenschaftliche Ausbildung zu bekommen, ohne daß sie allerdings zu der Sorte Karriere Zugang erhielten, die weißen männlichen Angehörigen der Oberschicht mit einer solchen Ausbildung offenstand. Es gibt tatsächlich einen »schwarzen Apollon« in der neueren amerikanischen Wissenschaft (vgl. Manning 1983); eine »schwarze Athene« aber erscheint lediglich als Bild für die vormoderne und nicht-westliche Wissenschaft und Erkenntnis, der eine wichtige Bedeutung zukommt, die heute aber abgewertet wird.[3]

Das Bewußtsein der Frauen, die in der Wissenschaft ihren Platz fanden, war oftmals nicht feministisch. Selbst ein *Frauen*bewußtsein konnte schwerlich zugelassen werden, wenn die Fiktion aufrechterhalten werden sollte, daß Wissenschaftlerinnen ein Widerspruch in sich seien. Um als Wissenschaftlerinnen erfolgreich zu sein, mußten diese Frauen ihr Leben so eng wie möglich an Lebenslaufentwürfen orientieren, die als passend für Männer in patriarchalen Gesellschaften galten. Ihre Möglichkeiten, zu heiraten und Kinder zu bekommen, waren streng eingeschränkt in einer Weise, die für ihre Brüder nicht zutraf. Nichtsdestotrotz engagierten sich im 19. und 20. Jahrhundert viele bedeutende Wissenschaftlerinnen in Projekten, die als von Feministinnen getragene wahrgenommen wurden. Diese Form des Engagements war notwendig, um den Wissenschaftlerinnen selbst und ihren Studentinnen Türen zu öffnen, die andernfalls weiterhin nur männlichen Kollegen und Studenten offengestanden hätten.

Darüber hinaus ist zu fragen, ob »ein feministisches Bewußtsein haben« im Sinne der offenen Umarmung des Feminismus wirklich als Voraussetzung feministischer Aktivitäten angesehen werden sollte: Gemeint sind Aktivitäten, die sowohl die Absicht verfolgen als auch den Effekt haben, besonders Frauen zu nutzen. Der Begriff »Feminismus« ist für manche zu radikal und für andere zu konservativ. Ein heute weitverbreitetes Phänomen sind die Menschen, die sich für die Verbesserung der Bedingungen von Frauen einsetzen, es aber ablehnen, ihre Bemühungen als feministisch zu charakterisieren. Es gibt sowohl Gruppen, die sich aus konservativen Gründen so verhalten, als auch solche mit progressiven Beweggründen. Das erfolgreiche Bestehen des alltäglichen Überlebenskampfes als Wissenschaftlerinnen, zu dem diese Pionierinnen gezwungen waren, eröffnete auf der einen Seite nachfolgenden Frauen den Zugang zu den Wissenschaften. Auch wenn sie sich nicht offen in feministischen Aktivitäten engagierten, war das reine Überleben allen Widrigkeiten zum Trotz schon eine bemerkenswerte Leistung. »Never Meant to Survive« (Sands 1986), ich hätte nicht gedacht, daß ich das überlebe, ist der Titel der Abrechnung einer afroamerikanischen Frau mit ihrem Wissenschaftlerinnendasein, der ihre Schwierigkeiten betont, in dieser Institution zu bestehen.[4] Auf der anderen Seite trivialisieren wir den Feminismus, wenn wir darauf bestehen, daß jeder Erfolg, den Frauen in einer männerdominierten Institution erzielen, ein Grund für feministischen Stolz ist. Der Feminismus muß Prinzipien formulieren für die Unterscheidung zwischen »Feminismus« und »Eigeninteressen« (ist es z.B. sinnvoll, »feministischen Kapitalismus« zu vertreten?) und zwischen progressiven politischen Feminismen und solchen, die in einigen Aspekten progressiv feministisch sein mögen, in anderen aber von regressiven Tendenzen infiziert sind – zum Beispiel von Rassismus oder Ansprüchen auf Klassenprivilegien. Vielleicht haben wir zumindest Gründe, das Überleben der Pionierinnen zu bewundern, wenn es auch nicht immer feministische sind.

Wir erfahren noch viel mehr über Wissenschaft und die Situation von Frauen in der Wissenschaft, wenn wir das Leben der »doppelten« Pionierinnen erforschen – als Wissenschaftlerinnen und als Frauen (und der »dreifachen«, wenn sie farbige Frauen waren). In der herkömmlichen Geschichtsschreibung von Wissenschaft, Ingenieurwesen, Mathematik, Medizin und Sozialwissenschaften hat man sie mit einigen Ausnahmen ausgelassen. Um dem historischen Bewußtsein die Belege für die Errungenschaften und Kämpfe von Frauen einzuschreiben, muß noch viel mehr getan werden. Wir tun unseren Töchtern und Söhnen – und auch der Historiographie – keinen Gefallen, wenn wir die Arbeit von Frauen ignorieren und unterbewerten. Immer noch weit davon entfernt, ein Phänomen der Vergangenheit zu sein, droht sich die ausschließende Praxis fortzusetzen, wenn nicht Männer und Frauen gewillt sind, gegen die androzentrischen Vorurteile, die diese Praxis stützen, anzutreten. Es ist kaum mehr als 20 Jahre her, daß James Watson (1969) den Anteil von Rosalind Franklin an der Entdeckung der DNA-Struktur – mit der erwartete Billigung signalisierenden Hybris des Machos – öffentlich entwertet und lächerlich gemacht hat. Es war Franklins Arbeit genauso wie die von Watson und Sir Francis Crick, die letzteren den Nobelpreis einbrachte. Warum wurde er nicht auch ihr zugesprochen? Franklin hatte immerhin das Glück, eine Freundin zu haben, die Watsons Verhalten so wütend machte, daß sie bereit war, ihre Zeit und Energie für die Rekonstruktion der historischen Belege und das Schreiben eines Buches einzusetzen, das Watsons Abrechnung korrigierte (Sayre 1975). Wahrscheinlich haben wenige von uns oder unseren Kolleginnen oder Töchtern Freundinnen mit dem Wissen und der Bereitschaft der Freundin

Franklins, einen signifikanten Teil ihres Lebens einer solchen Anstrengung zu unseren Gunsten zu widmen.

Für sich genommen können allerdings die Studien über »Würdenträgerinnen« unser Verständnis der Situation von Frauen in der Wissenschaft verzerren. Gerade weil sie zu ihrer Zeit so ungewöhnlich waren, sind das Leben und die Erfahrungen dieser Frauen nicht typisch. Sie teilen uns nicht die Dinge mit, die wir wissen müßten, um die Erfahrungen der Mehrheit der Frauen, die ihren Weg in die Wissenschaft suchten oder die weniger ausgezeichnete Karrieren als diese wenigen erreichten, verstehen zu können. Das Leben großer Frauen ist in dieser Hinsicht nicht anders als das Leben großer Männer, ob in der Wissenschaft oder anderswo – es erhellt die Situation von gewöhnlichen Menschen nur wenig. Wollte jemand versuchen, ausgehend von diesen besonderen Frauen über die Situation von Frauen in der Wissenschaft im allgemeinen zu lehren oder zu schreiben, würde der Mehrheit der Frauen in den Wissenschaften ein schlechter Dienst erwiesen. Dies trifft besonders dann zu, wenn die Geschichte großer Frauen unkritisch mit konventionellen historiographischen Mitteln rekonstruiert wird wie z.B. Watsons Bericht über Franklin. Es trifft aber auch dann zu, wenn die Geschichte mittels der Interpretationen der Frauen selbst rekonstruiert wird. Sie sind sich, wie wir selbst auch, zumeist der weiterreichenden Kräfte außerhalb ihrer unmittelbaren Umgebung, die ihre Chancen prägen, beklagenswerterweise nicht bewußt. Manchmal erkennen sie außerdem nicht die Bedeutungen, die ihre Leistungen und ihr Leben für andere Frauen hatten. Da sie oftmals für den Zutritt zu den Wissenschaften kämpfen mußten, vermitteln ihnen ihre Erfolge den Status der »Siegerinnen« in historischen Auseinandersetzungen, die normalerweise, wie HistorikerInnen feststellen, nicht gerade objektive Interpretationen der Institutionen, in denen sie erfolgreich sind, entwickeln. Für das Verständnis der Wissenschaftsgeschichte ist eine kritische Theorie der Gesellschaft erforderlich, die sich bei den neuen sozialgeschichtlichen Arbeiten, die die Kategorien Rasse, Klasse und Geschlecht einbeziehen, kundig machen muß, wenn sie über die Grenzen dessen, was die »Einheimischen« in der Wissenschaft (Männer wie Frauen) wahrnehmen können, hinausgelangen soll.

Die Wiederentdeckung der Geschichten von namhaften Wissenschaftlerinnen ist eine wichtige Aufgabe, und es müßte noch viel mehr dazu gearbeitet werden. Wir wollen aber über Frauen in der Wissenschaft mehr und anderes erfahren, als dieses spezifische Projekt allein vermitteln kann.

Beiträge von Frauen

Die Beiträge von Frauen zur Geschichte und Praxis der Wissenschaft sind nicht auf die Errungenschaften einiger außerordentlicher Individuen beschränkt. Die neuere Frauengeschichte und -soziologie hat die Aufmerksamkeit auf die weniger öffentlichen, weniger offiziellen, weniger sichtbaren und weniger dramatischen Aspekte der Wissenschaft gelenkt, um ein besseres Verständnis der Beteiligung von Frauen an den Unternehmungen der Wissenschaft zu bekommen.[5] Im Frankreich des 19. Jahrhunderts ermöglichten es die von Frauen organisierten und betriebenen Salons männlichen Wissenschaftlern, Mäzene für ihre Laboratorien und Forschungsreisen zu finden. In Europa und den Vereinigten Staaten trugen Frauennetzwerke und auch formaler konstituierte Frauenvereinigungen von Botanikerinnen, Biologinnen und Astronominnen entscheidend zur Datensammlung bei. Einige wissenschaftliche Gebiete wie die Mathematik haben Frauen zu bestimmten historischen Zeiten mit offenen Armen aufgenommen (vgl. Abir-Am/Outram 1987; Rossiter 1982; Schiebinger 1989). Als Grund- und Sekundarschullehrerinnen haben Frauen mit fortgeschrittener wissenschaftlicher Ausbildung einen bedeutenden Teil der notwendigen Vorbereitung auf zukünftige wissenschaftliche Karrieren sichergestellt, von der das wissenschaftliche Personal bis hin zu den Nobelpreisträgern profitiert hat. In ihrer Tätigkeit als Illustratorinnen, Redakteurinnen und in anderen Berufen zur Verbreitung von Wissenschaft und Medizin haben Frauen Wahrnehmungen geprägt, die den Boden für die öffentliche Unterstützung wissenschaftlicher Aktivitäten bereiteten. Heute könnten Nobelpreise nicht gewonnen werden ohne die Arbeit von Frauen als Labortechnikerinnen und postgraduierte Laborassistentinnen, gar nicht zu reden von ihrer Tätigkeit in der Datenauswertung und der Programmierung von Computern. Frauen haben schon immer auf eine Art und Weise in den Wissenschaften gearbeitet, die eher unsichtbar bleibt, denn konventionelle Darstellungen favorisieren die öffentlichen, offiziellen, sichtbaren und dramatischen Figuren und Ereignisse.

Wenn wir die neuen historischen Berichte lesen, werden wir an die Erkenntnis von Virginia Woolfs (1925; 1964) Mrs. Dalloway erinnert, als sie eine Abendgesellschaft vorbereitet, zu der sie einen Bischof, einige bedeutende Staatsmänner und verschiedene andere wichtige Personen des gesellschaftlichen Lebens in England am Beginn dieses Jahrhunderts erwartet. Sie denkt darüber nach, daß das britische Empire zusammenbräche, würden Frauen nicht Tag für Tag die unterbewertete und trivialisierte Arbeit tun, die den sozialen Kitt ausmacht für die großen

Leistungen, von denen die Männer in den herrschenden gesellschaftlichen Gruppen glauben, daß sie sie ganz allein hervorbringen. Darüber hinaus sind es in erster Linie Frauen – besonders farbige und arme Frauen –, die einen recht ansehnlichen Teil der materiellen Bedingungen für diese Leistungen sicherstellen. Sie füttern, kleiden, waschen, betreuen und verrichten andere fürsorgliche Tätigkeiten an den Körpern der männlichen Eliten und pflegen die Orte, an denen diese Körper existieren – es ist die konkrete und die Beziehungsarbeit, die es den männlichen Eliten erlaubt, ihre Tage mit der »unabhängigen« Betrachtung der perfekten Bewegungen abstrakter, isolierter Körper zu verbringen. Wäre unser Verständnis von Natur und sozialem Leben ein anderes, wenn die Menschen, die die Gesetze der Natur entschlüsselten, auch selbst hinter sich aufgeräumt hätten?

Dieser Gedankengang führt uns zu einer skeptischen Haltung gegenüber der Wertneutralität – nicht zu reden von der empirischen Angemessenheit – der Mittel, mit denen die vorherrschende Philosophie, Geschichtswissenschaft und Wissenschaftssoziologie ihre »Beiträge zur Wissenschaft« konzeptualisiert haben. In den traditionellen Untersuchungen gilt als Wissenschaft und als Beitrag zur Wissenschaft dasjenige, was die Eliten in Wissenschaft und Gesellschaft so zu definieren belieben. Feministinnen argumentieren, daß diese Definitionen sich sozusagen selbst bedienen (ob sie dies beabsichtigen oder nicht) und daß sie die wichtigen Beiträge von Frauen aus allen Rassen und Klassen zu den besten Erkenntnissen ihrer Kulturen verschleiern.

Mrs. Dalloways Erkenntnis wirft eine weitere drängende Frage für Untersuchungen über die Wissenschaft auf. Konventionelle DenkerInnen fragen nicht danach, was die Beiträge von Frauen zur Wissenschaft für die Frauen bedeutet haben. Was bedeutete es für die beteiligten und für andere Frauen, daß es Frauen waren, die einen großen Teil der Daten sammelten, auf denen die Theorien in Biologie, Botanik und Astronomie aufbauten? Was heißt es für Frauen, wenn sie ihr Leben als Töchter, Ehefrauen oder Mütter der Hervorbringung und Unterstützung von Männern widmen, die der Institution Wissenschaft vorstehen? Was bedeutet es heute für Frauen in den Wissenschaften und für andere, die Beiträge von Frauen in der Geschichte wiederzuentdecken? Ich nehme an, daß Feministinnen heute hinsichtlich der Bedeutung dieser Geschichten, so wie wahrscheinlich einige unserer Vormütter aus ähnlichen Gründen, ambivalent sind. Auf der einen Seite sind wir erfreut darüber, daß Frauen wichtige Beiträge zur Entwicklung einer Institution geleistet haben, die unsere Gesellschaft so hoch bewertet. Auf der anderen Seite sind wir nicht sicher, ob diese Institution insbesondere angesichts ihrer oftmals destruktiven Auswirkungen wirklich so hoch geschätzt zu werden verdient, oder auch ob die weiblichen Aktivitäten so hoch bewertet werden sollten, die zum Wohlergehen der Männer beitragen, die sich ihrerseits oft sehr wenig darum kümmern, daß es auch den Frauen gut geht. Die Beschränkung unserer Betrachtungen auf die Bedeutungen, die die Beiträge von Frauen zur Wissenschaft für diejenigen haben, die jene heroischen Dramen über die Wissenschaft schreiben, lenkt uns von dieser komplexeren Perspektive ab. Bezweifelte Mrs. Dalloway, daß es gut war, die Interessen und Belange der Eliten ihres speziellen Ausschnitts der modernen westlichen Welt zu fördern? Viele Menschen tun dies sicherlich.

Strukturelle Hindernisse

Von Anfang an haben feministische Wissenschaftsbeobachterinnen die strukturellen Hindernisse, die das Vorankommen von Frauen in der Wissenschaft behindern, kritisch untersucht. Historische Studien über die formalen Barrieren vor der Gleichstellung von Frauen enthüllen die energischen Kampagnen, die gewöhnlich notwendig waren, um Frauen denselben Zutritt einzuräumen, den Männer zu wissenschaftlichen Ausbildungen, Abschlüssen, Laboranstellungen, Zeitschriftenpublikationen, Mitgliedschaften in wissenschaftlichen Gesellschaften, Stellen in Universität, Industrie oder Regierung und zu wissenschaftlichen Preisen hatten.

Die historischen Studien über den Aufstieg, die Blüte und eventuell den Niedergang der formalen Barrieren, denen Frauen in den Wissenschaften gegenüberstanden, werden ergänzt von soziologischen und psychologischen Untersuchungen über informelle Hindernisse. Motivationspsychologische und psychoanalytische Studien zeigen, warum Jungen und Männer öfter als Mädchen und Frauen in Wissenschaft, Ingenieurberufe und Mathematik gehen und dort auch bleiben (vgl. z.B. Haas/Perrucci 1984). Ein Grund ist, daß dieselben Persönlichkeitsmerkmale, die junge Männer entwickeln müssen, um in der modernen westlichen Gesellschaft »männlich« zu werden, für Karrieren in der Wissenschaft und angrenzenden Feldern hoch bewertet werden. Die Fähigkeit zu abstraktem Denken, physische Interaktionen mit der Umgebung und eine Konzeption von Natur, die diese als abgespaltene und zu beherrschende ansieht – Merkmale, die Eltern und Gesellschaft bei Jungen bestärken, um sie männlicher zu machen –, bereiten junge Männer darauf vor, Mathematik, Wissenschaft und Ingenieurberufe zu schätzen und in ihnen zu glänzen. Komplementär dazu unterstützen Eltern bei Mädchen Tendenzen zu konkretem und Bezüge herstellendem Denken und Vorlieben für persönliche, anderen gegenüber fürsorgliche Tätigkeiten, damit Mädchen »weiblich«[6] werden. Diese Errungenschaften bereiten Mädchen und Frauen darauf vor, den Lehrerinnenberuf, Mutterschaft und andere fürsorgliche und Dienstleistungstätigkeiten den Karrieren in Mathematik, Wissenschaft und Ingenieurwesen vorzuziehen.[7]

Darüber hinaus haben soziologische Untersuchungen über die Mechanismen der informellen Diskriminierung von Frauen gezeigt, wieviel härter es für Frauen als für Männer ist, ihr Kapital an Referenzen, das sie ebenso wie Männer angesammelt haben, so einzusetzen, daß es gleiche Karrierechancen garantiert. Die Abwertung jeglicher Arbeit von Frauen, der Ausschluß aus informellen männlichen Netzwerken, die Hindernisse, die Frauen in den Weg gelegt werden bei der Suche nach sicheren und zuverlässigen Mentoren (und später bei der eigenen Anerkennung in Mentorinnen) – diese und andere informell diskriminierenden Taktiken lassen unsere Bewunderung für jene Frauen wachsen, denen es gelungen ist, durchzuhalten (vgl. z.B. Rossiter 1982; Haas/Perrucci 1984).

Ich muß betonen, daß strukturelle Hindernisse hier den Schwerpunkt bilden – nicht die angeblich biologischen oder Persönlichkeitsmerkmale, auf die sich die sexistischen Versuche der Erklärung der mangelnden Gleichstellung von Frauen in den Wissenschaften konzentrieren. Der Fokus ist auch nicht in erster Linie der Sexismus einzelner Männer oder der Männer als Gruppe. James Watsons Behandlung von Rosalind Franklin war in jedem Fall sexistisch, und er sollte auch dafür verantwortlich gemacht werden. Aber von größerem Interesse für die Analyse der Strukturen der Wissenschaften und für die Versuche, in Zukunft die Situation von Frauen in den Wissenschaften zu verändern, ist Watsons korrekte Wahrnehmung, daß weder Männer noch Frauen sein Verhalten kritisieren würden (wenigstens nicht, bevor es den Feminismus gab). Sein prahlender Ton zeigt nicht nur den einzelnen Sexisten an, sondern vielmehr die Institution der Geschlechterverhältnisse schlechthin, einschließlich der Annahme der männlichen Überlegenheit, auf die sich Watson zur Unterstützung seiner Überzeugungen und Verhaltensweisen beziehen konnte.

»Persönliche Vorurteile« stehen hier also nicht in Frage, so irritierend die Erfahrung individueller Voreingenommenheiten auch ist. Erdbeereis vorzuziehen, es abzulehnen, eine Krawatte zu tragen oder Fernsehen zu hassen, ist etwas anderes, als (absichtsvoll oder nicht) die politischen Tagesordnungen der herrschenden gesellschaftlichen Gruppen zu befördern. Persönliche Vorurteile sind idiosynkratisch und von geringer wissenschaflicher oder institutioneller Wichtigkeit; deshalb nenne ich sie »persönlich«. Sexismus und Androzentrismus bezeichnen kulturweite soziale, politische und ökonomische Charakteristika, deren Herkunft, Institutionalisierung und Auswirkungen verschleiert würden, bezögen wir uns auf sie als persönliche Vorurteile.

Der alleinige Blick auf die strukturellen Behinderungen der Gleichstellung von Frauen kann den Eindruck vermitteln, daß sich Wissenschaft als Institution wie auch die individuellen Männer in der Wissenschaft den wissenschaftlichen Aktivitäten von Frauen völlig widersetzt haben und daß Frauen in dieser Institution selten erfolgreich gewesen sind. Das ist beides nicht der Fall. Eine solche »Opferthese« muß abgewogen werden gegen die Belege des Widerstands von Frauen gegen Marginalisierungen und für ihre Leistungen.

(Natur-)wissenschaftliche Bildung

Die Aufmerksamkeit auf eine verbesserte naturwissenschaftliche, mathematische und technische Ausbildung von Mädchen und Frauen zu lenken, ist ein wichtiges Interesse von allgemeineren Studien zum Bildungswesen und zur Curriculumentwicklung. Diese Forschung prägt die Programme, die eine Umgebung und Lernprozesse schaffen sollen, um junge Frauen und nicht nur junge Männer zu ermutigen, diese Berufsfelder zu wählen und auch in ihnen zu bleiben (vgl. Rosser 1986; Rosser 1988; Rothschild 1988).

Eine andere Frage der Weiterentwicklung der wissenschaftlichen Bildung wird sowohl in als auch außerhalb von feministischen Zirkeln weniger häufig diskutiert, als wünschbar ist: Was sollten wir jungen – und auch nicht mehr so jungen – Männern und Frauen über die Funktionsweisen der Wissenschaft beibringen? Wenn »naturwissenschaftliche Bildung für Mädchen« bedeutet, ihnen die gleichen Bildungschancen und unterstützenden Umgebungen einzuräumen wie Jungen, so hört sich das an, als sei die naturwissenschaftliche Bildung von Jungen bereits zufriedenstellend. Die These dieses Buches ist aber, daß eine solche Annahme der Wissenschaft Männern, Frauen und der Gesellschaft schadet. Eine Implikation anderer feministischer Kritiken an Wissenschaft und Technologie (die weiter unten und in späteren Kapiteln diskutiert werden) ist, daß die für Jungen zugängliche konventionelle naturwissenschaftliche Bildung beklagenswerterweise Mängel aufweist, weil sie von unrealistischen und politisch schädlichen Bildern und Zielen in bezug auf wissenschaftliche Unternehmungen strukturiert wird. Diese Kritik eröffnet Möglichkeiten für ein radikales Nachdenken darüber, wie (natur-)wissenschaftliche Bildung für alle aussehen sollte.

Einige dieser Fragen stehen auf der Tagesordnung von Erziehern und Erzieherinnen, die die Kluft zwischen den von C.P. Snow benannten »zwei Kulturen« überbrücken wollen. Ebenso betreffen diese Fragen auch diejenigen, die eine Bildung anbieten wollen, die z.B. den Blick von PhysikerInnen und NaturforscherInnen für die Notwendigkeit, den Boden des Gesetzes nicht zu verlassen, schult. Selbst eine so erlauchte Körperschaft wie die National Academy of Sciences (1989) betont die Einsicht, daß wissenschaftliche Arbeit immer und notwendig von sozialen Werten bestimmt ist, ein Verständnis, das für die meisten Wissenschaftler und Wissenschaftsphilosophen nur eine Dekade früher undenkbar gewesen wäre. Das Ziel des Dokuments der National Academy ist es, »die Integrität der Wissenschaft aufrechtzuerhalten« gegen Betrug, Mißbrauch von Mitteln, Plagiate und andere Schädigungen des wissenschaftlichen »Eigentums«; das dazu gebrauchte Bild der »Wissenschaft-in-der-Gesellschaft« ist aber in gewisser Hinsicht recht radikal. Was sollten Studierende über die wissenschaftlichen Vorhaben, ihre Geschichte, Praxis und Ziele wissen? Würde irgend jemand von ihnen die beschwerliche wissenschaftliche Ausbildung absolvieren wollen, wenn den Studierenden die Wahrheit, die volle Wahrheit und nichts als die Wahrheit über die Institution Wissenschaft und ihre heute gängige Praxis mitgeteilt würde?

Alle vier beschriebenen Wege der Untersuchung der Situation von Frauen in der Wissenschaft stellen Herausforderungen für die Wissenschaftspraxis in Geschichte und Gegenwart dar, bis hin zu bestimmten Aspekten des liberalen und progressiven Wissenschaftsbildes, das viele WissenschaftlerInnen und Regierungsbeauftragte bevorzugen und das die gelehrte und populäre Rhetorik dominiert – obwohl sich in letzter Zeit ein Wandel hin zu einer stärkeren Anerkennung der Tatsache, daß die soziale Ordnung die institutionalisierte wissenschaftliche Praxis strukturiert, abzeichnet. Nichtsdestotrotz betrachten viele das Problem der Gleichstellung von Frauen als die noch am wenigsten radikale Frage der Wissenschaftskritik, weil es weder die Logik von Forschungsprozessen noch die Logik von wissenschaftlichen Erklärungen in Frage zu stellen scheint. Wir haben bereits angefangen wahrzunehmen, wie die Untersuchung von Fragestellungen, die auf den ersten Blick als konservativ oder nur reformistisch erscheinen, uns sehr schnell zu radikaleren Problemauffassungen bringen kann. Die Probleme des Zutritts von Frauen zur Wissenschaftspraxis haben substantielle wissenschaftliche und erkenntnistheoretische genauso wie moralische und politische Konsequenzen.

Außerdem lenkt die reine Dokumentation der Diskriminierung von Frauen in der Sozialstruktur der Wissenschaft die Aufmerksamkeit auf die mystifizierenden Auswirkungen des wissenschaftlichen Anspruchs auf universelle Geltung. Nur in dieser sozialen Institution, so wird uns gesagt, ist die soziale Identität ihrer Angehörigen irrelevant für die Leistungen. Es sei irrelevant für die »Güte« der Forschungsergebnisse, ob die Forschenden japanisch oder britisch, weiß oder schwarz, katholisch oder jüdisch sind. Die Wissenschaft kann sich den Luxus einer solchen Toleranz leisten, so wird behauptet, weil die wissenschaftlichen Methoden machtvoll genug sind, den eventuellen Einfluß sozialer Werte, den Individuen in den wissenschaftlichen Prozeß einbringen, am Ende aus den Forschungsergebnissen herauszufiltern. Aber die Geschichte der intensiven individuellen und institutionellen Bemühungen, Frauen wie nahezu alle anderen Kategorien von »Anderen« – Juden, Schwarze, andere Farbige – von Status und Autoritätspositionen in der Wissenschaft auszuschließen, zeigt, daß die universalistischen Ansprüche tatsächlich nur für das dominante Geschlecht, die dominanten Klassen, Rassen und Kulturen gelten sollen. Der Feminismus stellt die Verlogenheit und Irrationalität der universalistischen Ansprüche angesichts der offen und stillschweigend diskriminierenden Praxis heraus. Es sind besonders die von vielen als am wenigsten radikal angesehenen Tendenzen im neueren Feminismus – dem liberalen Feminismus –, die diese radikalen Konsequenzen zeigen. Mit dem Versuch, Frauen als »Klasse Geschlecht« (sex class) in männliche Domänen einzuführen, enthüllt der Feminismus, daß die liberale Theorie nur Männer im Kopf hatte, als sie individuelle Freiheitsrechte proklamierte (selbstverständlich nur Männer der bevorzugten Rassen und Klassen) (vgl. Eisenstein 1981; Hirschman 1989). Dies ist ein harsches Urteil – zweifellos werden es viele für zu harsch halten –, und sicherlich ist die Wissenschaft nicht die einzige Institution, die dieses unerfreuliche Charakteristikum aufweist. Aber ich lasse das Urteil stehen, um das kritische Nachdenken zu stimulieren über die Kluft zwischen einerseits den traditionell ruhmreichen und fortschrittlichen Bildern, auf die sich die Wissenschaft bei ihrer Suche nach materieller und politischer Unterstützung beruft, und andererseits der Realität, die die unter anderen von der feministischen Kritik herausgestellten Fakten offenbart.

Doch obwohl diese Kritik radikale Konsequenzen für die Forschungs- und Erklärungslogik haben wird, muß ich einräumen, daß viele Frauen in der Wissenschaft, die die Gleichstellungsforderung vertreten, die bestehende Sozialstruktur oder -politik der Natur- und Sozialwissenschaften nicht wirklich herausfordern. Das ist ein Problem. Sollten Frauen sich wünschen, wie die Männer in der Wissenschaft zu werden, so wie es viele der Gleichstellungsuntersuchungen vorzuschlagen scheinen? Welche Männer in der Wissenschaft sollten sich Frauen zum Vorbild nehmen? Die Antwort schließt vermutlich nicht die unterbezahlten und ausgebeuteten Labortechniker oder Männer aus rassischen Minderheiten ein, die selbst an Ausschluß und Abwertung leiden.

Des weiteren ist es naheliegend, die tiefen Verstrickungen von Wissenschaft und Krieg zu betrachten. Neuere wissenschaftsgeschichtliche Arbeiten wie die von Margaret Jacob (1988) bringen diese Verbindungen ans Licht.

»Die Begründungen westlicher Wissenschaft, wie sie von ihren brillantesten und auch ihren gewöhnlichsten Exponenten vorgebracht werden, haben die Nützlichkeit wissenschaftlicher Erkenntnis für die Kriegführung niemals in Frage gestellt. Ich kenne keinen frühen modernen Text, der vorschlägt, daß WissenschaftlerInnen ihre Erkenntnisse den Regierungen zu jeder Zeit, besonders aber zu Zeiten der Kriegsvorbereitung vorenthalten sollten. Tatsächlich heben die meisten wissenschaftlichen Texte die Nützlichkeit der Wissenschaft für die Verbesserung der staatlichen Kapazitäten hervor, die Kriegführung zu effektivieren und effizienter zu zerstören.« (ebd.: 251)

Untersuchungen der US-amerikanischen Wissenschaftspolitik seit dem Zweiten Weltkrieg zeigen, daß die Physik des ausgehenden 20. Jahrhunderts noch immer von militärischer Kontrolle geprägt ist (vgl. Forman 1987). Warum sollten Feministinnen Frauen oder sonst jemand veranlassen, militärische ForscherInnen zu werden – oder sich in scheinbar wertvoller wissenschaftlicher oder medizinischer Forschung zu engagieren, deren Ergebnisse nur für den Profit eingesetzt werden? Oft stellen die Gleichstellungsfragen weder die interne soziale Struktur der Wissenschaft noch ihre Verwicklung in ausbeuterische Politik wirklich in Frage. Auch den spezifischen Leistungen von farbigen Frauen und den Hindernissen, denen sie begegnen, ist bisher wenig Aufmerksamkeit geschenkt worden.[8]

Es gibt gute Gründe, sich mehr Frauen in der Physik und in anderen Naturwissenschaften zu wünschen, wie Kapitel 3 zeigt. Aber bezeichnenderweise finden wir diese kaum in der konventionellen Literatur, die Mädchen für eine naturwissenschaftliche Ausbildung begeistern und Frauen in wissenschaftlichen Berufen halten soll. Ein großer Teil dieser »Rekrutierungsliteratur« erinnert deprimierender- und sogar alarmierenderweise an die militärischen Broschüren zur US-amerikanischen Rekrutierung für den Vietnamkrieg.

Die kritische Untersuchung der Situation von Frauen in der Wissenschaft hat also ihre Probleme, die auf den verzerrten traditionellen Sichtweisen der Institution Wissenschaft und ihren sozialen Funktionen basieren. Nichtsdestotrotz beinhaltet dieser Fokus feministischen Interesses das Potential zu radikalen Veränderungen in der Wissenschaft. Schon vor der expliziten Behandlung dieses Potentials nehmen wir bereits wahr, daß ihre Leistungen in diesem extrem männlichen Unternehmen den Frauen Status in und Einfluß auf Welten, zu denen sie bisher keinen Zutritt hatten, einbringen können. Die Bedeutungen dieser Leistungen sind für Frauen und Männer in der gesamten Gesellschaft schon heute tiefgreifende. Außerdem erschließen sich Frauen über diese Leistungen wertvolle Fähigkeiten und Informationen über Natur und Gesellschaft. Sie verbessern ihre wissenschaftlichen Kompetenzen, und diese sind heute ebenso wichtig wie die Fähigkeit, lesen und schreiben zu können.

Sexistischer Mißbrauch von Wissenschaft und Technologie

Untersuchungen über die Anwendung und den Mißbrauch von Biologie, Sozialwissenschaften und deren Technologien zeigen, wie sie im Dienste von Sexismus, Rassismus, Homophobie und Klassenausbeutung eingesetzt wurden. Ein wichtiger feministischer Schwerpunkt in dieser Forschung sind die Reproduktionstechnologien und -politiken. Die diesbezügliche Literatur umfaßt Studien zu historischen und zeitgenössischen Aspekten der Medikalisierung von Geburt, zu der Einführung von für Frauen oft schädlichen Reproduktionstechnologien, Sterilisations- und Abtreibungspolitik, unsicheren Verhütungsmitteln, unnötigen gynäkologischen Operationen und zu vielen anderen Fragen. Was immer der Schwerpunkt ist, an diesen Themen führt heute kein Weg mehr vorbei. Es ist offensichtlich, daß die herrschende Kultur in bezug auf die reproduktiven Fähigkeiten von Frauen größere Risiken einzugehen bereit ist, als sie Männern jemals zumuten würden, oder wenigstens den Männern in den herrschenden Klassen und Rassen. Dies ist nur eine Art, den mangelnden Einfluß von Frauen auf die soziale Ordnung zu benennen, der für Frauen bedeutet, daß sie weit weniger als die Männer in den dominanten Gruppen Kontrolle darüber haben, was mit ihren eigenen Körpern geschieht. Darüber hinaus stellen feministische Analysen der reproduktiven Probleme immer wieder für alle zutiefst beunruhigende Fragen über die grundlegenden Annahmen westlichen Denkens; sie hinterfragen z.B. den scheinbar selbstverständlichen Nutzen größeren Wissens und größerer Wahlmöglichkeiten (vgl. z.B. Arditti u.a. 1984; Spallone/Steinberg 1987).

Nicht nur Technologien und angewandte Wissenschaften, sondern auch wissenschaftliche Theorien sind dazu eingesetzt worden, die Kontrolle über das Leben von Frauen jenen zu übertragen, die in den dominanten Klassen, Rassen und Kulturen Macht ausüben.[9] Viele ungeheuerliche Beispiele für sexistischen und androzentrischen Mißbrauch sind im Bereich von Arbeitsplatz- und Haushaltstechnologien dokumentiert.[10] Die Geschlechterbeziehungen in einem allgemeineren Sinn – nicht nur im Sinn männlicher Überlegenheit – gehören zu den Voraussetzungen für die Anwendungen von Wissenschaft, die oft ökologische Zerstörung und Unterstützung des Militarismus bedeuten (vgl. Hynes 1989; Ruddick 1989).

In der feministischen Literatur tauchen fruchtbare begriffliche Spannungen und Konflikte genauso wie Widersprüche in bezug auf die Ideen und üblichen Denkweisen auf, mit denen der Mißbrauch und die Fehlnutzung von Wissenschaften und Technologien gefaßt werden. Diese Analysen legen die Forderung nahe, daß alle wissenschaftliche, medizinische und technologische Forschung nur dann mit öffentlichen Mitteln gefördert werden sollte, wenn sie die Erkenntnis und die Ressourcen in *humaner* Hinsicht bereichert. Zunächst einmal ist klar, daß die Wissenschaften und ihre Technologien in Vergangenheit und Gegenwart den Angehörigen der führenden Klassen, Rassen und des dominanten Geschlechts überproportional nutzen. Außerdem werden die Ressourcen häufig nicht nur zum Nutzen der Wenigen, sondern auch zur unmittelbaren Unterdrückung und Ausbeutung der Vielen eingesetzt. Wie der Wissenschaftskritiker William Leiss (1972) anmerkt, hat der wissenschaftliche Anspruch, die Natur beherrschen zu wollen, um das »menschliche Schicksal« zu kontrollieren, tatsächlich oft die Funktionen und Intentionen von Wissenschaft verhüllt: Die Wissenschaft stellt heute wie in der Vergangenheit, ob die WissenschaftlerInnen dies beabsichtigen oder nicht, einigen wenigen die Mittel zur Beherrschung von vielen anderen zur Verfügung. Ist es möglich, daß *mehr* wissenschaftliche, medizinische und technologische Forschung in Gesellschaften, die in Rassen, Klassen und Geschlechter unterteilt sind, tatsächlich eine *Verbesserung* der sozialen Verhältnisse bewirkt? Vielleicht ist dies unmöglich, aber die Frage muß sicherlich kritisch untersucht werden.

Als zweites ist die Kritik zu nennen, daß die Wissenschaft ein soziales Problem ist, weil die Gesellschaft, von der sie geprägt wird, ein soziales Problem ist. Mit den Worten von Sal Restivo (1988): »Die moderne Wissenschaft ist das Produkt eines entfremdeten menschlichen Geistes und ein Bestandteil eher als die Lösung unserer individuellen und sozialen Probleme.« (Ebd.: 206) Die Wissenschaften und ihre Technologien sind in wichtigen Aspekten nicht unabhängig von der sozialen Ordnung: Sie sind entstanden als und sind bis heute ein integraler Bestandteil der modernen sozialen Verhältnisse. Aus dieser Perspektive bedeutet die weitere Unterstützung der Wissenschaften eher eine Reproduktion als einen Beitrag zur Lösung der individuellen und sozialen Probleme.

Diese Kritiken können die Rassen-, Klassen- und imperialistischen Aspekte westlicher wissenschaftlicher und technologischer Projekte in den Vordergrund feministischer Wissenschaftskritik rücken. Insofern sind sie auch radikal. Sie zwingen feministische Wissenschaftskritikerinnen, zur Kenntnis zu nehmen, daß »Frauen« immer Frauen einer bestimmten Rasse, Klasse und Kultur sind. Wir können weiß oder schwarz, ökonomisch über- oder unterprivilegiert sein, aus dem Westen oder aus der Dritten Welt stammen. Die Überlegenheitsansprüche bestimmter Rassen, ökonomische Privilegien und Eurozentrismus sind Probleme, die die Wissenschaften mit hervorgebracht haben. Wenn das Thema der Diskussion »Rasse« lautet, dann gehören »Weiße« ebenso in den Blickpunkt wie »Schwarze«. Wir wiederholen die für androzentrische Diskurse charakteristische Unterdrückung, wenn wir übersehen, daß der wissenschaftliche und technologische Nutzen sich auf der Seite der westlichen, weißen und ökonomisch bevorteilten Gesellschaften und Gesellschaftsschichten konzentriert und daß die Menschen in der Dritten Welt, die ethnischen Minderheiten und die Armen Benachteiligungen anhäufen.

Nichtsdestotrotz kann dieses Thema, wie das der Position der Frauen in der Sozialstruktur der Wissenschaften, den Kern der Wissenschaft als von feministischen Herausforderungen unangetastet zurücklassen. Letztlich werden Wissenschaftsenthusiasten argumentieren, daß diese Kritiken nur für Technologien und angewandte Wissenschaften gelten; die reine theoretische Wissenschaft, die Nobelpreise verliehen bekommt, ist nicht in den politischen Mißbrauch und die Fehlnutzungen von Wissenschaft und Technologie verwickelt. Diesem Argument zufolge können wir ein reines Gewissen haben, wenn wir unsere Studenten und Studentinnen reine theoretische Wissenschaft lehren. Wir sind in dieser Sichtweise nicht verantwortlich dafür, was mit der wertneutralen Information, dem Ergebnis der wissenschaftlichen Forschung, geschieht, wenn sie den Geltungsbereich der Wissenschaft verläßt. Nachdem sie in die Gesellschaft »entlassen« ist, liegt die Verantwortung für ihre gute oder schlechte Anwendung bei anderen.

Die angemessene Antwort auf diese Art Rechtfertigung enthüllt einen weiteren tiefgreifenden Aspekt der feministischen Kritik. Der feministische Bezug auf die Terminologie des »Mißbrauchs«, der sich an konventionelle Wissenschaftsuntersuchungen anlehnt, verschenkt tatsächlich zuviel an die Verteidiger der reinen Wissenschaft. Die Wissenschaften sind ein essentieller Teil, Ort und Ausdruck der sozialen Ordnung, der sie entstammen und von der sie unterstützt werden. »Wissenschaft versus Gesellschaft« ist eine falsche und verzerrende Entgegensetzung. Erstens werden soziale Wünsche oft als technische Bedürfnisse definiert, und als solche generieren und legitimieren sie wissenschaftliche Forschung sowohl für Individuen wie für Institutionen. Soziale Wünsche sind umgedeutet worden in die technische Nachfrage nach besseren Feuerwaffen, besserer Navigation für die Seereisen zwischen Afrika und Amerika, besseren Maschinen für die großangelegte und kosteneffizientere industrielle und landwirtschaftliche Produktion und effektiveren Mitteln zur Kontrolle des Bevölkerungswachstums. Die »Problematik« der Wissenschaft ist oft auf die Übersetzung sozialer Programme in technologische zurückzuführen.

Zweitens sind die Technologien zur Produktion wissenschaftlicher Informationen nicht wertneutral. Durch die Entwicklung des Teleskops zum Beispiel verlagerte sich die Autorität über die himmlische Ordnung von der Kirche zur säkularen Welt. Diese Erfindung beförderte die aufkommende Wichtigkeit und Autorität individueller Beobachtung. Zeitgenössische wissenschaftliche Technologien – Computer, Labortests, Atomkraftwerke – verändern die Werte in den Wissenschaften auf andere Weisen (vgl. z.B. Reiser 1978; Traweek 1988).

Drittens und am offensichtlichsten generieren die Wissenschaften Informationen für die Schaffung von Technologien und Anwendungen, die moralisch und politisch nicht neutral sind. Die Institution Wissenschaft verbirgt diese Tatsache auf vielfältige Weisen, am bemerkenswertesten ist die fortgesetzte Aufsplitterung der Wissenschaften in Teilgebiete, in denen die Schwerpunktsetzung auf »Anwendung« offensichtlich ist. So werden das elektronische, mechanische und das Bauingenieurwesen nicht als »Physik« angesehen; Medizin, Gesundheitspolitik, Krankenpflege und die Erfindung von Reproduktionstechnologien sind nicht »Biologie«; »angewandte Mathematik« und »Chemotechnologie« haben sich zu eigenständigen Disziplinen mit disziplinären Organisationsstrukturen, eigenen Zeitschriften und universitären Abteilungen entwickelt.

Diese Bemühungen, die WissenschaftlerInnen und die die wissenschaftliche Forschung unterstützenden Gruppen von der Verantwortung für die Konsequenzen der Wissenschaft freizusprechen, sind nicht immer erfolgreich, wie z.B. viele Physiker des Manhattan Projekts begriffen haben. Es gibt keine »reine Wissenschaft«, und es hat sie nie gegeben. Galilei schrieb in italienisch, nicht in dem für den gelehrten Austausch seiner Zeit bevorzugten Latein, und er arbeitete im Arsenal von Venedig und nicht im Kloster. Den individuellen WissenschaftlerInnen und den Institutionen der Wissenschaft muß Verantwortung für ihre Verortung in der Geschichte zugeschrieben werden, egal ob sie ihre Orte aktiv wählen oder nicht. Wir müssen von ihnen erwarten können, daß sie die Konsequenzen ihrer Überzeugungen und ihres Verhaltens vorhersehen. Wir sollten von wissenschaftlichen Institutionen verlangen, daß sie ihr Interesse an den Ursachen und Wirkungen ihrer Glaubenssätze und Verhaltensweisen darstellen, die sie für allgemeingültig ausgeben.

Diese Punkte führen unsere Aufmerksamkeit zurück zu der Frage, warum die bestehenden Wissenschaften öffentliche Unterstützung verdienen. Warum *sollte* die Gesellschaft angesichts konkurrierender sozialer Anforderungen ein Unternehmen, das von sich selbst behauptet, keine sozialen Konsequenzen zu haben, mit massiven Ressourcen unterstützen? Die Argumentation für die Reinheit der Wissenschaft weist eine grundlegende Irrationalität auf. Sie zu hinterfragen, bedeutet den Eintritt in eine andere Realität zu riskieren, in der der begriffliche Rahmen der herrschenden wissenschaftlichen Diskurse uns so bizarr erscheint wie der Glauben der Stadtbewohner dem Kind in dem Märchen »Des Kaisers neue Kleider«.

Es gibt *einen* problematischen Aspekt bei einigen feministischen Antworten auf die Mißbrauchskritiken. Wir müssen über die möglichen positiven Effekte von Technologien für Frauen nachdenken, derselben Technologien, die zunächst nur Katastrophen hervorzubringen scheinen, und wir müssen betrachten, wie diese guten Effekte zu erreichen sind. Es ist beispielsweise sehr verständlich, daß viele Feministinnen standhaft gegen neue Reproduktionstechnologien sind, die in den gegenwärtigen frauenverachtenden Kulturen die ohnehin schlechte Kontrolle, die Frauen über ihre Körper und ihre Fortpflanzungsmöglichkeiten haben, noch zu mindern drohen. Darüber hinaus ist das Potential dieser Technologien für eine wachsende Klassen- und Rassenausbeutung klar. Nichtsdestotrotz müssen wir gegen diese Technologien dezidiertere kritische Antworten entwickeln, weil die Chancen, sie ganz zu stoppen, gering sind. Einigen Frauen könnten die Reproduktionstechnologien nutzen, und viele dieser Frauen haben heute noch keinen Zugang zu ihnen. Die Argumente gegen das krankenhauszentrierte Gesundheitssystem sprechen die Frauen, deren Armut und mangelnder Versicherungsschutz ihnen und ihren Kindern den Zugang zu Krankenhäusern und Ärzten verstellt, nicht an. Frauen sind heute lediglich mit den neuesten Formen der gängigen Fragen über die angemessensten und effektivsten Wege – die nicht immer identisch sind – konfrontiert, Kontrolle über die ihr Leben prägenden Technologien zu erlangen.

Sexistische und androzentrische Vorurteile

Forscher und Forscherinnen haben eine Vielfalt an Kritiken gegen den die Forschungsergebnisse prägenden Sexismus und Androzentrismus in der Biologie und den Sozialwissenschaften entwickelt. Wir erkennen heute, daß Frauen genauso wie Männer wichtige Beiträge zur Entwicklung unserer Spezies geleistet haben. Im Gegensatz zu darwinistischen und anderen evolutionstheoretischen Interpretationen haben sich auch die Frauen entwickelt (vgl. Hubbard 1983). Wir sehen, daß die Nahrung sammelnde Frau in den frühen Kulturen eine mindestens ebenso signifikante Rolle wie der jagende Mann gespielt hat. Die weibliche moralische Entwicklung erscheint heute als different, aber als ebenso notwendig für die Gestaltung sozialer Beziehungen wie die männliche – sie ist nicht unreif, abweichend und ein »Problem« für die Aufrechterhaltung der sozialen Ordnung (vgl. Gilligan 1982). Die Beiträge von Frauen zum sozialen Leben werden dann deutlich, wenn die für männliche Soziologen und ihre männlichen Informanten natürlich scheinenden Paradigmen des Sozialen um das Verständnis der weniger sichtbaren, weniger dramatischen und weniger öffentlichen, aber nichtsdestotrotz wichtigen Aktivitäten von Frauen bereichert werden (vgl. Andersen 1988; Millman/Kanter 1975). Auch in der Geschichtswissenschaft, der Ökonomie und der Linguistik werden viele der bisher als spezifisch menschlich geltenden Aktivitäten und Überzeugungen als ausschließlich männliche erkannt – und zudem als unverwechselbar modern, westlich und oberschichtzentriert.

Welche allgemeinen konzeptuellen Fragen stellen nun diese Kritiken in bezug auf die Wissenschaft und ihre herrschenden Bilder?

KritikerInnen haben gezeigt, daß androzentrische Vorurteile den Forschungsprozeß in jedem Stadium beeinflußen können (vgl. z.B. die Analyse von Longino/Doell 1983). Sie gehen in die Konzepte und die ausgewählten Hypothesen, in das Forschungsdesign und in die Sammlung und Interpretation von Daten ein. Das Verständnis dessen, wie die Institution Wissenschaft die Inhalte der in ihrem Rahmen erzeugten wissenschaftlichen Forschung strukturiert, impliziert die Erkenntnis, daß wer immer sich anschickt zu definieren, was als wissenschaftliches Problem gilt, auch eine machtvolle Rolle bei der Prägung des aus der wissenschaftlichen Forschung resultierenden Weltbildes hat.

Die Vorurteile, die in die Wissenschaft in Form von Problemstellungen – in Form der Definition bestimmter Phänomene als problematisch – eingehen, sind in allen Spielarten der Kontrolle, die Biologen und Sozialwissenschaftler als Forschungsmethoden konzeptualisieren, nicht auszurotten. Dieser Befund stellt eine Herausforderung für den alten und weitverbreiteten Anspruch dar, daß wir zwischen dem »Kontext der Forschung« und dem »Kontext der Validation« scharf unterscheiden müssen. PhilosophInnen und WissenschaftlerInnen behaupten, daß es keinen Unterschied macht, ob wissenschaftliche Probleme als Ergebnis der Sonnenanbetung (wie bei Kepler), der Gespräche mit Astrologen und Alchimisten (wie bei vielen frühmodernen Wissenschaftlern) oder des Austausches mit den besten zeitgenössischen WissenschaftlerInnen (wenn dies *nicht* die Astrologen und Alchimisten sind) formuliert werden. Soziale Werte erreichen die Wissenschaft zweifellos aus all diesen Forschungskontexten heraus. Wenn aber die Hypothesen einmal im Kontext der Validation stehen, wo sie gründlich getestet werden, so fährt die Argumentation fort, dann können alle sozialen Werte aufgedeckt und ausgeschaltet werden, und es bleiben reine Fakten – Informationen – als Ergebnisse der Forschung zurück.

Im Gegensatz dazu argumentiert die Kritik, daß die Schwierigkeiten nicht nur in dem von den Wissenschaften generierten Bild der Natur und der sozialen Beziehungen liegen, das in weiten Teilen von den individuellen Wissenschaftsauffassungen der einzelnen WissenschaftlerInnen geprägt ist. Die Schwierigkeit liegt vielmehr auch darin, daß dasjenige, was als Problem gilt, mit bestimmten Forschungszwecken verbunden wird, für die die Forschung finanziert wird. Wenn das dominante Geschlecht die weibliche Sexualität als problematisch wahrnimmt, haben wir *einen* Blick auf die menschliche Sexualität; wenn wir die männliche Sexualität problematisieren, wählen wir einen anderen. Wenn wir die Ungleichheit der Geschlechter erklären, ohne die männliche Macht zu thematisieren oder die Richtigkeit der männlichen Überlegenheitsansprüche als wissenschaftliches Problem zu definieren, entsteht ein ganz bestimmtes Bild der menschlichen Biologie, Geschichte und der sozialen Beziehungen; wenn die Problemstellung die Erklärung der Geschlechterungleichheit ist und wir den Fokus dem Zufall überlassen, wird ein anderes Bild entstehen. Die Problemdefinition »Überbevölkerung« in der Dritten Welt ruft ein spezifisches wissenschaftliches Programm hervor; wenn dagegen die Weigerung des Westens problematisiert wird, den Dritte-Welt-Kulturen die Bewahrung ihrer Ressourcen, die sie für die Erhaltung ihrer eigenen Bevölkerung benötigen, zu erlauben, werden wir ein anderes Programm für angemessen halten. Die wissenschaftlichen Forschungsmethoden werden solange wenig zur Eliminierung von Vorurteilen, die diesen gegensätzlichen Definitionen innewohnen, beitragen, solange nur eine Seite der Problemstellungen als wissenschaftlich gilt. Werden wir nach Jahrhunderten der Dominanz und Definitionsmacht bestimmter Gruppen darüber, was als wissenschaftliches Problem zählt, eine ebenso lange Zeit benötigen, damit die untergeordneten Gruppen den Großteil der Definitionen bestimmen? Wenn dem nicht so sein soll, wie kann dann unser verzerrtes Weltbild korrigiert werden?

Eine Möglichkeit der Auseinandersetzung mit dieser Frage ist anzuerkennen, daß, obwohl die wissenschaftlichen Methoden gerade alle sozialen Werte aus dem Forschungsprozeß eliminieren sollen, sie tatsächlich nur solche Werte ausschalten, die von denen der Gemeinschaft der Wissenschaftler abweichen. Wenn Werte und Interessen, die die kritischsten Perspektiven auf die Wissenschaft eröffnen, mittels diskriminierender sozialer Praktiken stillgestellt werden, dann hat die standardisierte und eng gefaßte Konzeption wissenschaftlicher Methoden nicht die geringste Chance, Wertneutralität oder Objektivität zu maximieren.

Diese Schlußfolgerung hat den Effekt, Gleichstellungsfragen in wissenschaftliche und erkenntnistheoretische und nicht nur in moralische und politische zu verwandeln. Angehörigen einer unterdrückten Gruppe steht es eher als ihren Unterdrückern zu, gegenüber falschen Behauptungen über ihre Gruppe mißtrauisch zu sein. Die konservativen FürsprecherInnen der Gleichstellung behaupten, daß mehr Frauen in der Wissenschaft den Charakter der produzierten Wissenschaft nicht verändern würden. Es mag zutreffen, daß die zahlenmäßige Zunahme von Frauen in einer Wissenschaft und einer Gesellschaft, die auch in anderen Beziehungen der männlichen Überlegenheit noch immer zutiefst verbunden sind, wenig Einfluß auf Inhalte und Ziele der Wissenschaft hätte. Die hier wiedergegebene Diskussion legt aber die Vermutung nahe, daß unser Weltbild tatsächlich ein anderes wäre, wenn die Stimmen von Frauen vor dem Hintergrund von Frauenbewegung und feministischer Theorie einen mächtigeren Einfluß auf die allgemeine Richtung der wissenschaftlichen Forschung in Biologie und

Sozialwissenschaften hätten. Selbstverständlich können auch Männer lernen, die Stimmen von Frauen zu hören und wissenschaftliche Programme zu entwickeln, die weniger »selbstbedienend« sind. Einige haben es bereits gelernt. Die Frage ist also nicht ausschließlich die, »welche Körper« in der Scientific Community repräsentiert sind. Es gibt allerdings keinen Grund anzunehmen, daß antidemokratische Gemeinschaften maximal objektive Erkenntnisse hervorbringen können. Demokratie und Wissenschaft sind zutiefst miteinander verknüpft auf Weisen, die ich weiter untersuchen werde.

Eine weitere Frage, die später verfolgt werden wird, soll hier zumindest angerissen werden. Wenn Feministinnen die wissenschaftlichen Methoden kritisieren, gibt es dann eine alternative feministische Forschungsmethode, die bessere Chancen hat, vorurteilsfreie Resultate zu erbringen? Für diese offensichtlich vernünftige Frage gibt es keine einfache, unproblematische Antwort. In gewisser Weise steht uns eine unverwechselbar feministische »Forschungsmethode« zur Verfügung – ein ganz bestimmter Weg anzufangen, die fruchtbarsten Fragestellungen zu finden und Erkenntnisansprüche zu begründen. Aber in einem anderen Sinn sollte das Bedürfnis nach einer Untersuchungsmethode – einer Technik, einem Schema, einem Algorithmus oder intellektuellem Mechanismus –, die objektive Ergebnisse über das Leben von Frauen und die soziale Ordnung garantieren soll, mit Mißtrauen betrachtet werden. Feminismus ist auch Politik, und die Verbundenheit mit dieser politischen Praxis kann nicht von den feministischen Standards dafür, was als vernünftig produziertes Wissen gelten sollte, getrennt werden.[11]

Die sexuellen Bedeutungen von Natur und Forschung

Wissenschaft produziert Information, aber sie bringt außerdem Bedeutungen hervor. Wie selbst einige konventionelle WissenschaftstheoretikerInnen feststellen, sind die Ergebnisse wissenschaftlicher Forschung nur dann Informationen, wenn sie für uns eine Bedeutung haben; eine nicht zu entziffernde Zahlenkette oder unsinnige Silben stellen nicht bereits Informationen dar. Darüber hinaus produziert die Wissenschaft Bedeutungen für ihre eigenen Aktivitäten in der Absicht, Ressourcen zu sichern. Wir betrachten diese Art Methode als ein moralisches Gut, als den Ort, an dem der der Wissenschaft inhärente positive Wert zu finden ist – deshalb der Begriff »Positivismus«. Die Wissenschaft konzeptualisiert sich selbst in Begriffen wie »Berufung«, »wichtigste Stütze der Rationalität«, »heroischer Kampf«, »Paradigma menschlicher Aktivität«, »Gipfel der Zivilisation« usw. Sie produziert Bedeutungen für ihre Forschungsmethoden wie die, »den Schleier über der Natur lüften«, oder »die Natur zwingen, ihre Geheimnisse zu enthüllen«, oder – attraktiver für uns – als Versuch, das Prinzip »Macht schafft Recht« auf dem Gebiet empirischer Erkenntnis zu bekämpfen. Und Wissenschaft liefert Bedeutungen von Natur, die sie beschreibt und erklärt – als etwas, das entweder Beherrschung erfordert oder seine Geheimnisse schützt, als würdigen Gegner, sogar als »Braut« des Wissenschaftlers (vgl. Berman 1981; Easlea 1980; Easlea 1983; Keller 1984; Leiss 1972; Merchant 1980).

Daher ist ein weiterer Fokus feministischer Wissenschaftskritik das »Lesen der Wissenschaft als Text« mit literaturkritischen, historischen und psychoanalytischen Techniken. Der Text ist das Ganze der Wissenschaft: ihre formalen Aussagen, intellektuellen Traditionen, Forschungspraktiken, sozialen Formationen, die wissenschaftlichen und populären Anschauungen über Wissenschaft und so weiter. Francis Bacon benutzt Vergewaltigungsmetaphern, um sein Publikum zu überzeugen, daß die experimentellen Methoden gut seien: »Wir müssen nur die Natur auf ihren verschlungenen Pfaden verfolgen, und danach werden wir in der Lage sein, sie wieder zu demselben Platz zu führen und zu lenken, wann immer wir es wollen. Ein Mann sollte auch keine Skrupel haben, in Löcher und Ecken vorzudringen (penetrating), wenn die Erforschung der Wahrheit sein ganzes Ziel ist.« (Zitiert bei Merchant 1980, 168) Paul Feyerabend, ein zeitgenössischer Wissenschaftstheoretiker, empfiehlt seine eigene Analyse vor anderen, indem er sagt: »Diese Entwicklung ... verwandelt Wissenschaft aus einer strengen und anspruchsvollen Herrin in eine attraktive und nachgiebige Kurtisane, die jeden Wunsch ihres Liebhabers zu erahnen versucht. Es liegt natürlich an uns, ob wir einen Drachen oder ein Miezekätzchen vorziehen. Meine eigene Wahl brauche ich wohl kaum zu erklären.« (Feyerabend 1974: 221) In seiner Nobelpreisrede nannte der Physiker Richard Feynman (1964) die Idee, die seine prämierte Arbeit inspirierte, eine »alte Lady, die nur noch wenig Attraktivität besitzt und die Herzen der Jungen nicht mehr höher schlagen läßt. Aber wir sagen das Beste über irgendeine alte Frau, wenn wir schildern, daß sie eine sehr gute Mutter ist und einige hervorragende Kinder geboren hat. Ich danke der Schwedischen Akademie der Wissenschaften, daß sie eines von ihnen ausgezeichnet hat« (ebd.; vgl. Harding 1986, Kapitel 5, zur weiteren Diskussion dieser Metaphern).

Wenn uns bewußt wird, daß die mechanistischen Metaphern, die frühmoderne Wissenschaft organisieren, sexuelle Bedeutungen transportieren, sehen wir auch, daß diese Bedeutungen zentral für die wissenschaftlichen Konzeptualisierungen sowohl von Forschungsmethoden als auch von Modellen der Natur sind. Ein verhaltenes, aber klares Echo dieses Zusammenhangs findet sich sogar in einem Text, der die Wissenschaft ganz klar »unantastbar« zu halten versucht: »Die Gesetze der Natur erscheinen nicht in unserer alltäglichen Umgebung, darauf wartend, wie eine Frucht vom Baum gepflückt zu werden. Sie sind versteckt und unnachgiebig, und die Schwierigkeiten, sie zu fassen zu bekommen, tragen unbestritten zur Befriedigung im Falle des Erfolgs bei.« (National Academy of Sciences 1989: 6) Solche Metaphern und geschlechterrelevanten Bedeutungen wissenschaftlicher Methoden, Theorien und Erkenntnisobjekte verwissenschaftlichen geschlechtsbezogene Stereotypen und generieren gleichzeitig verzerrte Bilder von der Natur und deren Erforschung.

Diese Kritik begründet eine Reihe wichtiger Fragestellungen (vgl. Harding 1986: 233-39). Zum einen ist es wichtig zu sehen, daß der Schwerpunkt nicht darauf liegen sollte, ob Individuen in der Wissenschaftsgeschichte sexistisch waren oder nicht. Die meisten waren sexistisch; darin sind sie ganz Männer ihrer Zeit. Statt dessen ist festzustellen, daß die sexuellen Bedeutungen von Natur und Forschung die Ängste ganzer Gesellschaften ausdrücken – oder mindestens die Ängste der Gruppen, deren Interessen die Wissenschaft voranbringen sollte. Mein Thema sind kulturelle Bedeutungen, nicht individuelle. Der Bezug auf die gängige Geschlechterpolitik wird dazu benutzt, die Ängste hinsichtlich der wahrgenommenen Bedrohung der sozialen Ordnung zu zerstreuen (vgl. Merchant 1980; Bondo 1987).

Darüber hinaus stellen die in jüngster Zeit entwickelten interaktionistischen Theorien über Metaphern klar, daß Metaphern nicht einfach heuristische Kunstgriffe oder literarische Verzierungen sind, die durch wertneutrale Referenzbegriffe ersetzt werden könnten. Sie sind ein grundlegender Bestandteil von Wissenschaft, indem sie den WissenschaftlerInnen zeigen, wie sie ihre Theoriegebiete abstecken, welche Gesetzmäßigkeiten der Natur sie zu finden erwarten und welche Fragen über die Natur sie stellten sollen (vgl. Hesse 1966).

Die sexistische Metaphorik ist in politischer und moralischer Hinsicht widerwärtig. Aber sie verzerrt auch unser Verständnis von Natur in doppelter Weise. Erstens: Wenn WissenschaftlerInnen dazu tendieren (absichtlich oder nicht), bestimmte Sorten von Forschungsmethoden auszuwählen, *weil* sie maskulinen Stereotypen verhaftet sind – z.B. interventionistische Methoden –, dann sind diese Stereotypen bereits ein integraler Bestandteil der *Beweisführung* für die Ergebnisse dieser Forschung. Da wir fähig sein sollten, alle Belege für wissenschaftliche Aussagen abzuwägen, sollten wir auch diese Präferenz für bestimmte Methoden aufgrund dessen, daß sie männliche Bedeutungen befördern und weibliche vermeiden, als Bestandteil der wissenschaftlichen Beweisführung präsentieren. (Stellen Sie sich einen Forschungsbericht, der diese Auffassung vertritt, in einer wissenschaftlichen Zeitschrift vor!).[12]

Eine Konsequenz des Fortbestehens dieser Art von Präferenz ist, daß WissenschaftlerInnen die Aspekte von Natur, die mit diesen Methoden und Modellen nicht zu erfassen sind, weniger verstehen können. Wenn zum Beispiel Barbara McClintocks nichtinterventionistische Beobachtungsmethode von Wachstumsmustern im Getreide mit unverwechselbar nichtmännlichen Interaktionsstilen verbunden wird, dann wird sie von Menschen, die Männlichkeit überbewerten und Weiblichkeit abwerten, weniger angewandt und geschätzt werden (vgl. z.B. Keller 1984, Kapitel 9). Zweitens kann die Präferenz des Macho-Zugangs zur Natur auch die Erklärungen verzerren. Wenn hierarchische Modelle von Kausalität und Kontrolle mit wünschenswerten männlichen Persönlichkeitsmerkmalen assoziiert werden, dann sind die weniger hierarchischen Aspekte der natürlichen Ordnung schwerer zu entdecken, weil sie in dem bevorzugten hierarchischen Modell keine Realität erlangen, nicht sichtbar werden. Zum Beispiel hat in Studien über Schleimpilzaggregationen die Inanspruchnahme solcher hierarchischen Begründungsvorstellungen wie der des Schrittmachers das Erkennen der interaktiven Aspekte dieser Prozesse erschwert (vgl. zu diesem Beispiel Keller 1984, Kapitel 8). Emily Martin (1987) hat herausgestellt, daß die moderne westliche Medizin den Körper der Frau als eine Art Fabrik betrachtet, die ihren grundlegenden Wert aus der Quantität und Qualität ihrer Produkte ableitet – der Kinder also; wenn diese Fabrik ihre Produkte nicht mehr herstellen kann, wird sie als obsolet und nutzlos begriffen. Diese metaphorische Sichtweise beinhaltet sowohl kapitalistische als auch androzentrische Werte. Sie reduziert Frauen auf ihre reproduktiven Funktionen und verstellt die Möglichkeiten, den weiblichen Körper als auch zu anderen Beiträgen zur sozialen Ordnung fähigen zu erfassen, ganz abgesehen von der Wahrnehmung eines anderen Nutzens oder anderer Werte *für* Frauen selbst.

Sollten wir wünschen, daß diese Metaphern aus der Wissenschaft verschwinden? Wo dies möglich ist, erscheint es uns deutlich als wünschenswert. Aber weil die Attraktivität dieser Metaphern für die wissenschaftliche Arbeit aus ihrem sozialen Gebrauch außerhalb der Wissenschaft resultiert, ist ihre Eliminierung aus der Wissenschaftssprache nur ein Teil der Lösung des Problems, wie die Kategorie Geschlecht aus den Naturwissenschaften herauszufiltern ist. Dadurch allein würde die Praxis, in der Forschung von sozialen Bedeutungen zu zehren, nicht beendet. Außerdem entsteht die Frage, wie wir offensichtlich sexistische Metaphern, die trotz allem auch zum Anwachsen der wissenschaftlichen Erkenntnis beigetragen haben, bewerten sollten. Auf welche Weise sollten zum Beispiel Feministinnen die Tatsache analysieren, daß mechanistische Metaphern sich auf frauenverachtende Politik als Ressource für die Entwicklung der Wissenschaft stützten?

In einem gewissen Sinn sind dies die falschen Fragen. Die sexistische Wissenschaftssprache ist offensichtlich eine Fortsetzung des sexistischen Denkens in der Gesellschaft im allgemeinen. Jedes Denken und jede Sprache prägen die soziale Ordnung und sind von ihr geprägt, ihren Projekten und den Versuchen, ihre inhärenten Konflikte zu lösen. Deshalb können die Lösungen zu dem angesprochenen Problem nicht unabhängig von allgemeineren Kämpfen für die Beendigung der Unterdrückung von Frauen, rassischen »Minderheiten« und Armen sein und von dem Versuch, die Wissenschaften in erkenntnissuchende Institutionen *von* diesen und *für* diese Gruppen zu transformieren. Wir müssen fragen, wie Gesellschaften, in denen die Institutionen der Erkenntnisproduktion nicht länger zum Wohle der wenigen und zum Nachteil der vielen arbeiten, geschaffen werden können. Die hier formulierte Kritik ist dennoch besonders wichtig, weil sie zeigt, daß Physik, Chemie und abstraktes Denken in jeder Disziplin (einschließlich der Philosophie) zutiefst sexistisch oder androzentrisch sein können, selbst wenn es in dem jeweiligen Forschungsgebiet nicht um Menschen geht. Offensichtlich ist das abstrakte Denken nicht so abstrakt, wie die meisten annehmen. Vielleicht unterläuft sogar die exzessive Bevorzugung des Abtrakten selbst den Punkt der Abstraktion: Diese Präferenz kann wie alle anderen historisch verortet werden.

Androzentrische Erkenntnistheorien

Schließlich kommen wir zu den erkenntnistheoretischen Fragen, die sich auf die genannten Herausforderungen für Natur- und Sozialwissenschaften gründen. Man kann sich diesem Problem nähern, indem man sich vergegenwärtigt, daß es sich in der Biologie, den Human- und Sozialwissenschaften als unmöglich herausgestellt hat, Frauen als Subjekte den Grundlagen dieser Disziplinen »hinzuzufügen«, ohne diese zu erschüttern. Dementsprechend argumentieren feministische Wissenschaftskritikerinnen, daß, wenn wir versuchen, Frauen in traditionelle Erkenntnistheorien als Erkennende einzuführen, wir sehr schnell entdecken, wie voreingenommen und verzerrt diese Theorien sind.

Die Frage ist nicht, ob individuelle Frauen wissenschaftliche Ausbildungen und Referenzen erlangt und in wichtiger Weise zum Erkenntnisfortschritt beigetragen haben; es gibt viele Frauen, denen dies gelungen ist. Das Thema feministischer Kritiken an Erkenntnistheorien ist ein anderes: »Die Frau als Erkennende« (wie die »Frau als Wissenschaftlerin«) scheint ein Widerspruch in sich zu sein. Mit »Frauen als Erkennende« meine ich Frauen als Subjekte der Erkenntnis, als Akteurinnen auf der Bühne der Geschichte, als Menschen, deren Lebenserfahrungen gegenüber den Lebensweisen der Männer in den herrschenden Gruppen andere und in mancher Hinsicht vorzuziehende Grundlagen für Erkenntnisansprüche darstellen.

Wir fangen an, die Widersprüche zu spüren, wenn wir feststellen, daß in der konventionellen Anschauung »Wissenschaftlichkeit« Leidenschaftslosigkeit, Überparteilichkeit, Interesselosigkeit und die Befaßtheit mit abstrakten Prinzipien und Regeln bedeutet; daß aber mit der »Frau« Emotionalität, Empathie und Parteilichkeit für das Wohlergehen von Familie und Freunden, das Interesse an konkreten Praktiken und in einen Zusammenhang eingebundenen Beziehungen assoziiert wird. Feministinnen stellen heraus, daß diese weiblichen Merkmale nicht aus der Biologie der Frau folgen – und am allerwenigsten aus einer »minderwertigen« Biologie. Vielmehr entstammen sie einer Vielfalt sozialer Bedingungen, die für das Leben von Frauen eher charakteristisch sind als für das von Männern aus den gesellschaftlich dominanten Gruppen. Eine These ist, daß diese Männer den Frauen (und anderen marginalisierten Personen) jene menschlichen Aktivitäten zuschreiben, die sie selbst nicht leisten wollen. Sie schreiben den Frauen die Pflege aller Körper, auch die der Männer, zu und die Pflege der sozialen Orte, an denen diese Körper leben (Häuser, Büros usw.), die Pflege der Kleinkinder und »emotionale Arbeit« – das bedeutet zumeist die Verantwortung für die Entwicklung der Gefühle aller. (Einige Männer verrichten selbst »emotionale Arbeit«, aber nur dann, wenn sie als Psychiater dafür Honorare berechnen können.) Zusammengefaßt: die meisten Männer aus den dominanten Gruppen lehnen es ab, Verantwortung für das tägliche Leben zu übernehmen, sei es ihr eigenes oder das anderer Menschen (vgl. Smith 1987; Hartsock 1989; Aptheker 1989). Müssen Frauen verleugnen, was sie aus der Perspektive ihres alltäglichen Lebens über Natur und soziale Beziehungen erfahren, um kulturell anerkanntes Wissen hervorzubringen? Wie kann sozial verortete Erkenntnis begründet werden, wenn die vorherrschende Erkenntnistheorie annimmt, daß schon die Idee verorteter Erkenntnis ein Widerspruch in sich ist, da wahre Erkenntnis transzendental sei (vgl. Haraway 1988)?

Explizit feministische Analysen der Theorien wissenschaftlicher Erkenntnis kristallisieren sich um drei differente und sich zum Teil widersprechende Herangehensweisen heraus. Erstens gibt es die feministisch-empirischen Versuche, die feministische Kritik an wissenschaftlichen Ansprüchen in bestehende Theorien wissenschaftlicher Erkenntnis einzubringen, indem sie argumentieren, daß sexistische und androzentrische Forschungsergebnisse lediglich das Resultat »schlechter Wissenschaft« sind. Unter dieser Perspektive helfen Feministinnen der Wissenschaft, ihre bestehenden und anerkannten Prozeduren und Ziele besser zu verfolgen und zu erreichen. Zweitens gibt es die feministischen Standpunkt-Theorien, die das Problem weitreichender sehen. Der vorherrschende begriffliche Rahmen der Natur- und Sozialwissenschaften entspreche den Erfahrungen, die westliche Männer der führenden Klassen und Rassen mit sich selbst und ihrer Umwelt machen. Politische Auseinandersetzungen und feministische Theorie müssen diesen Feministinnen zufolge in die Wissenschaften integriert werden, wenn wir fähig sein wollen, über die bisher von den Wissenschaften generierten partiellen und falschen Weltbilder hinauszublicken. Wenn wir bei der Forschung vom Leben der Frauen ausgingen, könnten wir empirisch und theoretisch angemessenere, zumindest aber weniger voreingenommene und verzerrte Beschreibungen und Erklärungen erreichen. Schließlich gibt es noch eine dritte Herangehensweise, die meint, daß auch die beiden genannten feministischen erkenntnistheoretischen Ansätze nicht radikal genug sind. Beide hielten noch zu sehr fest an dem schädlichen Glauben der Aufklärung an die Möglichkeit, eine wahre Geschichte über die äußere Wirklichkeit, die darauf wartet, im Spiegel unseres Geistes reflektiert zu werden, zu schreiben. Diese postmodernen Tendenzen im feministischen Denken stellen die in der Vergangenheit viel zu intimen Beziehungen zwischen Wissenschaft und Macht heraus. Sie fragen, ob feministische Erkenntnistheorien eine Gedankenkontrolle fortsetzen, wie es charakteristisch ist für konventionelle, erkenntnistheoretisch zentrierte Philosophien und Wissenschaften.

Die folgenden Kapitel argumentieren für ein postmodernes Standpunkt-Denken, das aber dennoch der Revision und Rekonstruktion von einigen wichtigen Vorstellungen der konventionellen Metatheorien der Wissenschaft verpflichtet ist. Das bedeutet, daß ich der Logik des Standpunkt-Ansatzes in postmodernes Terrain hinein folge, während ich unterwegs versuche, gewohnte, aber inkompetente begriffliche Utensilien in für die aktuelle alltägliche Arbeit in den Wissenschaften, der Philosophie und in demokratischen Auseinandersetzungen nützliche zu verwandeln. Andere Theoretikerinnen sind mit ähnlichen Projekten befaßt, wenn sie diese auch in anderen Begriffen beschreiben mögen.

Erkenntnistheoretische Fragen durchziehen alle folgenden Kapitel. Wie unterscheidet sich, wenn überhaupt, eine Erkenntnistheorie von einer Rechtfertigungsstrategie? Sind die feministischen Erkenntnistheorien wirklich Wissens*philosophien* oder nur Wissens*soziologien*? Verpflichten sie sich den pariarchalischen Theorien, bei denen sie Anleihen machen – Empirismus, proletarischer Standpunkt, vorherrschende Tendenzen im Postmodernismus? Oder untergraben sie im Gegenteil diese Ressourcen, auf die sie sich jedoch gleichzeitig beziehen? Was sind genau die vom Standpunkt-Ansatz reklamierten Grundlagen der Erkenntnis im Leben von Frauen? Sind sie essentiell? Werden sie den unterschiedlichen weiblichen Erfahrungen, Aktivitäten und Lebensweisen gerecht? Wie sieht die Beziehung zwischen diesen feministischen Ansätzen und anderen zeitgenössischen Bemühungen um mehr Demokratie aus? Sind diese feministischen Erkenntnistheorien immer noch ausgesprochen loyal gegenüber den westlichen Konzeptionen und Bewertungen der Wissenschaft? Sind sie relativistisch? Sind sie in rückschrittlicher Weise »fundamentalistisch«? Geben sie das Prinzip der Objektivität auf? Oder bewerten sie die Wissenschaft über? Werden sie von feministischer Politik angegriffen oder bestärkt? Können Männer feministische Forscher sein? Diese und andere Fragen werden im weiteren verfolgt.

In *The Science Question in Feminism* (1986; dt. *Feministische Wissenschaftstheorie*) habe ich den Weg von den Fragen über Frauen in der Wissenschaft hin zur Kritik an Theorien wissenschaftlicher Erkenntnis als Verlagerung von der »Frauenfrage in der Wissenschaft« hin zur »Wissenschaftsfrage im Feminismus« charakterisiert. In ihrem Bezug auf Gleichstellungsgesichtspunkte setzt die »Frauenfrage« an bei der Frage nach der Erwartung von Frauen an die Wissenschaft. Sie begreift Frauen als eine politische Interessengruppe – wie zum Beispiel Bauern oder Erdöllieferanten auch –, die verlangt, daß ihre speziellen Bedürfnisse und Interessen in der Institution Wissenschaft gerechterweise wahrgenommen werden. Sobald wir in die erkenntnistheoretischen Diskussionen eintreten, verlagern sich sowohl die Fragestellungen als auch die Art und Weise, wie Frauen konzeptualisiert werden. Die »Wissenschaftsfrage« fragt danach, wie wir dieselben Wissenschaften für emanzipatorische Ziele einsetzen können, die offenkundig so eng mit westlichen, bürgerlichen und männlichen Projekten verknüpft sind. Frauen erscheinen nicht allein als Vertreterinnen einer bestimmten Interessengruppe, die um Gehör bittet, sondern als Denkerinnen, die eine Besorgnis über Wissenschaft und Gesellschaft ausdrücken, die ihr Echo auch in anderen »Gegenkulturen« zur Wissenschaft hat – in antirassistischen und Dritte-Welt-Bewegungen, in antikapitalistischen, ökologischen und Friedensbewegungen. Es überrascht uns nicht, daß es in all diesen anderen Bewegungen auch Feministinnen gibt.

Diese Verlagerung der Fragestellung spiegelt das radikale Potential des Feminismus. Er ist sowohl reformistisch wie auch revolutionär; konventionelle politische Dichotomien treffen seine wichtigsten Tendenzen nicht. Einige Beobachter und Beobachterinnen sehen in ihm die jüngste der modernen Revolutionen, die weltweit alle Kulturen berühren. Die Kämpfe gegen die Ausbeutung von Frauen nehmen ihren historischen Platz ein in einer Reihe mit den Kämpfen gegen die Ausbeutung der arbeitenden Klassen und der Farbigen. Aber die Einordnung feministischer Tendenzen in eine bestimmte Chronologie ist möglicherweise eher verwirrend als hilfreich, weil alle Formen von Ausbeutung und auch die Kämpfe dagegen untrennbar miteinander verflochten sind. Die Zeit wird uns lehren, wie wichtig und erfolgreich der Feminismus als soziale Bewegung sein wird; wir erleben heute nicht zum ersten Mal in der Geschichte ein »Erwachen der Frauen«, wie die Feministinnen des 19. Jahrhunderts es nannten. Unterdessen stellt die feministische Herausforderung an die Wissenschaft für uns alle wichtige neue Fragen über unsere Geschichte und über die Zukunft, die für die Beziehung zwischen Erkenntnis und sozialer Ordnung wünschenswert wäre.

Kapitel 3

DER NUTZEN DER FRAUENBEWEGUNG FÜR DIE WISSENSCHAFT
Zwei Sichtweisen

Methodologie und Erkenntnistheorie der modernen Wissenschaft gehen davon aus, daß die Erkennenden austauschbar sind. »Jeder kann durch mein Teleskop sehen«, sagte Galilei. Er beabsichtigte wie die späteren Anhänger der »Neuen Wissenschaft«, die im England des 17. Jahrhunderts erblühte, den Monopolanspruch der Aristokraten, Humanisten und der Priesterschaft auf das Recht der Festlegung der Methoden für die Betrachtung der Gesetzmäßigkeiten und kausalen Zusammenhänge der Natur zu brechen (vgl. van den Daele 1977). Galilei proklamierte »Wissenschaft für das Volk«, eine Parole, die in den 1960er Jahren aufgrund ihrer demokratischen partizipatorischen Implikationen wieder aufgenommen wurde.[1]

Aber aus der Perspektive der von der Gesellschaft ausgeschlossenen oder marginalisierten Gruppen können heute auch gewisse antidemokratische Konsequenzen des konventionellen Anspruchs auf Austauschbarkeit der Erkennenden gesehen werden. Wenn alle Erkennenden austauschbar sind, dann ist die Forderung nach Quotierung oder positiver Diskriminierung (*affirmative action*)[2] in den Wissenschaften »nur« ein moralischer und politischer Programmpunkt. Sie hat dann keine positiven Auswirkungen auf den Inhalt oder die Logik der Naturwissenschaften; die wissenschaftlichen Arbeiten von Männern und Frauen, von Schwarzen und Weißen, von Nazis und Angehörigen des Ku Klux Klan werden ohne Unterschiede durch die wissenschaftliche Methode kontrolliert und diszipliniert. Wenn alle Erkennenden im Prinzip austauschbar sind, dann ist das von weißen, westlichen, ökonomisch privilegierten, heterosexuellen Männern erzeugte Wissen ebenso gut wie das Wissen, das beliebige andere Personen hervorbringen können. Die WissenschaftlerInnen sprechen für die Natur selbst und drücken nicht etwa, wie die Kritik unterstellt, bestimmte historische Annahmen über Natur aus, über gesellschaftliche Verhältnisse, für die empirisches Wissen eine Ressource sein kann, und darüber, wie Menschen mit der Natur interagieren sollten. In dieser Sichtweise scheinen Gleichstellungspolitik und die Bewegungen für bürgerliche Freiheitsrechte und für Frauenrechte, die so energisch gekämpft haben, um die Gleichstellung an den Universitäten und in der Arbeitswelt durchzusetzen, keine Relevanz für das von den Wissenschaften produzierte Weltbild oder für unsere Theorien über Wissen und Erkenntnis zu haben.

Konventionelle DenkerInnen befürchten sogar eine Gefährdung der Wissenschaften durch die Forderung nach positiver Diskriminierung oder Quotierung. Wenn angenommen wird (im Gegensatz zu den meisten Berichten aus dem kritischen Blickwinkel auf die Wissenschaft als soziale Institution), daß die Mitglieder der Gesellschaft, die die besten wissenschaftlichen Fähigkeiten mitbringen, bereits für die Wissenschaften rekrutiert sind, wo allein die forcierte Ausbildung ihrer Talente für ihr weitestmögliches Fortkommen sorgt, dann kann die Forderung nach besonderer Berücksichtigung von Frauen und Minderheiten für wissenschaftliche Stellen als Bedrohung für diese angebliche Meritokratie empfunden werden. Diese Forderung führt – immer noch mit konventionellen Augen betrachtet – irreführende und schädliche Gesichtspunkte in die Rekrutierungspolitik der Wissenschaften ein. Darüber hinaus nehmen die Männer aus den vorherrschenden Rassen und Klassen an, daß sie selbst mit in erster Linie allgemeinem Interesse an wissenschaftliche Vorhaben herangehen – sie beabsichtigen, »gute Wissenschaft« zu machen, die Geheimnisse der Natur zu entdecken usw. –; Frauen und Minderheiten schreiben sie dagegen viel öfter parteiliche Interessen als Motivation zu. Die Forderung von Frauen nach Zutritt zur Wissenschaft dient Männern als Beleg, daß die Aktivitäten von Frauen und Minderheiten stärker von Politik als von dem Wunsch nach reiner Information bestimmt sind, welch letzterer, so vermutet man, die Männer aus den dominanten Gruppen motiviert. Die Menschen, die nicht als individuell forschende Geister, sondern als Angehörige sozialer Gruppen mit politischen Programmen (ob die einzelnen sich diesen Programmen nun verpflichten oder nicht) in den Wissenschaften agieren, neigen eher dazu, ihre Arbeit mit verzerrenden sozialen Werten zu befrachten – so etwa funktioniert die paradoxe Logik der »austauschbaren« WissenschaftlerInnen. Wenn es nach ihnen ginge, müßte die Arbeit der sozial verorteten ForscherInnen sogar genauer überwacht und diszipliniert werden als die Arbeit von körperlosen individuellen Geistern, die sich der »reinen Wissenschaft« verschreiben; man denke an Lysenkoismus[3] und an nationalsozialistische Wissenschaft.

Diese Anschauung kann sogar dazu führen, daß die Kosten für positive Diskriminierung oder Quotierung gegen die Kosten für die notwendige größere Wachsamkeit gegenüber verzerrenden sozialen Werten abgewogen werden mit der Folge, daß Gleichstellungspolitik alles in allem abgelehnt wird. VertreterInnen dieser Auffassung meinen, daß die Frauenbewegung, die für Quotierungspolitik eintritt, einen negativen Einfluß darstellt, gegen den sich die Wissenschaften schützen müssen, wenn sie ihre eigenen Programme fortführen wollen. Während ich hier einerseits versucht habe, diese Argumentationslinie so plausibel wie möglich wiederzugeben, so muß ich doch andererseits herausstellen, daß es mir schwerfällt, denjenigen nicht paranoide Vorstellungen zuzuschreiben, die Stalinismus und Nazismus gleichsetzen mit dem Eintritt einiger weiterer Afroamerikaner und Frauen in eine eindeutig von weißen Männern angeführte Institution – sowohl was die Wissenschaft selbst betrifft als auch die staatlichen und industriellen Gremien, in denen wissenschaftliche Themenkataloge generiert werden. Wir werden erinnert an die Angst von Wissenschaftlern des 19. Jahrhunderts vor der »Feminisierung der Wissenschaft«, als Frauen begannen, wissenschaftliche Stellen einzunehmen (vgl. Rossiter 1982: z.B. 313).

Dieses Kapitel untersucht die positiven Auswirkungen, die Gleichstellungsprogramme und andere Ergebnisse von Frauen- und Bürgerrechtsbewegungen auf die Wissenschaften und die Erkenntnissuche im allgemeinen haben können. Möglicherweise sind wir an dem Punkt angekommen, an dem wir ein für alle Mal eine politische, moralische und erkenntnistheoretische Position aufgeben sollten, die in ihrer ursprünglichen Form dazu entwickelt worden war, Europa aus dem Feudalismus herauszuführen.

Feministische Kritiken: Gemeinsamkeiten und Differenzen

Ein Fokus der neueren feministischen Literatur, die sich mit den Naturwissenschaften befaßt, liegt auf den Ressourcen, die die Frauenbewegung der Wissenschaft bietet. In dreifacher Hinsicht tragen Frauen zum Erkenntnisfortschritt in den Naturwissenschaften bei: als Wissenschaftlerinnen, durch feministische Politik und durch feministische Wissenschaftstheorien. Unter den über diese Ressourcen nachdenkenden Feministinnen gibt es sowohl Gemeinsamkeiten als auch Konflikte. Sie stimmen darin überein, daß die Frauenbewegung wichtige Beiträge zum Erkenntnisfortschritt leistet, aber sie sind uneinig darüber, worin genau diese Beiträge bestehen.

Die Solidarität untereinander ist ein Ergebnis der notwendigen Zusammenarbeit gegen konventionalistische Auffassungen, für die schon die Idee, daß eine soziale Bewegung zum Erkenntnisfortschritt beitragen könnte, eine ernsthafte Bedrohung ihrer bestangesehenen Annahmen darstellt. Sogar einige DenkerInnen und BeobachterInnen, die sich selbst in anderen Aspekten als radikale WissenschaftskritikerInnen betrachten, sind in dieser Hinsicht konventionalistisch. Sie nehmen an, daß ihr eigenes soziales Engagement im Dienste der ArbeiterInnen, der Menschen in der Dritten Welt, der Umwelt, des Antimilitarismus oder des Tierschutzes einen wichtigen Beitrag zum Erkenntnisfortschritt leistet, aber daß der Feminismus der Frauenbewegung dies nicht tut. Auf alltäglicher Ebene müssen Feministinnen deshalb in und außerhalb der Wissenschaften gegen Individuen und Institutionen kämpfen, die sich Frauen gegenüber so verhalten, als ob diese nicht in der Lage wären, wirklich gute Physikerinnen, Chemikerinnen, Mathematikerinnen oder Ingenieurinnen zu werden, und die meinen, daß die Vorstellung, die Wissenschaft könne etwas aus der Frauenbewegung lernen, notwendig regressive, verzerrende und repressive politische Ideologien und einen Abfall der Qualität wissenschaftlicher Arbeit hervorbringt – ungeachtet der eindeutigen Beispiele, bei denen die feministische Perspektive zum Erkenntnisfortschritt beigetragen hat.

Die gegen diese konventionalistischen Auffassungen geschlossen auftretenden Feministinnen sind jedoch untereinander in anderen wichtigen Fragen uneinig. Eine der Kontroversen trennt diejenigen, die glauben, daß die Aufgabe feministischer Analysen die Zurückweisung »schlechter Wissenschaft« ist, von denjenigen, die meinen, daß *»science-as-usual«* – die herkömmliche Wissenschaft, das gesamte wissenschaftliche Unternehmen, seine Absichten, seine Praxis und Funktionen – die Zielscheibe feministischer Kritik sein sollte. Tatsächlich sind Feministinnen der einen Gruppe oft erstaunt, wie verschieden die eigene Programmatik von der der anderen Gruppe ist, die sich ebenfalls als feministisch begreift. Die Kritikerinnen schlechter Wissenschaft vermuten zum Teil, daß die Kritikerinnen der *science-as-usual* ihre Versuche unterminieren, die sexistische Berufungspraxis und sexistische und androzentrische Vorurteile in den Wissenschaften abzuschaffen, und sie glauben, daß die Fragen über Rassen, Klassen und Imperialismus lediglich marginale Relevanz für das Fortkommen (weißer, westlicher) Frauen in der (weißen, westlichen) Wissenschaft haben. Auf der anderen Seite sehen die Kritikerinnen der *science-as-usual* die Kritikerinnen schlechter Wissenschaft als einen irritierenden und besonders diffizilen Teil ihres Problems mit der herkömmlichen Wissenschaft an. Sie stellen die feministischen Kritikerinnen schlechter Wissenschaft in den Kontext des kulturellen Versagens, Ethik, Ziele und Funktionen von Wissenschaft nicht weitreichend genug hinterfragen zu können. Einige Feministinnen wollen die Beziehung zwischen den verschiedenen Richtungen untersuchen, andere beziehen sich einfach auf das ihnen gegenwärtig passend erscheinende Programm, ohne sich um die Kontroversen zu kümmern. Aber die meisten der mit Wissenschaft befaßten Feministinnen finden nur einen der beiden Zugänge überzeugend.

Ich finde diese Situation aus einer Reihe von Gründen beunruhigend. Auf der einen Seite, wenn *science-as-usual* als das Problem gesehen wird, liegt es nahe, daß der Feminismus Frauen nicht ermutigen sollte, Wissenschaftlerinnen und damit Teil des Problems zu werden. Aber die Vorstellung, daß die Konsequenz und der Erfolg feminitischer Kritik wäre, Frauen vom Eintritt in dieses Gebiet abzuhalten, ist bedrückend – besonders deshalb, weil Frauen so lange durch die patriarchale Kultur strikt ausgeschlossen waren und weil viele Frauen so heroische Kampagnen für den Zutritt zur und das Verbleiben von Frauen in der Wissenschaft geführt haben. Es ist nicht das Ziel der feministischen Literaturkritik, Frauen vom Schreiben abzuhalten, und die feministische Kritik an den Sozialwissenschaften will nicht etwa Frauen veranlassen, ihre Versuche, die soziale Welt zu verstehen, aufzugeben. Es wäre ein bizarres Ergebnis der angeblich radikalsten feministischen Wissenschaftskritik, sollten Frauen aufhören, die natürliche Welt zu verstehen versuchen. Können wir feministische Wissenschaften ohne Wissenschaftlerinnen erschaffen? Darüber hinaus leben wir in einer wissenschaftlichen Kultur; wissenschaftlich unbedarft zu sein ist heutzutage fast gleichbedeutend mit analphabetisch zu sein – bereits jetzt ein Zustand von viel zu vielen Männern und Frauen. Feministische Kritikerinnen verweisen darauf, daß regressive Tendenzen der herkömmlichen Wissenschaft dieses wissenschaftliche Analphabetentum fördern. Aber wenn Frauen keine Wissenschaftlerinnen werden, werden dann nicht Mädchen und Frauen weiter entmutigt, sich wissenschaftlich zu bilden und solche Formen der Kontrolle über ihr Leben zu erlangen, die durch wissenschaftliche Kompetenz ermöglicht werden? Sollte sich der Feminismus mit der herkömmlichen Wissenschaft darin treffen, die wissenschaftliche Unbedarftheit unter Frauen zu fördern? Was könnte daran progressiv sein?

Auf der anderen Seite ist es ebenso beunruhigend, daß viele Kritikerinnen schlechter Wissenschaft die Tatsache, daß die soziale Struktur und die Ziele der zeitgenössischen Wissenschaft von der Alltagserfahrung der WissenschaftlerInnen getrennt sind, nicht untersuchen wollen. Die wissenschaftlichen Strukturen und Ziele werden als Teil der bürgerlichen, rassistischen, imperialistischen – und auch androzentrischen – Politik der herrschenden Gruppen in der Gesellschaft geschaffen. Die Trennung der Labore, in denen WissenschaftlerInnen Wissenschaft erfahren, von den Gremien, in denen Wissenschafspolitik gemacht wird, ist ein wichtiges Prinzip dieser gesellschaftlichen Ordnung. Sollte der Feminismus dahingehend wirken, daß Frauen die Gleichheit mit den Männern ihrer jeweils eigenen Rassen und Klassen anstreben, ohne Rassen- und Klassenausbeutung in Frage zu stellen? Sollte der Feminismus außerdem Frauen ermutigen, eine Forschung zu betreiben, die voraussichtlich dazu benutzt wird, kleine Dritte Welt Gesellschaften militärisch zu attackieren oder den Profit von wenigen zu maximieren? Was ist progressiv daran, heroische Kampagnen für die Aufnahme von Frauen in die Sozialstruktur und die Themen der Wissenschaften zu organisieren, wenn die Legitimität der sozialen Hierarchie in den Wissenschaften und deren politisch regressive Programme unangetastet bleiben?

Erfreulicherweise mehren sich die Diskussionen zwischen den Kritikerinnen der schlechten und der herkömmlichen Wissenschaft. Entscheidend für diesen Dialog wird sein, die Stimmen der Mehrheit der Frauen in der Welt einzubeziehen, die zumeist weniger mit Wissenschaftskritik als mit dem schlichten Überleben befaßt sind. Das Ziel, diese Frauen zu eliminieren, zu kontrollieren und ökonomisch auszubeuten, hat viel zu viele herkömmliche Wissenschaftsprogramme bestimmt. Wie können diese Frauen von den Naturwissenschaften profitieren, die schließlich zur Entwicklung der »Menschlichkeit« beitragen sollen?

Ein Thema dieser Diskussionen müssen die Konzepte für die entstehenden feministischen Naturwissenschaften sein.[4] Feministische Theorien mit alternativen Konzeptionen von Natur, gesellschaftlichen Verhältnissen und weniger voreingenommenen und verzerrten Erkenntnismöglichkeiten in bezug auf die empirische Welt prägen schon heute wissenschaftliche Forschungsprojekte in den Sozialwissenschaften und in einigen Teilgebieten der Biologie. Wenn Feministinnen und Frauen aus der ganzen Welt in Physik, Chemie, Ingenieurwesen und Biologie die Strukturen bestimmen und die Projekte auswählen könnten, welche würden und sollten sie präferieren? Eine kluge Antwort auf diese Frage erfordert einen Dialog zwischen den Kritikerinnen schlechter Wissenschaft, denen der *science-as-usual* und anderen Frauen aus der ganzen Welt. Eine solche Diskussion hat in Frauen- und Entwicklungsstudien und in der Frauengesundheitsbewegung bereits Priorität, aber diese Untersuchungen könnten noch gewinnen, wenn sie einen umfassenderen Blick auf der Basis des Lebens von Frauen entwickelten. (Ich stelle fest, daß die von mir aufgeworfene Frage genau das zu treffen scheint, was Traditionalisten in ihren Alpträumen den feministischen Wissenschaftskritikerinnen unterstellen: »Wie sähe eine ›feministische‹ Physik aus?« Vielleicht sollten wir unsere Stichworte noch stärker von den Traditionalisten beziehen; deren Alpträume könnten uns zu unseren progressivsten Projekten führen!)

Die Gestalt und Herkunft der Differenz zwischen den zwei wesentlichen feministischen Wissenschaftsansätzen zu identifizieren, kann klärend auf deren Dialog wirken. Ich mache diesen Analyseversuch, indem ich kurz zusammenfasse, was ich für die je zentralen Merkmale halte[5], und indem ich dann die gegensätzlichen Positionen im Hinblick darauf betrachte, wie Frauen in Wissenschaft, feministischer Politik und feministischer Wissenschaftstheorie Ressourcen für die Wissenschaft bereitstellen. (Die dritte wichtige feministische Erkenntnistheorie, die ich als feministischen Postmodernismus oder Poststrukturalismus bezeichne, beschäftigt sich bewußt nicht mit der Entwicklung feministischer Wissenschaften; vgl. Kapitel 7 und Teil III).

Die Kritik »schlechter Wissenschaft«

Feministische Forscherinnen in Biologie und Sozialwissenschaften haben überzeugend und detailliert die sexistische und androzentrische Prägung von Forschungsergebnissen aufgezeigt, die nicht genau genug den allgemein anerkannten methodischen und theoretischen Prinzipien folgen. Grundlegende Verallgemeinerungen über Menschen nur auf Daten über Männer aufzubauen, verletzt ganz offensichtlich methodische und theoretische Regeln. Das Versäumnis, danach zu fragen, warum die Antworten von Frauen auf moralische Dilemmata nicht in die für Männer entworfenen Antwortkategorien passen, müßte genaugenommen deshalb schon lange als unentschuldbar gelten (vgl. Gilligan 1982). Forschungsdesigns, die nur Interviews von Männern mit Männern vorsehen, die aber Verhaltensweisen und Überzeugungen von Männern und Frauen erheben wollen, müssen die Realität verzerren. Auch die Annahmen über die Pathologie und Unreife des reproduktiven Systems von Frauen gründen sich nicht auf die Prinzipien der Biologie, ganz zu schweigen vom gesunden Menschenverstand.

Wenn Kritikerinnen ihre Argumentation mit solchen Attacken gegen schlechte Wissenschaft beendeten (die meisten tun es nicht), würden sie versuchen, Prinzipien guter Forschung und die Erklärungslogik (philosophisch: Begründungslogik), wie sie in den heutigen Natur- und Sozialwissenschaften weit verbreitet sind, zu retten. Dieses Verständnis wurde zu einer Zeit entwickelt, als die Naturwissenschaften sich positivistisch orientierten (vgl. van den Daele 1977). Aber die Wissenschaft ist älter als ihre positivistische Ära. Erst im späten 17. Jahrhundert tauchte zum ersten Mal die Behauptung auf, daß der Nutzen der Wissenschaft einzig in ihrer Methode bestehe. Wissenschaftler und die Institution Wissenschaft wurden auf diese Weise aus ihrer Verantwortung entlassen, sich offen mit den sozialen, politischen und ökonomischen Ursprüngen und Konsequenzen oder mit den konstituierenden Werten von Wissenschaft auseinanderzusetzen. (Der Begriff »Positivismus« ist eine spätere Erfindung; er benennt aber eine Idee, die schon früher allgemein anerkannt war.) Diejenigen, die das Problem nur in schlechter Wissenschaft sehen, halten an dem Ziel wertneutraler Objektivität und Unvoreingenommenheit für alle wissenschaftliche Forschung fest; sie nehmen an, daß es einen archimedischen Aussichtspunkt gibt, von dem aus die Beziehungen der natürlichen und sozialen Welt in einer angemessenen Perspektive betrachtet werden können. Ob die Überreste des Positivismus unter diesem Namen diskutiert werden sollten, ist kontrovers. Einige NaturwissenschaftlerInnen, viele SozialwissenschaftlerInnen, aber fast keine WissenschaftsphilosophInnen werden ihre eigene Philosophie der Wissenschaft gerne als positivistisch beschreiben. Andere BeobachterInnen sind sich wiederum sicher, daß es keine reinen Positivisten mehr gibt, daß also die Kritik des Positivismus (oder des »exzessiven Empirismus«, wie einige ihn nennen) heute bedeutet, Chimären zu kritisieren.[6]

In der konventionellen Theorie ist das Subjekt der Erkenntnis – der Wissenschaftler, die Wissenschaftlerin, der oder die Erkennende – immer ein Individuum; die Erkennenden können keine Gruppe wie eine soziale Schicht oder ein Geschlecht sein. Das Individuum ist abstrakt; »es« darf keine spezifische historische und soziale Identität haben. Die AutorInnen wissenschaftlicher Forschungsergebnisse sind sozial anonym; es sollte keinen Einfluß auf die »Güte« der Forschungsergebnisse haben, ob die Forschenden chinesisch oder britisch, afroamerikanisch oder europäisch-amerikanisch, ob sie Frauen oder Männer sind. Die wissenschaftliche Methode wird als machtvoll genug angesehen, soziale Vorurteile, die vor dem Hintergrund der sozialen Situation der WissenschaftlerInnen die Hypothesen, Konzepte, Forschungsdesigns, Beweisführungen oder die Interpretation der Forschungsergebnisse beeinflussen, zu eliminieren.

Obwohl ihre BefürworterInnen sie selten als solches wahrnehmen, ist diese Erkenntnistheorie tatsächlich Teil einer Weltanschauung, die als ein anderes zentrales Element eine liberale politische und moralische Haltung aufweist. Der archimedische Beobachtende der »guten« Wissenschaft ist der unvoreingenommene Sachwalter liberaler politischer Theorie und der interesselose Moralphilosoph, der »gute Mensch« liberaler Ethik (vgl. Jaggar 1983; vgl. auch Jaggar 1989). Ich habe die feministische Form dieser Theorie mit ihrem Bezug auf Wissenschaft und deren Prozeduren für die Erkenntnisproduktion »feministischen Empirismus« genannt.

Die Kritik an der science-as-usual

Die zweite wichtige Theorie über Wissenschaft übernimmt die Struktur marxistischer Erkenntnistheorie.[7] Erkenntnis basiert demnach auf bestimmten historisch-gesellschaftlichen Situationen. In Gesellschaften, in denen Macht hierarchisch organisiert ist – zum Beispiel über Rasse, Klasse oder Geschlecht –, kann es keine archimedische Perspektive geben, die interesselos, unvoreingenommen, wertfrei oder unabhängig wäre von den spezifischen historisch-gesellschaftlichen Verhältnissen, an denen alle partizipieren. Statt dessen kann jede Person aus der Perspektive ihrer eigenen Position in der sozialen Hierarchie nur einen partiellen Blick auf die Realität erreichen. Dieser Blick ist nicht nur voreingenommen, sondern auch verzerrt durch die Art der Organisation der Machtbeziehungen. Außerdem ist der Blick aus der Perspektive der Mächtigen aus einer Reihe von Gründen weitaus parteiischer und verstellter als derjenige aus der Perspektive der Beherrschten. Um nur einen Grund zu nennen: Die Mächtigen haben ein viel stärkeres Interesse, die ungerechten Bedingungen, denen sie ihre unverdienten Privilegien verdanken, zu verschleiern, als die beherrschten Gruppen es haben, die Gründe für ihre schlechte Situation zu verbergen. Die unverdienten Privilegien der wenigen werden mit dem ungerechten Elend der vielen bezahlt. In der Formulierung Hegels sehen Herren die Handlungen von Knechten entweder als Ausdruck der »Natur« der Knechte oder des Willens der Herren. Aus der Perspektive der Knechte stellt sich die Situation ganz anders dar. Beide Perspektiven sind wissenschaftlich und erkenntnistheoretisch nicht gleichgestellt.[8]

Folglich ist in dieser Theorie das Subjekt von Überzeugungen und Erkenntnissen niemals nur ein Individuum, und schon gar kein abstraktes Individuum, das seine eigene historische Situierung transzendieren könnte. Es ist immer ein Individuum in einer spezifischen gesellschaftlichen Situation, und in diesem Sinne ist es auch die soziale Gruppe, die seine Situation teilt. Ich sehe die Welt stets mit den Augen meiner Kultur; mein Denken bewegt sich im Rahmen ihrer kulturellen Annahmen. Mit anderen Worten, unsere Gesellschaft kann nur vermittelt über unsere Augen sehen und vermittelt über unsere Köpfe ihre charakteristischen Gedanken fassen. Es gibt keine unvoreingenommene, interesselose, wertneutrale, archimedische Perspektive. Nichtsdestotrotz können wir begründet einschätzen, daß einige Überzeugungen empirisch besser abgesichert sind als andere. Niemand kann die eine, allein gültige, ewig wahre, perfekte Geschichte darüber, wie die Welt ist, erzählen; aber wir können einige Geschichten über uns selbst, die Natur und das soziale Leben erzählen, die mit einiger Berechtigung weniger parteiisch und verzerrt – weniger falsch – als die vorherrschenden genannt werden können.

Obwohl diese Wissenschaftstheorie, wie die Kritik an »schlechter Wissenschaft«, im Kontext biologischer und sozialwissenschaftlicher Forschung entstanden ist, ist die Herausforderung an die Wissenschaftspraxis, ihre wissenschaftlichen Problematiken, Hypothesen, Konzepte, Forschungsdesigns, Beweise, Interpretationen und Forschungsziele nicht ausschließlich auf der Basis des Lebens von Männern aus den vorherrschenden Gruppen zu begründen, auch auf die Naturwissenschaften auszudehnen. Wie ich bereits an früherer Stelle fragte: Wie sähen die Naturwissenschaften aus, wenn sie von Forschungsinteressen und Problematiken bestimmt wären, die dem Leben von Frauen entstammten und feministisch identifiziert wären? Dem Argument der Ausweitung der Kritik könnte entgegengehalten werden, daß es zwei Wissenschaftszweige mit differenten Forschungs- und Erklärungs«logiken« gebe: In den Sozialwissenschaften und in Teilen der Biologie könne die soziale Herkunft der Forschung eine bestimmende Rolle für den Erkenntnisfortschritt spielen; in den Naturwissenschaften sei dies nicht der Fall. Tatsächlich haben viele PhilosophInnen und WissenschaftlerInnen das Problem auf diese Weise gelöst (vgl. für einen Überblick über diese Fragen Fay/Moon 1977). Aber diese Position ist aus vielerlei Gründen fragwürdig. Zum einen ist heute nahezu alle naturwissenschaftliche Forschung von technologischen Interessen angetrieben. WissenschaftlerInnen selbst mögen nicht unbedingt durch die Visionen von neuen Technologien zum Zwecke der Kontrolle oder des Profits motiviert sein, aber die Kapitalgebenden für die wissenschaftliche Forschung sind es. Feministische Kritikerinnen, die nicht schlechte Wissenschaft, sondern *science-as-usual* in Frage stellen, hinterfragen das Zusammenspiel von Wissenschaft – in Vergangenheit und Gegenwart – mit Geschlechter-, Rassen- und Klassenprojekten ihrer Kultur.

Die zwei beschriebenen Herangehensweisen an die Wissenschaft können als Mittel zur Entwicklung einer »Wissenschaft der Wissenschaft« gedacht werden, da beide beabsichtigen, die Gesetzmäßigkeiten und die zugrundeliegende Kausalität der Wissenschaftspraxis zu beschreiben und zu erklären. Dies ist nur *ein* Ziel, denn beide Sichtweisen sind nicht in erster Linie als intellektuelle Übungen formuliert worden, sondern als dringend erforderliche Bemühung um eine Vorstellung davon, wie eine Forschung betrieben werden kann, die nicht dieselben negativen Auswirkungen für Frauen wie die herkömmlichen Arten wissenschaftlichen Denkens und wissenschaftlicher Praxis hat. Ich habe nur die Umrisse dieser beiden feministischen Herangehensweisen an die Wissenschaft skizziert, aber dies genügt, um zu enthüllen, warum wir innerhalb feministischer Diskussionen alternative Analysen der möglichen Ressourcen für die Wissenschaft durch Wissenschaftlerinnen, feministische Politik und feministische Wissenschaftstheorie finden. Die beiden Zugänge prägen unterschiedliche Interpretationen über den Wert der Frauenbewegung für die Wissenschaft.

Kritiken schlechter Wissenschaft

Der Nutzen von Wissenschaftlerinnen für die Wissenschaft

Für die Kritikerinnen schlechter Wissenschaft ist es eine Frage der Gerechtigkeit, daß Frauen dieselben Chancen wie Männer auf Bildung, Titel, Laboranstellungen, Publikationen, Lehrpositionen, Mitgliedschaften in Berufsverbänden, Auszeichnungen und andere profitable Vorteile, die eine Teilhabe an Wissenschaft bereitstellen kann, haben müssen. Daß diese zunächst einmal bescheidenen Forderungen nach gleichen Chancen als radikal wahrgenommen wurde, wird dann deutlich, wenn wir uns die harten Kämpfe ansehen, die notwendig waren, um die formalen Beschränkungen der Gleichheit von Frauen in Naturwissenschaft, Mathematik und in den Ingenieurberufen abzuschaffen. Die leidenschaftlichen Auseinandersetzungen halten bis heute an; sie werden solange erforderlich sein, wie informelle Barrieren eine Durchsetzung der Chancengleichheit behindern. Das Thema ist nicht, daß die Wissenschaft nur wenige Frauen aufweist, denn es gibt viele Frauen mit wissenschaftlichen Abschlüssen, die im wissenschaftlichen Unternehmen arbeiten. Die Frage ist vielmehr, warum so wenig Frauen die Programme der Wissenschaft bestimmen (vgl. Rossiter 1982; Haas/Perucci 1984; Schiebinger 1989).

Die Basis für die Forderung nach Chancengleichheit ist immer gewesen, daß Frauen ebenso gut Wissenschaft betreiben können wie Männer und daß sie dieselben Chancen haben sollten, ihre Fähigkeiten zu demonstrieren. Frauen stellen ein übersehenes Segment des Arbeitskräftereservoirs dar, aus dem die Wissenschaft ihre Beschäftigten rekrutiert. Es könnte deshalb behauptet werden, daß die Beiträge von Wissenschaftlerinnen einfach darin bestehen, das Reservoir an wissenschaftlich talentierten Personen zu vergrößern. In dieser Perspektive scheint es keinen politischen und konzeptuellen Raum für die These zu geben, daß Wissenschaftlerinnen als Frauen einen *spezifischen* Beitrag zum Erkenntnisfortschritt leisten könnten.

Die Kritiken an schlechter Wissenschaft stellen klar, warum sich Frauen in den Naturwissenschaften als so resistent gegenüber der Möglichkeit erweisen, nicht als unvoreingenommene, interesselose, wertneutrale Beobachterinnen und Denkerinnen, wie sie es gelernt haben und wie es sie auch der feministische Empirismus lehrt, sondern als *Frauen* Wissenschaft zu betreiben. Die Frauenbewegung schafft für mehr Frauen die Möglichkeit, Wissenschaftlerinnen zu sein und gleichzeitig die formalen und informellen Barrieren zu attackieren, die es Frauen schwer machen, dieselben wissenschaftlichen Chancen wie die Männern zur Verfügung stehenden zu erhalten. Aber der feministische Empirismus nimmt nicht an, daß Wissenschaftlerinnen *als Frauen* spezielle Ressourcen für den Erkenntnisfortschritt bereitstellen. Folglich verunsichert dieser von anderen Feministinnen vorgebrachte Anspruch die Frauen, die – um ihre prekären Positionen zu erlangen – darauf insistieren, daß sie zu den Männern gehören, »einer von ihnen sind«, und daß sie in den Laboren bestimmt nicht als Frauen funktionieren. Wenn sie es auch angemessen finden, Mutterschaftsurlaube, Kinderbetreuung und andere Unterstützungen für die reproduktiven und familialen Aufgaben von Frauen einzuklagen, so vermitteln ihnen die Kritiken an schlechter Wissenschaft doch die Überzeugung, daß die Art, wie sie Wissenschaft betreiben, und der Inhalt ihrer Arbeit nicht von der Tatsache affiziert sein und sein sollten, daß sie Frauen sind. In dieser Hinsicht weichen die Kritiken an schlechter Wissenschaft nicht vom Prinzip des abstrakten Individualismus ab, das konventionellen Wissenschaftstheorien zugrundeliegt.

Der Nutzen feministischer Politik für die Wissenschaft

Die angesprochene Position stellt sich etwas komplexer dar, wenn wir zusätzlich zum Beitrag von Frauen zum wissenschaftlichen Arbeitskräftereservoir danach fragen, ob die Frauenbewegung der Wissenschaft auch in anderer Hinsicht dient. Wir könnten argumentieren, daß der oben diskutierte quantitative Wandel vermutlich qualitative Konsequenzen hat: Den Anteil guter WissenschaftlerInnen an der Belegschaft zu vergrößern, müßte einen positiven Effekt auf den Erkenntnisfortschritt haben. Wenn dies nicht zutrifft, sollten wir dann daraus schließen, daß es geringen Einfluß auf den Erkenntnisfortschritt hätte, wenn wir die Anzahl von Wissenschaftlern auf die Hälfte reduzierten? Aber ich möchte eine andere Frage stellen: Trägt die Frauenbewegung durch eine Transformation der Inhalte und der Logik von Wissenschaft zum Erkenntnisfortschritt bei?

Die Antwort von zwei empirischen Soziologinnen, Marcia Millman und Rosabeth Moss Kanter (1975), nimmt besonders klar die Position der Kritik an schlechter Wissenschaft ein:

»Alle kennen das Märchen von des Kaisers neuen Kleidern: Obwohl die Stadtbevölkerung sich selbst einredete, daß der Kaiser elegant gekleidet ist, zeigte ein Kind mit seinem unverdorbenen Blick der Bürgerschaft, daß der Kaiser tatsächlich nackt war. Die Geschichte verweist uns auf einen unserer grundlegenden soziologischen Bausteine: daß die Realität subjektiv oder genauer gesagt ein Gegenstand sozialer Definition ist. Die Geschichte erinnert uns auch daran, daß kollektive Täuschungen durch die Einführung neuer Perspektiven überwunden werden können.

Soziale Befreiungsbewegungen passen in dieser Hinsicht in die Geschichte: Sie ermöglichen es Menschen, ihren Blickwinkel auf die Welt zu vergrößern, indem sie die Schleier und Scheuklappen, die Erkenntnis und Beobachtung verstellen, beseitigen. Im letzten Jahrzehnt hat keine andere soziale Bewegung eine so erstaunliche und tiefgreifende Auswirkung auf die Art und Weise gehabt, wie Menschen die Welt sehen und in ihr agieren, wie die Frauenbewegung. Wie die Zuschauer der kaiserlichen Parade können wir nun Dinge sehen und offen über sie sprechen, die immer da gewesen sind, aber nicht anerkannt wurden. Es ist heute unmöglich geworden, vor der Wahrnehmung bestimmter Merkmale des sozialen Lebens, die noch vor zehn Jahren unsichtbar waren, zu fliehen.« (Ebd.)

Die Sicht, daß das Kind im Vergleich zu den StädterInnen einen »unverdorbenen Blick« hat, ist ein Echo auf bestimmte Themen des konventionellen Selbstbildes der Wissenschaften; dazu passen auch die Formulierungen, daß der unverdorbene Blick »neue Perspektiven« eröffnet; daß die Stadtbevölkerung sich »einredete«, an eine Täuschung zu glauben; daß die Frauenbewegung »Scheuklappen beseitigt« und wir fähig werden, »Dinge zu sehen«, die immer da, aber für uns früher nicht sichtbar waren.

Obwohl die konventionelle Theorie, wie gute Wissenschaft zu betreiben sei, hier immer noch in Technicolor präsentiert wird, scheint sie entgegen der Absicht der Autorinnen aus dem Blickfeld zu verschwinden. Ohne Zweifel haben wissenschaftliche Ansprüche historische UrheberInnen, deren Realität manchmal von sozialen Emanzipationsbewegungen aufgedeckt wird und manchmal auch nicht; die von sozialen Bewegungen vorgebrachten Ansprüche scheinen wissenschaftlich besser zu sein als diejenigen, die sie ersetzen sollen. Vor der Frauenbewegung war unser Blick bedeckt; die Frauenbewegung öffnet uns die Augen. Die Annahmen des abstrakten Individualismus – daß ich Wirklichkeit ganz allein wahrnehmen kann, daß die wissenschaftliche Methode als einzige garantiert, daß die die Erkenntnis und Beobachtung verstellenden Blenden verschwinden – stellen sich als törichte Illusion heraus. Aber diese Passage bei Millman/Kanter sagt noch immer nichts Spezifisches über die Beiträge von Frauen *als Frauen* für die Wissenschaft aus. Männer und Frauen können beide ihre blinden Flecken verlieren, wenn sie von dem unverdorbenen Blick und dem frischen Wind der Frauenbewegung lernen.

Darüber hinaus scheint es für Wissenschaftlerinnen in der Sicht von Millman/Kanter unnötig zu sein, ihre gewohnten Pfade zu verlassen und sich in der Frauenbewegung zu engagieren, um den Einfluß der Bewegung auf die Wissenschaft anwachsen zu lassen. Es muß Personen geben, die diese Politik verfolgen, aber es müssen nicht notwendig Wissenschaftlerinnen sein. Der Feminismus scheint als ein Diskurs und eine Identität für alle Personen mit guten Absichten zur Verfügung zu stehen, die offen sind für die Enthüllungen der Frauenbewegung; die ihren Aberglauben, ihre Ignoranz und ihre Vorurteile überwinden; die ein humanes Interesse den Benachteiligten gegenüber haben und die – wenn sie darum gebeten werden – an Versuchen, diesen Menschen mehr Gerechtigkeit angedeihen zu lassen, partizipieren. Feministische Wissenschaft ist hier nicht mehr, als diese Menschen – Männer wie Frauen – bereits tun. Und im Falle von Physik, Chemie und Teilen der Biologie scheint es wenig sinnvoll, das Etikett »feministisch« einer in Gegenwart der Frauenbewegung produzierten Wissenschaft anzuhängen. Möglicherweise werden sich PhysikerInnen Gleichstellungsfragen zuwenden und ihre Sprache ein wenig vorsichtiger anwenden, um offensichtlich sexistische Metaphern zu vermeiden. Aber grundsätzlich werden die Beschreibungen und Erklärungen von Natur nicht schon deshalb andere, weil es eine Frauenbewegung gibt. Ich behaupte nicht, daß Millman/Kanter tatsächlich so argumentieren, sondern nur, daß die oft unbewußte, aber weitverbreitete Wissenschaftstheorie, die in der zitierten Passage widerhallt, solche Implikationen haben kann.

Feministische Wissenschaftstheorie als wissenschaftliche Ressource

Wie sehen die Kritikerinnen schlechter Wissenschaft die Rolle sozialer Wissenschaftstheorien als Ressourcen *für* die Wissenschaft? Sie sagen sehr wenig dazu. Werden sie zu Äußerungen gedrängt, zögern diese Denkerinnen zuzugeben, daß sie überhaupt einer Wissenschaftstheorie anhängen. Die ausgesprochen empiristische Wissenschaftstheorie, auf die sie sich beziehen, präsentiert wissenschaftliche Forschung als einem Schema oder Algorithmus folgend. So folgt die von Francis Bacon vorgeschlagene Methode der ›natural history‹ festen, abgesicherten Regeln und läßt »nur wenig Raum für besondere Stärke und Schärfe des Geistes, sondern setzt den Geist und Verstand aller ungefähr auf eine Stufe« (zitiert bei van den Daele 1977: 145). Gute Wissenschaft zu betreiben erfordert nicht unbedingt die Reflexion darauf, weshalb Hypothesen vorgeschlagen oder als für eine Überprüfung angemessen betrachtet werden, ganz abgesehen davon, daß nicht über die möglichen *positiven* Beiträge zum Erkenntnisfortschritt durch soziale Kräfte nachgedacht wird. Diese Position geht zurück auf Newtons Weigerung anzuerkennen, daß er Hypothesen aufstellte: »... bloße Hypothesen denke ich mir nicht aus. ... Hypothesen, sei es metaphysische, sei es physische, sei es solche über verborgene Eigenschaften, sei es solche über die Mechanik, haben in der experimentellen Philosophie keinen Platz.« (Newton 1988: 230) Diese Position behauptet, daß die Produkte des Geistes (im Gegensatz zu den Produkten der »Natur«) Hindernisse für die Wissenschaft bedeuten; Hypothesen und Theorien, wie alle Hervorbringungen des Geistes, sollten mit Mißtrauen betrachtet werden.

Die Unterstützung dieser Sichtweise ist gleichbedeutend mit der in den Wissenschaften und der Philosophie weitverbreiteten Annahme, daß – während falsche Überzeugungen zumeist nach sozialen Erklärungen verlangen – richtige Überzeugungen allein das Ergebnis natürlicher Prozesse sind. Die »verdorbene Wahrnehmung« der StädterInnen im Märchen verdient deshalb eine Erklärung, die sich auf die sozialen Ursachen des »Verderbens« bezieht, aber der »unverdorbene Blick« des Knaben kann vollständig mit Bezug auf natürliche Ursachen erklärt werden: Er ist ein Kind. In jüngster Zeit hat sich diese Annahme zur Zielscheibe von Kritiken aus dem Kontext des »strong programme« in der Wissenssoziologie entwickelt, deren VertreterInnen die symmetrische Annäherung an richtige und falsche, legitime und illegitime Überzeugungen fordern. Andernfalls, so zeigen diese SoziologInnen auf, wäre Wissenssoziologie tatsächlich nur eine Soziologie des Irrtums oder von legitimierten Erkenntnissubjekten (vgl. Bloor 1977).[9] Die KritikerInnen schlechter Wissenschaft scheinen ambivalent zu sein, ob die Erklärungen der Ergebnisse guter Forschung sich auf soziale Ursachen beziehen sollten, aber (worauf es mir hier ankommt) sie halten eine dezidierte Gesellschaftstheorie in bezug darauf, wie gute Wissenschaft zu betreiben sei, nicht für die Grundlage einer guten Wissenschaftspraxis. So geben sie zum Beispiel ihrer impliziten Wissenschaftstheorie keinen Namen.[10]

Die oben zitierten Abschnitte aus Millman/Kanter stellen die weitestgehende Äußerung zum möglichen Nutzen feministischer Gesellschaftstheorie für die Wissenschaft dar, die ich in der angesprochenen Literatur gefunden habe. Vermutlich würden ihre Autorinnen nicht nur vertreten, daß soziale Befreiungsbewegungen das Blickfeld auf die Wissenschaft erweitern, ob WissenschaftlerInnen dies erkennen oder nicht, sondern auch, daß das *Verständnis* der positiven Effekte solcher sozialen Werte auf den Erkenntnisfortschritt – ein Verständnis, daß schon allein durch das Schreiben dieser Sätze befördert wird – der Wissenschaft nützt. Dies klar zu sagen, stellt jedoch unmittelbar und zutiefst die positivistischen Begründungen der empiristischen Wissenschaftstheorie in Frage.[11] Entweder überläßt die wissenschaftliche Methode, wie sie es tatsächlich tut, einen großen Teil dem »Geist und der Vorstellungskraft«, oder andernfalls sollte sie Entscheidungsprozesse in Fragen der Beeinflussung der moralischen und politischen Ordnung einbeziehen. Das Zitat von Millman/Kanter drückt, wie ich bereits angemerkt habe, ein mangelndes Bewußtsein aus in bezug auf die paradoxen Mittel, mit denen sie die verschiedenen Teile ihrer Ausführungen zusammenbringen. Ist es wirklich ein »unverdorbener Blick«, den die Frauenbewegung mitbringt, oder einer, der von dem Interesse geprägt ist, die Bedingungen von Frauen zu verbessern? Gibt es keine – bewußten oder unbewußten – Interessen, keine angestrebten Erträge für Männer als Männer, die für die »Schleier und Scheuklappen« vor den Augen von Männern und Frauen verantwortlich sind? Haben wir uns wirklich alle die Richtigkeit der voreingenommenen und verzerrten sexistischen Sicht »eingeredet«? Warum haben sich unsere Lebensbedingungen nicht so schnell verbessert, wie es das Märchen in bezug auf die Stadtbevölkerung vermuten läßt? Frauenbewegungen haben, spätestens seit Christine de Pizan im 15. Jahrhundert über die *Stadt der Frauen* geschrieben hat (Pizan 1405), die Schleier und Scheuklappen vor den Augen der westlichen Welt beseitigt, und trotzdem leben wir noch immer in einer Welt von machtvollen, alten, unverblümt patriarchalen Herrschern.

Diese Kommentare sind nicht als Kritik an Millman und Kanter gedacht, weil ich dem Publikum, an das sie sich wenden, damals sicherlich ähnliche Dinge präsentiert hätte. (Tatsächlich ist ihre Kritik an schlechter Wissenschaft nicht sehr verschieden von meinen ersten eigenen Präsentationen feministischer Ergebnisse an die Adresse eines Publikums, das ich als den konventionellen Betrachtungen der Wissenschaft gegenüber freundlich, aber dem Feminismus gegenüber feindlich eingestellt einschätzte.) Vielmehr möchte ich darauf hinweisen, wie schwierig es für Feministinnen ist, eine Wissenschaftstheorie zu vertreten, die mit den Selbstbildern der Wissenschaften übereinstimmt. Der Versuch, im Rahmen dieser Beschränkung die von der Frauenbewegung generierten Mittel für den Erkenntnisfortschritt zu erklären, enthüllt die Mängel des patriarchalen Diskurses.

Die Kritikerinnen schlechter Wissenschaft scheinen zwischen zwei verschiedenen Loyalitäten zu schwanken. Auf der einen Seite versuchen sie das Dogma zu respektieren, daß »gute Wissenschaft« ohne Bezug auf ihre sozialen Ursachen bestimmt werden kann. Auf der anderen Seite nehmen sie an, daß die Frauenbewegung eine soziale Basis für bessere Wissenschaft *ist* und daß ein Verständnis dieser Tatsache die Wissenschaftspraxis wenigstens in dem Maße informieren sollte, daß WissenschaftlerInnen die Frauenbewegung begrüßen und deren Aussagen in den Fortschritt der Erkenntnis einbeziehen.

Kritik an science-as-usual

Der Nutzen von Wissenschaftlerinnen für die Wissenschaft

Die Logik der marxistischen Wissenschaftstheorie, auf die sich die Kritiken der *science-as-usual* beziehen, rät Frauen vom Engagement im bestehenden wissenschaftlichen Unternehmen ab, wenn es bedeutet, daß Wissenschaft im übrigen unverändert bleibt. Aus dieser Perspektive macht es für die Situation von Frauen im allgemeinen bestenfalls keinen Unterschied, ob Frauen in die Sozialstruktur der Wissenschaft, die so eng mit frauenverachtenden, rassistischen und bürgerlichen Aspekten der Gesellschaft verknüpft ist, aufgenommen werden. Eher noch wird dieser Eintritt als schlecht empfunden, weil er die Aufmerksamkeit und die Energien von Frauen von den Kämpfen gegen die Wurzeln männlicher Herrschaft ablenkt und ihre Energien in die frauenverachtenden, rassistischen und bürgerlichen Tendenzen der Wissenschaft einfließen läßt (ob individuelle Wissenschaftlerinnen dies beabsichtigen oder nicht).

Außerdem hat die Einführung von Frauen in eine Institution, die ebenso wie nach Geschlecht sehr stark entlang der Kategorien Klasse und Rasse strukturiert ist, den Effekt, Klassen- und Rassendifferenzen zwischen Frauen zu verstärken. Frauen an der Spitze von Rassen- und Klassenhierarchien, die in der Wissenschaft erfolgreich sind, neigen nicht dazu, die Formen der Unterdrückung ihrer Schwestern in anderen Klassen und Rassen zu kritisieren oder ihnen entgegenzuarbeiten; sie können leicht Alibifunktionen annehmen, weil ihre individuellen Errungenschaften wenig bis keine positiven Auswirkungen auf die Situation von nicht so bevorzugten Frauen haben. Das bedeutet nicht, daß diese Frauen nicht mit aller Kraft und ungerechterweise kämpfen mußten, um die Referenzen und Positionen zu erreichen, die ihren männlichen Kollegen so viel leichter zufließen. Es bedeutet auch nicht, daß sie die genannten Konsequenzen beabsichtigen. Dennoch bewirken ihre hart erkämpften Erfolge oftmals keine nennenswerte Verbesserung der Situation anderer Frauen. Manchmal erweisen sie sich sogar als schädlich: Wenn die Anstellung oder Förderung einiger weniger (angepaßter) Frauen aus »zu fördernden« Klassen die WächterInnen der positiven Diskriminierung befriedigt, dann kann die Anstellung anderer hochqualifizierter Frauen aus diesen Klassen effektiver abgewehrt werden. Erfolgreiche (und erfolglose) Frauen, die sagen, sie hätten »nie Sexismus erfahren«, haben sicher nichts dafür getan, die Rollenerwartungen an sie als Frauen zu hinterfragen. Sie sind nicht wie andere die Risiken eingegangen, die Türen, durch die sie jetzt gehen, zu öffnen.[12] Aus der Sicht der Kritikerinnen der *science-as-usual* sind Wissenschaftlerinnen unter diesem Aspekt, ob sie es wollen oder nicht, Komplizinnen männlicher Herrschaft. Alles in allem bedeutet der Eintritt von Frauen in die Wissenschaft unter dieser Perspektive – wenn sonst keine Veränderungen in der Wissenschaft angestrebt werden – die Stärkung einer Institution, die geschwächt werden sollte.

Die marxistische Wissenschaftstheorie argumentiert, daß, wenn der bürgerliche Überbau aus dem Weg geräumt werden könnte, eine angeblich reine Wissenschaft im Dienste der arbeitenden Klasse auftauchen würde. Die feministischen Kritikerinnen an der herkömmlichen Wissenschaft übernehmen diese Vorstellung zum Teil. Aus ihrer Sicht stellen Frauen spezifische Ressourcen für die Wissenschaft bereit oder könnten dies zumindest tun, und zwar nicht deshalb, weil Frauen bestimmte allgemeine Denkweisen hätten, die entweder ihrer Biologie oder »weiblicher Intuition« zugeschrieben werden können[13], sondern aufgrund der Kluft zwischen den Erfahrungen von Frauen und den vorherrschenden Begriffssystemen, die viele Fragen der Frauenbewegung und die wichtigsten feministischen Forschungsarbeiten in den Sozialwissenschaften und der Biologie motiviert hat. Alle Fragen über den weiblichen Körper entstammen der Wahrnehmung dieser Kluft: Fragen der Reproduktion, der Kinderbetreuung, der Zuschreibung der Pflege aller Körper und der Orte, an denen sie leben, Fragen der Sexualität, der Vergewaltigung, des Inzestes, der Gewalt in der Ehe und der durch Schönheitsideale verursachten Verstümmelung (vgl. Smith 1987). Auch der Fokus auf der Kategorie Geschlecht selbst gehört in diesen Zusammenhang: Geschlecht erscheint als ein Phänomen, das sich uns nur aus der Perspektive des Lebens von Frauen erschließt. Die angesprochene Kluft ist außerdem eine Quelle für die Kritik am Ausschluß von Frauen beziehungsweise an der Verzerrung ihrer Lebensweisen in den herrschenden Mustern des westlichen, einschließlich des wissenschaftlichen Denkens.

In diesem Kontext ist das »gespaltene Bewußtsein« der entfremdeten Soziologin ein wichtiges Mittel für die radikale Transformation der Soziologie, wie Dorothy Smith (1987) argumentiert. Ich denke, daß wir ihr Argument zu einem über Wissenschaftlerinnen und die radikale Transformation der Wissenschaft im allgemeinen ausweiten können. Der begriffliche Rahmen von Wissenschaftlern paßt viel zu gut in die dominanten Herrschaftskonzepte; ihre Wissenschaften helfen mit, die begrifflichen Formen für das Regieren in unserer Art Gesellschaftsordnung hervorzubringen. In weiten Teilen entsprechen diese Thesen der feministischen Kritik an sexuellen Metaphern in der Wissenschaft: Männer finden es unbewußt natürlich, in Begriffen wie »der Wissenschaftler, der ...« und »die Natur, die ...« zu denken. Metaphern der Kontrolle und der Beherrschung der Natur empfinden Männer aus den dominanten Gruppen eher als Frauen fruchtbarer als andere Arten, über Natur nachzudenken. Männer – aber selten Frauen – haben jahrhundertelang ihre Ängste und Wünsche auf die Leinwand der sie umgebenden Welt projiziert, indem sie ihre wissenschaftlichen Bilder konstruierten (vgl. Keller 1984; Merchant 1980; Schiebinger 1989).

Folglich sind die unhinterfragten Begriffssysteme von männlichen Wissenschaftlern ein für die *kritische* Erklärung unserer sozialen Ordnung ausgelaugtes Mittel. Es ist, als ob eine Anthropologin auf die Begriffe der Einheimischen, die sie untersucht, beschränkt wäre, um deren tägliches Leben zu erklären. Obwohl sie nicht in deren kultureller Art zu denken sozialisiert ist, könnte sie bestimmte Aspekte der Überzeugungen und Verhaltensweisen, die den Angehörigen der untersuchten Kultur selbst unsichtbar sind, aufdecken. Smith weist darauf hin, daß wir sowohl als Frauen als auch als Soziologinnen (oder als Wissenschaftlerinnen im allgemeinen, so können wir hinzufügen) Zugang haben zur Erfahrung aus erster Hand in bezug auf diejenigen alltäglichen Tätigkeiten von Frauen, die es anderen Menschen ermöglichen, nicht über ihre Körper, die Orte, an denen sie leben, und über die Aktivitäten des »herrschenden Geschlechts« nachdenken zu müssen. Mit Hilfe von Theorie können wir die Beziehungen zwischen den zwei Arten Tätigkeiten verstehen lernen – wie die eine Seite die andere ermöglicht und wie die andere Seite die Erscheinungsweise der einen strukturiert. Ähnliche Analysen, wie wir zum Erkenntnisfortschritt beitragen können, indem wir von der Kluft zwischen männlichen und weiblichen Handlungsweisen aus auf die Welt blicken, sind von weiteren oben zitierten Denkerinnen erstellt worden.[14]

Der Fokus dieser Argumentation liegt auf den Sozialwissenschaften, der Humanbiologie und der Evolutionstheorie, den Feldern also, wo sie erwartungsgemäß am fruchtbarsten ist. Dennoch ist es nicht unmöglich, sie auch auf andere Naturwissenschaften anzuwenden. Wissenschaftshistorikerinnen und Historikerinnen der Theorien wissenschaftlicher Erkenntnis wie Susan Bordo (1987), Evelyn Fox Keller (1984), Carolyn Merchant (1980), Donna Haraway (1989), Hilary Rose (1983) und Londa Schiebinger (1989) haben gezeigt, daß die extrem abstrakten Elemente westlichen wissenschaftlichen Denkens ihre Legitimität daraus beziehen, daß sie bestimmte historische Aspekte der Erfahrungen von Männern aus den vorherrschenden Gruppen sowohl reflektieren als auch verstärken. Aus der Perspektive der Standpunkt-theoretischen Kritiken können also Wissenschaftlerinnen dann dem Erkenntnisgewinn dienen, wenn sie, informiert von feministischer Theorie, Wege finden, ihre Erfahrungen als Frauen für die Entwicklung einer kritischen Perspektive auf die vorherrschende Begrifflichkeit und deren Einfluß auf die wissenschaftliche Forschung und Praxis zu nutzen. (Ich will mit der Beschreibung dieser Position nicht sagen, daß alle genannten Historikerinnen Kritikerinnen der *science-as-usual* sind, sondern nur, daß ihre Analysen solche Interpretationen der Naturwissenschaften zulassen.)

Wie könnten wir eine feministische Welt begründen, in der es keine Wissenschaftlerinnen gäbe? Sollten wir uns Wissenschaften *für* Frauen wünschen, die nicht von Frauen (genauso wie von Männern) betrieben werden? Ich muß betonen, daß die Standpunkt-Theoretikerinnen nicht behaupten, daß alle Wissenschaftlerinnen automatisch in der beschriebenen Weise der Wissenschaft dienen oder daß nur Frauen aus der Perspektive der Aktivitäten von Frauen die Welt betrachten können. Sie argumentieren lediglich, daß aufgrund der Kluft zwischen der den

Frauen zugeschriebenen Teilperspektive auf die menschlichen Aktivitäten einerseits und der für die Männer aus den dominanten Klassen und Rassen reservierten herrschenden Rolle bei der Begriffsbildung andererseits starke kritische Theorien entwickelt werden können.

Auf diese Weise liefert die feministische Kritik an herkömmlicher Wissenschaft eine differente Einschätzung, inwiefern Wissenschaftlerinnen Ressourcen für die Wissenschaft darstellen. Wo die Kritikerinnen an schlechter Wissenschaft meinen, daß Frauen in erster Linie durch ihre Anzahl und ihre geschlechtsneutralen Talente und Fähigkeiten zum Erkenntnisfortschritt beitragen, da ist den Kritikerinnen an der *science-as-usual* ihre Fähigkeit wichtig, aus der Perspektive der den Frauen zugeschriebenen gesellschaftlichen Aktivitäten zu denken. Ich meine, daß Männer ebenfalls lernen können, von dieser Perspektive aus zu denken; möglicherweise haben John Stuart Mill, Marx und Engels, Frederick Douglass und andere Feministen das getan (vgl. Kapitel 11). Aber Männer können diese Perspektive nur entwickeln, nachdem Frauen artikuliert haben, worin die Kluft zwischen ihren Erfahrungen und den vorherrschenden Begriffen besteht, und nachdem sich auch Männer in den politischen Auseinandersetzungen engagiert haben, die im folgenden beschrieben werden.

Der Nutzen feministischer Politik für die Wissenschaft

Die meisten Kritikerinnen der *science-as-usual* halten daran fest, daß politische Kämpfe ein notwendiger Bestandteil der Lernprozesse sind, wie der vorherrschende Begriffsrahmen vom Standpunkt der Aktivitäten von Frauen aus zu kritisieren sei. In dieser Sichtweise sind politische Auseinandersetzungen »innerhalb der Wissenschaft« zu situieren – und nicht irgendwo außerhalb. »Sein Widerstand ist der Maßstab deiner Unterdrückung«, eine Parole aus den frühen 1970er Jahren, drückt aus, daß Frauen nur vermittelt über politische Auseinandersetzungen die Möglichkeit erlangen, Tiefe und Ausmaß männlicher Privilegien zu überblicken. Feministische Kämpfe haben unmittelbaren wissenschaftlichen Wert, wie Nancy Hartsock (1983: 288, 304) erklärt:

»Weil die herrschende Gruppe ... (alle) Produktionsmittel kontrolliert, repräsentiert der Standpunkt der Unterdrückten sowohl eine wissenschaftliche (analytische) als auch eine politische Errungenschaft in bezug auf die Grundlagen, auf deren Basis diese Analysen durchgeführt werden können ... Das Leben von Frauen wie das von Männern wird von gesellschaftlichen Verhältnissen strukturiert, die die Erfahrungen des herrschenden Geschlechts und der herrschenden Klasse manifestieren. Die Fähigkeit, unter die Oberfläche der Erscheinungen zu blicken, um die realen aber verschleierten gesellschaftlichen Beziehungen zu enthüllen, erfordert theoretische und politische Aktivität. Feministische Theoretikerinnen müssen von feministischer Theorie verlangen, sich auf die materialen Tätigkeiten von Frauen zu gründen, und diese Theorie muß selbst ein Teil der politischen Auseinandersetzungen sein, die notwendig sind, um auf diesen Tätigkeiten aufbauende Formen gesellschaftlichen Lebens zu entwickeln.«

Um es anders auszudrücken: Wissenschaft ist wie eine künstlerische Tätigkeit. Nur die Arbeit mit (und gegen) das Material enthüllt seinen »wahren« Charakter – seine innere Struktur, die beständigsten und mächtigsten Quellen seiner Stärke, seine überraschenden Schwächen. Das »Material« feministischer Politik kann die Gesetzmäßigkeiten und Grundlagen der Geschlechterbeziehungen enthüllen, die immer wieder, in unterschiedlichen historischen Formen, ein Teil der Politik sind, in deren Rahmen Wissenschaften konstruiert und rekonstruiert werden.

Diese Vorstellung kann sich auf historische Vorläufer berufen. Die feministische Politik der Frauenbewegung stellt ähnliche Ressourcen für die Wissenschaft bereit wie einstmals – für das Emporkommen der modernen Wissenschaft – die politischen Kämpfe, die notwendig waren, um Europa aus dem Mittelalter in die Modernität zu führen. Die moderne Wissenschaft ist sozusagen erst durch eine gesellschaftliche Emanzipationsbewegung geschaffen worden. Die neue Physik entwickelte sich deshalb, weil sie sowohl das Ethos einer aufstrebenden Klasse (Materialismus, Fortschritt, Antielitismus) ausdrückte als auch die Mittel bereitstellte, dieses Ethos in Technologien umzusetzen, die zum materiellen Fortkommen dieser Klasse beitrugen. Ihre »Methode« – die experimentelle Beobachtung – erforderte den Einsatz von Kopf- und Handarbeit von ein und derselben Person; damit war ein neuer Typus verlangt, der in der feudalen Aristokratie nicht vorkam (vgl. Merchant 1980; van den Daele 1977; Zilsel 1942). Die frühmodernen Wissenschaftler engagierten sich in diesen politischen Kämpfen. Entsprechen nicht feministische Soziologinnen und andere Wissenschaftlerinnen genau diesem neuen Typus, der durch die Politik einer sozialen Befreiungsbewegung geprägt ist?

Dies ist eine starke Analyse der Rolle, die feministische Politik für den Erkenntnisfortschritt spielt. Feministische Kämpfe sind ein grundlegender Bestandteil der Aneignung von Wissen, einschließlich des Wissens über und durch Wissenschaft. Menschen, Männer und Frauen, die sich nicht in ihnen engagieren, die es in ihrem alltäglichen Leben nicht wagen, die Legitimität des männlichen Überlegenheitsanspruchs in all seinen kulturellen Ausprägungen in Frage zu stellen, können nicht *wissen,* wie soziale und natürliche Welten organisiert sind. Wie ich bereits an früherer Stelle angemerkt habe, haben sich Frauen, die behaupten, niemals als Frauen diskriminiert worden zu sein, nicht auf diese für das Patriarchat so bedrohlichen Auseinandersetzungen in persönlichen, institutionellen oder kommunalen Kontexten eingelassen. Das Engagement in diesen Kämpfen ist für die Kritikerinnen der *science-as-usual* ein Teil von Wissenschaft.

Feministische Wissenschaftstheorie als wissenschaftliche Ressource

Für die Kritikerinnen der *science-as-usual* ist schließlich eine gute Wissenschaftstheorie eine entscheidende Voraussetzung dafür, gute Wissenschaft zu betreiben. Was in den Laboren passiert, beginnt ganz woanders und geht zurück auf moralische, ökonomische und politische Aktivitäten. Das Fehlen einer expliziten Grundlagentheorie über die Muster der alltäglichen Handlungsabläufe in den Laboren oder soziologischen Instituten führt dazu, daß WissenschaftlerInnen zu »bloßen Werkzeugen« werden, die kurzsichtig die Produktion von Informationen verfolgen – für wen und welche Interessen sie arbeiten, davon haben sie nicht die leiseste Ahnung und meinen, daß sie sich auch nicht darum kümmern müßten.

Diese Interpretation ist von feministischen Biologinnen und Kritikerinnen der sexistischen Produktion wissenschaftlicher Technologien eindrücklich dargelegt worden. Sie zeigen auf, daß wir eine angemessene Wissenschaftstheorie brauchen, wenn wir die Methoden von Wissenschaft und Technologie, mit denen Frauen zu Opfern gemacht werden, eliminieren wollen. Das Problem ist nicht, daß es sexistischen und androzentrischen »Mißbrauch« wissenschaftlicher Technologien gibt, der abgeschafft werden könnte und dann reine, geschlechtsneutrale Wissenschaften und Technologien zurückließe. Statt dessen ist es in einer Gesellschaft wie der unsrigen, in der Frauen wenig Macht besitzen, in der nahezu alle wissenschaftliche Forschung technologieorientiert ist und in der politische Fragen so behandelt werden, als ließen sie sich technologischen »Lösungen« zuführen, unvermeidlich, daß Frauen von den Wissenschaften und ihren Technologien zu Opfern gemacht werden.

In den Naturwissenschaften gibt es jedoch großen Widerstand gegenüber sozialwissenschaftlichen Wissenschaftstheorien (die Gründe dafür werden im nächsten Kapitel diskutiert). NaturwissenschaftlerInnen lernen, daß sie die einzig legitimen ExpertInnen in bezug auf ihre Arbeit sind und daß sie sich in vollem Umfang über ihre Gegenstände bewußt sind. Aus dem Blickwinkel der Kritikerinnen an *science-as-usual* sieht das anders aus: Weil die sozialen Prozesse der alltäglichen Handlungsabläufe in den Laboren außerhalb von diesen Laboren beginnen – z.B. mit einer Wirtschaftsflaute, mit dem Ziel, in Asien einen Krieg zu gewinnen, mit dem Versuch, AfroamerikanerInnen in den Städten zu kontrollieren, oder mit der Absicht, das Bevölkerungswachstum in Asien zu begrenzen —, wird Sachverstand aus erster Hand für die Erklärung des Laboralltags nicht ausreichen. Evelyn Fox Keller (1987), als Physikerin und später als Molekularbiologin ausgebildet, beleuchtet die Mühen, die es sie gekostet hat zu verstehen, daß die Naturwissenschaften nicht notwendig immer der beste Ausgangspunkt für den Erkenntnisgewinn sind, selbst nicht unter »rationalen« Gesichtspunkten.

»Indem ich meine Aufmerksamkeit auf meine unbewußten Gedanken, Wörter und Handlungen lenkte (und über diesen Prozeß deren innere) Kohärenz erkannte, wurde ich zu einer unmittelbaren Zeugin der Macht von Überzeugungen – insbesondere von unbewußten Überzeugungen. ... Ich sah die Naturwissenschaften nicht mehr als notwendigen Ausgangspunkt für die Erforschung der Natur der Welt (einschließlich der menschlichen Rasse) an. Als ich selbst in unseren rationalsten Bemühungen den Platz und die Macht von Überzeugungen und Empfindungen erkannt hatte, konnte ich die Analyse unserer Subjektivität zum Ausgangspunkt der Untersuchung der ›Natur‹ der Wissenschaft machen.« (Ebd.: 87 f.)

Keller hat eine der erhellendsten und bezwingendsten jüngsten feministischen Wissenschaftskritiken vorgelegt (vgl. Keller 1985). Feministische Theorie über Wissenschaft muß ihr zufolge innerhalb des Prozesses der Wissenschaft gesehen werden, wo sie WissenschaftlerInnen helfen kann, die sozialen Bedingungen in der Institution Wissenschaft und in der sie umgebenden Gesellschaft in einer Weise zu erklären, die empirisch angemessenere Überzeugungen fördert; sie kann dazu beitragen, die hintergründigen Voraussetzungen, die die Ergebnisse der Forschung verzerren, zu identifizieren, Forschung mit Mitteln zu konzeptualisieren und zu entwerfen, die machtvolle kulturelle Vorurteile vermeiden, sowie Daten zu sammeln und zu interpretieren, um die überzeugendsten Belege für und gegen Hypothesen zu finden. Kurz gesagt, feministische Theorie kann WissenschaftlerInnen helfen, all die Dinge zu lernen, die gute WissenschaftlerInnen wissen müssen.

In späteren Kapiteln entwickele ich diesen Punkt im Sinne der Argumentation weiter, daß wir die Naturwissenschaften als *Teil* der kritischen

Sozialwissenschaften betrachten sollten, weil die Erkenntnisobjekte – die »Natur selbst« – immer die Zeichen ihres sozialen Ursprungs, ihrer Interessen, Werte und ihrer früheren »Karrieren« im gesellschaftlichen Denken tragen, wenn die Wissenschaft mit ihnen konfrontiert wird. Unabhängig davon, wie rigoros die Wissenschaft versucht, die »Natur zu entkleiden« und ihre »Geheimnisse zu enthüllen«, sie wird immer neue »Schleier« finden. Die wissenschaftliche Forschung selbst, so stellt sich mit der Zeit heraus, ist kontinuierlich an der Herstellung dieser Schleier beteiligt. Natur-als-Objekt-der-Erkenntnis ist mehr als ein kulturelles Konstrukt, aber das ist sie in jedem Fall auch.

Ich habe zwei Sichtweisen auf die von der Frauenbewegung bereitgestellten Ressourcen für die Wissenschaft untersucht. Es ist offensichtlich, daß die Vertreterinnen der jeweiligen Anschauungen ein je unterschiedliches Publikum für ihre Feminismen anziehen. Jede von uns mag eine Richtung für geeigneter halten, die eigenen Projekte und die jeweiligen Institutionen, in denen wir sie ausführen, zu fördern. Historisch gesehen haben wir so oft unsere eigenen Affinitäten mit der Entwertung des »anderen Feminismus« verbunden. Ich denke, es wäre ein großer Verlust für die Frauenbewegung, einen von beiden Ansätzen aufzugeben.

Die Kritikerinnen »schlechter Wissenschaft« unterstützen sehr engagiert die Bemühungen, mehr Frauen in die Wissenschaft zu bringen – zum Teil deshalb, weil diese Kritikerinnen oft selbst in den Wissenschaften zu finden sind. Andere Feministinnen meinen, daß es besser wäre, wenn die Frauen in den Wissenschaften ihre außerordentlichen Begabungen und Energien der Förderung eindeutigerer und unmittelbarer Profite für Frauen widmeten. Mehr Frauen in den Wissenschaften mögen für die Feministinnen, die sich nicht für diese Gebiete interessieren, nicht an sich schon als großer Gewinn erscheinen, aber es gibt gute Gründe, sich mehr *Feministinnen* in der Wissenschaft zu wünschen, und Frauen scheinen doch – mit einigen Ausnahmen – eher und gründlicher eine feministische Haltung zu entwickeln als Männer. Warum sollten wir also nicht die gesellschaftliche Gruppe, aus der am ehesten FeministInnen hervorgehen, darin ermutigen, in die Institution Wissenschaft einzutreten?

Wir brauchen aus vielerlei Gründen Feministinnen in den bestehenden Wissenschaften: um auf das Versagen von WissenschaftlerInnen, sich an ihre vielfach betonten Prinzipien Unvoreingenommenheit, Interesselosigkeit und Wertneutralität zu halten, hinzuweisen; um »präfeministisch« eingestellte Personen in den Wissenschaften, die offen sind für die feministische Wissenschaftskritik, zum Engagement für feministische Programme zu bewegen; um Frauen auch in der übrigen Gesellschaft den Zugang zu Status und Autorität, den solche Positionen wie wissenschaftliche mitsichbringen, zu eröffnen; um dort, wo es möglich ist, Frauen das nötige Wissen über Gesetzmäßigkeiten und Grundlagen von Natur und sozialem Leben zu vermitteln; um im Rahmen der Forderung nach Chancengleichheit wissenschaftliche Projekte zu generieren, die im spezifischen Interesse von Frauen liegen. (Diese Ziele scheinen mir dieselben zu sein wie die in feministischen Programmen von Frauen aus anderen mächtigen Institutionen unserer Gesellschaft – aus der Regierung oder dem höheren Bildungswesen zum Beispiel. Die Entscheidung, in diesen Institutionen zu arbeiten, sollte meines Erachtens nicht bedeuten, daß Frauen sich verpflichten, in jedem Projekt, das möglicherweise in diesen Institutionen entwickelt wird, mitzuarbeiten; blinde Ergebenheit gegenüber den Vorgesetzten in diesen Institutionen wird von diesen selbst angeblich nicht gewünscht.) Es ist ein wichtiges Ziel von Feministinnen in den Wissenschaften, den sozialen Beziehungen auf die Spur zu kommen, die das Laborleben mit den sozialen Bedingungen in der übrigen Gesellschaft verbinden, und zur Demystifizierung der Wissenschaft, zum Anwachsen wissenschaftlicher Kompetenzen und zur Entwicklung von Projekten beizutragen, die strategisch und auch substantiell zum Nutzen von Frauen angelegt sind.

Die Frauenbewegung braucht außerdem Feministinnen *außerhalb* der Wissenschaft, die die Gesetzmäßigkeiten und Grundlagen im Zusammenspiel von Wissenschaft und anderen gesellschaftlichen Institutionen einer kritischen Analyse unterziehen. (Mit »außerhalb der Wissenschaft« meine ich lediglich außerhalb der Labore oder entsprechender Äquivalente; wie ich weiter oben argumentiere, gibt es in den zeitgenössischen westlichen Gesellschaften kein »Außen« zur Wissenschaft.) Die Studien über Wissenschaft sind selbst Wissenschaft, und die Menschen in einer Kultur oder Institution sind meist nicht in der besten Ausgangsposition für das Erkennen der Bedingungen ihrer alltäglichen Handlungen, die weit entfernt von ihrer Alltagserfahrung entstehen. Diese Einsicht hat möglicherweise Auswirkungen darauf, wie Menschen in der Wissenschaft über ihre Aktivitäten nachdenken und wie sie intellektuelle, praktische und politische Entscheidungen als WissenschaftlerInnen fällen. Aber um diesen Effekt zu erzielen, müssen sich Feministinnen in und außerhalb der Wissenschaften trotz der gelegentlich widersprüchlichen Aspekte ihrer gemeinsamen Bemühungen als Kooperationspartnerinnen begreifen.

Um eine PhilosophInnen geläufige Metapher zu paraphrasieren: Die

Frauenbewegung befindet sich in der Mitte des Ozeans und muß das leckgeschlagene Schiff der modernen Wissenschaft Planke für Planke sowohl rekonstruieren als auch neu entwerfen. (Dabei bekommt sie Unterstützung aus anderen Emanzipationsbewegungen, wie ich an späterer Stelle diskutiere.) Mit anderen Worten: Wir sind gezwungen, Wissenschaft neu zu gestalten, ohne die Bedingungen dafür selbst bestimmten zu können.

Kapitel 4

Warum »Physik« ein schlechtes Modell für die Physik ist

Sowohl die Natur- als auch die Sozialwissenschaften können vom Feminismus auf vielfältige Weise profitieren, wie ich in den vorangegangenen Kapiteln beschrieben habe. Die meisten feministischen Kritiken gehen jedoch nicht weit genug, um die Befestigungsanlagen zu identifizieren, die rund um die Naturwissenschaften aufgebaut wurden und die diese davor bewahren, sich selbst mit denselben kritischen, rationalen Interpretationen zu konfrontieren, die sie als für alle anderen sozialen Phänomene gültige erklären. In diesem Kapitel stehen die populären, aber falschen Überzeugungen im Zentrum, die unsere Möglichkeiten blockieren, zum einen die Naturwissenschaften als soziales Phänomen zu begreifen und zum anderen die Relevanz des Feminismus für Inhalt und Logik von Forschung und wissenschaftlichen Erklärungen zu würdigen.

Wissenschaft ohne die »Elefanten«

Sind die feministischen Kritiken am westlichen Denken für die Naturwissenschaften relevant? »Selbstverständlich sollte es mehr Frauen in den Wissenschaften, der Mathematik, den Ingenieurberufen geben – und die guten würden Bilderbuchkarrieren machen«, so etwa sieht es die konventionelle Auffassung. »Darüber hinaus ist es nicht gut, daß manche Technologien und Anwendungen von Naturwissenschaften für Frauen gefährlich sind; PolitikerInnen sollten die notwendigen Schritte einleiten, um den Mißbrauch und die Fehlnutzungen von Wissenschaft zu eliminieren. Aber die Forschungs- und Erklärungslogik in der Physik bleibt von den feministischen Kritiken im wesentlichen unberührt, weil sie selbst und der kognitive und intellektuelle Gehalt des naturwissenschaftlichen Anspruchs auf ›reine Wissenschaft‹ nicht vom Geschlecht beeinflußt werden.«

Diese Argumentation hält einer eingehenden Prüfung nicht stand. Sie gründet sich nicht nur auf eine Unterschätzung des durchdringenden Einflusses von Geschlechterbeziehungen – Beziehungen, die nicht nur zwischen Individuen bestehen, sondern auch institutionellen Strukturen und symbolischen Systemen eigen sind[1] –, sondern auch auf falsche Überzeugungen in bezug auf die Naturwissenschaften. Wegen dieser Überzeugungen ist es schwierig, viele Aspekte von Wissenschaft und Gesellschaft zu verstehen. Wir können diese falschen Anschauungen als irreführende Elemente der Metatheorien zur Wissenschaft betrachten: Wenn wir sie aus dem Weg räumen, lernen wir, Aspekte von Wissenschaft zu verstehen, die uns bis dahin unerklärlich und inkonsistent erschienen sind.

Mit »Physik« – in Anführungszeichen – bezeichne ich ein bestimmtes (Selbst-)Bild von Wissenschaft, das voller mystifizierender Überzeugungen ist. »Physik« ist magisch; sie entspricht dem alten Bild, in dem eine Säule aus Elefanten die Erde trägt. Das Bild von der Elefantensäule – »You can't fool me, young man: it's elephants all the way down«, wie die Pointe eines alten Witzes geht – hindert die Beobachtenden daran, Fragen zu stellen, die nahelägen, wenn die Elefanten nicht so uneingeschränkt in den Blick genommen würden. Physik ist im Verhältnis zu »Physik« wie ein Satellitenfoto von der Erde im Verhältnis zu dem Bild von der auf einer Säule von Elefanten balancierten Erde. Wir können Physik ohne »Physik« verstehen.

Ich versichere nochmals, daß ich nicht beabsichtige, das Kind »Wissenschaft« mit dem Bade falscher Anschauungen über Wissenschaft auszuschütten.[2] Mein Interesse ist, die falschen Überzeugungen von denen zu trennen, die empirisch, theoretisch und politisch angemesseneren Wissenschaften dienlich sind – also genauer zwischen dem Kind und dem Bad zu unterscheiden. Es gibt *Ursachen* für wissenschaftliche Überzeugungen und Praktiken, die sich nicht im Bewußtsein individueller WissenschaftlerInnen spiegeln; das heißt, sie sind keine *Gründe* für die Akzeptanz oder Zurückweisung dieser Überzeugungen und Praktiken. Unsere Gesellschaft ist von verschiedenen Formen wissenschaftlicher Rationalität durchdrungen; es gibt jedoch große Widerstände dagegen, wahrzunehmen, wie die institutionalisierte Wissenschaftspraxis die Handlungsweisen und das Bewußtsein von WissenschaftlerInnen und ebenso von allen anderen Menschen prägt. Aus der Perspektive demokratischer Tendenzen in der Wissenschaft ist dieser Widerstand irrational, aber er rahmt die Diskussionen auf eine Art und Weise, daß die Beteiligten Schwierigkeiten haben, ihr eigenes Verhalten, die Beschränktheit und Enge ihrer Entscheidungsmöglichkeiten zu verstehen. Die im folgenden zu untersuchenden falschen Überzeugungen dienen dazu, die angesprochene Irrationalität der kritischen Prüfung vorzuenthalten.

Einige LeserInnen werden glauben, daß ich eine Schimäre kritisiere. Sie werden sich dadurch bestätigt fühlen, daß nur positivistische Tendenzen, die sowieso bereits aus der Mode gekommen sind, im Zentrum dieser Kritik stehen. Ich kann an dieser Stelle nicht auf eine Definition des Positivismus und eine Diskussion seines Einflusses eingehen. Aber in der Wissenschaftssoziologie herrscht die Wahrnehmung vor, daß, obwohl weniger NaturwissenschaftlerInnen, PhilosophInnen und SozialwissenschaftlerInnen, die ihre Arbeit am Modell der Naturwissenschaften orientieren, den Positivismus so enthusiastisch betrachten wie noch vor 40, 50 Jahren, die meisten von ihnen grundlegende Annahmen des Positivismus nach wie vor bejahen. Der Positivismus repräsentiert noch immer das unreflektierte »Bewußtsein der Wissenschaft«, wie der Philosoph Roy Bhaskar (1989) scharfsinnig bemerkt.

Sechs falsche Überzeugungen

1) »Im Feminismus geht es um Menschen und Gesellschaft: In den Naturwissenschaften geht es um keines von beiden; deshalb kann der Feminismus keine Bedeutung für Logik und Inhalte von Naturwissenschaften haben.« Dieser Sicht liegt der Gedanke zugrunde, daß ForscherInnen ihre gesellschaftlichen Wertmaßstäbe eher in Untersuchungen über Menschen, als in solche über Sterne, Steine, Ratten oder Bäume einbringen. Für die konventionalistische Auffassung ist die Vorstellung absurd, daß gesellschaftliche Werte bei der Untersuchung abstrakter Gesetzmäßigkeiten des physikalischen Universums unentdeckt bleiben könnten. Die wissenschaftliche Methode ist gerade dafür konstruiert, gesellschaftliche Werte in den Naturwissenschaften zu identifizieren und zu eliminieren. Praktizierende WissenschaftlerInnen und IngenieurInnen betrachten die Diskussionen von PhilosophInnen und anderen NichtnaturwissenschaftlerInnen über Objektivität und Methodologie häufig als abseitig. Wenn Brücken halten und Fernsehapparate laufen, dann sind wohl die Wissenschaften, die sie hervorbringen, objektiv und wertneutral – so einfach ist das.

Wir können dem die Argumentation entgegenhalten, daß die Evolutionstheorie – eine Theorie aller biologischen Arten, nicht nur der Menschen – säkulare Werte in der Natur »entdeckt« hat. Viele KritikerInnen weisen darauf hin, daß sie auch bürgerliche, westliche und androzentrische Werte entdeckt hat (vgl. Gould 1981; Hubbard 1983). Darüber hinaus waren die Physik und Astronomie eines Newton oder eines Galilei nicht weniger als die eines Aristoteles oder Ptolomäus von gesellschaftlichen Werten durchdrungen. Viele AutorInnen haben den unverkennbar westlichen und bürgerlichen Charakter der modernen wissenschaftlichen Weltsicht identifiziert.[3] Einige KritikerInnen haben die sozialen Werte in zeitgenössischen Studien über den Schleimpilz und sogar in den Abstraktionen der Relativitätstheorie und der formalen Semantik aufgedeckt (vgl. Keller 1985; Forman 1971; Hintikka/Hintikka 1983). Konventionalistische ForscherInnen reagieren, indem sie sich stur stellen. Sie bestehen auf einer scharfen Trennung in prämoderne und moderne Wissenschaften und behaupten, daß noch die mittelalterliche Astronomie und Physik stark von damals gültigen politischen und gesellschaftlichen Werten geprägt waren, daß die moderne Astronomie und Physik dies aber nicht waren und sind; darin unterscheide sich gerade die moderne Wissenschaft von ihren Vorgängerinnen. Wie der Wissenschaftshistoriker Thomas Kuhn (1957) sagte, als er noch Anhänger der konventionalistischen Auffassung war, ist die mittelalterliche Weltsicht der von »primitiven Gesellschaften« und von Kindern vergleichbar, die

> »... häufig animistisch (sind). Sie ziehen daher nicht wie wir einen schnellen und unerbittlichen Trennungsstrich zwischen der organischen und der anorganischen Natur, zwischen Lebewesen und unbelebten Dingen. Das organische Reich hat in der Vorstellung höheren Rang, das Verhalten von Wolken, Feuer und Steinen wird gerne mit inneren Antrieben und Wünschen erklärt, wie sie Menschen und vermutlich auch Tiere bewegen.« (Ebd.: 96)

Die konventionalistische Sichtweise klammert aus, daß die moderne Wissenschaft in und durch gesellschaftliche Machtbeziehungen und nicht jenseits von diesen entstanden ist.[4] Die Frage ist nicht, wie der eine oder andere Wissenschaftler seine gesellschaftliche Macht in Ausübung seiner Wissenschaft gebraucht oder mißbraucht hat, sondern vielmehr, wo und wie die Wissenschaften und ihre Programme, Konzepte und Konsequenzen sich in bestimmte politische Strömungen einordnen. Wie schaffen wissenschaftliche Ideen und Praktiken Vorteile für einige Gruppen zu Lasten von anderen? Können Wissenschaften, die es vermeiden, diese Fragen zu stellen, die Gründe für ihre gegenwärtige Praxis und den sich mit unterschiedlichen historischen Gegebenheiten wandelnden Charakter ihrer »Entdeckungen in der Natur« verstehen?

Obwohl der ganze, vollständige Mensch nicht das Untersuchungsobjekt von Astronomie, Physik und Chemie ist, so können wir doch nicht davon ausgehen, daß gesellschaftliche Werte, menschliche Hoffnungen und Bestrebungen im Nachdenken über Natur nicht vorkommen. Der Feminismus kann wichtige Analysen dazu beisteuern, wie Geschlechterbeziehungen die Herkunft, die Problematiken, die Entscheidungen darüber, was als wissenschaftlicher Beweis zählt, die sozialen Bedeutungen von Natur und Forschung und die Auswirkungen wissenschaftlicher Aktivitäten geprägt haben. Kurz gesagt: Wir lernen besser zu verstehen, wie soziale Projekte die Forschungsergebnisse in den Naturwissenschaften beeinflussen können, wenn wir die falsche Vorstellung aufgeben, daß die Naturwissenschaften aufgrund ihrer nichtmenschlichen Gegenstände unvoreingenommene, interesselose, wertneutrale Betrachtungen von einer Natur hervorbringen können, die als von der menschlichen Geschichte getrennte konzipiert wird.

2) »Feministische Kritikerinnen behaupten, daß eine soziale Bewegung empirisch angemessenere Vorstellungen über die natürliche Welt generieren kann. Es ist aber so, daß nur falsche Überzeugungen soziale Ursachen haben. Welche Relevanz immer solche Kritiken haben, um auf die gesellschaftlichen Bedingungen für falsche Überzeugungen hinzuweisen, so kann der Feminismus doch nicht ›richtige Vorstellungen‹ hervorbringen.« Diese Auffassung unterstellt, daß sozialwissenschaftliche Interpretationen für die Erklärungen, wie die besten, empirisch abgesichertsten (oder wahrscheinlichsten) Hypothesen wissenschaftliche Legitimität erlangen, nicht relevant sind. Einige konventionalistische DenkerInnen werden zustimmen, daß die Sozialwissenschaften uns über das Eindringen sozialer Interessen und Werte in Forschungsprozesse, die falsche Überzeugungen hervorgebracht haben, aufklären können: Die Gründe dafür, warum Phlogiston-Theorie, Phrenologie, nationalsozialistische Wissenschaft, Lysenkoismus und Kreatianismus[5] eine Berechtigung und einen Respekt erfuhren, die sie aus heutiger Sicht nicht hätten erfahren dürfen, finden sich im gesellschaftlichen Leben. Diese Grundlagen aufzudecken ist eine verdienstvolle Aufgabe für SoziologInnen und HistorikerInnen. Aber die Inhalte »guter Wissenschaft« sind laut konventionalistischer Auffassung nicht sozial, sondern nur natürlich bestimmt. Die wissenschaftlichen Inhalte resultieren aus der Art und Weise, wie die Welt ist, wie unsere Beobachtungsgabe und unser Vernunftpotential ausgebildet sind und wie wir unsere Begabung zu Beobachtung und Vernunft in Übereinstimmung damit bringen, wie die Welt ist. Folglich bedürfen die am breitesten akzeptierten naturwissen-

schaftlichen Erkenntnisansprüche keiner kausalen Herleitung jenseits der Gründe, die WissenschaftlerInnen selbst für ihre kognitiven Entscheidungen angeben.

Diese asymmetrische Herangehensweise an die kausalen Erklärungen von Überzeugungen hat in der Erkenntnistheorie eine lange Tradition, die allerdings in letzter Zeit von WissenssoziologInnen kritisiert worden ist.[6] Sie argumentieren, daß es nur ein Vorurteil von PhilosophInnen ist, daß die von einer Kultur als legitim betrachteten Überzeugungen von soziologischen Erklärungen ausgeschlossen sein sollten. Die Wissenssoziologie brandmarkt diese Position als mystifizierend; sie beinhalte, daß die Hervorbringung wissenschaftlicher Überzeugungen als einzige von allen gesellschaftlichen Aktivitäten keine sozialen Ursachen hätte. Demgegenüber wird argumentiert, daß eine umfassende wissenschaftliche Betrachtung von Überzeugungen eine kausale Symmetrie anstreben sollte; sie müßte versuchen, die sozialen (genauso wie die natürlichen) Ursachen für unsere besten wie unsere schlechtesten Überzeugungen zu identifizieren.

Diese soziologische Betrachtung ist jedoch in vielerlei Hinsicht fehlerhaft. Zum einen scheinen diese AutorInnen ihre eigenen Erkenntnisansprüche von den an andere angelegten Maßstäben auszuschließen und beziehen sich damit immer noch auf ausgesprochen positivistische Konzeptionen wissenschaftlicher Forschung.[7] Darüber hinaus scheint ihre Interpretation wissenschaftliche Erkenntnisansprüche auf Glaubensvorstellungen zu reduzieren, die zufällig gesellschaftlich akzeptiert sind. Sie bietet keine Möglichkeit, über Beschränkungen durch den natürlichen Rahmen zu sprechen, innerhalb dessen historisch unverwechselbare wissenschaftliche Anschauungen produziert werden (vgl. Rose 1979). Aber wir müssen die Beschränkungen dieser soziologischen Sichtweise, den Funktionalismus und Relativismus dieser ansonsten erhellenden Analysen nicht reproduzieren. Wir müssen festhalten, daß unsere eigene (richtige oder zumindest weniger falsche) Anschauungsweise ebenfalls soziale Ursachen hat – daß zum Beispiel Veränderungen in den gesellschaftlichen Verhältnissen das Aufkommen der spezifischen intellektuellen und politischen Bahn der modernen Wissenschaft und auch des Feminismus ermöglicht haben. Die Geschichte dieser Veränderungen hinterläßt ihre Fingerabdrücke auf dem kognitiven Gehalt der Wissenschaft wie auch des Feminismus (vgl. z.B. Harding 1983; van den Daele 1977; Zilsel 1942). Darüber hinaus können wir darauf bestehen, daß die Identifikation der sozialen Ursachen für die Akzeptanz von Überzeugungen nicht die Möglichkeit ausschließt, daß diese Vorstellungen *tatsächlich* besser als ihre Konkurrentinnen auf die Welt passen. Das heißt, wir können daran festhalten, daß bestimmte soziale Bedingungen es Menschen ermöglichen, zuverlässige Erklärungen für die Muster der Natur hervorzubringen, genauso wie andere soziale Bedingungen dies erschweren.

Wenn die Zurückweisung der feministischen Interpretation der sozialen Ursachen »richtiger Überzeugungen« berechtigt wäre, müßte die neuere Forschung in Geschichte, Soziologie, Psychologie, Anthropologie und politischer Ökonomie der Wissenschaft im selben Sinne kritisiert werden. Eine lange Reihe von Untersuchungen hat über die politischen Zusammenhänge aufgeklärt, in deren Rahmen moderne wissenschaftliche Erkenntnis konstruiert wird. Die Ausschaltung der Vorstellung, daß nur falsche Überzeugungen soziale Ursachen haben, ermöglicht kohärentere Interpretationen dessen, was eigentlich zum Erkenntnisfortschritt in der Wissenschaftsgeschichte beigetragen hat. Auf diese Weise wird ein Verständnis von Feminismus möglich, das beinhaltet, daß der Feminismus nicht nur durch das Bloßstellen falscher Überzeugungen den Erkenntnisgewinn fördert, sondern auch dadurch, daß er soziale Bedingungen herzustellen hilft, die für die Entwicklung weniger voreingenommener und verzerrter Überzeugungen förderlich sind, und dadurch, daß er selbst wissenschaftlich vorzuziehende Vorstellungen generiert.

3) »Wissenschaft besteht im Grunde nur aus den – in den Forschungsergebnissen ausgedrückten – formalen und quantitativen Aussagen; und es gibt nur *eine* wissenschaftliche Methode. Wenn Feministinnen keine Alternativen zu Logik und Mathematik oder zur wissenschaftlichen Methode anzubieten haben, dann mögen ihre Kritiken in soziologischer Hinsicht, nicht aber für die Wissenschaft selbst relevant sein.« Galilei argumentiert, daß die Natur in der Sprache der Mathematik spricht, deshalb müssen wir, wenn wir die Natur verstehen wollen, »ihre« Sprache erlernen. Einige konventionalistische DenkerInnen haben diese Argumentation so begriffen, daß die »echte Wissenschaft« nur in den formalen Aussagen über solche Gesetze der Natur, wie sie Isaac Newton, Robert Boyle und Albert Einstein entdeckten, besteht.

Es ist möglich, daß in den in formalen Symbolen ausgedrückten Forschungsergebnissen keine gesellschaftlichen Werte erscheinen; Formalisierung garantiert jedoch nicht die Abwesenheit von gesellschaftlichen Werten.[8] Zum einen haben HistorikerInnen gezeigt, daß die Geschichte von Mathematik und Logik nicht nur eine äußerliche Geschichte davon ist, wer wann was entdeckt hat. Sie vertreten, daß allgemeine gesellschaftliche Interessen und Voreingenommenheiten einer Kultur in den

Formen der Quantifizierungen erscheinen können, die in ihrer Mathematik und Logik verwendet werden. Namhafte MathematikerInnen kommen zu dem Schluß, daß die letztgültige Prüfung der Angemessenheit von Mathematik eine pragmatische ist: Funktioniert sie wie geplant und zu dem geplanten Zweck (vgl. Bloor 1977; Kline 1980)?

Darüber hinaus erfordern formale Aussagen Interpretationen, um Bedeutung zu erlangen. Die Ergebnisse wissenschaftlicher Forschung können nur dann als Ergebnisse gewertet werden, wenn WissenschaftlerInnen verstehen, worauf sie sich beziehen und was sie bedeuten. Ohne Entscheidung über ihre Bezüge und Bedeutungen können sie zum Beispiel nicht für Vorhersagen oder die Anregung zukünftiger Forschung genutzt werden. Und wie im Falle sozialer Gesetzmäßigkeiten werden die Bezüge und Bedeutungen der wissenschaftlichen Regeln durch Entscheidungen über ihre Anwendungen ständig ausgeweitet und beschränkt.

Außerdem spielen Metaphern eine wichtige Rolle bei der Modellierung von Natur und der Spezifizierung von Theoriegebieten.[9] Um ein klassisches Beispiel zu zitieren: In dem Satz »Natur ist eine Maschine« drückt sich nicht nur eine nützliche Heuristik für die Erklärung der neuen Newtonschen Physik, sondern auch ein von dieser unabtrennbarer Teil aus, der die Metaphysik zur Theorie schuf und Wissenschaftlern zeigte, wie sie auszuweiten und zu entwickeln wäre. In diesem Sinne stellen soziale Metaphern einen Teil der Belege für die Aussagen der neuen Wissenschaften dar; in einigen ihrer formalen Eigenschaften scheinen sie immer noch den in den mathematischen Ausdrucksweisen der Naturwissenschaften modellierten Relationen verwandt zu sein. Sie standen nicht nur »außerhalb« des Prozesses der Überprüfung von Hypothesen, sondern spielten auch »innerhalb« dieses Prozesses eine Rolle. Die gesellschaftlichen Verhältnisse der Epoche, die sowohl die Maschinen ermöglichten, anhand derer Newton seine mechanistischen Gesetze aufstellte, als auch im Gegenzug von ihnen profitierten, funktionierten als – oder *waren* – ein Teil der Beweisführung für die Newtonsche Physik. Wenn wir anfangen wollen, die Wissenschaftsgeschichte und -praxis zu erklären, dann müssen wir die Vorstellung aufgeben, daß Wissenschaft nur eine Sammlung mathematischer Aussagen ist. Das Bestehen auf dieser Vorstellung ist ein Mittel zur irrationalen Beschränkung des Denkens.

Wenn die Wissenschaft nicht auf ihre formalen Aussagen zu reduzieren ist, läßt sie sich auf ihre Methode beschränken? Dies ist eine ähnlich problematische Behauptung. Zeitgenössische PhysikerInnen, EthologInnen und GeologInnen sammeln auf andere Arten Belege für oder gegen Hypothesen als mittelalterliche Priester dies für oder gegen ihre theologischen Behauptungen getan haben, trotzdem ist es schwierig, auf formale Weise zu identifizieren oder zu konstatieren, worin genau die Einzigartigkeit wissenschaftlicher Methoden besteht. Zum einen entwickeln unterschiedliche Wissenschaften unterschiedliche Wege der Beweisführung, und es gibt keine klare Möglichkeit zu spezifizieren, was die Methoden der Hochenergiephysik, der Ethologie und der Plattentektonik gemeinsam haben. Die »Beobachtung der Natur« ist jedenfalls eine viel zu allgemeine Angabe für die Spezifikation der einzigartigen wissenschaftlichen Modi, Belege zu sammeln; Sammlerinnen und Jäger, prämoderne Bauern und Bäuerinnen, alte Seefahrer und Mütter müssen auch alle sorgfältig und ständig die »Natur beobachten«, um ihre Arbeit tun zu können. Diese Beispiele zeigen auch, daß die Verbindung von Vorhersage und Kontrolle mit der Beobachtung der Natur kein Spezifikum von Wissenschaft ist, da sie beim Sammeln und bei der Jagd, bei der Bewirtschaftung von Land und bei der Kinderbetreuung ebenso wesentlich sind. Wissenschaftliche Praktiken sind jeder Kultur geläufig. Darüber hinaus können viele Phänomene, für die sich die Wissenschaft interessiert, obwohl sie voraussehbar und erklärbar sind, nicht kontrolliert werden – zum Beispiel die Umlaufbahn der Sonne oder die Lage von Fossilien. Und Vorhersagen sind auf der Basis von Korrelationen möglich, die selbst wenig oder keinen Erklärungswert besitzen.

PhilosophInnen und andere WissenschaftsbeobachterInnen diskutieren seit Jahrhunderten darüber, ob eher die deduktive oder die induktive Methode für die großen Momente der Wissenschaftsgeschichte verantwortlich ist (vgl. Harding 1986), aber es ist offensichtlich, daß keine von beiden ausschließlich in der Wissenschaft vorkommt: Kinder und Hunde gebrauchen regelmäßig beide Methoden. Der Versuch, unverwechselbare Merkmale der Erkenntnissuche zu identifizieren, die Mütter, Köche oder Bäuerinnen von wissenschaftlichen Rängen ausschließen, aber den hochqualifizierten Nachwuchs in, zum Beispiel, biochemischen Forschungsteams einschließen, ist m.E. zum Scheitern verurteilt, um so mehr in einer Gesellschaft wie unserer, in der wissenschaftliche Rationalität die Kinderbetreuung, das Kochen und die Landwirtschaft durchdrungen hat.

Wir können auch mit der Begründung konfrontiert werden, daß das wichtigste Merkmal der wissenschaftlichen Methode die kritische Einstellung ist (vgl. Horton 1967; Popper 1972). Die wissenschaftliche Methode wäre dann in erster Linie eine psychologische Haltung. Diese Argumentationslinie behauptet, daß wir in allen anderen Arten der Erkenntnissuche Annahmen identifizieren können, die als immun gegen Widerlegungen oder als heilig betrachtet werden; nur die moderne

Wissenschaft sieht alle ihre Überzeugungen als widerlegbar an. Aber Geschichte, aktuelle Praxis und führende zeitgenössische Metatheorien der Wissenschaft stützen diese Argumentation nicht. Auf der einen Seite sind Annahmen, die der Kritik – entweder prinzipiell oder unreflektiert – entzogen werden, auch in den Wissenschaften präsent. Die Wissenschaftsgeschichte zeigt, daß WissenschaftlerInnen und die *scientific community* immer wieder ungerechtfertigte Annahmen zugrunde legen und daß sie nicht dazu neigen, die Hypothesen, in deren Plausibilität sie einige Zeit, Energie und Reputation investiert haben, kritisch zu hinterfragen. Darüber hinaus können wir einige Überzeugungen als konstitutiv für die Wissenschaft bezeichnen in dem Sinne, daß ihre Infragestellung nur um den Preis des Skeptizismus gegenüber dem gesamten wissenschaftlichen Unternehmen möglich ist. Ein Beispiel ist die Vorstellung, daß alle physikalischen Ereignisse und Prozesse Ursachen haben, auch wenn wir sie nicht immer erkennen können; ein anderes Beispiel ist die These, daß es gut ist, mehr über die Natur zu wissen. Außerdem ist für jeden und jede einsichtig, daß zwar viele wissenschaftliche Annahmen im Prinzip hinterfragbar sind, daß sie aber nicht alle gleichzeitig hinterfragt werden können, wenn es überhaupt Forschung geben soll. Thomas Kuhn (1970) hat die These aufgestellt, daß ein Forschungsgebiet dann zu einer Wissenschaft wird, wenn es sich entscheidet, ein bestimmtes Set an Überzeugungen als »nicht anfechtbar« zu akzeptieren und es zu den Grundlagen der Definition des Feldes zu machen (diese Art zu denken führte Kuhn zu dubiosen Annahmen darüber, wie richtige Wissenschaften zu schaffen seien, wie wir noch sehen werden). Andere verweisen auf die notwendig unhinterfragten »Hintergrundannahmen« oder »Hilfshypothesen«, die sich zwangsläufig im Umfeld von zu prüfenden Hypothesen ansiedeln. Sie schließen Wahrnehmungstheorien ein, Vorstellungen über die Funktionsweisen von Test- und Aufzeichnungsgeräten, Annahmen über die Signifikanz von Variablen und darüber, was als wiederholte Beobachtung oder als wiederholtes Experiment gelten kann.

Die westliche Wissenschaft ist nicht die einzige Domäne kritischen Denkens. Wir brauchen alle eine kritische Einstellung gegenüber einer Reihe von Überzeugungen, wenn wir in der Unbeständigkeit von Natur und gesellschaftlichem Leben bestehen wollen. Die Annahme, daß nur diejenigen, die westliche, wissenschaftliche Rationalität anwenden, kritische Vernunft walten lassen, zeugt vom Ethnozentrismus der westlichen Welt. Feministinnen und ArbeiterInnen haben außerdem die Behauptung in Frage gestellt, daß nur die herrschenden Gruppen mit kritischer Vernunft begabt sind.[10]

Die Idee, daß Wissenschaft real oder fundamental aus formalen Aussagen besteht oder eine unverwechselbare Methode ist, ist eine irreführende Vorstellung, die unsere Fähigkeit blockiert, die Arbeitsweisen moderner westlicher Wissenschaft zu beschreiben und zu erklären. Wissenschaft weist viele ineinandergreifende Praktiken, Produkte, Bezüge und Bedeutungen auf. Sie ist eine kumulative Tradition der Erkenntnis. Sie erzählt eine »Ursprungsgeschichte« und ist ein grundlegender Bestandteil der Art und Weise, wie bestimmte Gruppen in der modernen westlichen Welt sich selbst identifizieren und von anderen abgrenzen. Sie ist eine Metaphysik, eine Erkenntnistheorie und eine Ethik. Sie steht für eine Politik, die den Programmen moderner liberaler Staaten, dem Kapitalismus und dem Protestantismus entspricht. Einige KritikerInnen haben darauf hingewiesen, daß Wissenschaft nicht nur für viele zu einer Religion geworden ist, sondern auch beansprucht, den Platz der Religion einzunehmen – und das, obwohl sie versucht, ihren religiösen Charakter über die Distanzierung von Religion zu verstecken. Was sollten wir anderes aus ihrem Bestehen auf ihrer eigenen absoluten Autorität, auf ihrer »monologischen« Form, auf ihrer inhärenten moralischen Richtigkeit schließen? Was sonst vermittelt uns ihre Intoleranz gegenüber Kritiken von »außen« und ihre erklärte Absicht, die Grenzen der »Zivilisation« zu definieren? Sie ist eine gesellschaftliche Institution mit komplexen Ritualen und Praktiken, die die sozialen Verhältnisse der Kultur, in der sie existiert, sowohl reflektieren als auch prägen. Sie ist sowohl die Produzentin als auch die Nutznießerin von technologischen Erfindungen. Sie ist ein Hauptfaktor in der Aufrechterhaltung und Kontrolle der Produktion und, in zunehmendem Maße, der Reproduktion.

Es gibt einen auffälligen Gegensatz zwischen dieser Reihe von Beschreibungen, »was die Wissenschaft ist«, und der beschränkten Bandbreite, die konventionalistische DenkerInnen zulassen. Falsche Überzeugungen blockieren unsere Fähigkeit, die Funktionsweisen der Wissenschaft zu erklären.

4) »Anwendungen von Wissenschaft sind nicht Teil der reinen Wissenschaft. Deshalb stellen die feministischen Kritiken am Mißbrauch und der Fehlnutzung der Wissenschaften (wie zum Beispiel an der starken Zunahme gefährlicher Reproduktionstechnologien) nur eine Herausforderung für die staatliche Wissenschaftspolitik, nicht aber für die Wissenschaft selbst dar.« Die vorangegangenen Diskussionen verweisen darauf, warum diese Aussage eine verzerrte Wiedergabe von Wissenschaft und Technik und den Beziehungen zwischen ihnen ist. Was immer auf

die Vergangenheit zutreffen mag, heute ist es jedenfalls schwierig, irgend etwas zu identifizieren, das als *reine* Wissenschaft gelten kann. Ist diese Behauptung zu gewagt? Überprüfen wir sie. Die Wissenschaften profitieren mindestens ebenso stark von technologischen Ideen und Artefakten, wie umgekehrt die Technologien von den Wissenschaften profitieren. Sogar wenn wissenschaftliche Ideen nicht auf unmittelbare Anwendungen hinauslaufen, können sie sehr wohl von Werten durchdrungen sein. Nachdem sie die komplexen Zusammenhänge zwischen Wissenschaften und Technologien überdacht haben, kommen viele BeobachterInnen zu dem Schluß, daß Wissenschaft »Politik mit anderen Mitteln« ist. Wissenschaft ist mehr als Politik, aber sie ist immer auch Politik.

Alle ForscherInnen sind bereit anzuerkennen, daß wissenschaftliche Forschung neue Technologien und Anwendungen von Wissenschaft ermöglicht. Wissenschaft produziert Informationen, die im gesellschaftlichen Leben angewandt und dazu benutzt werden können, neue Technologien zu entwerfen. Dieser Umstand bedroht nicht etwa die unterstellte Reinheit der Wissenschaft, denn es sind nicht die WissenschaftlerInnen, sondern die PolitikerInnen, die über die Konstruktion neuer Technologien und über neue Anwendungen wissenschaftlicher Information entscheiden. Das Sollen läßt sich aus dem Sein nicht ableiten, so sieht es die gängige Philosophie. Die Entscheidung, was wir mit der wissenschaftlichen Information anfangen sollen, wird als von der Informationshervorbringung abgetrennter Prozeß betrachtet. Dieser Sichtweise entsprechend sind es die PolitikerInnen, die für den Mißbrauch und die Fehlnutzung der Wissenschaften und ihrer Technologien verantwortlich gemacht werden sollten – nicht die WissenschaftlerInnen oder die Wissenschaft selbst.

Weil zwei verschiedene Gruppen für zwei verschiedene Arten von Entscheidungen verantwortlich sind, ist es einfacher, davon auszugehen, daß Technologien und Wissenschaften konzeptuell und politisch getrennt sein müssen. WissenschaftlerInnen in Universitäten und Forschungslaboren produzieren die Information; WissenschaftlerInnen in Industrie, Militär und Regierung treffen die Entscheidungen, welche Informationen verbreitet werden sollen und wie sie einzusetzen sind (vgl. z.B. Forman 1987). Aber diese Arbeitsteilung hat nicht die Konsequenzen, die ihre BefürworterInnen erwarten. Sie erschwert es WissenschaftlerInnen in Universitäten, ihre eigenen Aktivitäten plausibel zu erklären: Das heißt, auch für die Wissenschaft solche kausalen Interpretationen zu liefern, die WissenschaftlerInnen uns für alle anderen Lebensbereiche empfehlen. Die Erklärungen ihrer eigenen Aktivitäten erhöhen nicht die Kohärenz, die Verallgemeinerbarkeit, die Einfachheit, sie stimmen nicht mit der Empirie überein usw.

Zunächst einmal möchte ich darauf hinweisen, daß in der Praxis das »Sein« oft das »Sollen« absichert. Zum Beispiel haben in einer rassistischen Gesellschaft »reine Beschreibungen« der Unterschiede von Rassen eine geringe Chance, als reine Information zu fungieren. Wir können sicher sein, daß rassistische Annahmen die Bandbreite »vernünftiger« Anwendungen solcher »Information« deutlich einschränken. Darüber hinaus kann schon das Interesse an rassischen Differenzen in einer solchen Kultur nicht frei von Werten sein (vgl. Gould 1981). Die wissenschaftlichen Berichte können so wertneutral wie möglich sein (im Sinne von reiner Beschreibung der Unterschiede), sie können sich z.B. nicht auf Unter- und Überlegenheit beziehen und keine Empfehlungen für die Sozialpolitik aussprechen. Aber es ist genau diese Art Forschung, von der wir mit gutem Grund annehmen können, daß sie (ob sie es will oder nicht) in einer nach Rassen unterteilten Gesellschaft für rassistische Zwecke genutzt werden wird. (Dies ist kein Argument dagegen, solche Forschung zu betreiben, sondern gegen die Weigerung, die politischen Interessen und möglichen Konsequenzen der Forschung öffentlich zu konstatieren und zu diskutieren.)

Ist es sinnvoll, sich auf diese Art Forschung als objektive zu beziehen, wenn es verschiedene Interessen an ihren Ergebnissen gibt? Des weiteren kann es nicht wertfrei sein, wie einige SozialwissenschaftlerInnen herausgestellt haben, solche Phänomene wie Armut, Elend, Folter oder Gewalt in wertfreier Weise zu beschreiben. Angesichts solcher Phänomene hat jede Äußerung eine Bedeutung, entweder dafür oder dagegen; es gibt keinen potentiellen dritten Weg, der wertfrei wäre. Der Gebrauch einer objektiven Sprache für die Beschreibung in solchen Fällen führt zu einer Art Pornographie; die LeserInnen, die Beobachtenden, konsumieren den Schmerz und das Unglück anderer für ihre eigene intellektuelle Befriedigung. Es ist nicht irrelevant, so argumentieren einige KritikerInnen, daß die wissenschaftliche Methode keine Kriterien für die Unterscheidung bereitzustellen scheint, ob bestimmte Prozeduren am Menschen als wissenschaftliche Experimente oder als Folter angesehen werden sollten.[11]

Die VerteidigerInnen reiner Wissenschaft scheinen oft so zu argumentieren, daß die Ignoranz von WissenschaftlerInnen gegenüber den Konsequenzen ihrer wissenschaftlichen Tätigkeit als Beleg für ihre Objektivität gewertet werden sollte. Wenn aber die Rechtsprechung vermeidbare Ignoranz als strafbar wertet, warum sollte die Wissenschaft dies nicht auch tun? Selbstverständlich kann keine Person für alle oder auch nur für einige ihrer Entscheidungen positive Folgewirkungen garantieren. Aber warum sollte die Weigerung, sich mit den Folgen der eigenen Handlungen zu konfrontieren, wie es die Trennung in reine und angewandte Wissenschaft WissenschaftlerInnen lehrt, nicht als schuldwürdig betrachtet werden? Die »Unschuld« der Wissenschaft – unsere »Unschuld« – ist für uns alle extrem gefährlich. Vielleicht sollte es Menschen mit einer Tendenz zu dieser »unschuldigen« Haltung nicht erlaubt sein, Wissenschaft zu betreiben oder wissenschaftliche Metatheorien zu entwickeln; sie sind eine Gefahr für die Benachteiligten und vielleicht sogar für die Gattung! Warum sollten wir die Ignoranz gegenüber den (bei vernünftiger Betrachtung vorhersehbaren) Auswirkungen der wissenschaftlichen Verhaltensweisen als Beleg für die Objektivität dieser ForscherInnen und nicht für ihre Inkompetenz sehen? Obwohl ich diese Frage in Begriffen moralischer Verantwortung fasse, ist es im Grunde eine politische Frage: Wie wird die moderne westliche Wissenschaft vermittelt über Klassen-, Rassen- und Geschlechterauseinandersetzungen konstruiert? Es kann aber ein starker Antrieb für politischen Wandel sein, wenn wir uns in unserer individuellen moralischen Verantwortlichkeit angesprochen fühlen.

Es wird weniger allgemein wahrgenommen, daß die von der Wissenschaft für ihre Forschungsprozesse benutzten Technologien selbst politische Folgen haben. Der Gebrauch des Teleskops bewirkte eine Verlagerung der Autorität über Fragen des »Himmels« weg von der mittelalterlichen Kirche hin zu denjenigen, die es verstanden, durch ein Teleskop zu sehen. Die Einführung komplexer diagnostischer Technologien in der medizinischen Forschung verlagert die Autorität in Fragen des Zustandes unserer Körper weg von uns selbst hin zu den medizinischen SpezialistInnen; genaugenommen ist die Tendenz sogar die, daß sich die Autorität z.B. von PhysikerInnen auf LabortechnikerInnen überträgt. Dies sind keine trivialen Verwicklungen von Wissenschaft und politischen Interessen und Werten. Nicht alle Technologien können in einer gegebenen Gesellschaft angewendet werden, weil die politischen und gesellschaftlichen Werte, die eine Technologie transportiert, im Konflikt mit den vorherrschenden gesellschaftlichen Werten stehen können. WissenschaftshistorikerInnen und -soziologInnen weisen darauf hin, daß die Technologien der experimentellen Methode in einer Sklavenhaltergesellschaft keine breite Akzeptanz hätten erlangen können: Die experimentelle Methode verlangt einen ausgebildeten Intellekt genauso wie die Bereitschaft, »sich die Hände schmutzig zu machen«, aber Sklavenhalterkulturen verbieten einerseits Bildung für Sklaven und andererseits Handarbeit für Aristokraten (vgl. Zilsel 1942).

Es gibt einen dritten wichtigen Zusammenhang zwischen Wissenschaft und Technologie: Wissenschaftliche Problemstellungen sind oftmals (manche würden sagen immer) Antworten auf gesellschaftliche Bedürfnisse, die als technische definiert werden. Zum Beispiel bezahlt die Industrie WissenschaftlerInnen dafür, Informationen über das (menschliche) reproduktive System zu produzieren, die die Entwicklung billiger und effizienter Verhütungsmittel ermöglichen sollen. Die Entwicklung von Verhütungsmitteln stellt eine technologische Lösung dar für das von westlichen Eliten definierte Problem der Überbevölkerung bei den ethnischen und rassischen Minderheiten in der Ersten und bei den Völkern der Dritten Welt. Aus der Perspektive des Lebens dieser Menschen gibt es allerdings mindestens ebenso vernünftige andere Wege zur Definition des »Problems«. Statt es Überbevölkerung zu nennen, könnten wir auch von der Enteignung der Ressourcen der Dritten Welt durch die Erste Welt sprechen, die es den Dritte-Welt-Ländern unmöglich macht, ihre eigene Bevölkerung zu ernähren. Warum reden wir nicht davon, daß das Problem der Mangel an Bildung bei Frauen in der Dritten Welt ist – die Variable, von der es heißt, daß sie am ausgeprägtesten mit hoher Fertilität korreliert?[12] Und schließlich: Ein Mitglied einer wohlhabenden nordamerikanischen Familie verbraucht in seinem/ihrem täglichen Leben weit mehr natürliche Ressourcen als ganze äthiopische Dorfgemeinschaften. Wäre es nicht objektiver, davon zu sprechen, daß Überbevölkerung und Habgier der Ersten Welt dafür verantwortlich sind, was der Westen Überbevölkerung der Dritten Welt zu nennen beliebt?

Um ein anderes Beispiel aufzugreifen: Die Forschung zur Entwicklung von Getreidesorten mit höheren Erträgen soll angeblich die Dritte Welt befähigen, ihre Menschen besser ernähren zu können. Aber unter den gegebenen politischen und ökonomischen Beziehungen zwischen der Ersten und Dritten Welt vergrößert diese Forschung tatsächlich nur die Vorräte an Ernteerträgen zum Export in die Erste Welt und läßt die Menschen der Dritten Welt sogar noch hungriger zurück, als sie es waren, bevor sie zu den Nutznießern technologischer »Entwicklung« zählten. Das Problem kann mit der Frage auf den Punkt gebracht werden, warum die Erste Welt weiterhin auf Kosten der Dritten Welt Profite einfahren dürfen sollte, oder wer den größten Nutzen hat, wenn die Erste Welt mit ihren Ressourcen so verschwenderisch umgeht, daß sie Lebensmittel aus weit ärmeren Ländern importieren muß.

Diese Argumentation unterscheidet zwischen den Intentionen von WissenschaftlerInnen und den Funktionen ihrer Arbeit. Der Punkt ist nicht, daß WissenschaftlerInnen *beabsichtigen*, technologiebezogene Forschung zu betreiben oder die Politik zu fördern, die durch die Produktion ihrer Informationen nahegelegt oder möglich gemacht wird; die meisten tun dies nicht. Der Punkt ist statt dessen, welche Funktionen wissenschaftliche Forschung innerhalb der gegenwärtigen sozialen Ordnung erfüllt. Diese Art zu argumentieren ist für viele Menschen schwer nachvollziehbar, weil Eliten – und insbesondere WissenschaftlerInnen – lernen, die Ergebnisse von Wissenschaft als Folge von individuellen oder gemeinschaftlichen Bemühungen um Beschreibungen der Gesetzmäßigkeiten und Grundlagen von Natur zu betrachten, die weniger falsch als die bisher vorliegenden sind. In dieser konventionellen Sicht mögen die Verhaltensweisen von Frauen und von Angehörigen marginalisierter Rassen und Klassen als Funktion ihrer biologischen oder sozialen Merkmale angesehen werden, nicht aber die Verhaltensweisen der Eliten, die als Folge von individueller Wahl und Willensausübung begriffen werden. Das hier vertretene gegenteilige Argument erkennt an, daß auch das Verhalten von Eliten in spezifischer Weise von sozialen Programmen geprägt ist.

Bleibt eine irgendwie geartete »reine Wissenschaft« übrig, nachdem wir alle diese Interrelationen zwischen Wissenschaft und Technologie betrachtet haben? Einige würden sagen, daß wir zumindest in der Grundlagenforschung einer nicht von technologischen Interessen angetriebenen wissenschaftlichen Forschung begegnen. Trotzdem wendet auch diese Forschung Technologien an, die soziale Implikationen haben: Wer wird darin ausgebildet, sie anzuwenden? Welche Art sozialer Status wächst denen zu, die diese Technologien anwenden können? Darüber hinaus: Wird nicht scheinbar reine Forschung häufig auf der Basis gerechtfertigt, daß sie *voraussichtlich* technologisch nützliche Informationen hervorbringt? In jedem Fall kann die Wissenschaftspolitik die Kosten für scheinbar »nutzlose« Information auf der Grundlage ihres Ausstrahlungseffekts auf die übrige Wissenschaft rechtfertigen: Diese fünf Prozent »reine Forschung« umhüllen die 95 Prozent offensichtlich technologieorientierte Forschung mit einem Deckmäntelchen. Wenn das aber ihre Funktion ist, wie kann sie dann rein sein?[13]

Schließlich drückt das Bestehen auf »reiner Wissenschaft« möglicherweise eine tiefe Irrationalität unserer Kultur aus. In einer Welt, in der so viele hungrig sind, in der Städte verfallen und ganze Landstriche verwüstet werden, in der viele medizinische Versorgung benötigen, die sie sich nicht leisten können, in der sich die Bildungskluft zwischen den Besitzenden und den Mittellosen vergrößert – in der, kurz gesagt, der Zugang zu einigen wenigen zusätzlichen Ressourcen so große Auswirkungen auf das Leben von vielen haben könnte –, warum sollten wir in einer solchen Welt wissenschaftliche Aktivitäten unterstützen, die deshalb als »rein« definiert werden, *weil* sie keine sozial nutzbaren Ergebnisse versprechen? Es wäre unter diesem Blickwinkel noch eher plausibel, die Unterstützung »reiner Wissenschaft« als Arbeitsbeschaffungsmaßnahme für die Mittelschicht im Dienste der Eliten zu betrachten. Die Wissenschaft ist nicht für alle schlechten Merkmale des gegenwärtigen gesellschaftlichen Lebens verantwortlich, aber wenn sie nicht effektive Mittel entwickelt, um die Ursachen und Wirkungen ihrer eigenen Überzeugungen und Praktiken zu identifizieren, bleibt sie an der Herstellung dieser gesellschaftlichen Übel beteiligt. In dem Bestehen darauf, daß die Technologien und Anwendungen der Wissenschaften kein Teil der »richtigen Wissenschaft« sind, können wir eine weitere falsche Überzeugung erkennen, die wir für alle Zeiten aufgeben sollten. Es ist kein Zufall, daß die dieser Überzeugung anhängenden Wissenschaften darauf hinauslaufen, diejenigen überproportional zu benachteiligen, die, wie die Frauen, von den Eliten als »andere« definiert werden.

5) »WissenschaftlerInnen selbst können die kenntnisreichsten und maßgeblichsten Erklärungen für ihre Handlungsweisen liefern, deshalb sollten SoziologInnen und PhilosophInnen (einschließlich der FeministInnen) es unterlassen, die Gebiete, in denen sie keine ExpertInnen sind, zu kommentieren.« Für viele Leute scheint es klar zu sein, daß nur PhysikerInnen die Geschichte und Praxis der Physik wirklich verstehen und daß nur BiologInnen die Gründe dafür kennen können, warum in der Geschichte der Biologie manche Hypothesen den Vorrang vor anderen erhielten. Diese Anschauung bezieht sich nicht auf die offensichtlich richtige These, daß Physik nur von in der Physik ausgebildeten Personen betrieben werden sollte, sondern auf die im Grunde genommen gegenteilige Auffassung, daß die »Wissenschaft über die Naturwissenschaften« am besten von NaturwissenschaftlerInnen geschaffen werden kann – von PhysikerInnen über Physik, von ChemikerInnen über Chemie usw. Wenn dem so wäre, dann wäre die Wissenschaft die einzige menschliche Aktivität, für die sie selbst empfiehlt, den »Einheimischen« das letzte Wort über die angemessenste Erklärung der Ursachen und Wirkungen ihres Lebens und ihrer Arbeit zu erteilen. Es läuft auf dasselbe hinaus, wenn wir annehmen, daß es keine Wissenschaft über die Wissenschaft geben kann; daß die Wissenschaft als einzige von dem Anspruch ausgenommen werden muß, daß alle menschliche Aktivität und Produktivität – einschließlich der Inhalte und Formen von Überzeugungen – kausal erklärt werden kann. Sollten wir diese Anschauung akzeptieren, dann wären die Wissenschaften einzigartig darin, daß sie nicht

auch auf eine andere Weise erklärt werden können, die über das Selbstverständnis der praktisch in ihr Tätigen hinausgeht oder diesem widerspricht.

Es gibt mindestens fünf Gründe, warum NaturwissenschaftlerInnen nicht die geeignetsten Personen sind, um ihre eigenen Aktivitäten rational zu erklären (und die meisten dieser Gründe treffen auf die PraktikerInnen in jeglichen Disziplinen zu). Zunächst einmal versucht eine Wissenschaft von der Wissenschaft die Ursprünge von Überzeugungen und Handlungsabläufen im wissenschaftlichen Alltag zu identifizieren, die vom Ort dieser Praxis aus nicht sichtbar sind. In einigen prämodernen Gesellschaften sind die sozialen Beziehungen einfach genug strukturiert, um vollständig aus der Perspektive des alltäglichen Lebens heraus erfaßt werden zu können. Aber in modernen Gesellschaften sind die gesellschaftlichen Verhältnisse um so vieles komplexer, daß es unmöglich ist, auf der Basis unserer alltäglichen Interaktionen mit und in diesen Institutionen zu verstehen, wie die Regierung, die Ökonomie oder die Familie funktionieren (Smith, 1987, hat diesen Punkt wiederholt betont). Zum Beispiel liegen viele Ursachen für das alltägliche Familienleben von diesem selbst weit entfernt – in der Ökonomie, der Regierungspolitik, den Entscheidungen des Obersten Gerichtshofs, der Praxis der Kinderaufzucht, religiösen Überzeugungen und in anderen sozialen Beziehungen. Eine Wissenschaft über die Wissenschaft muß Beschreibungen und Erklärungen von wissenschaftlichen Phänomenen generieren, die nicht in den Laboren beginnen, sondern weit entfernt davon, wo WissenschaftlerInnen und ihr Fachwissen situiert sind.[14]

Dieses »weit entfernt« von der Wissenschaft ist zweitens sowohl zeitlich als auch räumlich zu verstehen. Viele Muster im Verhalten von Individuen und in gesellschaftlichen Institutionen sind aus der singulären räumlichen und historischen Perspektive von Individuen oder Gruppen wie der der WissenschaftlerInnen nicht sichtbar. Sie sind nur dann aufzudecken, wenn wir systematisch große historische Zeiträume überblicken. In jedem je gegenwärtigen Moment erscheinen nur konfuse und ausschnitthafte Tendenzen in verschiedene Richtungen. Die Muster in diesen Tendenzen zeichnen sich erst über Dekaden oder sogar Jahrhunderte ab. Spezifisch historische Erklärungsmethoden sind gefragt, wenn wir die Ursachen des wissenschaftlichen Alltags verstehen wollen. Einzelne Ereignisse oder Prozesse als Teil von ausgedehnteren Mustern zu erklären, ist eine Möglichkeit, genau zu beschreiben, was NaturwissenschaftlerInnen tun. Aber der Punkt ist hier, daß die Wissenschaftsgeschichte und

-praxis selbst sinnvollerweise solchen wissenschaftlichen Erklärungsversuchen unterzogen werden kann.

Das Problem geht aber, dies als dritter Grund, noch tiefer. Die wissenschaftliche Tätigkeit selbst ist genau die falsche Art Beschäftigung, um WissenschaftlerInnen und andere zu befähigen, interessante grundlegende Merkmale von Wissenschaft aufzudecken. Zum einen wird schon durch die Präferenz für das Fortfahren in der Routine die Möglichkeit unterminiert, einen solchen kritischen Blick auf diese Praxis zu erlangen, wie ihn »AußenseiterInnen« haben (ich behaupte nicht, daß WissenschaftlerInnen diesen Blick nicht haben *können;* einige wenige WissenschaftspraktikerInnen in verschiedenen Feldern haben ihn bewiesen). Dasselbe gilt für jede menschliche Tätigkeit (einschließlich philosophieren oder ein Buch schreiben). Ein wichtigerer Grund ist jedoch, daß die Wissenschaft spätestens seit dem Zweiten Weltkrieg ein Teil des Herrschaftsapparates ist (vgl. Forman 1987; Rose/Rose 1979). Wissenschaft generiert Kapital in Form von Informationen, Ideen und Technologien, das dazu benutzt wird, die physikalische Welt und die gesellschaftlichen Verhältnisse zu verwalten, zu managen und zu kontrollieren. Wenn die menschlichen Aktivitäten auf hierarchische Weise geordnet sind, dann können diejenigen, die »herrschen«, nur ein partielles und verzerrtes Verständnis von der Natur und den sozialen Beziehungen haben.[15] Aus diesem Grunde ist speziell das Labor der falsche Ort, um von da aus die ursächlichen Zusammenhänge für Verwaltung, Management und Kontrolle der physikalischen Welt und sozialen Beziehungen zu beschreiben und zu erklären. Sogar Kuhn (1970, Kapitel 11) verweist auf diese Tatsache, wenn er sich auf die falschen Geschichten über Nobelpreise und glorreiche Karrieren in der Wissenschaft bezieht, die WissenschaftlerInnen erfinden, um junge Leute für die harte Ausbildung und Routinearbeit zu rekrutieren, die die Grundlagen für wissenschaftliche Karrieren darstellen.

Viertens tendieren weiße Männer aus den Mittelschichten der modernen westlichen Kulturen eher als andere Gruppen dazu, an ihre individuellen Fähigkeiten der Widerspiegelung von Natur, an ihr Urteilsvermögen in bezug auf rationale Entscheidungen und an die Macht ihres Willens, ihre Entscheidungen auch durchzusetzen, zu glauben. So sind sie ausgestattet mit den Qualitäten, die sie zu »guten Wissenschaftlern« machen, weshalb Naturwissenschaftler die letzten Menschen sind, die es für wünschenswert halten, die Grenzen ihres Geistes in bezug auf die Widerspiegelung der Natur, die Rationalität ihrer wissenschaftlichen Entscheidungen und die Durchsetzbarkeit ihres Willens zu erforschen. Sie sind in psychologischer Hinsicht die falschen Personen für eine rationale Interpretation von Wissenschaft. Für eine zufriedenstellende Berichterstattung über die Ursachen und Wirkungen ihrer eigenen Tätigkeiten müßten sie die Formen von Irrationalität in ihrem eigenen Verhalten, wie Freud und Marx sie ins Zentrum gerückt haben, identifizieren können – nicht zu reden von den von späteren KritikerInnen herausgestellten Geschlechter- und Rassen-«Irrationalitäten».

Schließlich haben (Natur-)WissenschaftlerInnen das falsche Set an professionellen Fertigkeiten für das Projekt, kausale Interpretationen von Wissenschaft zu liefern. Dazu werden Personen gebraucht, die in kritischer sozialwissenschaftlicher Theorie ausgebildet sind: darin, diejenigen gesellschaftlichen Kontexte – psychologisch, historisch, soziologisch, politisch und ökonomisch – zu identifizieren, die historische AkteurInnen, ihre Ideen und ihr Publikum mit Bedeutung und Macht ausstatten. NaturwissenschaftlerInnen sind darin ausgebildet, den Kontext beiseite zu lassen; eine Wissenschaft über die Wissenschaft erfordert, wie andere Sozialwissenschaften, Übung in der Kontextsuche.

Unsere Fähigkeiten, Wissenschaft zu verstehen und zu erklären, würden verbessert, wenn wir den irrigen Glauben eliminieren könnten, daß WissenschaftlerInnen im allgemeinen die geeignetsten Personen für die Beschreibung und Erklärung wissenschaftlicher Aktivitäten sind. Damit soll nicht gesagt sein, daß sie von der Gruppe, die erhellende Interpretationen der wissenschaftlichen Arbeitsweise liefern kann, ausgeschlossen werden sollten. Aber sie müssen lernen – wie andere Menschen auch –, wie über Wissenschaften und Technologien in einer Weise nachgedacht werden kann, auf die sie ihre übliche wissenschaftliche Ausbildung nicht vorbereitet. Sie müssen zu kritischen SozialwissenschaftlerInnen werden, um zu erkennen, wie intuitive, alltägliche Vorstellungen über Methoden und Natur, die sich bei weitergehender Reflexion als falsch erweisen, kritisch hinterfragt werden können. Aus diesem Grund kann es erhellend sein, die Naturwissenschaften innerhalb, d.h. als Teil, der Sozialwissenschaften zu denken.

Die Wissenschaften verkörpern seit ihren Anfängen sowohl emanzipatorische als auch unterdrückerische Tendenzen. Die neuen Wissenschaften des 17. Jahrhunderts holten unsere Spezies vom Sockel ihrer einzigartigen Situierung innerhalb eines vom christlichen und feudalen Denken beschriebenen Universums. Sie behaupteten statt dessen, daß die Menschen auf einem ganz gewöhnlichen Planeten leben, der um eine nicht weiter bemerkenswerte Sonne in einer unbestimmten Galaxie kreist, und weiter, daß die Erde und der Himmel aus denselben Materialien gemacht sind und von denselben Kräften bewegt werden. Auf diese Weise transportierten die neuen Wissenschaften antiaristokratische Botschaften. Sie implizierten, daß die Natur keine essentiell höheren oder niederen Stadien des Lebens oder der menschlichen »Natur« spezifiziert. Sie unterminierten den Glauben an die natürliche Legitimität von Monarchie und Aristokratie. Und sie waren erkenntnistheoretisch gesehen antiautoritär und partizipatorisch. »Jeder kann durch mein Teleskop sehen«, sagte Galilei, und kann so die Schlußfolgerungen der neuen Wissenschaften nachvollziehen, beziehungsweise selbst zu diesen gelangen. Wir sind es gewöhnt, in sich widersprechenden Weisen über das spezifische Arrangement an gesellschaftlichen Werten nachzudenken, das die moderne Wissenschaft transportiert. Auf der einen Seite nehmen wir an, daß es sich gar nicht um gesellschaftliche Werte handelt, da die Wissenschaft, obwohl sie Werte beinhaltet, immer noch Wertneutralität erreichen kann. Auf der anderen Seite werden diese Werte als so konstitutiv für die Wissenschaft angesehen, daß jemand, der die Wissenschaft kritisiert, in Verdacht gerät, gegen Vernunft, Fortschritt und Demokratie zu sein.

Die neuen Wissenschaften vermittelten aber auch andere Sorten von gesellschaftlichen Werten. Sie stellten einer neuen gesellschaftlichen Klasse die Mittel zur Legitimierung ihrer Privilegien zur Verfügung. Diese Klasse konzentrierte ihre Interessen auf den Grundbesitz und die friedliche und kriegerische Indienstnahme von Ressourcen (Erze, Pflanzen, Tiere und die Landbevölkerung, die zum »Grund« dazu gehörte) für ihre eigenen Profite sowie darauf, ihre eigenen Aktivitäten und Errungenschaften als Inbegriff von Zivilisation zu legitimieren. Diese Interessen fanden rege Unterstützung durch die neuen Wissenschaften und ihre Konzentration auf die Materialität der Welt, auf die Entwicklung effizienterer Mittel zur Beherrschung der Natur, auf den Nutzen technologischen »Fortschritts« und auf die Legitimität und Nützlichkeit universeller Gesetzmäßigkeiten.

So wurde die moderne westliche Wissenschaft im Rahmen von politischen Programmen konstruiert, die sowohl emanzipatorische als auch unterdrückerische Möglichkeiten beinhalteten. Auch die gegenwärtige Wissenschaft beinhaltet diese konfligierenden Impulse. Die antidemokratischen Impulse sind nicht nur moralisch und politisch problematisch; sie vermindern auch die Fähigkeiten der Wissenschaften, objektive, empirisch zu rechtfertigende Beschreibungen und Erklärungen der Gesetzmäßigkeiten und Kausalitäten von Natur und gesellschaftlichen Verhältnissen bereitzustellen. Eine Möglichkeit, das Problem zu fassen, liegt in der Entdeckung, daß wir keine Konzeption von Objektivität haben, die es uns ermöglicht, die wissenschaftlich »besten Beschreibungen und Erklärungen« von denen zu unterscheiden, die die westlichen

Eliten am liebsten nicht kritisch untersucht wissen wollen. Es ist nur ein Teil des Problems, daß WissenschaftlerInnen Teil dieser Eliten sind. Ohne ein solches starkes Objektivitätskriterium kann die Wissenschaft, ob sie es will oder nicht, leicht zur Komplizin des Prinzips »Macht schafft Recht« werden. Ethik und Rationalität der Wissenschaft sind eng miteinander verbunden.

6) »Die Physik ist das beste Modell für die Naturwissenschaften, deshalb haben sozialwissenschaftliche feministische Analysen den Naturwissenschaften nichts anzubieten.« Nun kommen wir zu der falschen Vorstellung, die für dieses Kapitel titelgebend ist. Es ist noch immer üblich, die Naturwissenschaften, speziell die Physik, als ideales Modell für alle Forschung anzusehen. Selbstverständlich hat der Streit, ob Forschungs- und Erklärungsmodelle, die der Untersuchung der unbelebten Natur entstammen, für das Studium sozialer Tatsachen tatsächlich am brauchbarsten sind, eine lange Geschichte. Ich möchte aber eine Annahme in Frage stellen, von der beide Streitparteien ausgehen: nämlich daß die Art und Weise, wie Physik gelehrt und ausgeübt wird – die akzeptierte »Logik« ihrer Forschungsprozesse und Erklärungsformen –, die beste aller möglichen ist, daß »Physik« ein gutes Modell für die Physik ist. Sowohl die »Naturalisten« als auch die »Intentionalisten«, wie die beiden Parteien in der Debatte über die Wissenschaftsphilosophie genannt werden, gehen davon aus, daß die Physik ein optimales Forschungs- und Erklärungsmodell für die Naturwissenschaften abgibt. Darüber gibt es keine Kontroverse, wenn es meines Erachtens auch eine geben sollte. Mein Argument besagt nicht, daß die Physik ein unzureichendes Modell für die Sozialforschung bereitstellt; ich stelle die stärkere These auf, daß das Forschungs- und Erklärungsparadigma der Physik, so wie WissenschaftlerInnen und die meisten anderen Menschen es verstehen, ein unzureichendes Modell für die Physik selbst ist.

Wir können die historischen Gründe dafür verstehen, warum die Physik des 17. und der folgenden Jahrhunderte als Modell für jegliche wissenschaftliche Forschung so hoch geschätzt wurde. Im 20. Jahrhundert stellte die These des Wiener Kreises von der Einheit der Wissenschaft eine moderne Rechtfertigung für die Festschreibung der Hierarchie der Wissenschaften mit der Physik an der Spitze zur Verfügung. Ironischerweise kann meine Analyse so aufgefaßt werden, daß sie der These von der notwendigen Einheit der Wissenschaften zustimmt – aber ich schlage vor, daß wir die Hierarchie »auf den Kopf stellen«. Aus wissenschaftlichen genauso wie aus moralischen und politischen Gründen können diejenigen Sozialwissenschaften, die am kritischsten und am überzeugendsten kontextbezogen sind, das beste Modell für alle wissenschaftliche Forschung, einschließlich der Physik, abgeben.[16]

Es ist aus wissenschaftlicher Perspektive wenig hilfreich, solche Forschungsprojekte zum Modell zu erklären, in denen es keine Kontroverse über die grundlegenden Prinzipien gibt – das Kriterium, das Thomas Kuhn zur Identifikation von wirklich wissenschaftlicher Forschung benannt hat. Das Problem an dem Kuhnschen Kriterium ist, daß in bezug auf Wissenschaften, die für die herrschenden Gruppen in sozial geschichteten Gesellschaften wichtig sind, der Mangel an Kontroversen über Grundsätze kein zuverlässiger oder auch nur plausibler Indikator für die Abwesenheit von gesellschaftlichen, ökonomischen und politischen Werten ist. Wir haben eine solche Gesellschaft, und Physik ist eine solche Wissenschaft. Perfekte Übereinstimmung in bezug auf grundlegende Prinzipien und Untersuchungsmethoden wird nur zu oft von willfährigen WissenschaftlerInnen erreicht, die von den ausgemachtesten Sexisten, Imperialisten und Profiteuren angestellt worden sind. Noch beängstigender ist die Geschichte der gutgemeinten Forschungsarbeiten von den angesehensten WissenschaftlerInnen, die unbeabsichtigterweise stark vom sexistischen, rassistischen, imperialistischen und bürgerlichen Ethos ihrer Zeit durchzogen sind.[17]

Statt dessen sollten Forschungsprogramme, die explizit durch emanzipatorische politische Ziele motiviert und von dem Interesse an der Identifizierung und Eliminierung der Voreingenommenheiten und Verzerrungen in unserem Verständnis von Natur und gesellschaftlichen Verhältnissen bestimmt sind, das Modell für gute Wissenschaft abgeben. Es *garantiert* keine guten empirischen Ergebnisse, wenn wir wissenschaftliche Problematiken, Konzepte, Hypothesen und Forschungsdesigns vor dem Hintergrund dieser Ziele auswählen; demokratische Wissenschaften müssen unterscheiden können, wie Menschen wollen, daß die Welt sei, und wie die Welt ist. Aber es kann dann eine bessere Wissenschaft entstehen, wenn *alle Ursachen* von wissenschaftlichen Schlußfolgerungen der wissenschaftlichen Analyse zugänglich gemacht werden. Da Sexismus, Rassismus, Imperialismus und bürgerliche Anschauungen zu den mächtigsten Einflüssen auf die Hervorbringung falscher wissenschaftlicher Überzeugungen zählen, muß auch die kritische Untersuchung dieser Grundlagen der »Forschungsergebnisse« *innerhalb* der Naturwissenschaften ins Auge gefaßt werden. Wir können davon sprechen, daß die Naturwissenschaften in die Sozialwissenschaften eingebettet werden sollten, weil alles, was WissenschaftlerInnen tun oder denken, Teil der sozialen Welt ist.

Einwände und Antworten

Der vorangegangene Vorschlag wird AnhängerInnen des wissenschaftlichen und erkenntnistheoretischen Autoritarismus des »wertneutralen« Forschungsmodells, das die Naturwissenschaften beherrscht, bizarr anmuten. Ich werde einigen zu erwartenden Kritikpunkten vorgreifen, auch auf die Gefahr hin, mit anderen Begriffen meine obige Argumentation zu wiederholen.

Eine Kritik könnte so formuliert werden: »Wer entscheidet, was emanzipatorisch ist? Was für dich emanzipatorisch ist, ist es für mich möglicherweise nicht.« Es ist richtig, daß die Menschen zu allen Zeiten in sozialen und politischen Prozessen darüber verhandeln müssen, wessen Lebensbedingungen am ehesten verdienen, verbessert zu werden, und aus wessen Perspektive infolgedessen Wissenschaften entwickelt werden sollten. Sofern diese Prozesse zur Zeit noch nicht ausreichend demokratisch organisiert sind, müssen wir (demokratische) Schritte zu ihrer Verbesserung einleiten. Das Problem, wessen Perspektive wir einnehmen sollten, wird aber nicht dadurch gelöst, daß wir den Entscheidungsprozeß hinter dem Anspruch »Wertneutralität« verstecken. Viele WissenschaftlerInnen glauben nicht wirklich an die herrschende wissenschaftliche Ideologie, und einige protestieren aktiv dagegen. Trotzdem wird der Mythos vom Experten und seiner Autorität benutzt, um Studierende für eine wissenschaftliche Ausbildung zu rekrutieren und um die Wissenschaften in einer möglichst engen Verknüpfung mit den Zielen der dominanten Gruppen in der westlichen Welt zu belassen. Deshalb werden viele, die sich mit hierarchischen Entscheidungsprozessen eingerichtet und wenig Erfahrungen mit der Aushandlung von sozialen Arrangements haben – es sei denn innerhalb ihrer eigenen Gruppe von weißen, westlichen, ökonomisch privilegierten Männern –, Schwierigkeiten haben, an diesen Aushandlungsprozessen zu partizipieren (aber es ist nie zu spät, neue Kompetenzen zu erlernen).

Ein anderer Einwand könnte lauten: »Diskussionen über die angemessenen Ziele der Wissenschaft sollten tatsächlich geführt werden, und selbstverständlich sollten die Bedürfnisse von Minderheiten, Frauen und Armen in Betracht gezogen werden. Aber es gibt keinen guten Grund dafür, diese Diskussionen als Teil der Wissenschaft selbst anzusehen. Dies sind Diskussionen, die eher in politischen Zusammenhängen geführt werden sollten, als in Laboren und an anderen Orten, an denen wissenschaftlich geforscht wird.« Moralische und politische Loyalitäten haben jedoch als Teil der Beweisführung für die besten wie auch die schlechtesten Hypothesen in den Naturwissenschaften gegolten.[18] Das

Problem liegt nicht in erster Linie in den differenten Verpflichtungen individueller WissenschaftlerInnen, da diese Differenzen relativ leicht zu identifizieren und vom Forschungsprozeß über die bestehenden Untersuchungsmaßregeln zu eliminieren sind. Das Problem liegt statt dessen in solchen Werten, Interessen und Verpflichtungen, die über die wissenschaftliche Kultur selbst und über kulturelle Eliten nahezu kulturweite Verbreitung finden, denn diese können mit den Methoden der Naturwissenschaften nicht einmal identifiziert werden. Wenn alle Belege für wissenschaftliche Überzeugungen kritisch untersucht werden müssen, so müssen auch diese sozialen Verpflichtungen, die als Belege fungieren, in Betracht gezogen werden.

Ein dritter Einwand: »Ich habe immer angenommen, daß es gerade die weitverbreiteten gesellschaftlichen Überzeugungen sind, die über die individuelle kritische Betrachtung und Überprüfung in den Wissenschaften korrigiert werden. In der Wissenschaftsgeschichte sind es immer Individuen gewesen, die Hypothesen formulierten, Natur beobachteten und Forschungsergebnisse interpretierten. Die Geschichte der ›großen Männer‹ in der Wissenschaft mag nicht die ganze Geschichte sein, aber sie ist ein wesentlicher und zentraler Teil derselben. Du schlägst einfach vor, daß die Wissenschaft vollständig einem Massendenken unterzogen werden sollte; damit würde sie aber der Irrationalität von Politik ausgesetzt.« Das westliche wissenschaftliche Denken hat, wie das Denken anderer Kulturen auch, spezifische kulturelle Muster. Ich sehe immer mit den Augen meiner Gesellschaft oder gesellschaftlichen Schicht und denke von ihren Annahmen aus. Oder umgekehrt, meine Gesellschaft kann die Welt nur mit meinen Augen (und denen von anderen) »beobachten« und nur von meinen Annahmen (und denen von anderen) aus denken. In wichtiger Hinsicht sind meine Augen nicht meine eigenen oder sind sogar meine privatesten Gedanken nicht vollständig privat; sie sind Teil der historischen Periode, in der ich lebe – und Teil von bestimmten Klassen-, Rassen-, Geschlechts- und kulturellen Bindungen, *die ich nicht in Frage stelle*. (Das Hinterfragen gehört genauso zu meiner historischen Zeit, aber eher zu den kritischen und reflexiven Teilen dieser Geschichte als zu den alltäglichen Gewohnheiten und Mythen.) Es bedarf einer Reorganisation der *scientific community* und eines Überdenkens ihrer Ziele und Methoden, um die sozialen Charakteristika der angeblich unsichtbaren AutorInnen von Ansprüchen in den Natur- und Sozialwissenschaften sichtbar zu machen. Wir müssen lernen zu erkennen, wie Geschlechter-, Rassen- und Klasseninteressen den Laboralltag und die Produktion wissenschaftlicher Erkenntnis prägen. Dies ist ebenfalls ein wissenschaftliches Projekt, und zwar eines, das nutzbringend als Teil der Naturwissenschaften angesehen werden kann.

Ein vierter Einwand: »Argumentierst du nicht dahingehend, daß wir den Anspruch auf Objektivität in den Wissenschaften gegen subjektivistische und relativistische Haltungen eintauschen sollten?« Im Gegenteil argumentiere ich so, daß jede Forschung, die aufgrund dessen als maximal wertfrei konzipiert wird, weil sie unter anderem die gesellschaftlichen Ursachen und sozialen Dimensionen von »guten« genauso wie von »schlechten« wissenschaftlichen Überzeugungen nicht kritisch untersucht, an dem Versuch scheitern muß, ein objektives Verständnis von Natur und gesellschaftlichem Leben hervorzubringen. Eine solche Forschung ist unfähig, eine der signifikantesten Ursachen der weitverbreiteten Akzeptanz wissenschaftlicher Hypothesen ohne den Hinweis auf »strenge Objektivität« (wie sie in Kapitel 6 definiert wird) kritisch zu prüfen. Die Natur liefert die empirische Absicherung für wissenschaftliche Hypothesen, aber auch das »Zusammenspiel« von Problematiken, Konzepten und Interpretationen mit gängigen kulturellen Interessen und Werten erfüllt diese Funktion. Das Ziel meiner Ausführungen ist, ein optimal objektives Verständnis der Situierung von Wissenschaft in der zeitgenössischen internationalen sozialen Ordnung zu ermöglichen. Sie sind weit entfernt von dem Ruf nach Relativismus. Statt dessen sind sie ein Ruf nach Maximierung der Kritiken an Aberglauben, Gewohnheit und allgemeinen Überzeugungen – Kritiken, für die eine skeptische wissenschaftliche Einstellung ein wichtiges Instrument ist. Ironischerweise können wir eine moralische und politische Wissenschaft nicht dadurch erreichen, daß wir naturwissenschaftliche Forschungsdesigns in diesen Feldern anwenden, sondern nur dadurch, daß wir kritische Diskussionen über Moral und Politik ins Zentrum unserer Wissenschaften rücken.

Ein letzter Einwand: »Ist diese Argumentation nicht tatsächlich gegen Wissenschaft? Bist du nicht ›fertig‹ mit der Physik?« Ohne Zweifel werden es viele so sehen. Aber meine Argumentation hat ein anderes Ziel. Sie richtet sich gegen eine bestimmte Art enger und nicht länger nützlicher Erklärung dessen, warum die Physik in so großartiger Weise zum wissenschaftlichen Erkenntnisfortschritt im Westen beiträgt und beigetragen hat. Eine Gesellschaft, die sich der Demokratie verpflichtet, kann rechtmäßig nur eine »Wissenschaft für das Volk« (wie Galilei sagte), nicht für die Eliten, unterstützen. Es gibt viele sinnvolle Projekte mit Blick auf eine solche Wissenschaft, und sie schließen Forschungen aus, die Mittel für Militarismus und ökologische Katastrophen bereitstellen oder die fortfahren, den Unterprivilegierten ihre Ressourcen wegzunehmen.

Es gibt noch genug wissenschaftliche Arbeit zu tun, auch wenn die Physik nur als eine unter vielen gesellschaftlichen Betätigungen angesehen wird. Welche Art Erkenntnis über die empirische Welt brauchen wir, um überhaupt und um ab heute vernünftiger auf diesem Planeten miteinander zu leben? Sollte die Verbesserung des Lebens von wenigen oder von vielen bei der Beantwortung dieser Frage Priorität haben?

Teil II
Erkenntnistheorie

Kapitel 5
WAS IST FEMINISTISCHE ERKENNTNISTHEORIE?

Seit 1970 versuchen Frauen aus einer Vielzahl von Beweggründen, spezifisch feministische Erkenntnistheorien zu entwickeln. Eine wichtige Quelle, wie ich in Kapitel 2 angemerkt habe, sind die frustrierenden Erfahrungen von Sozialwissenschaftlerinnen und Biologinnen bei dem Versuch, Frauen und die Kategorie Geschlecht in den vorhandenen Wissenskanon ihrer Disziplinen einzuführen. Die Begriffssysteme in diesen Disziplinen und die vorherrschenden Vorstellungen von Objektivität, Rationalität und wissenschaftlichen Methoden waren zu schwach oder zu verzerrt, sexistische und androzentrische Annahmen und Überzeugungen zu identifizieren, geschweige denn zu eliminieren. Wir stellten die Frage, wie es möglich sein sollte, die weibliche Biologie oder das Leben von Frauen in Begriffen und Forschungsmodellen zu beschreiben und zu erklären, die diese Gegenstände so systematisch entstellen. Auch die männliche Biologie und das Leben von Männern werden in signifikanten Aspekten durch sexistische und androzentrische Annahmen verzerrt. Darüber hinaus wurde die feministische Perspektive, der die Kritiken an Sexismus und Androzentrismus entstammen, von den meisten Wissenschaftlern als Politik (im Sinne eines Gegenbegriffs zu Vernunft und Beobachtung) und deshalb als Bedrohung ihrer vermeintlichen Versuche betrachtet, »reine« Beschreibungen und Erklärungen der Gesetzmäßigkeiten und Grundlagen von Natur und sozialen Beziehungen bereitzustellen.

Da die Modelle von Objektivität, Rationalität und wissenschaftlichen Methoden, die in Biologie und Sozialwissenschaften vorherrschen, ihren Ursprung in den Naturwissenschaften haben, entstand der Verdacht, daß die Dominanz von Sexismus und Androzentrismus auch in den Naturwissenschaften zu finden sei. In Kapitel 4 habe ich auf populäre, aber falsche Vorstellungen über die Naturwissenschaften hingewiesen, die ein Verständnis der Relevanz feministischer Kritiken für diese Gebiete erschweren.

Wir kamen aus verschiedenen Richtungen zu dem Schluß, daß die modernen westlichen Gesellschaften die Konzepte von Frauen und Erkenntnis – gesellschaftlich legitimierter Erkenntnis – als Gegensätze konstruiert hatten. Frauen wurde zu keiner Zeit Autorität zugestanden in Fragen ihrer eigenen Lebensbedingungen oder der von anderen oder in bezug darauf, wie diese Bedingungen verändert werden könnten. Zu keiner Zeit wurde gesellschaftliche Erkenntnis, die als allgemeingültig ausgegeben wurde, aus der Perspektive des Lebens von Frauen entwickelt. Im Zuge der Versuche, diese Situation zu erforschen und zu verändern, sind einige konkurrierende feministische Erkenntnistheorien artikuliert worden. Diese Erkenntnistheorien beziehen sich auf und stehen in Spannung zu »präfeministischen« Epistemologien, deshalb erfordert es eine sorgfältige Arbeit, um zu unterscheiden, welche Aussagen feministische Erkenntnistheorien machen und welche nicht.

Es sind im wesentlichen drei feministische Richtungen zur Generierung neuer Erkenntnistheorien entstanden: feministischer Empirismus, feministisches Standpunkt-Denken und feministischer Postmodernismus (letzterer wird zum Teil als Gegenaufklärung oder als antihumanistische Tendenz im feministischen Denken aufgefaßt). Dieses Kapitel stellt explizit die beiden ersten Richtungen ins Zentrum, obwohl ich hier und in späteren Kapiteln die Logik der Standpunkt-Theorie auf eine Weise entwickele, die sie gehörig von ihren modernistischen Ursprüngen entfernt und es ihr ermöglicht, einige postmoderne Zielvorstellungen aufzunehmen.[1]

Feministische versus konventionelle Erkenntnistheorie

Für viele LeserInnen mag schon die Idee einer feministischen Erkenntnistheorie als Widerspruch in sich erscheinen. Kann derselbe Begriff – Erkenntnistheorie – wirklich zugleich auf feministisches Denken und auf die für die Vereinigten Staaten und Großbritannien in den letzten Dekaden übliche Weise, über Erkenntnistheorie nachzudenken, angewandt werden? Das folgende Zitat aus der *Encyclopedia of Philosophy* von 1967 markiert einen repräsentativen Ausdruck dieser anglo-amerikanischen Denkweise:

»Epistemologie, oder die Theorie der Erkenntnis, ist der Zweig der Philosophie, der mit der Natur und dem Geltungsbereich von Erkenntnis, mit ihren

Voraussetzungen und Grundlagen und mit der allgemeinen Zuverlässigkeit von Erkenntnisansprüchen befaßt ist...

Epistemologie unterscheidet sich von Psychologie darin, daß sie nicht erklären will, warum Menschen bestimmten Überzeugungen anhängen oder wie sie zu bestimmten Überzeugungen kommen. Psychologen können im Prinzip erklären, warum Menschen bestimmte Überzeugungen haben, aber sie sind weder notwendig kompetent noch ist es ihr Gebiet, darüber zu befinden, ob Überzeugungen auf guten Gründen basieren oder ob sie vernünftig sind. Die Antworten auf diese Fragen müssen von Experten auf den Gebieten der Erkenntnis, von denen die Überzeugungen hergeleitet werden, gegeben werden. Die Mathematiker können die Basis schaffen für den Glauben an die Validität des Theorems von Pythagoras, die Physiker können die Grundlagen liefern für den Glauben an z.B. das Indeterminitätsprinzip, und ein gewöhnlicher, aber zuverlässiger Zeuge kann die Grundlage sein für den Glauben, daß ein Unfall passiert ist. Normalerweise, wenn die Überzeugungen wahr sind und die Gründe hinreichend, ist es erlaubt, Erkenntnis zu beanspruchen, und ob eine bestimmte Wahrheit als erkannt angenommen wird, kann nur durch Bezug auf die Begründungen, die für das Gebiet, aus dem die Wahrheit gewonnen wird, angemessen sind, festgestellt werden. Der Erkenntnistheoretiker befaßt sich jedoch nicht mit den Fragen, ob und wie wir eine bestimmte Tatsache erkennen können, sondern damit, ob wir berechtigt sind, Erkenntnisse für eine ganze Klasse an Tatsachen zu beanspruchen oder ob Erkenntnis überhaupt möglich ist. Die Fragen, die er stellt, sind deshalb auf eine Art und Weise allgemein, wie es Fragen aus einem bestimmten Zweig der Erkenntnis nicht sind.« (Hamlyn 1967: 8 f.)

Weiterhin wird herausgestellt, daß die Geschichte westlicher Erkenntnistheorie in weiten Teilen identisch mit einer Reihe von Antworten auf verschiedene Formulierungen des Problems des Skeptizismus ist. Der in die Revision einbezogene Kanon – Plato, Aristoteles, Augustinus, Thomas von Aquin, Ockham, Descartes, Spinoza, Leibniz, Locke, Berkeley, Hume, Kant, Hegel, Bradley, Schopenhauer, Husserl, Mill, Pierce, Dewey, Moore, Russell, logischer Positivismus, Wittgenstein und »ordinary-language« philosophy –, ist der vorherrschende Kanon der westlichen Philosophie im allgemeinen, nicht nur für die Erkenntnistheorie. Dieser Kanon, ebenso bemerkenswert für seine Ausschließungen wie für seine Einschließungen, ist geprägt von dem als fundamental angenommenen menschlichen Interesse an dem Problem, ob Menschen überhaupt fähig sind zu erkennen.

Kann eine explizit feministische Erkenntnistheorie ihren Platz innerhalb dieser traditionellen Definition des Gebietes und seiner Probleme finden? Auf den ersten Blick würden wir diese Frage verneinen. Feministinnen, die über die Sozial- und Naturwissenschaften reflektieren, scheinen nicht an der Frage interessiert zu sein, ob Menschen überhaupt etwas erkennen können; warum sollte es dann einen explizit feministischen Zweig der Erkenntnistheorie geben? In Unterstützung dieser Position könnte argumentiert werden, daß trotz der Entdeckung einiger neuer Tatsachen durch die feministische Forschung in Biologie und Sozialwissenschaften – einiger neuer »Wahrheiten«, oder doch weniger falscher Überzeugungen – über Frauen, Männer, Geschlecht und soziale Beziehungen zwischen den Geschlechtern *(sexes)*, diese Forschung gerade die Art traditionelle Empirie liefert, die als ausreichend für Ansprüche auf Plausibilität, Abgesichertheit und Überlegenheit gegenüber konkurrierenden Ansätzen angesehen wird. Kurz gesagt könnte argumentiert werden, daß die Ergebnisse feministischer Forschung mit herkömmlichen und wenig kontroversen Mitteln begründet werden können und werden. Außerdem wären aus der Sicht der konventionellen Erkenntnistheorie, selbst wenn Feministinnen gut erklären könnten, warum Sexisten oder sexistische Gesellschaften an bestimmten Überzeugungen festhalten, diese Erklärungen nur psychologische oder allenfalls soziologische und historische. (Die angloamerikanische Erkenntnistheorie vernachlässigt geflissentlich die Relevanz von soziologischen und historischen Erklärungen für die Philosophie. Sie tendiert dazu, wie z.B. in der zitierten Einleitung zur *Encyclopedia of Philosophy,* die Interpretationen, warum Menschen bestimmten Überzeugungen anhängen, auf psychologische zu reduzieren.) In dieser Sicht ist eine »feministische Erkenntnistheorie« überflüssig.

Was können wir gegen diese Argumentation einwenden? Wenn für unumstritten gehaltene Belege für nichtfeministische Erkenntnisansprüche zur Unterstützung von feministischen Ansprüchen herangezogen werden, wird das Unumstrittene umstritten. Kritiker fragen: »Aber sind dies wirklich Tatsachen? Und sind die Grundlagen für ihren Status als Tatsachen wirklich vernünftige? Bevor wir verfrühte Schlüsse ziehen, sollten wir nicht weitere streng geführte Untersuchungen abwarten, die von objektiveren Beobachtern durchgeführt werden – oder wenigstens von den Forschern, die konventionell als objektiv betrachtet werden?« Frauen sind weniger genaue Beobachterinnen und Denkerinnen, so mögen diese Kritiker denken, und – was schlimmer ist – Feminismus ist Politik. Sie bezweifeln, daß Frauen Fakten produzieren können, die allgemein als ernsthafte Herausforderung für die von den Natur- und Sozialwissenschaften produzierten unpersönlichen, objektiven, leidenschaftslosen und wertfreien Tatsachen angesehen werden sollten.

An dieser Stelle läßt sich der Ort einer explizit feministischen Erkenntnistheorie erahnen. Diese Kritiker bezweifeln nicht die Möglichkeit von Erkenntnis überhaupt. Aber sie stellen auch nicht allein die Art

Forderung nach weiteren empirischen Belegen, die für die kritischen Verfahren *innerhalb* der Biologie und der Sozialwissenschaften charakteristisch ist. Ihre Fragen drücken nicht nur in bezug auf bestimmte Überzeugungen Zweifel aus – wie etwa: »Gibt es vernünftige Gründe für die Annahme, daß die Frau als Sammlerin in wichtiger Weise zu den Anfängen der menschlichen Geschichte beigetragen hat;« oder: »Sind die Belege dafür plausibel, daß die Muster moralischen Argumentierens oder Lernens von Frauen andere und nicht geringer zu schätzende sind als die von Männern?« –, sondern sie äußern auch eine allgemeine Skepsis, ob die Resultate explizit feministischer Forschungen überhaupt jemals einen solchen wissenschaftlichen Status wie die nichtfeministische Forschung erreichen können. Verdienen die Aussagen von Frauen oder von Menschen, deren Forschung durch feministische Interessen motiviert ist, wirklich den Begriff »Erkenntnis«, oder sollten wir nicht eher von »Meinungen« oder vielleicht sogar »Ideologien« sprechen? Ist nicht die Ausbildung von Vorurteilen eine wesentliche Folge, wenn die Forschungsfragen aus dem Leben einer bestimmten sozialen Gruppe hergeleitet werden – insbesondere wenn diese Gruppe die der Frauen ist? Sind nicht die Aussagen des Feminismus durch seine Politik determiniert, da der Feminismus doch im wesentlichen eine politische Bewegung ist? Wenn Männer nicht mit den Behauptungen von Frauen übereinstimmen, warum sollten diese dann den männlichen vorzuziehen sein?

Diese allgemeineren skeptischen Fragen sind bestimmte Spielarten von genau den Sorten Fragen, die die konventionelle Erkenntnistheorie stellt. Wer kann Subjekt, Träger von gesellschaftlich legitimer Erkenntnis sein? (Nur Männer aus den vorherrschenden Rassen und Klassen?) Welche Verfahren der Überprüfung müssen Annahmen durchlaufen, um als Wissen anerkannt zu werden? (Nur solche Verfahren, die die Erfahrungen und Beobachtungen der dominanten Gruppen herausfiltern sollen bzw. das, was die Männer in den dominanten Gruppen für zuverlässige Erfahrungen und Beobachtungen halten?) Welche Gegenstände können erkannt werden? Können »historische Wahrheiten«, gesellschaftlich verortete Wahrheiten, als Erkenntnisse gelten? Sind alle verorteten Erkenntnisse gleich plausibel oder stichhaltig? Was ist Objektivität? Erfordert sie »Standpunktlosigkeit«? Wie können wir unterscheiden zwischen dem, wie wir die Welt haben wollen, und dem, wie sie ist, wenn Objektivität nicht mit Wertneutralität verbunden wird? Wie sieht die angemessene Beziehung zwischen ForscherIn und ihrem oder seinem Forschungsgegenstand aus? Muß die Forscherin/der Forscher interesselos, leidenschaftslos und sozial unsichtbar für das Forschungsobjekt sein? Was sollten die Ziele der Erkenntnissuche sein? Kann es »interesselose Erkenntnis« geben in einer Gesellschaft, die nach Geschlechtern, Rassen und Klassen differenziert ist? Diese Fragen deuten darauf hin, daß die feministische Forschung ganze Klassen von Erkenntnisansprüchen in Frage stellt, und nicht nur »die Begründungen, die für das Gebiet, aus dem die Wahrheit gewonnen wird, angemessen sind«. Die feministische Forschung in Biologie und Sozialwissenschaften stellt also explizit erkenntnistheoretische Fragen, die den begrifflichen Rahmen herausfordern – seine moralischen, politischen und metaphysischen Annahmen –, innerhalb dessen die vorherrschende anglo-amerikanische Erkenntnistheorie ihre Belange formuliert.

Der Feminismus ist nicht die einzige intellektuelle Richtung, die skeptische Fragen über die immer noch machtvolle anglo-amerikanische erkenntnistheoretische Tradition vorbringt. WissenschaftshistorikerInnen und -soziologInnen weisen darauf hin, daß diese Tradition Schwierigkeiten gehabt hätte, viele der heute weitgehend akzeptierten Aussagen als begründete Überzeugungen anzusehen. Erkenntnisansprüche in bezug auf das heliozentrische Planetensystem, die Struktur der DNA und die Beziehung zwischen Armut und der Kontrolle von Arbeitsprozessen wurden nicht von Experten auf den Gebieten, in denen diese Überzeugungen entstanden, begründet; es gab solche Gebiete mit einer spezifischen Expertenstruktur und -kultur nicht. Wir können sogar davon ausgehen, daß es gerade die BeobachterInnen außerhalb von definierten Wissensgebieten waren, die kritische Perspektiven und neue Formen, über die zu erforschenden Phänomene nachzudenken, in die Analysen einbringen konnten. Wie die neuere Wissenschaftsgeschichtsschreibung herausstellt, waren es genau die schließlich erfolgreichen Bemühungen um die Legitimierung neuer Erkenntnisansprüche, die neue Wissenszweige und in der Folge die Entwicklung ihrer »Experten« hervorbrachten. Welche Erkenntnistheorie auch immer sich durchsetzen mag, sie sollte sicherlich in der Lage sein zu erklären, warum die angesehensten Ansprüche in der Geschichte der Wissenschaften es vermochten, Legitimität zu erlangen.

Die von mir diskutierte Erkenntnistheorie ist nicht die einzige erkenntnistheoretische Tradition, mit der feministische Erkenntnistheorien um einen begrifflichen Rahmen und um Legitimität ringen, aber die zeitgenössische anglo-amerikanische Epistemologie markiert wichtige Grundlinien für die führenden Forschungsprogramme in den Natur- und Sozialwissenschaften. Ihr begrifflicher Rahmen und ihre Annahmen sind sehr nah am Positivismus, der das »spontane Selbst-Bewußtsein« (»*spontaneous consciousness*«) der Wissenschaft widerspiegelt (vgl.

Bhaskar 1989: 64). Kapitel 3 beschreibt kurz zwei verschiedene Ansätze für das Nachdenken über Wissenschaft und Erkenntnis: feministischen Empirismus und feministische Standpunkt-Theorie. Es ist Zeit, diese Erkenntnistheorien genauer zu betrachten.

Feministischer Empirismus

Beschreibung

Der feministische Empirismus ist aus der feministischen Forschung in Biologie und Sozialwissenschaften entstanden und stellt eine erkenntnistheoretische Strategie dar, um die Infragestellung traditioneller Annahmen zu begründen. In Forschungsberichten finden wir häufig das Argument, daß sexistische und androzentrische Behauptungen, denen die Forscherin entgegentritt, nur das Ergebnis von »schlechter Wissenschaft« sind. Sie sind von gesellschaftlichen Vorurteilen verursacht. Diese Vorurteile entstehen durch feindliche Einstellungen und durch falsche Überzeugungen aufgrund von Aberglauben, Ignoranz oder fehlgeleiteter Erziehung, aber sie haben sich oft in den Gebräuchen (und manchmal sogar in den Gesetzen) festgesetzt. Solche Vorurteile gelangen besonders im Stadium der Identifikation und Definition wissenschaftlicher Probleme in den Forschungsprozeß, aber sie können auch im Forschungsdesign und bei der Sammlung und Interpretation von Daten auftauchen. Feministische Empiristinnen argumentieren, daß sexistische und androzentrische Vorurteile durch strikteres Befolgen der bestehenden methodologischen Normen für wissenschaftliche Untersuchungen ausgeschaltet werden können; nur »schlechte Wissenschaft« oder »schlechte Soziologie« ist für den fortgesetzten Einfluß von Vorurteilen auf die Forschungsergebnisse verantwortlich.

Aber wie kann die *scientific community* (in Biologie, Soziologie, Psychologie) dahin gelangen, anzuerkennen, daß ihre Arbeit bis heute von androzentrischen Vorurteilen geprägt wird? An diesem Punkt können wir die Bedeutung emanzipatorischer Bewegungen erkennen. Wie Marcia Millman und Rosabeth Moss Kanter (1975: VII) es formulieren, ermöglichen es die Frauenbewegung und andere Bewegungen, »die Welt in einer verbreiterten Perspektive zu sehen, weil sie die Schleier und Scheuklappen, die die Beobachtung und Erkenntnis verzerren, aus dem Weg räumen«. Darüber hinaus weisen die feministischen Empiristinnen darauf hin, daß die Frauenbewegung für mehr Frauen und Feministinnen die Chancen erweitert hat, Forscherinnen zu werden, die eher als sexistische Männer dazu neigen, androzentrische Vorurteile wahrzunehmen.

Obwohl ich diese erkenntnistheoretische Strategie »feministischen Empirismus« nenne, ordnen sich deren Protagonistinnen für gewöhnlich nicht auf diese Weise zu; sie sehen sich selbst als rigorose Sachwalterinnen der bestehenden Regeln und Prinzipien der Wissenschaften. Sie erkennen nichts spezifisch Bemerkenswertes in ihren Forschungsmethoden oder ihrem erkenntnistheoretischen Ansatz. Tatsächlich ist diese Rede von »schlechter Wissenschaft« und sorgfältigerer Datensammlung solange nicht als eine spezifisch erkenntnistheoretische Bewegung sichtbar geworden, bis die feministische Standpunkt-Theorie als eine Alternative auf der Bildfläche erschien.

Weil ich im folgenden Kritiken an und Probleme mit dem feministischen Empirismus anführe, sei für NichtphilosophInnen gesagt, daß dies keine Kritiken daran sind, daß empirische Forschung durchgeführt wird (wie einige Wissenschaftler nach der Lektüre früherer Beschreibungen dieser Position angenommen haben). Der hier in Rede stehende Empirismus ist eine Wissenschaftsphilosophie, die bis auf Aristoteles zurückgeht, üblicherweise aber mit Locke, Berkeley, Hume und anderen britischen Philosophen des 17. und 18. Jahrhunderts verbunden wird. In diesem Sinne verteidigt der Empirismus stärker die Erfahrung und weniger die Ideen als Quelle von Erkenntnis und bildet so einen Kontrast zum Rationalismus. Wenige zeitgenössische WissenschaftlerInnen oder PhilosophInnen wollen der Vernunft eine so geringe Rolle zusprechen, wie es die alte Definition des Empirismus tut – niemand ist heute noch so empiristisch. Trotzdem bestehen viele Natur- und SozialwissenschaftlerInnen auf den Resten empiristischer Philosophie wie etwa dem Primat von Beobachtung und »reinen Daten« und der Würdigung dessen, daß wir heute über bestimmte Tatsachen informiert sind, weil unsere Methoden abgesichert sind durch eine Traditionslinie, die direkt auf die britischen Empiristen zurückgeht. Während wir alle einsehen, daß empirische Forschung wichtig ist, um herauszufinden, wie Natur und gesellschaftliches Leben organisiert sind, können wir doch gleichzeitig den Empirismus (auch den feministischen Empirismus) kritisieren als eine *Theorie* darüber, wie Forschung zu betreiben ist und wie ihre Ergebnisse zu begründen sind.

Vorzüge

Die Begründungsstrategie des feministischen Empirismus ist durchaus nicht unumstritten. Nichtsdestotrotz wird sie oft als weniger bedrohlich für die Wissenschaftspraxis und ihre Erkenntnistheorien als die Standpunkt-Theorie angesehen. Sie ist in mancher Hinsicht tatsächlich konservativ, und darin liegen ihre Stärken und Schwächen zugleich.

Zunächst einmal ist ihre Anziehungskraft offensichtlich. Viele der Aussagen, die der feministischen Forschung in Biologie und Sozialwissenschaften entstammen, sind wahr – oder mindestens weniger falsch als diejenigen, denen sie widersprechen (ich erinnere an bestimmte, in letzter Zeit von feministischer Forschung hervorgebrachte Aussagen etwa zur Bedeutung der Frau als Sammlerin, zur anderen moralischen Stimme von Frauen, zur Signifikanz der Leistungen von Frauen im gesellschaftlichen Leben usw.). Innerhalb des breiten Feldes, das durch die traditionellen biologischen und sozialwissenschaftlichen Disziplinen markiert wird, wird die Forschung, die die Natur von Frauen, ihre Rollen und die gesellschaftlichen Dimensionen der Kategorie Geschlecht neu evaluieren will, sicherlich offenkundigen Standards »guter Forschung« gerecht oder doch mindestens so vielen dieser Standards wie die (androzentrische oder sexistische) Forschung, deren Ergebnisse feministischte Forschung angreift. Der Punkt ist nicht, daß alle feministische Forschung, nur weil sie feministisch ist, automatisch vorzuziehen ist, sondern vielmehr, daß der Vorzug, wenn er ihr denn gegeben wird, in Begriffen konventioneller wissenschaftlicher Tugenden begründet werden kann.

Zweitens scheint der feministische Empirismus viele konventionelle wissenschaftliche und philosophische Prinzipien für adäquate wissenschaftliche Forschung unbeschadet zu lassen. Er kritisiert vor allem die unvollkommene Praxis der wissenschaftlichen Methode und nicht etwa die wissenschaftlichen Normen selbst. Letztlich kritisiert er, daß die gängige Forschung sich nicht rigoros genug an ihre eigenen Maßregeln hält. Mit anderen Worten, viele WissenschaftlerInnen müssen zugeben, daß die sozialen Werte und politischen Programme des Feminismus wichtige Fragen berühren, die das Spektrum an Untersuchungen vergrößern und die Notwendigkeit größerer Sorgfalt bei der Durchführung von Forschungen aufdecken. Sie können daran glauben, daß die feministische Forschung die Logik von Forschungsprozessen und wissenschaftlichen Erklärungen, die schon immer zentral für die beste »präfeministische« wissenschaftliche Forschung gewesen ist, unangetastet läßt.

Die Diskurse über Objektivität und Wahrheit/Falschheit sind alt und machtvoll. Es ist eine große Stärke des feministischen Empirismus, daß er die weithin respektierten Terminologien und Begriffssysteme nutzen kann. Als eine Begründungsstrategie verdient er den Stempel »konservativ« in einem rein deskriptiven Sinne: Er konserviert, erhält und rettet ein Verständnis wissenschaftlicher Forschung, das bis heute intellektuell und politisch machtvoll ist. Er ermöglicht, daß die Ergebnisse feministischer Forschung in den konventionellen Wissenskanon aufgenommen werden und dabei weniger Widerstand erfahren, als wenn unkonventionellere Erkenntnistheorien zur Rechtfertigung herangezogen würden. Dennoch, wenn sie einmal als plausibel angenommen wurden, richten feministische Aussagen oft ein Chaos innerhalb des Netzwerkes traditioneller Überzeugungen an. Wir können feministische Erkenntnisansprüche nicht einfach denjenigen »hinzufügen«, denen sie widersprechen, genausowenig wie wir die Kopernikanische der Ptolemäischen Astronomie hinzufügen können: Die zwei verschiedenen Vorstellungswelten stehen in Spannung zueinander und sind widersprüchlich. Aber diese Entdeckung haben konventionelle ForscherInnen und Gelehrte, die zunächst einmal die Ergebnisse feministischer Forschung billigen und an deren Adresse sich feministische Forschungsberichte in den Natur- und Sozialwissenschaften notwendigerweise meistens richten, derzeit noch nicht gemacht.

Der feministische Empirismus ist für Natur- und SozialwissenschaftlerInnen und konventionelle WissenschaftsphilosophInnen relativ überzeugend, und – alle anderen Argumente beiseite gelassen – eine überzeugende Argumentation ist die beste! Das Anliegen einer Erkenntnistheorie sollte nicht sein, daß sie ungewöhnlichen Standards genügt, die die meisten Menschen nicht akzeptieren, sondern daß sie vernünftige, aufmerksame und informierte ZuhörerInnen überzeugt. Wenn konventionelle Natur- und SozialwissenschaftlerInnen und WissenschaftsphilosophInnen das Publikum bilden, ist der feministische Empirismus oft die richtige Strategie, um dieses Kriterium zu erfüllen.

Ein solches Publikum ist nicht das einzig mögliche für feministische Forschungsergebnisse. Andere, wie z.B. marxistische TheoretikerInnen oder bestimmte Gruppen in der Wissenssoziologie und der politischen Theorie, sind bereits kritisch gegenüber den Mitteln, mit denen WissenschaftlerInnen ihre eigenen Aktivitäten begreifen, und finden deshalb die Argumente der Empiristinnen nicht vollständig überzeugend. Aber für diese Gruppen können andere Begründungsstrategien angewandt werden. Warum sollten wir unsere Strategien auf eine beschränken, wenn Plausibilität und nicht eine mystische, transhistorische Erkenntnistheorie das Ziel ist? In dieser Hinsicht sind Erkenntnistheorien wie die Modelle, Analogien und Metaphern, die für wissenschaftliche Erklärungen so wichtig sind. Wenn das Ziel lautet, unser Verständnis von Natur zu verbessern, hat es keinen Sinn, eine Metapher zu gebrauchen, die nur wenige verstehen. »Die Natur ist eine Maschine« entwickelte sich erst dann zu einer fruchtbaren Metapher, als die Menschen anfingen, sich an mechanische Geräte zu gewöhnen. Wenn wir dementsprechend erklären wollen, warum Feministinnen für neue Perspektiven auf vertraute Dinge sorgen können oder warum die Frauenbewegung eine wertvolle wissenschaftliche Ressource (zusätzlich zu ihren moralischen und politischen Vorzügen) darstellt, spricht wenig dafür, eine kontroverse Strategie gegenüber Personen zu bemühen, die sie nicht verstehen. Ich spreche nicht für eine zynische Einstellung gegenüber der feministisch-empirischen Erkenntnistheorie, auch wenn sie – wie ich gleich argumentieren werde – in bezug auf das Verständnis feministischer Forschung nicht die befriedigendste ist. Vielmehr glaube ich, daß viele ihrer zentralen Annahmen und Ansprüche nicht falsch sind und daß sie die Erfolge feministisch inspirierter Forschung einem bestimmten wichtigen Publikum effektiv vermitteln kann.

Drittens ist mit dem Konservatismus des feministischen Empirismus ein bestimmter Vorteil verbunden. Die Sozialstruktur der Wissenschaft ist gegenüber Wissenschaftlerinnen immer noch feindselig, insbesondere gegenüber Forscherinnen, die in der Forschung über Frauen und Geschlecht unter antisexistischen Voraussetzungen tätig sind. Eine konservative Begründungsstrategie ist für viele Wissenschaftlerinnen am tragfähigsten, weil sie sich so die nötige diziplinäre Anerkennung erhalten können, um sich den Zugang zu Finanzierungen, Lehrpositionen und Laboranstellungen zu sichern. WissenschaftshistorikerInnen erinnern uns daran, daß es mehr als ein Jahrhundert des Kampfes gekostet hat, Frauen den Zugang zu Privilegien zu eröffnen, die für Männer so viel leichter erreichbar sind (vgl. Rossiter 1982). Es ist sicherlich arrogant, wenn PhilosophInnen und andere WissenschaftsbeobachterInnen, die nicht in die alltäglichen Überlebenskämpfe in den Laboren und sozialwissenschaftlichen Projekten involviert sind, die Rechtfertigungsstrategien feministischer Forscherinnen zur Fortsetzung ihrer Forschungen als unangemessen, mangelhaft oder naiv aburteilen.

Ein vierter konservativer Vorzug des feministischen Empirismus ist, daß er durch den Bezug auf die Tradition gestärkt wird – oftmals eine nützliche Strategie angesichts von Ungläubigkeit. Wir können uns sowohl auf die Ursprünge der modernen Wissenschaft selbst als auch auf die Charakteristika späterer wissenschaftlichen Fortschritts beziehen, um die Plausibilität dieser Art feministischer Erkenntnisansprüche zu erhöhen. War es nicht die bürgerliche Revolution vom 15. bis zum 17. Jahrhundert, die es frühmodernen Denkern erlaubte, die Welt in einer verbreiteten Perspektive zu betrachten? Viele meinen, daß die große soziale Revolution vom Feudalismus zum Modernismus entscheidend für die Entfernung der Schleier und Scheuklappen war, die die frühere Erkenntnissuche und Beobachtung verstellten. Darüber hinaus waren die proletarischen Revolutionen des späten 19. Jahrhunderts für einen weiteren Sprung in bezug auf die Objektivität von Erkenntnisansprüchen verantwortlich und ermöglichten zum ersten Mal ein Verständnis der Auswirkungen von Klassenkämpfen auf die gesellschaftlichen Verhältnisse. Schließlich können wir hinweisen auf die Dekonstruktion des europäischen und nordamerikanischen Kolonialismus im 20. Jahrhundert und auf deren offensichtlich positive Effekte auf den wissenschaftlichen Erkenntnisfortschritt. Wie der Biologe und Wissenschaftshistoriker Steven Jay Gould (1961) es ausdrückt: »Wissenschaft ist, weil Menschen sie betreiben müssen, eine in die Gesellschaft eingebettete Tätigkeit. ... Ihr Wandel über die Zeiten zeugt nicht davon, daß wir näher an die absolute Wahrheit herankommen, sondern von der Veränderung der kulturellen Kontexte, die die Wissenschaft so stark beeinflussen.« (Ebd.: 21 f.) Aus dieser historischen Perspektive betrachtet, ist die zeitgenössische internationale Frauenbewegung nur die jüngste der Revolutionen, von denen uns jede den Zielen der modernen Wissenschaft ein Stück näher bringt.

Jenseits des Diskurses der Väter

Die weitere Betrachtung des feministischen Empirismus enthüllt, daß trotz des beschriebenen Konservatismus die feministische Variante die Voraussetzungen des traditionellen Empirismus in dreifacher Hinsicht verwirft: Der feministische Empirismus hat eine radikale Zukunft.[2] Zunächst einmal betont er, daß der »Entdeckungskontext« genauso wichtig wie der »Kontext der Validierung« für die Ausschaltung gesellschaftlicher Vorurteile ist, die zu voreingenommenen und verzerrten Erklärungen und Einsichten beitragen. Es macht einen Unterschied für die »Güte« der Forschungsergebnisse, ob der gesellschaftliche Kontext »vor« oder »nach« der Frauenbewegung datiert. Nach der Frauenbewegung können wir Dinge wahrnehmen, die zuvor nicht sichtbar waren (und einige Menschen können sie schärfer sehen als andere). Auf diese Weise wird der Individualismus des Empirismus und seine paternalistische liberale politische Theorie durch die feministische Erkenntnistheorie herausgefordert. Was wir in der Welt um uns herum erkennen können, ist nicht nur eine Funktion des Bestehenden plus unserer individuellen Talente und Fähigkeiten. Es ist auch eine Funktion davon, wie unsere Gesellschaft die kulturellen Filter konzipiert, durch die wir die Welt um uns herum und in uns beobachten, und wie sie diese Filter institutionalisiert, ohne daß sie für die Individuen sichtbar werden. Individuelle Vorurteile und Differenzen in den Vorannahmen können durch die herkömmlichen wissenschaftlichen Methoden identifiziert und eliminiert werden, aber die kulturumspannenden erfordern andere Methoden der Aufdeckung. Eine soziale Bewegung im Dienste der benachteiligten Gruppen ist eine solche andersgeartete und wertvolle »wissenschaftliche Methode«.

Zweitens formuliert der feministische Empirismus die damit zusammenhängende Kritik, daß die wissenschaftlichen Methoden unzureichend sind im Hinblick auf die Eliminierung bestimmter gesellschaftlicher Vorurteile wie z.B. Androzentrismus, besonders wenn dieser im Stadium der Identifikation und Definition von Forschungsproblemen auf den Forschungsprozeß einwirkt. Der konventionelle Empirismus hält daran fest, daß die wissenschaftlichen Methoden alle gesellschaftlichen Vorurteile in dem Moment eliminieren, wenn die Hypothesen den strengen Überprüfungsverfahren unterzogen werden. Der feministische Empirismus argumentiert dagegen, daß ein androzentrisches Bild von Natur und gesellschaftlichem Leben auf Wissenschaften zurückgeht, die feministische Interessen nicht ernstnehmen. (Diese Frage, wie die vorhergehende auch, wird in Begriffen der Differenz zwischen männlichen und weiblichen Wissenschaftlern formuliert: Androzentrische Erklärungen entstammen von Männern durchgeführten Überprüfungsverfahren von Hypothesen über die von Männern wahrgenommenen Probleme in der Welt. Die Frage ist aber klarer, wenn sie in Begriffen des Zusammenhangs von feministischer Politik und wissenschaftlicher Forschung gefaßt wird.) Das Problem ist nicht nur, daß solche Hypothesen, die androzentrische Überzeugungen weitestreichend in Frage stellen würden, vom Set der alternativen Hypothesen, die ohne feministisches Denken der Überlegung zugänglich sind, ausgeschlossen sind. Das Problem ist auch, daß der traditionelle Empirismus die ForscherInnen nicht veranlaßt, ihre wissenschaftlichen Projekte ebenso (selbst-)kritisch wie ihre Forschungsgegenstände anzugehen (eine These, die ich später weiter verfolgen werde). Wenn die nichtfeministische Forschung demnach für oder gegen Hypothesen Belege sammelt, ist ihre »wissenschaftliche Methode« – in Ermangelung einer solchen Direktive – unfähig, den Androzentrismus, der den Forschungsprozeß und das Bild von Natur und sozialen Beziehungen prägt, zu identifizieren und zu beseitigen.

Und schließlich: obwohl feministische Empiristinnen auf der einen Seite oft SozialwissenschaftlerInnen ermahnen, die bestehenden Forschungsmethoden und -normen strenger zu befolgen, können sie auf der anderen Seite auch so verstanden werden, als argumentierten sie, daß die Befolgung dieser Regeln gerade zu androzentrischen Forschungsergebnissen führt. Die Normen selbst sind in erster Linie darauf ausgerichtet, Antworten auf die Sorte Fragen hervorzubringen, die eine androzentrische Gesellschaft über Natur und soziales Leben stellt, und eine kritische Überprüfung der Art und Weise zu verhindern, wie nahezu kulturweite Überzeugungen tatsächlich nicht mittels dieser Normen aus den Forschungsergebnissen zu eliminieren sind. Ein zuverlässiges Bild der Lebenswelten von Frauen und der sozialen Beziehungen zwischen den Geschlechtern zu bekommen, erfordert zumeist alternative Forschungsansätze, die traditionelle Forschungsgewohnheiten in Frage stellen. Es geht nicht nur darum, daß die den wissenschaftlichen Methoden zugrundeliegenden allgemeinen Prinzipien nicht stark genug sind, kulturweite sexistische und androzentrische Vorurteile aufzudecken, sondern auch darum, daß die spezifischen Methoden und Normen der Spezialwissenschaften selbst sexistisch und androzentrisch sind.

Deshalb verstärkt der feministische Empirismus neuere Tendenzen in der Philosophie und der Wissenssoziologie, um empiristisch-erkenntnistheoretische Voraussetzungen zu problematisieren.[3] Das Verhältnis zwischen empiristischer Erkenntnistheorie und ihren Anwendungen durch Feministinnen ist gespannt. Einige Biologinnen und Sozialwissenschaftlerinnen verwenden jedoch andere Mittel, um die neue Frauen- und Geschlechterforschung zu legitimieren, und begründen damit die feministische Standpunkt-Erkenntnistheorie.

Bevor ich mich dieser Position zuwende, muß ich auf eine Zwischenposition hinweisen. Radikaler als die feministischen Kritiken an »schlechter Wissenschaft« sind diejenigen, die die Verallgemeinerungen im westlichen Denken, vom männlichen zum allgemein menschlichen, angreifen. Für die weiter unten diskutierten Standpunkt-Theoretikerinnen stellt diese Kritik eine Motivation für die Entwicklung einer spezifisch feministischen Theorie der Erkenntnis dar. Andere Denkerinnen, die diese Kritik teilen, machen kurz vor der Standpunkt-Theorie halt, entweder weil sie nicht beabsichtigen, ein solches Programm zu entwickeln, oder weil sie andere Dinge im Sinn haben.[4] Philosophinnen wie Geneviève Lloyd (1984), Sara Ruddick (1980) und Susan Bordo (1987) und Wissenschaftshistorikerinnen wie Evelyn Fox Keller (1984) kritisieren, was gemeinhin »abstrakte Männlichkeit« *(abstract masculinity)* genannt wird. Sie weisen darauf hin, daß die Ideale der westlichen Rationalität, einschließlich des wissenschaftlichen Denkens, unser Verständnis von Natur und sozialen Beziehungen verzerren und partialisieren, indem sie kontextuelle Modi des Denkens und emotionale Komponenten der Vernunft abwerten.

Diese Kritiken beziehen empirische Unterstützung aus der neueren psychologischen Forschung. Am bekanntesten ist Carol Gilligans (1982) Untersuchung über die moralische Orientierung von Frauen. Da wissenschaftliche Vernunft normative Urteile einschließt (die möglicherweise interessanteste oder fruchtbarste Hypothese für die weitere Forschung), ist die Bedeutung von Gilligans Arbeit für die Philosophie nicht auf den Bereich Ethik beschränkt. Neuerdings haben Mary Belenky und ihre Kolleginnen (1986) mit ihren Untersuchungen über die Entwicklungsmuster von weiblichen Einstellungen gegenüber Vernunft und Erkenntnis auf Geschlechtervorurteile in den philosophischen und wissenschaftlichen Idealen hingewiesen und zur Erklärung der Ursachen die geschlechtsspezifische Erfahrung herangezogen. Diese kritischen Ansätze liefern zusätzliche Gründe für die Infragestellung empiristischer Annahmen.

Feministische Standpunkt-Erkenntnistheorie

Beschreibung

Eine zweite Antwort auf die Frage, wie die Ergebnisse feministischer Forschung begründbar sind, liefern die feministischen Standpunkt-Theoretikerinnen. Sie argumentieren, daß nicht nur Meinungen, sondern auch die besten Überzeugungen einer Kultur – die als Wissen oder Erkenntnisse gelten – gesellschaftlich verortet sind. Die unverwechselbaren Merkmale der Situation von Frauen in einer nach Geschlechtern strukturierten Gesellschaft dienen der neuen feministischen Forschung als Ressource. Es sind diese spezifischen Mittel, die von konventionellen ForscherInnen nicht angewandt werden, die den Feminismus befähigen, empirisch exaktere Beschreibungen und theoretisch reichhaltigere Erklärungen als die herkömmliche Forschung hervorzubringen. Die Standpunkt-Theoretikerinnen bieten eine andere Begründung als die feministischen Empiristinnen dafür an, wie eine von gesellschaftlichen Werten und politischen Programmen geleitete Forschung dennoch empirisch und theoretisch überzeugendere Ergebnisse produzieren kann.

Wer sind diese »Standpunkt-Theoretikerinnen«? Besonders drei Forscherinnen haben wichtige Beiträge geleistet: Dorothy Smith (1987, eine Sammlung von Essays, die Smith seit Mitte der 70er Jahre zu publizieren begann), Nancy Hartsock (1983) und Hilary Rose (1986, Kapitel 6). Zusätzlich hat Jane Flax (1983) mit ihrer frühen Arbeit Standpunkt-Themen entwickelt; Alison Jaggar (1983) bezieht sich auf Standpunkt-Argumente, und ich selbst habe in *The Science Question in Feminism* (1986) kurz eine Version dieser Theorie entworfen und das Aufkommen einer Reihe anderer Versionen diskutiert. Standpunkt-Argumente finden sich außerdem implizit und in wachsendem Maße auch explizit in den Arbeiten von vielen anderen feministischen Denkerinnen.[5]

Dieser Begründungsansatz geht zurück auf Hegels Einsicht in die Beziehung zwischen Herr und Knecht und auf die Weiterentwicklung der Hegelschen Erkenntnis zum »proletarischen Standpunkt« durch Marx, Engels und Georg Lukács. Die grundlegende Annahme lautet, daß die menschliche Arbeit, oder das »materielle Sein«, das menschliche Bewußtsein nicht nur strukturiert, sondern auch begrenzt: Was wir tun, prägt und beschränkt unsere Erkenntnisse. Hartsock (1983) argumentiert: Wenn die menschliche Arbeit für zwei verschiedene Gruppen (Männer und Frauen) grundsätzlich in gegensätzliche Arbeitsweisen zerfällt, dann »können wir annehmen, daß die Vorstellung von jeder der beiden eine Inversion der anderen darstellt, und in Herrschaftssystemen ist die den Mächtigen eigene Sichtweise sowohl partiell als auch pervers« (ebd.: 285).[6]

Die feministischen Standpunkt-Theorien konzentrieren sich auf Geschlechterdifferenzen, auf Unterschiede in den Bedingungen von Männern und Frauen, die für diejenigen einen wissenschaftlichen Vorteil darstellen, die Gebrauch von ihnen machen können. Was sind aber diese Differenzen? Aus welchem Grunde sollten wir annehmen, daß konventionelle Forschung nur »die den Mächtigen eigene Sichtweise« erfaßt? Selbst wenn wir gewillt sind anzuerkennen, daß jede spezifische Zusammenstellung von Forschungsergebnissen nur eine voreingenommene Vorstellung von Natur und gesellschaftlichen Verhältnissen liefert, geht es nicht zu weit zu behaupten, daß diese Vorstellung pervers oder verzerrt[7] ist? Welche Aspekte der sozialen Situation von konventionellen ForscherInnen verengen und verzerren ihren Blick? Warum ist der Standpunkt von Frauen – oder vom Feminismus – weniger partiell und verzerrt als das Bild von Natur und gesellschaftlichen Verhältnissen, das der herkömmlichen Forschung entstammt?

Wir können viele Differenzen in bezug auf die Bedingungen von Männern und Frauen festmachen, von denen angenommen wird, daß sie wertvolle Ressourcen für die feministische Forschung bereitstellen. Sie können als »Grundlagen« für feministische Annahmen angesehen werden.[8]

1) Die verschiedenen Lebensbedingungen von Frauen sind als Ausgangspunkte für wissenschaftliche Forschung und als Belege für oder gegen Erkenntnisansprüche fälschlicherweise abgewertet und vernachlässigt worden. Das Wissen über die empirische Welt muß aus dieser selbst heraus (in komplexer Weise) begründet werden. Das menschliche Leben ist Teil der von WissenschaftlerInnen untersuchten empirischen Welt. Aber in einer nach Geschlechtern strukturierten Gesellschaft sind die Lebensbedingungen nicht homogen. Frauen und Männern werden in solchen Gesellschaften unterschiedliche Aktivitäten zugeschrieben; folglich haben sie verschiedene Alltage mit je signifikanten Konturen und Mustern. Das Leben von Frauen als Grundlage für die Kritik der vorherrschenden Erkenntnisansprüche zu nutzen, die bisher in erster Linie auf den Lebensbedingungen von Männern aus den dominanten Rassen, Klassen und Kulturen basierten, kann die Voreingenommenheiten und Verzerrungen in dem von den Natur- und Sozialwissenschaften bereitgestellten Bild von Natur und gesellschaftlichem Leben abbauen.[9]

Manchmal wird diese These in Begriffen der Persönlichkeitsstruktur gefaßt. Jane Flax und andere Autorinnen, die ihre Ausführungen auf der Objektbeziehungstheorie aufbauen, weisen auf die weniger defensive Struktur von Weiblichkeit hin. Unterschiedliche frühkindliche Erfahrungen, die ein Leben lang bestätigt werden, bewirken bei Männern, daß sie ihre Männlichkeit als eine fragile Eigenschaft wahrnehmen, die sie kontinuierlich verteidigen und behaupten müssen. Im Unterschied dazu empfinden Frauen Weiblichkeit als einen viel beständigeren Teil ihres »Selbst«. Dem Stereotyp entsprechend scheinen »echte Frauen« von der Natur ausgestattet zu sein; »echte Männer« erscheinen als fragiles soziales Konstrukt. Selbstverständlich sind »typisch« weibliche und männliche Persönlichkeitsstrukturen in unterschiedlichen Klassen, Rassen und Kulturen verschiedene. Aber insofern sie zunächst einmal voneinander unterschieden werden, schwächt es den Objektivitätsanspruch, wenn die Persönlichkeitsstrukturen von Frauen als Ausgangspunkt für wissenschaftliche Forschung abgewertet oder ignoriert werden.[10]

Manchmal wird obige These aber auch in Begriffen der unterschiedlichen Denkweisen gefaßt, die entwickelt werden, um spezifischen Betätigungsfeldern angemessene Kompetenzen auszubilden. Sara Ruddick (1989) lenkt unsere Aufmerksamkeit auf das »mütterliche Denken«, das charakteristisch ist für Menschen (Männer und Frauen), die primär Verantwortung für die Pflege kleiner Kinder haben. Carol Gilligan (1982) identifiziert die Formen moralischer Überlegungen, die typisch für das Denken von Frauen sind, die sich aber nicht in der im westlichen Denken vorherrschenden rechtlichen Orientierung der Ethik finden. Und Mary Belenky und ihre Kolleginnen (1986) argumentieren, daß die Erkenntniswege von Frauen ganz allgemein das Interesse für Kontext aufweisen, das Gilligan in moralischen Erkenntnissen sieht.[11]

Wir könnten auch so argumentieren, daß die spezifischen Emotionen, die Frauen als unterdrücktes, ausgebeutetes und beherrschtes Geschlecht erfahren, einen ganz bestimmten Gehalt haben, der den parallelen Empfindungen in der Gefühlswelt von Männern fehlt. Betrachten wir z.B. das Leiden. Eine Frau leidet nicht nur als Elternteil eines sterbenden Kindes, als Kind kranker Eltern, als armer Mensch oder als Opfer von Rassismus. Frauen leiden auf Weisen, die spezifisch für *Mütter* von sterbenden Kindern, für *Töchter* von kranken Eltern, für arme *Frauen* sind, und sie leiden unter den spezifischen Auswirkungen von rassistischer Politik und Praxis auf das Leben von *Frauen*. Mütter, Töchter, arme und rassistisch unterdrückte Frauen sind »Knotenpunkte« von historisch spezifischen gesellschaftlichen Praktiken und von sozialen Bedeutungen, die vermitteln, ob und wie für diese sozial konstruierten Personen Leiden entsteht. Lust, Wut und andere Emotionen von Frauen sind zum Teil bezeichnend für ihre gesellschaftlichen Aktivitäten und Identitäten als historisch determinierte Frauen, diese Gefühle stellen aber auch den fehlenden Teil des menschlichen Lebens dar, auf das sich die menschliche Erkenntnis angeblich sowohl gründet als auch bezieht.

Als was immer die Differenz identifiziert wird, der Punkt dieser Argumentation ist, daß das »Anderssein« von Frauen nur die Differenz, nicht die Unterlegenheit anzeigt. Das Ziel, die Objektivität der Forschung zu erhöhen, erfordert, den exzessiven Bezug auf die unverwechselbar männlichen Lebensbedingungen zu überwinden und auch die Lebensverhältnisse von Frauen als Ursprung für wissenschaftliche Problematiken, als Quelle für wissenschaftliche Belege und als Kontrollmöglichkeit der Validität von Erkenntnisansprüchen anzuerkennen.

Einige Denkerinnen haben angenommen, daß Standpunkt-Theorien und andere Begründungen feministischer Erkenntnisansprüche sich auf die *Erfahrungen* von Frauen stützen müssen. Die Begriffe »Frauenstandpunkt« und »Frauenperspektive« werden oft als austauschbar gebraucht, wobei »Frauenperspektive« eher auf die aktuelle Perspektive gegenwärtiger Frauen anspielt – darauf, was sie tatsächlich sehen können. Aber es kann nicht sein, daß die Erfahrungen von Frauen oder die Auffassungen, die sie vertreten, für sich genommen schon zuverlässige Grundlagen für Erkenntnisansprüche über Natur und gesellschaftliche Verhältnisse liefern. Schließlich wird die Erfahrung durch gesellschaftliche Verhältnisse geprägt: Z.B. mußten Frauen erst *lernen,* auch bestimmte sexuelle Übergriffe in der Ehe als Vergewaltigung zu begreifen. Vorher haben Frauen diese Übergriffe nicht als Vergewaltigung erlebt, sondern als Teil der Bandbreite heterosexueller Sexualität, die Ehefrauen erwarten sollten.

Darüber hinaus äußern Frauen (Feministinnen eingeschlossen) alle möglichen Dinge – frauenverachtende Bemerkungen und unlogische Argumente, fehlgeleitete Anschauungen über nur partiell verstandene Situationen, rassistische, aufgrund ihrer Klassenzugehörigkeit borniert oder heterosexistische Annahmen –, die in wissenschaftlicher Hinsicht unangemessen sind. (Frauen und Feministinnen sind unter diesem Aspekt nicht besser oder schlechter als irgend jemand sonst; wir sind auch nur Menschen.) Außerdem gibt es vielfältige Feminismen, die ihre Analysen auf verschiedene historische Gruppen von Frauen gründen: Der liberale Feminismus knüpft bei dem Leben von Frauen aus den gebildeten Schichten des 18. und 19. Jahrhunderts in Europa und den Vereinigten Staaten an, der marxistische Feminismus bei dem Leben der Frauen aus der Arbeiterklasse in den industrialisierten Gesellschaften des 19. und 20. Jahrhunderts, der Dritte-Welt-Feminismus bei den Lebensbedingungen von Frauen in der Dritten Welt des späten 20. Jahrhunderts. Des weiteren ändern wir ständig unsere Meinungen über alle Sorten von Fragen. So sind die »Erfahrungen von Frauen« und das, »was Frauen vertreten«, sicherlich gute Ausgangspunkte für die Generierung von Forschungsprojekten in Biologie und Sozialwissenschaften, aber sie können keine zuverlässigen Grundlagen für die Entscheidung sein, welche Erkenntnisansprüche vorzuziehen sind.

Für eine Position, die als Standpunkt und nicht als Anspruch auf die Wichtigkeit der Mitteilungen von Frauen über ihr Leben und ihre Erfahrungen gelten darf, müssen wir auf einer objektiven Lokalisierung – dem Leben von Frauen – als dem Ort, an dem feministische Forschung ansetzt, bestehen. Wir würden diese Verortung nicht so hoch einzuschätzen wissen, wenn Frauen nicht auf der Wichtigkeit ihrer Erfahrungen und Stimmen insistiert hätten. (Jede Frau kann dies für ihre eigene

Erfahrung bestätigen.) Aber es sind nicht die Erfahrungen oder die Mitteilungen, die die Grundlagen für feministische Erkenntnisansprüche legen; es sind vielmehr die in der Folge artikulierten Beobachtungen und Theorien über die sonstige Natur und Gesellschaft – Beobachtungen und Theorien, die aus der Perspektive des Lebens von Frauen auf die Welt blicken. Wer kann den »Anfang« dazu machen? Mit dieser Frage wird deutlich, daß die Erkenntnissuche eine demokratische, partizipatorische Politik erfordert. Andernfalls werden weiterhin nur die über Geschlecht, Rasse, Klasse und Sexualität definierten Eliten, die gegenwärtig die Institutionen der Erkenntnissuche beherrschen, die Möglichkeit haben zu entscheiden, welche Forschungsfragen sie stellen wollen, und wir selbst haben nur das Recht auf den Argwohn gegenüber dem historischen Ort, von dem aus diese Fragen tatsächlich gestellt werden. Es ist sowohl wichtig, daß wir die Erfahrungen und Mitteilungen von Frauen wertschätzen, als auch, daß wir uns befähigen, ihre genaue Rolle in der Produktion feministischer Erkenntnisse zu spezifizieren.

2) Frauen sind für den Einblick in die soziale Ordnung wertvolle »Fremde«. Eine weitere wichtige Basis, die von den Standpunkt-Theoretikerinnen für feministische Forschung beansprucht wird, ist der Ausschluß von Frauen von dem Entwurf und der Lenkung sowohl der sozialen Ordnung als auch der Produktion von Wissen. Dieser Anspruch stützt sich auf die anthropologische und soziologische Vorstellung von Fremden oder AußenseiterInnen. Die Soziologin Patricia Hill Collins (1986: 15) faßt die von SoziologInnen identifizierten Vorzüge des Außenseiterstatus zusammen. Die Fremde bringt in ihre Forschung gerade die Kombination aus Nähe und Zurückhaltung, aus Interesse und Indifferenz ein, die für eine maximale Objektivität optimal ist. Darüber hinaus tendieren die »Einheimischen« dazu, der Fremden Dinge zu erzählen, die sie einander niemals mitteilen würden; des weiteren kann die Fremde Glaubens- und Verhaltensmuster wahrnehmen, die für die Angehörigen einer Kultur schwer aufzudecken sind. Frauen sind genau solche Außenseiterinnen in bezug auf die in unserer Gesellschaft herrschenden Institutionen, die Natur- und Sozialwissenschaften eingeschlossen. Die Männer in den herrschenden Gruppen sind die »Einheimischen«, deren Lebensmuster und Denkweisen nur zu gut zu den herrschenden Institutionen und Begriffssystemen passen.

AnhängerInnen der positivistischen Tendenzen in der Philosophie der Sozialwissenschaften nehmen an, daß die Differenz zwischen Fremden und Einheimischen der Maßstab für ihre relativen Fähigkeiten ist, kausale Erklärungen der einheimischen Überzeugungen und Verhaltensweisen zu liefern. Nur Verständnis, nicht Erklärung, kann aus den Berichten der Einheimischen selbst über ihre Überzeugungen und Verhaltensweisen resultieren oder aus den Interpretationen von AnthropologInnen und SoziologInnen, die zu »Einheimischen werden« beziehungsweise sich sehr eng mit diesen identifizieren. Weil Frauen wie Fremde behandelt, von den herrschenden gesellschaftlichen Institutionen und Begriffsschemata als Außenstehende begriffen werden – manche mehr als andere –, stellt schon ihr Ausschluß ein effektives Mittel, einen Vorteil dar für die Generierung kausaler Erklärungen unserer gesellschaftlichen Ordnung aus der Perspektive ihres Lebens. Zusätzlich lehrt der Feminismus Frauen (und Männer), wie sie die soziale Ordnung aus der Perspektive von Außenseitern betrachten können. Der Feminismus lehrt Frauen (und Männer), die männliche Vorherrschaft und die gängigen Formen der Geschlechtererwartung und sozialen Beziehungen als bizarre Glaubensvorstellungen und Praktiken einer gesellschaftlichen Ordnung wahrzunehmen, die uns »fremd« ist. *Sie* ist »verrückt«; wir selbst sind es nicht.

Dieser Annahme über die Grundlagen feministischer Forschung entspricht auch die Beobachtung von vielen SoziologInnen und PsychologInnen, daß die soziale Ordnung für Frauen dysfunktional ist. Das Zusammenspiel zwischen den Bedürfnissen und Wünschen der Männer aus den herrschenden Gruppen und den Arrangements der sozialen Ordnung funktioniert weitaus besser, als es das für beliebige Frauen tut. Diese Sorte Aussage muß allerdings mit Vorsicht formuliert werden, wenn wir dem extrem dysfunktionalen Charakter der Gesellschaftsordnung der Vereinigten Staaten für die Männer, die nicht Angehörige der herrschenden Gruppen sind – z.B. Afroamerikaner und Hispanos –, Rechnung tragen wollen. Die gesellschaftlichen Verhältnisse sind für erwerbslose afroamerikanische oder lateinamerikanische Männer ganz klar dysfunktionaler als für ökonomisch privilegierte weiße Frauen. Nichtsdestotrotz erhellt diese Einsicht – unter Berücksichtigung der bedeutenden Ausnahmen – den Vergleich der Situation von Frauen und Männern in denselben Klassen, Rassen und Kulturen. Sie fängt auch die Beobachtung ein, daß es innerhalb derselben Kultur für Frauen im allgemeinen eine größere Kluft gibt als für Männer zwischen dem, was sie sagen oder wie sie sich verhalten, und dem, was sie denken. Frauen fühlen sich verpflichtet, auf Weisen zu sprechen und zu agieren, die nur sehr ungenau das wiedergeben, was sie sagen und tun würden, wenn sie nicht fortwährend auf negative kulturelle Sanktionen träfen. Das sozial induzierte Bedürfnis von Frauen, permanent zu antizipieren, »was Männer oder ›andere‹ denken werden«, führt zu einer größeren Kluft zwischen ihren beobachtbaren Verhaltensweisen und Äußerungen einerseits und ihren Gedanken und Urteilen andererseits.

3) Die Unterdrückung von Frauen bewirkt bei diesen ein geringeres Interesse an Gleichgültigkeit gegenüber den gesellschaftlichen Verhältnissen. Die dieser These zugrundeliegende Annahme lautet, daß die Unterdrückung, Ausbeutung und Beherrschung der Frauen die Basis sind für eine Umbewertung der Geschlechterdifferenz, weil Angehörige von unterdrückten, Gruppen weniger Gründe als die herrschenden Gruppen haben, den Status quo beizubehalten oder zu rechtfertigen. Sie haben durch die Distanzierung von der sozialen Ordnung weniger zu verlieren; deshalb kann ihre Perspektive leichter neue und kritische Analysen hervorbringen. (Frauen haben weniger, aber nicht nichts zu verlieren; die Entwicklung eines feministischen Bewußtseins ist für viele Frauen ein schmerzvoller Prozeß.)
Dieses Argument kann in die Frage gefaßt werden, was Frauen – und speziell feministische Frauen – sagen wollen würden, wenn sie die Möglichkeit zur Äußerung hätten. Aber es ist weniger verwirrend, danach zu fragen, was wir erkennen können, wenn wir anfangen, aus der Perspektive des Lebens von unterdrückten Menschen zu denken und zu forschen. Das Verständnis, daß sie unterdrückt, ausgebeutet und beherrscht – und nicht durch unvermeidbare natürliche oder soziale Ursachen verelendet – sind, enthüllt Aspekte der gesellschaftlichen Ordnung, die aus der Perspektive der Unterdrücker schwerlich zu sehen sind. Zum Beispiel wird der Unterschied in der Wahrnehmung erklärbar, daß Frauen glauben, zu bestimmten sexuellen Situationen (Vergewaltigung, Schläge) energisch nein gesagt zu haben, während Männer die Situation so interpretieren, als hätten die Frauen ja gesagt oder sogar »danach verlangt«, wenn wir davon überzeugt sind, daß es niemals objektiv übereinstimmende Beziehungen zwischen Unterdrückern und Unterdrückten geben kann. Aus der Perspektive der Interessen von Frauen können bestimmte Situationen als Vergewaltigung oder Gewalt erkannt werden, die aus der Perspektive der Interessen von Männern und herrschenden Institutionen als normale und wünschenswerte soziale Beziehungen zwischen den Geschlechtern *(sexes)* ausgegeben werden.

4) Die Perspektive von Frauen repräsentiert die andere Seite im alltäglichen »Geschlechterkampf«. »Die Gewinner erzählen die Geschichte«, wie HistorikerInnen herausstellen, und deshalb ist der Versuch loh-

nenswert, die Geschichte aus der Perspektive derjenigen zu konstruieren, die sich der Unterdrückung widersetzen, um weniger voreingenommene und verzerrte Interpretationen von Natur und gesellschaftlichen Verhältnissen zu generieren.

Erkennende sind keine »unbeschriebenen Blätter«, sondern aktive Träger ihrer eigenen Lernprozesse. Für die Unterdrückten erwächst Erkenntnis aus den Kämpfen gegen ihre Unterdrücker. Weil Frauen gegen die männliche Vorherrschaft angetreten sind, kann die von ihrem Leben ausgehende Forschung klarere und vollständigere Eindrücke der gesellschaftlichen Realität als die aus der Perspektive der männlichen Seite dieser Kämpfe zu erhaltenden hervorbringen. »Sein Widerstand ist der Maßstab deiner Unterdrückung« lautete ein früher Slogan der 70er Jahre, der versucht zu erklären, warum Männer so erbitterten Widerstand leisteten gegen Hausarbeit, Kinderbetreuung und andere »Frauenarbeit«, von der sie doch behaupteten, daß sie im Hinblick auf Talente und Wissen so einfach und anspruchslos sei.

Wie ich bereits an früherer Stelle bemerkte, stellt sich Wissen über »handwerkliche« Prozeduren her, so wie eine Bildhauerin die Natur eines Marmorblocks erst zu verstehen lernt, wenn sie anfängt, ihn zu bearbeiten. Die Stärken und Schwächen des Marmors – seine unerwarteten Risse oder seine überraschende innere Qualität – sind solange unsichtbar, bis die Bildhauerin versucht, ihm eine in ihrer Vorstellung vorgezeichnete Prägung zu geben. Analog dazu können wir nur über die Kämpfe um ihre Veränderung die versteckten Aspekte der sozialen Geschlechterbeziehungen und der Institutionen verstehen lernen, die diese Beziehungen unterstützen. Betrachten wir ein Beispiel aus der Wissenschaftsgeschichte: Nur aufgrund der im 19. und frühen 20. Jahrhundert heftig geführten Kämpfe um die formale Gleichstellung von Frauen in der Wissenschaft können wir heute verstehen, daß es mit formaler Gleichheit nicht getan ist. Margaret Rossiter (1982) weist darauf hin, daß alle formalen Barrieren der Gleichstellung von Frauen hinsichtlich Ausbildung, Qualifikationsnachweisen, Laboranstellungen, Forschungsstipendien und Lehrpositionen aus dem Weg geräumt worden sind und daß trotzdem noch immer relativ wenige Frauen Leiterinnen oder Planerinnen von Forschungsvorhaben in den Naturwissenschaften sind. Die Kämpfe darum, die Diskriminierung von Frauen in den Wissenschaften zu beenden, ermöglichen es uns zu erkennen, daß die formale Diskriminierung nur die Frontlinie der Abwehr der Gleichstellung von Frauen im wissenschaftlichen Feld war.

Aus diesem Grunde ist feministische Politik nicht nur eine akzeptable Partnerin von feministischer Forschung, sondern eine notwendige

Bedingung für die Hervorbringung von weniger voreingenommenen und weniger verzerrten Beschreibungen und Erklärungen. In einer sozial geschichteten Gesellschaft wird die Objektivität von Forschungsergebnissen durch politischen Aktivismus von und im Dienste der unterdrückten, ausgebeuteten und beherrschten Gruppen erhöht. Nur über solche Kämpfe können wir anfangen, über die Erscheinungen einer ungerechten Gesellschaftsordnung hinauszublicken auf die Realität dessen, wie diese soziale Ordnung tatsächlich konstruiert und erhalten wird. Die Notwendigkeit des Kampfes unterstreicht die Tatsache, daß ein feministischer Standpunkt nicht eine Position ist, die wir schon allein dadurch einnehmen können, daß wir sie beanspruchen. Er ist vielmehr eine Errungenschaft. Ein Standpunkt unterscheidet sich in dieser Hinsicht von einer Perspektive, die wir alle durch einfaches »Augenöffnen« erreichen können. Selbstverständlich nehmen nicht alle Männer in diesen Kämpfen männliche Positionen ein; es hat immer Männer gegeben, die sich an der Arbeit für die Verbesserung der Bedingungen von Frauen beteiligten, genauso wie es immer Frauen gegeben hat, die – welche Kämpfe sie auch immer mit Männern in ihrem Privatleben ausfechten – es nicht als ihr Interesse ansehen, sich an den kollektiven und institutionellen Kämpfen gegen die männliche Vorherrschaft zu beteiligen. Einige Männer sind Feministen, und manche Frauen sind keine Feministinnen.

5) Die Frauenperspektive ist eine des Alltags. Eine fünfte Grundlage dafür, bei der Forschung vom Leben der Frauen auszugehen, wird in der einen oder anderen Form seit den frühen 70er Jahren thematisiert. Der Blickwinkel des alltäglichen Lebens von Frauen ist der Perspektive, die durch »führende« Aktivitäten von Männern in den herrschenden Gruppen eröffnet wird, wissenschaftlich vorzuziehen. Dorothy Smith (1987) hat diese These am umfassendsten entwickelt: Den Frauen wurden die Sorten Arbeiten zugeschrieben, die Männer in den führenden Gruppen nicht tun wollten, und damit entbindet »Frauenarbeit« Männer von der Notwendigkeit, ihre Körper und die Orte, an denen sie existieren, zu pflegen, und setzt sie frei, sich in die Welt abstrakter Konzepte zu versenken. Erst die Arbeit von Frauen formt diese männlichen Konzepte von Welt so um, daß sie für Leitungs- oder Verwaltungsarbeit angemessen sind (vgl. auch Hartsock 1983). Darüber hinaus wird die Arbeit von Frauen, je erfolgreicher sie diese ausführen, um so unsichtbarer für Männer. Männer, die von der Notwendigkeit entbunden sind, ihre eigenen Körper und deren Umgebungen zu pflegen, sehen nur als real an, was mit ihrer abstrakten geistigen Welt korrespondiert. Deshalb

betrachten sie »Frauenarbeit« nicht wirklich als menschliche Betätigung – als selbstgewählt (auch innerhalb der Zwänge einer männlich dominierten Sozialordnung) –, sondern als natürliche Tätigkeit, eine Art instinktive Arbeit, wie Bienen und Ameisen sie verrichten. So werden Frauen von den männlichen Konzepten von Kultur und Geschichte ausgeschlossen.

Für Smith als Soziologin spielt die Soziologie eine wesentliche Rolle bei der »Formgebung« der Ereignisse und Prozesse des alltäglichen Lebens in Phänomene, die von den führenden Verwaltern und Managern der zeitgenössischen westlichen Gesellschaften bearbeitet werden können. Die vorherrschenden begrifflichen Schemata in der Soziologie drücken alltägliche Erfahrungen in der Terminologie administrativer und geschäftlicher Tagesordnungen und Praktiken aus. Wenn wir vom »Standpunkt der Frauen« in der Organisationsstruktur der gesellschaftlichen Aktivitäten aus blicken, entdecken wir die Prozesse, durch die das gesellschaftliche Leben tatsächlich die bestehenden Formen angenommen hat.[12] Smith konzentriert sich auf ihre eigene Disziplin, aber die Soziologie ist nicht das einzige Forschungsgebiet, das dabei behilflich ist, die Aktivitäten von Männern in den herrschenden Gruppen mit den dominanten Begriffsschemata im Dienste der Verwaltung und Leitung der Gesellschaft in Einklang zu bringen.

Die Historikerin Bettina Aptheker (1989) bezieht sich auf die Analysen von Smith und anderen und zeigt, daß wir, ausgehend vom alltäglichen Leben der Frauen, ein Verständnis von sowohl weiblichen als auch männlichen Lebensformen entwickeln können, das sich von den Ansichten konventioneller sozialwissenschaftlicher Theorie stark unterscheidet.

»Mit ›Alltäglichkeit‹ des Lebens von Frauen meine ich die Muster, die Frauen hervorbringen, und die Bedeutungen, die sie Tag für Tag und über längere Zeiträume als Ergebnis ihrer Arbeit und im Kontext ihres gegenüber den Männern untergeordneten Status erfinden. Der Punkt ist nicht, jeden Aspekt des alltäglichen Lebens zu beschreiben oder ein Prioritätsschema zu präsentieren, in dem einige Tätigkeiten wichtiger oder höher angesehen sind als andere. Der Punkt ist, einen Erkenntnisweg einzuschlagen, der von den Bedeutungen ausgeht, die Frauen ihrer Arbeit geben. Die Suche nach Alltäglichkeit ist eine Arbeitsmethode, die es uns erlaubt, die von Frauen geschaffenen und erfundenen Muster und Bedeutungen zum Ausgangspunkt zu nehmen und davon zu lernen. Wenn wir aufzeichnen, was wir lernen, wenn wir eine Bedeutung oder Erfindung mit anderen verbinden, fangen wir an, eine andere Sicht auf die Realität zu entwerfen. Diese Sichtweise nenne ich Frauenstandpunkt.« (Ebd.: 39)

Betrachten wir, was wir über den Widerstand gegen Unterdrückung und Beherrschung aus Apthekers folgendem Bericht über die Suche nach alltäglichen Mustern erfahren. Sie stellt heraus, daß Frauen oft Kollaboration mit den herrschenden Gruppen und Anpassung an unterdrückerische Bedingungen vorgeworfen wurde. Da sie eine konservative Kraft in der Geschichte darstellten, sähen es Frauen nicht als ihr eigenes Interesse an, gegen Beherrschung aufzubegehren und sich in revolutionärer Politik zu engagieren – so wird argumentiert. Aptheker merkt jedoch an, daß Männer sich das Recht gesichert haben zu definieren, was als signifikanter Widerstand und was als Kollaboration und Anpassung gilt, und zwar aus der Perspektive der öffentlichen und politischen Tätigkeitsfelder, von denen Frauen bis vor kurzem weitgehend ausgeschlossen waren. Darüber hinaus haben auch Feministinnen zu derselben Einschätzung der Widerstandsgeschichte von Frauen tendiert. Wie Aptheker beobachtet, sind viele von uns über die Kämpfe um Beteiligung als Gleiche in den konventionellen politischen Bewegungen zum Feminismus gekommen. Folglich unterscheiden wir uns wenig von »*malestream*« Historikern und den Männern in diesen Bewegungen, insofern als es uns nicht gelungen ist, eine Art des Widerstandes von Frauen wahrzunehmen und zu verstehen, die nicht »feministisch«, »sozialistisch«, »radikal« oder »liberal«, aber trotzdem zentral für den Geschichtsverlauf und eine Quelle sozialen Wandels ist.

Aptheker diskutiert viele Formen des Kampfes von Frauen um die Verbesserung der Lebensqualität und die Bewahrung des kulturellen Erbes, die wichtige Strategien politischen Widerstands gegen Unterdrückung und Beherrschung konstituieren. In Arbeitskämpfen hatten die von Frauen in ihrem alltäglichen Leben geprägten Familien- und Gemeinschaftsnetzwerke manchmal größere Bedeutung für die Sicherung besserer Bedingungen von ArbeiterInnen als die Gewerkschaften. Der Widerstand von Frauen im Dienste ihrer Kinder – gegen Armut, gegen die Agenturen der herrschenden Kultur, gegen Sklaverei und Konzentrationslager, gegen belästigende und mißbrauchende Ehemänner und Väter – hat das Überleben von Menschen möglich gemacht, die, wie Audre Lorde (1978) es ausdrückt, *»were never meant to survive«*, von denen niemand glaubte, daß sie überleben würden. Aus der Perspektive des alltäglichen Lebens von Frauen können wir sehen, daß konventionelle Annahmen – über den Gegensatz von gesellschaftlichen und privaten Ungerechtigkeiten, über den Gegensatz von Widerstand und Kollaboration und darüber, daß gesellschaftlicher Wandel nur über politisch machtvolle Bewegungen zu erreichen ist – unser Verständnis des Lebens und der Geschichte von Frauen blockieren.

6) Die Frauenperspektive vermittelt zwischen ideologischen Dualismen: Natur versus Kultur. Andere Standpunkt-Theoretikerinnen haben die Art und Weise herausgestellt, in der die Tätigkeiten von Frauen zwischen Natur und Kultur, die in den zeitgenössischen westlichen Kulturen voneinander getrennt und aufgespalten sind, und den Manifestationen dieser Polarität in der Aufteilung in intellektuelle Arbeit auf der einen Seite und emotionale bzw. manuelle Arbeit auf der anderen Seite vermitteln. Wie z.B. Nancy Hartsock (1983) anmerkt,

> bedeutet Frauenarbeit, wie die von männlichen Arbeitern, Kontakt zu materiellen Notwendigkeiten. Ihr Beitrag zum Lebensunterhalt, wie der von männlichen Arbeitern, involviert sie in eine Welt, in der die Beziehung zur Natur und zu konkreten menschlichen Erfordernissen zentral ist, sowohl in Form der Interaktionen mit natürlichen Substanzen, deren Qualität mehr als ihre Quantität für die Herstellung von Nahrungsmitteln, Kleidung usw. wichtig ist, als auch in Form der Aufmerksamkeit für die natürlichen Veränderungsprozesse in diesen Substanzen. Die Frauenerwerbsarbeit wie auch mehr noch die Hausarbeit von Frauen setzt zum Zwecke der Transformierung natürlicher Substanzen in gesellschaftlich definierte Güter die Einheit von Körper und Geist voraus. Dies gilt auch für die Tätigkeit des männlichen Arbeiters.« (Ebd.: 291 f.)

Es gibt aber entscheidende Unterschiede zwischen den Perspektiven von männlichen Arbeitern und denen von Frauen. Die »Doppelbelastung« von Frauen bedeutet, daß sie einen größeren Teil ihres Lebens mit dieser Art von Arbeit verbringen. Darüber hinaus »produzieren/reproduzieren Frauen tagtäglich und längerfristig Männer (und andere Frauen)«. Diese Arbeit erfordert eine andere Art »Produktionsprozeß« – »natürliche Objekte« in kulturelle zu transformieren – als die für Männer typische Art von Arbeit: »Die weibliche Erfahrung, Kinder auszutragen und aufzuziehen, schließt eine grundlegendere Einheit von Körper und Geist ein, als sie durch die instrumentellen Tätigkeiten von Arbeitern ermöglicht wird.« Frauenarbeit bearbeitet Kinder, Nahrung, Körper, störrische Maschinen und soziale Beziehungen. Sie ermöglicht den männlichen Rückzug auf und die Aneignungen »abstrakter Männlichkeit« (ebd.: 293 f., 296).

Wenn wir unsere Forschung bei den Tätigkeiten von Frauen in dieser geschlechtlichen Arbeitsteilung ansetzen, ermöglicht uns dies zu verstehen, wie und warum soziale und kulturelle Phänomene die uns sichtbaren Formen angenommen haben. Die Umformung natürlicher in kulturelle Objekte durch die Frauen bleibt, als gesellschaftliche Tätigkeit, den Männern unsichtbar. Eine objektivere Forschung verlangt, diese »verlorenen« Handlungen und ihre Beziehungen zu den Tätigkeiten, um die die männlichen Diskurse kreisen, als notwendige menschliche gesellschaftliche Arbeit in unser Blickfeld zurückzuholen.

7) Frauen und besonders Forscherinnen sind »integrierte Außenseiterinnen« *(outsiders within)*. Die Soziologin Patricia Hill Collins (1986) hat eine feministische Standpunkt-Theorie entwickelt, um die möglichen wichtigen Beiträge von afroamerikanischen feministischen Gelehrten zur Soziologie – und, wie ich sagen würde, in einem allgemeineren Sinn zu unserem Verständnis von Natur und gesellschaftlichem Leben – zu erklären:

> »Als integrierte Außenseiterinnen sind schwarze feministische Hochschullehrerinnen eine von vielen zu unterscheidenden Gruppen von marginalisierten Intellektuellen, deren Standpunkte versprechen, den soziologischen Diskurs zu bereichern. Wenn wir diese Gruppe, neben anderen mit dem Status integrierter Außenseiter, gegenüber der Soziologie ins Zentrum der Analyse rücken, kann enthüllt werden, wie der Blick auf die Wirklichkeit durch orthodoxere Ansätze verstellt wird.« (Ebd.: 15)

Es reicht nicht, außen zu stehen – nur mit »Frauenarbeit« oder der »Arbeit von schwarzen Frauen« befaßt zu sein –, weil der Zusammenhang zwischen dieser Arbeit und »führenden Tätigkeiten« nur von einer Seite dieser Aufspaltung der menschlichen Tätigkeiten nicht sichtbar ist. Statt dessen hat eine Person, die auf beiden Seiten arbeitet, die Möglichkeit, die Beziehung zwischen den vorherrschenden Aktivitäten und Überzeugungen und solchen, die im »Außen« entstehen, zu erkennen. Bell Hooks fängt diesen Punkt im Titel ihres Buches *Feminist Theory: From Margin to Center* (1983) ein. Bei den Fremden und AußenseiterInnen, die in den älteren anthropologischen und soziologischen Werken diskutiert wurden, setzte man voraus, daß sie Angehörige der herrschenden »zentralen« Kultur waren, die die Einwohner in den dominierten oder marginalisierten Kulturen beobachteten. Niemand erwartete von den »Eingeborenen«, daß sie Bücher über Anthropologen oder Soziologen schrieben (ganz zu schweigen davon, daß sie in ihren Berufungs- und Beförderungskommissionen saßen). Dennoch stellen die »Forschung von unten« und das »Selbst-Studium« der »integrierten AußenseiterInnen« Mittel zum Abbau von Voreingenommenheit und Verzerrtheit der Forschung bereit, die die herkömmliche »Forschung von oben« ergänzen.

Dorothy Smith entwickelt dieses Argument, indem sie darauf hinweist, daß sich für Soziologinnen (oder sollten wir »Forscherinnen« ganz allgemein sagen?) ein Mißverhältnis zwischen ihren eigenen Lebenserfahrungen und den herrschenden Begriffssystemen offenbart und daß es dieser Bruch ist, auf den sich das Hauptaugenmerk der Frauenbewegung gerichtet hat, insbesondere mit ihrer Zentrierung auf Fragen über den weiblichen Körper und Gewalt gegen Frauen. Wenn wir von der Kluft zwischen dem Leben von »Außenseiterinnen« hier und »Insidern« da und ihren jeweiligen Begriffssystemen ausgehen, können wir die Objektivität der Forschung verbessern.

8) Heute ist der richtige Zeitpunkt in der Geschichte für dieses Engagement von Frauen. Ein letzter Grund für die größere Angemessenheit der Forschung, die beim Leben von Frauen ansetzt, ergibt sich durch Parallelen zwischen feministischen Standpunkt-Theorien und marxistischen Diskussionen zum »Standpunkt des Proletariats« (vgl. Harding 1983a). Engels argumentierte, daß es bis zur Mitte des 19. Jahrhunderts nicht möglich war, die Klassengesellschaft von Bourgeoisie und Proletariat zu erfassen. Utopische Sozialisten wie Charles Fourier und Richard Owens nahmen das unnötige Elend und den exzessiven Wohlstand an den Polen des aufkommenden Klassensystems an der Wende zum 19. Jahrhundert wahr, aber sie konnten nicht die Mechanismen des Kapitalismus identifizieren, die aus den früheren Bauern, Handwerkern, Kaufleuten und Aristokraten zwei Klassen schufen. Das Problem war nicht die mangelnde intellektuelle Brillanz der Utopisten, oder daß sie Opfer falscher gesellschaftlicher Mythen waren; der Grund dafür, daß sie keine adäquaten kausalen Interpretationen hervorbringen konnten, war vielmehr, daß das Klassensystem nicht bereits in der Form entwickelt war, die eine solche Erklärung ermöglichte: »So wenig wie alle ihre Vorgänger konnten die großen Denker des 18. Jahrhunderts über die Schranken hinaus, die ihnen ihre Epoche gesetzt hatte«, beobachtete Engels. Erst mit dem Aufkommen eines »Konflikts zwischen den Produktivkräften und den Produktionsweisen« konnte die Klassenstruktur früherer Gesellschaften zum ersten Mal aufgedeckt werden – ein Konflikt, der »... in den Tatsachen (besteht), objektiv, außer uns, unabhängig vom Wollen oder Laufen selbst derjenigen Menschen, die ihn herbeigeführt. Der moderne Sozialismus ist weiter nichts als der Gedankenreflex dieses tatsächlichen Konflikts, seine ideelle Rückspiegelung in den Köpfen zunächst der Klasse, die direkt unter ihm leidet, der Arbeiterklasse.« (Engels 1959: 38 f., 64)

Analog dazu erscheint das Geschlechtersystem *(sex/gender system)* erst durch verschiedene neuere Veränderungen der Situation von Frauen und Männern als mögliches Objekt der Erkenntnis – Veränderungen durch Verschiebungen in der Ökonomie, durch die sogenannte sexuelle Revolution, durch den verbesserten Zugang von Frauen zu höherer Bildung, durch die Bürgerrechtsbewegungen der 60er Jahre und durch weitere spezifische ökonomische, politische und soziale Phänomene. Die kumulative Folge ist, daß die gesellschaftliche Ordnung für Frauen in jeder beliebigen Klasse konfligierende Erfordernisse und Erwartungen produziert. Wenn feministische Forscherinnen auf Natur und gesellschaftliche Verhältnisse aus der Perspektive dieser Konflikte innerhalb des Geschlechtersystems blicken, können sie empirisch und theoretisch bessere Interpretationen liefern, als sie uns aus der Perspektive der herrschenden Ideologie vorliegen, die diese Konflikte und Widersprüche nicht als Anhaltspunkte für die Möglichkeit besserer Erklärungen von Natur und gesellschaftlichem Leben zu lesen versteht.[13]

Kommentare

Es ist Zeit für einige Kommentare, bevor ich fortfahre, die Standpunkt-Erkenntnistheorie zu bewerten. Zunächst einmal möchte ich darauf hinweisen, daß keiner der oben formulierten Erkenntnisansprüche die biologischen Unterschiede zwischen den Geschlechtern als Ressourcen für feministische Analysen ansieht. Sie beziehen sich auch nicht auf die Intuition von Frauen.

Zweitens verstehen sich diese acht Thesen nicht als konträre, sondern als komplementäre Mittel zur Beschreibung der Ressourcen feministischer Forschung. Sie sind auch nicht als vollständige Liste der durch die Grundlegung der Forschung im Leben von Frauen freigesetzten Ressourcen gedacht. Feministische Denkerinnen haben noch weitere Ressourcen identifiziert. Zum Beispiel schreiben Literaturkritikerinnen darüber, was passiert, wenn »die Andere« *(the Other)* anmaßenderweise dem Blick »des Selbst« *(the self)* standhält, das der angenommene unsichtbare Träger oder Autor des westlichen Denkens ist, statt den Blick demütig zu senken, wie es von »Anderen« erwartet wird. Frauen sind gegenüber den Männern aus den dominanten Gruppen in der Position der »Anderen«. Psychoanalytische Theoretikerinnen eröffnen uns hier Analysemöglichkeiten, indem sie herausstellen, daß die Frau das erste Modell für das »Andere« abgibt, an dem das Kind lernt, sein »Selbst« als von der Objektwelt getrenntes wahrzunehmen. Und wir können diskutieren, ob die Perspektive des Lebens von Frauen ebenso wie die von Männern in den herrschenden Gruppen der Annahme zuträglich ist, daß die Welt »dort draußen« ist, darauf wartend, von unseren spiegelgleichen Gehirnen reflektiert zu werden, oder ob es nicht vielmehr naheliegender ist, daß die Sprache kein transparentes Medium und daß die Welt-als-Objekt-der-Erkenntnis sozial konstruiert ist und es immer bleiben wird.

Ich habe die vorangegangene Liste von Ansprüchen vorgestellt, um einen Eindruck von den verschiedenen und vielfältigen Grundlagen feministischer Standpunkt-Theorie zu vermitteln. Ich möchte außerdem der Tendenz von einigen postmodernen Kritikerinnen widersprechen, die behaupten, daß die feministische Standpunkt-Theorie unwiderruflich in essentialistischen Annahmen über Mutterschaft oder andere spezifisch weibliche Tätigkeiten befangen ist (vgl. Kapitel 7). Der Bezug auf die mütterliche Arbeit (einer bestimmten kulturellen Gruppe) in einigen der ersten Ausarbeitungen der Theorie diente dazu, den bis dahin nicht so offensichtlichen Gesichtspunkt hervorzuheben, daß das Leben von Frauen anders als das von Männern *war und ist*, und zwar auf wissenschaftlich und erkenntnistheoretisch signifikante Weise.

Drittens muß ich betonen, daß diese Standpunkt-Ansätze es uns ermöglichen, uns die Kategorie Objektivität anzueignen und neu zu bestimmen. In einer hierarchisch organisierten Gesellschaft kann Objektivität nicht als Forderung nach (oder sogar Wünschbarkeit von) Wertneutralität definiert werden (vgl. Kapitel 6).

Vorzüge

Standpunkt-Erkenntnistheorien sind für diejenigen DenkerInnen am überzeugendsten, für die die Untersuchung der Beziehung zwischen Denkmustern und den historischen Bedingungen dieser Muster nicht neu ist. Folglich finden viele HistorikerInnen, PolitikwissenschaftlerInnen und WissenschaftssoziologInnen diese Erklärungen der Möglichkeit besserer Forschungsergebnisse durch feministische Forschung plausibler als den feministischen Empirismus.

Die Vielfalt der Methoden, die in anderer Form in den Sozialwissenschaften üblich sind und auf die sich Feministinnen bei ihrer Begründung der größeren Objektivität der Forschung, die vom Leben der Frauen ausgeht, beziehen können, ist ein weiterer großer Vorzug. Es ist schwer vorstellbar, auf welche Gegenargumente obige Zusammenstellung treffen könnte, weil sie sich auf eine Reihe relativ konventioneller Auffassungen in den Sozialwissenschaften gründet.

Außerdem können sich die Standpunkt-Theorien wie der feministische Empirismus auf historische Vorläufer berufen. Viele (wenn auch nicht notwendig alle) der oben vorgestellten Grundlagen werden von der neueren Wissenschaftsgeschichte benutzt, um das Aufkommen der modernen Wissenschaft zu erklären.[14] Die wissenschaftliche Methode wurde von einem »neuen Menschentypus« in der Frühmoderne geschaffen. Die ökonomische Ordnung des Feudalismus trennte Hand- und Kopfarbeit so strikt, daß weder Leibeigene noch Aristokraten die für die experimentelle Methode notwendige Kombination an ausgebildetem Intellekt und der Bereitschaft, sich die Hände schmutzig zu machen, mitbrachten. Wir können auch auf die Verwicklung der vornewtonschen Wissenschaft in politische Kämpfe gegen die Aristokratie verweisen. Oder wir lenken den Blick darauf, daß das ptolemäische astronomische Begriffssystems mit der hierarchischen Sozialstruktur der katholischen Kirche und der feudalen Gesellschaft »zusammenpaßte«, während im Gegensatz dazu die kopernikanische Astronomie die im Entstehen begriffene demokratischere Gesellschaftsordnung widerspiegelte. Oder wir thematisieren die Art und Weise, in der die Problemstellungen der neuen Physik das Aufkommen einer neuen Klasse, die der Kaufleute, begünstigte: Das heißt nicht, daß Newton mit dieser Klasse »konspirierte«, sondern vielmehr, daß seine neue Physik zur Lösung von Problemen beitrug, die für die effizientere Gestaltung des Transportwesens, des Bergbaus und der Kriegführung unabdingbar war.[15] Die Standpunkt-Theoretikerinnen können sich also in anderer Weise als der feministische Empirismus auf historische Vorläufer beziehen.

Jenseits des Diskurses der Väter

Wie der feministische Empirismus auch enthüllt die Standpunkt-Theorie Schlüsselprobleme ihres Ursprungsdiskurses. Während der Marxismus behauptet, daß der Sexismus vollständig eine Folge der Klassengesellschaft sei, ein Problem, das vom gesellschaftlichen Überbau und von bürgerlicher Ideologie herrühre, sieht die feministische Version die Geschlechterverhältnisse *(sex/gender)* als mindestens ebenso wichtig wie die ökonomischen an, wenn es um die Herstellung der Formen des gesellschaftlichen Lebens und der Überzeugungen geht. Wie der feministische Empirismus betrachtet der Standpunkt-Ansatz – im Gegensatz zu marxistischen Annahmen – Frauen und Männer als Geschlechtsklassen (sex classes) und nicht ausschließlich oder in erster Linie als Angehörige von ökonomischen Klassen, obwohl unsere Möglichkeiten, ein empirisch angemessenes Verständnis von Natur und gesellschaftlichem Leben zu gewinnen, über die Kategorien Klasse wie auch Rasse und Kultur vermittelt sind. Ebenso wie die radikale Zukunft des feministischen Empirismus auf erkenntnistheoretische Voraussetzungen aufmerksam macht, die der Empirismus nicht erfüllen kann, so deutet der Radikalismus des feministischen Standpunkt-Denkens auf erkenntnistheoretische Annahmen hin, die der Marxismus nicht integrieren kann.[16]

Der Versuch einer zusammenfassenden Einschätzung dieser neuen Richtung im feministischen Denken wäre an dieser Stelle verfrüht. Eine vollständige Beurteilung der Vorzüge der Standpunkt-Theorie wird die Untersuchung der strengeren Objektivitätskriterien, die sie formuliert, ihre klarere Verortung in dem konventionell unterteilten Feld von »Philosophie versus Soziologie«, ihre Antworten auf die skeptischen Fragen von postmodernen und postkolonialistischen KritikerInnen und weiteres Nachdenken über die Beziehung von Erfahrung und Erkenntnis abzuwarten haben. Dies sind die zentralen Themen der folgenden Kapitel. Nichtsdestotrotz können wir an dieser Stelle einige nützliche vorläufige Einschätzungen abgeben.

Sollten wir zwischen feministischem Empirismus und feministischer Standpunkt-Theorie als Begründungsstrategien wählen? Es gibt viele Projekte, für die die feministische Standpunkt-Theorie zufriedenstellender ist, aber es gibt mindestens ein paar, für die das nicht zutrifft. Eine Begründungsstrategie beabsichtigt zu überzeugen, und es ist wichtig festzustellen, daß die beiden Ansätze unterschiedliches Publikum ansprechen können. Der feministische Empirismus ist genau deshalb nützlich, weil er die Kontinuität zwischen konventionellen und feministischen Begründungen wissenschaftlicher Forschung betont, von daher wird er meist von Natur- und SozialwissenschaftlerInnen verstanden werden. Die feministische Standpunkt-Theorie betont im Gegensatz dazu die Kontinuitäten zwischen breiten gesellschaftlichen Formationen und charakteristischen Glaubensmustern, die HistorikerInnen, PolitikwissenschaftlerInnen, Wissens- und WissenschaftssoziologInnen interessieren. Diese Argumentation wird für diejenigen vertraut klingen, die die wissenschaftshistorischen und -soziologischen Arbeiten nach Kuhn kennen. Ein Hauptthema dieses Buches ist die Wichtigkeit, wissenschaftliche und politische Argumente an den Orten, an denen wissenschaftliche und politische Entscheidungen fallen, einzusetzen, und nicht etwa nur in sozialen Kontexten, in denen sich die bereits Überzeugten bewegen oder die, die geringen Einfluß auf die Politik haben. Viele verschiedene soziale und politische Kulturen beeinflussen die Lebensbedingungen von Frauen; wissenschaftliche und politische Entscheidungen werden an vielen verschiedenen Stellen in der Gesellschaft gefällt, und feministische Forschungsaktivitäten können an all diesen Stellen vernünftig begründet werden.

Ein zusätzlicher Grund dafür, daß wir es vermeiden sollten, eine der beiden Erkenntnistheorien vorzuziehen, ist der, daß sie in gewisser Hinsicht im Dialog miteinander verbunden sind (ob diese Beziehung immer von den Protagonistinnen wahrgenommen wird oder nicht) und daß sie auf diese Weise die Auseinandersetzungen zwischen liberalen und marxistischen Theorien über die menschliche Natur und Politik in den Hauptströmungen der Diskurse reflektieren (vgl. Jaggar 1983). Möglicherweise birgt die Konzentration auf einen Ansatz die Gefahr, daß der so orientierte Feminismus sich stärker auf die väterlichen Diskurse bezieht, als es wünschenswert ist; wir werden durch unsere Abneigungen genauso geprägt wie durch unsere Präferenzen.

Die beiden genannten sind nicht die einzigen feministischen Erkenntnistheorien, die sich entwickelt haben, aber sie sind die beiden wichtigsten, die der Reflexion feministischer Forschung in den Natur- und Sozialwissenschaften entstammen.[17] Eine dritte, der Postmodernismus, hat sich im wesentlichen in Opposition zu Wissenschaft und erkenntnistheoretisch zentrierter Philosophie entwickelt, wie sie von Gesellschaften, die wissenschaftliche Rationalität hoch bewerten, bevorzugt werden. Ich beziehe mich direkter auf postmoderne feministische Themen in späteren Kapiteln, nachdem ich die »strenge Objektivität«, nach der die Logik der Standpunkt-Erkenntnistheorien verlangt, weiter untersucht habe.

Kapitel 6

»STRENGE OBJEKTIVITÄT« UND SOZIAL VERORTETE ERKENNTNIS

Im vorangegangenen Kapitel habe ich argumentiert, daß eine feministische Standpunkt-Theorie die Hervorbringung von unvoreingenommeneren und weniger verzerrten Überzeugungen anleiten kann. Diese Art wissenschaftlicher Prozeß erkennt nicht nur die soziale Situiertheit – die Historizität – der besten tatsächlich erworbenen oder prinzipiell möglichen Überzeugungen einer Kultur an, sondern er nutzt sie auch als Ressource für die Generierung dieser Überzeugungen (vgl. Haraway 1988). Trotzdem mögen KritikerInnen diese Verbindung von Objektivität mit sozial verorteter Erkenntnis noch immer als eine unmögliche Kombination betrachten. Gibt die feministische Standpunkt-Theorie das Prinzip der Objektivität auf und nimmt den Relativismus an? Oder verschanzt sie sich umgekehrt zu beharrlich hinter einem destruktiven Objektivismus, der zunehmend von verschiedenen Seiten kritisiert wird?

Der Statusverlust des »Objektivismus«

WissenschaftlerInnen und WissenschaftstheoretikerInnen, die in vielen verschiedenen disziplinären und politischen Projekten arbeiten, weisen die konventionelle Vorstellung einer wertfreien, unvoreingenommenen, leidenschaftslosen Objektivität zurück, die die wissenschaftliche Forschung anleiten soll und ohne die wir, im konventionellen Denken, begründete Überzeugungen nicht von Meinungen oder wirkliche Erkenntnisse nicht von Erkenntnisansprüchen unterscheiden können. Aus der Perspektive dieser konventionellen Vorstellung von Objektivität – die zum Teil als »Objektivismus« bezeichnet wird – scheint es klar zu sein, daß bei Aufgabe dieses Konzepts die einzige Alternative nicht nur ein kultureller Relativismus ist (die soziologische Annahme, daß die in einer Gesellschaft oder Subkultur als vernünftig wahrgenommenen Behauptungen für andere Gesellschaften oder Subkulturen nicht als solche gelten müssen), sondern, schlimmer, ein Bewertungs-[1] oder erkenntnistheoretischer Relativismus, der die Möglichkeit vernünftiger Maßstäbe für die Entscheidung zwischen konkurrierenden Behauptungen ganz generell bestreitet. Einige befürchten, daß wir mit der Aufgabe der Möglichkeit eines universellen und ewig gültigen Bewertungsmaßstabes uns aller Mittel berauben, rational dagegen zu argumentieren, daß *alle* Einschätzungen der Gesetzmäßigkeiten und Grundlagen von Natur, egal von welcher Person, als gleichwertig betrachtet werden müssen. Die Reduktion der kritischen Position auf eine solche Absurdität fungiert als Begründung dafür, die konventionelle Idee, daß Objektivität Wertneutralität erfordert, nicht weiter zu hinterfragen. Aus der Perspektive des Objektivismus scheint der Bewertungsrelativismus die einzige Alternative zu sein.

Die festgefahrene Einteilung der AnhängerInnen von erkenntnistheoretischen Haltungen in solche, die standhaft wertfreie Objektivität, und solche, die einen Bewertungsrelativismus unterstützen – eine Dichotomie, der leider sowohl viele KritikerInnen als auch viele VerteidigerInnen des Objektivismus zustimmen –, läßt die wertfreie Objektivität für viele Natur- und SozialwissenschaftlerInnen attraktiver aussehen, als dies aus unserer Perspektive wünschenswert ist. Sie läßt auch den Relativismus als weitaus progressiver erscheinen, als er ist. Einige KritikerInnen des konventionellen Begriffs von Objektivität haben den Relativismus offen begrüßt.[2] Andere tolerieren ihn als den Preis, von dem sie annehmen, daß sie ihn zahlen müssen, wenn sie die praktische Ineffizienz, die starke Zunahme verwirrender begrifflicher Widersprüche und die politische Regressivität zugeben, die aus dem Versuch der Schaffung einer in Begriffen von Wertneutralität definierten Objektivität folgen. Auch wenn die Annahme eines Bewertungsrelativismus in der Anthropologie und in anderen Sozialwissenschaften sinnvoll sein kann, scheint es absurd, ihn als erkenntnistheoretische Haltung in der Physik oder der Biologie einzunehmen. Was hätte die Behauptung für eine Bedeutung, daß tatsächlich oder prinzipiell keine vernünftigen Maßstäbe für die Entscheidung gefunden werden können, ob die Erde eine Scheibe oder rund ist?

Es gibt zu diesem Thema allein aus den 1970er und 80er Jahren eine Fülle von Literatur aus verschiedenen Disziplinen. Bis zu den 60er Jahren war die Frage in erster Linie eine des ethischen und kulturellen Absolutismus versus Relativismus. Sie interessierte vorrangig PhilosophInnen und AnthropologInnen und galt nur für die Sozialwissenschaften, nicht jedoch für die Naturwissenschaften als relevant. Aber seitdem wird in zunehmendem Maße anerkannt, daß kognitiver, wissenschaftlicher und epistemischer Absolutismus zum einen in ethischen und kulturellen Fragen impliziert und zum anderen auch unabhängig davon problematisch ist. Ein Anreiz für die Ausweitung der Fragestellung war Thomas Kuhns (1962) Interpretation der Entwicklung der Naturwissenschaften als Antwort darauf, welche Aspekte Wissenschaftler »interessant« fanden – zusammen mit der nachfolgenden post-Kuhnschen Philosophie und der sozialwissenschaftlichen Wissenschaftsforschung. Ein anderer Anreiz war das weithin wahrgenommene Mißlingen des Versuchs der Sozialwissenschaften, sich auf den methodischen und theoretischen Verpflichtungen der Naturwissenschaften zu begründen, um an deren Wissenschaftlichkeit teilzuhaben. Je »wissenschaftlicher« sich Sozialforschung gebärdet, desto weniger objektiv wird sie paradoxerweise.[3]

Weitere Anreize sind politische Tendenzen gewesen wie z.B. die Bürgerrechtsbewegungen in den Vereinigten Staaten, das Aufkommen der Frauenbewegung, die Abkehr von der Zentrierung auf die westliche Welt und die Kritik des Eurozentrismus in internationalen Zirkeln sowie der wachsende Einfluß der Stimmen von Frauen, von AfroamerikanerInnen und von anderen Menschen mit Dritter-Welt-Abstammung im politischen und intellektuellen Leben der Vereinigten Staaten. Aus diesen Perspektiven heraus erscheint es auch den VerteidigerInnen der westlichen intellektuellen Traditionen in zunehmendem Maße arrogant, die wissenschaftlichen und erkenntnistheoretischen Haltungen von Anderen fortgesetzt als biologisch unterlegen, ignorant, unterentwickelt, primitiv und anderes mehr abzutun. Andererseits, obwohl die Kategorien Vielfalt, Pluralismus, Relativismus und Differenz politisch und intellektuell wertvoll und nützlich sind, löst deren Annahme die politisch-wissenschaftlich-erkenntnistheoretischen Konflikte für fast niemanden zufriedenstellend.

Ich mache hier keinen Versuch, die Argumente der zahlreichen und vielfältigen Arbeiten zum Thema zusammenzufassen.[4] Mein Interesse ist begrenzter: Ich möchte so klar wie möglich wiedergeben, wie sich Fragen von Objektivität und Relativismus in der Perspektive feministischer Standpunkt-Theorie darstellen.

Feministische Wissenschaftskritikerinnen und insbesondere die Standpunkt-Theoretikerinnen sind in widersprüchlicher Weise interpretiert worden: Entweder scheinen sie eine exzessive Verpflichtung gegenüber wertfreier Objektivität oder aber im Gegenteil die Aufgabe der Kategorie Objektivität zugunsten des Relativismus zu unterstützen. Aufgrund der klaren Verpflichtung des Feminismus, unvoreingenommenere und weniger verzerrte Geschichten über Frauen, Männer, Natur und gesellschaftliche Verhältnisse erzählen zu wollen, nehmen einige KritikerInnen an, daß der Feminismus mit wertneutraler Objektivität verbunden sein muß. Wie andere Feministinnen kritisieren die Standpunkt-Theoretikerinnen jedoch auch die herkömmlichen Wissenschaften für die Arroganz ihrer Annahme, daß sie eine wahre Geschichte über die – für ihre Berichterstattung vorgefertigte – Welt »da draußen« erzählen können, ohne auf die Berichte von Frauen zu hören oder sich dessen bewußt zu sein, daß Interpretationen von Natur und gesellschaftlichen Verhältnissen im Rahmen der männlichen Kontrolle der Geschlechterbeziehungen konstruiert worden sind und werden. Darüber hinaus revidieren feministisches Denken und feministische Politik als Ganzes kontinuierlich die Mittel, mit denen sie die Stimmen und Perspektiven von Frauen in die Erkenntnissuche einbringen, und es gibt zahlreiche Konflikte zwischen verschiedenen feministischen Gruppierungen in bezug auf die verschiedenen Ansprüche. Wie könnten Feministinnen mit gutem Gewissen etwas anderes tun, als jegliche Programme aufzugeben, die nur eine dieser Perspektiven zu Lasten von anderen legitimieren? Viele Feministinnen in Literatur, Kunst und Geisteswissenschaften im Vergleich zu Feministinnen in den Natur- und Sozialwissenschaften widersprechen noch heftiger, wenn es darum geht, daß feministische Bilder oder Repräsentationen der Welt einen spezifischen erkenntnistheoretischen oder wissenschaftlichen Status beanspruchen dürfen. Diese Politisierung des Denkens haben sie gerade in ihrer Kritik an der Autorität ihres disziplinären Kanons mit der Begründung zurückgewiesen, daß eine solche Autorität die Stimmen von marginalisierten Gruppen unterdrückt hat. Indem sie diese Sichtweisen ignorieren, fördern feministische Erkenntnistheorien, die sich mit den Programmen der Natur- und Sozialwissenschaften befassen, eine erkenntnistheoretische Kluft zwischen den Natur- und den Geisteswissenschaften, eine Unterscheidung, die der Feminismus an anderer Stelle gerade kritisiert.

Die Argumentation dieses Buches bewegt sich weg von der fruchtlosen und deprimierenden Alternative zwischen wertneutraler Objektivität hier und Relativismus da. Das letzte Kapitel betonte die größere Objektivität, die als Ergebnis der Fundierung der Forschung im Leben von Frauen beansprucht werden kann und beansprucht wird. Dieses Kapitel entwickelt einige Annahmen der Analysen früherer Kapitel im Sinne der Argumentation weiter, daß die konventionelle Vorstellung von

Objektivität, gegen die feministische Kritiken formuliert worden sind, als ausgesprochen schwach angesehen werden sollte. Eine feministische Standpunkt-Erkenntnistheorie erfordert stärkere Objektivitätsmaßstäbe. Die Standpunkt-Erkenntnistheorien fordern die Anerkennung eines historischen oder soziologischen oder kulturellen Relativismus – aber nicht einen Begründungs- oder erkenntnistheoretischen Relativismus. Sie treten für die Anerkennung der Tatsache ein, daß alle menschlichen Überzeugungen – auch die wissenschaftlichsten – sozial verortet sind, aber sie fordern auch eine kritische Forschung, um zu bestimmen, welche sozialen Situationen die objektivsten Erkenntnisansprüche hervorbringen können. Anders als ein Bewertungs- oder Beurteilungsrelativismus fordern sie eine wissenschaftliche Berücksichtigung der Beziehung zwischen historisch verorteten Überzeugungen und maximal objektiven Überzeugungen. Sie verlangen also, was ich *strenge Objektivität* nenne im Unterschied zur schwachen Objektivität des Objektivismus und seines Pendants, des Relativismus. Diese Forderung – nach der wissenschaftlichen Erforschung der sozialen Verortung wissenschaftlicher Ansprüche – mag als Zirkelschluß erscheinen, aber sie bezeichnet wenigstens keinen Teufelskreis.[5]

Dieses Kapitel behandelt auch zwei mögliche Einwände gegen die vorgetragene Argumentation, einen, der von WissenschaftlerInnen und WissenschaftsphilosophInnen zu erwarten ist, und einen anderen, der von Feministinnen selbst kommen mag.

Die schwache Konzeption von Objektivität im Objektivismus

Der Begriff »Objektivismus« ist für die Absichten meiner Argumentation nützlich, weil sein Echo auf den »Szientismus« die Aufmerksamkeit auf die Art und Weise lenkt, in der die Forschungsvorschriften den vermeintlichen Stil der erfolgreichsten wissenschaftlichen Praktiken nur nachahmen, ohne dieselben Ergebnisse produzieren zu können. Der Objektivismus führt nur zu einer Halb-Wissenschaft, wenn er sich nicht der Aufgabe zuwendet, die vielfältigen historisch-sozialen Bedürfnisse, Interessen und Werte kritisch zu identifizieren, die die Programme, Inhalte und Ergebnisse der Wissenschaften genauso wie auch andere menschliche Angelegenheiten prägen. Der Objektivismus befördert lediglich eine voreingenommene und verzerrte Erklärung für die großen Momente in der Geschichte der Natur- und Sozialwissenschaften.

Ich möchte die Schwäche dieser Idee präziser fassen. Sie ist sowohl zu eng als auch zu weit konzipiert, um die Ziele verwirklichen zu können, die ihre FürsprecherInnen ihr zuschreiben. Oberflächlich betrachtet ist sie ineffektiv konzipiert, aber dies macht gerade die Wissenschaften, die schwache Objektivitätsmaßstäbe zugrundelegen, sozial so überaus effektiv: Objektivistische Wissenschaftsbegründungen nützen herrschenden Gruppen, die – bewußt oder nicht – nicht wirklich »fair« spielen wollen. Die inhärente Widersprüchlichkeit dieser Begründungen bringt eine Flexibilität und Adaptivität mit sich, die für kohärente Vorstellungen unerreichbar wäre.

Betrachten wir zunächst, in welchem Sinne der Objektivismus die Vorstellung der Maximierung von Objektivität zu eng operationalisiert. Die Konzeption wertfreier, unparteiischer, leidenschaftsloser Forschung soll die Identifikation aller gesellschaftlichen Werte und ihre Eliminierung aus den Forschungsergebnissen anleiten; sie ist jedoch tatsächlich operationalisiert, nur solche gesellschaftlichen Werte und Interessen zu identifizieren und zu eliminieren, über die es unter den von der *scientific community* als kompetent erachteten ForscherInnen und KritikerInnen keinen Konsens gibt. Wenn die Gemeinschaft der »qualifizierten« Forscher und Kritiker zum Beispiel alle afrikanischen Amerikaner und Frauen aller Rassen ausschließt und wenn die Kultur auch ansonsten über die Kategorien Rasse und Geschlecht differenziert ist und eine machtvolle Kritik an dieser Schichtung fehlt, dann ist es wenig plausibel anzunehmen, daß rassistische und sexistische Interessen und Werte identifiziert werden, da die Gemeinschaft von Wissenschaftlern vollständig aus Menschen besteht, denen, ob sie es wollen oder nicht, der institutionelle Rassismus und Sexismus nützt.

Diese Art Blindheit wird durch die konventionelle Überzeugung befördert, daß der wahrhaft wissenschaftliche Teil der Erkenntnissuche – der von den Forschungsmethoden kontrollierte Teil – sich nur auf den Auswertungs- und Validierungskontext bezieht. Der Entdeckungskontext, in dem Probleme als für die wissenschaftliche Erforschung angemessene identifiziert, Hypothesen formuliert und Schlüsselkonzepte definiert werden – dieser Teil des wissenschaftlichen Prozesses wird innerhalb der Wissenschaft als mit rationalen Methoden unerforschbar angesehen. Deshalb ist die »echte Wissenschaft« auf die Prozesse begrenzt, die mit methodologischen Regeln kontrollierbar sind. Die Methoden der Wissenschaften – oder vielmehr der Spezialwissenschaften – sind auf Prozeduren der Überprüfung bereits formulierter Hypothesen beschränkt. Von diesen sorgfältigen Methoden bleiben diejenigen Werte und Interessen unberührt, die schon in der Problemstellung und in den Konzepten verwurzelt sind, die in den zu prüfenden Hypothesen favorisiert werden. Neuere wissenschaftsgeschichtliche Arbeiten beschreiben eine Fülle von Beispielen, in denen allgemeine gesellschaftliche Annahmen kaum Gefahr liefen, von den avanciertesten Forschungsprozeduren ihrer Zeit identifiziert und eliminiert zu werden.[6] So gesehen operationalisiert der Objektivismus die Vorstellung von Objektivität in einer viel zu engen Weise, um tatsächlich jene wertfreie Forschung zu ermöglichen, die er angeblich hervorbringen soll.

Der Objektivismus konzipiert aber die gewünschte Wertneutralität der Objektivität auch zu weit. ObjektivistInnen stellen den Anspruch, daß *alle* gesellschaftlichen Werte und Interessen aus dem Forschungsprozeß und den Forschungsergebnissen eliminiert werden. Es ist jedoch klar, daß nicht alle gesellschaftlichen Werte und Interessen die gleichen schlechten Auswirkungen auf die Forschungsergebnisse haben. Einige generieren weniger voreingenommene und verzerrte Überzeugungen als andere – oder als angeblich wertfreie Forschung –, wie ich in früheren Kapiteln argumentiert habe.

Dieses Verständnis der Wissenschaftsgeschichte ist auch nicht so ausgefallen, wie ObjektivistInnen gerne suggerieren. Einleitend zu seiner Studie über den biologischen Determinismus des 19. Jahrhunderts meint Steven Jay Gould (1983):

»Doch habe ich deswegen nicht die Absicht, bösen Deterministen, die vom Pfad der wissenschaftlichen Objektivität abweichen, aufgeklärte Antideterministen gegenüberzustellen, die an Daten unbeeinflußt herangehen und folglich die Wahrheit entdecken. Vielmehr kritisiere ich den Mythos, die Wissenschaft sei selbst ein objektives Unterfangen und werde nur dann richtig betrieben, wenn Wissenschaftler die Zwänge ihrer Kultur abstreifen könnten und die Welt so sähen, wie sie wirklich ist. ... Wissenschaft ist eine gesellschaftlich verankerte Tätigkeit, da sie von Menschen betrieben werden muß. Fortschritte erzielt sie durch Ahnungen, Weitblick und Intuition. Vieles von ihrem Wandel im Zeitverlauf bezeichnet nicht eine weitere Annäherung an die absolute Wahrheit, sondern die Veränderung der kulturellen Kontexte, von denen sie so nachhaltig beeinflußt wird.« (Ebd.: 15 f.)

Andere HistorikerInnen stimmen mit Gould überein (vgl. Leiss 1972; Merchant 1980; van den Daele 1977). Die moderne Wissenschaft ist immer wieder über ein Bündel an – spezifisch westlichen, bürgerlichen und patriarchalen – Interessen und Werten rekonstruiert worden, das im Original von einer neuen gesellschaftlichen Gruppe formuliert worden war, die die neuen Wissenschaften im Kampf gegen die katholische Kirche und den feudalen Staat benutzt hatten. Diese Interessen und Werte hatten sowohl positive als auch negative Auswirkungen auf die Entwicklung der Wissenschaften.[7] Politische und gesellschaftliche Interessen sind keine »Zusätze« zu einer andernfalls transzendentalen Wissenschaft, die von sich aus gegenüber der menschlichen Gesellschaft indifferent ist; wissenschaftliche Überzeugungen, Praktiken, Institutionen, Problematiken und Geschichte werden und wurden immer in und durch zeitgenössische politische und gesellschaftliche Projekte konstituiert. Es wäre weitaus überraschender, wenn wir eine Art Erkenntnissuche entdecken könnten, deren Produkte sich – als einzige von allen menschlichen Produkten – der historischen »Gravitation« widersetzten und vom Boden abhöben, sich vollständig von ihrer historischen Situierung absetzend. Solch ein kulturelles Phänomen wäre ein Grund für die Wissenschaft, Alarm zu schlagen; es würde sich »materialen« Prinzipien widersetzen, auf denen die Möglichkeit wissenschaftlicher Aktivität gerade basiert.[8]

Selbstverständlich kommen Menschen aus verschiedenen Gesellschaften häufig zu denselben empirischen Aussagen. Bauern und Bäuerinnen, WerkzeugmacherInnen und ErzieherInnen müssen in jeder Kultur bei ähnlichen »Tatsachen« in bezug auf Natur und soziale Beziehungen ankommen, wenn ihre Arbeit erfolgreich sein soll. Viele der Beobachtungen von mittelalterlichen europäischen Astronomen finden sich auch heute noch in dem von AstronomInnen verwendeten Daten. Aber auf welche »Tatsachen« sich diese Daten beziehen, auf welche weitere Forschung sie vorausweisen, welche theoretischen Aussagen sie unterstützen und wie solche Theorien angewandt werden sollten, welche Signifikanz diesen Daten in Fragen der sozialen Beziehungen und Beziehungen zur Natur zukommt – all diese Aufgaben der Wissenschaften können sehr unterschiedlich erfüllt werden, wie es der Kontrast zwischen mittelalterlicher und zeitgenössischer Astronomie illustriert.

Es gibt jedoch noch tieferliegende Bahnen, auf denen politische Werte die moderne Wissenschaft durchziehen. Sogar für relativ konservative Richtungen in der post-Kuhnschen Wissenschaftsphilosophie ist die Macht der Wissenschaften, die Welt zu manipulieren, die Basis für ihren Erfolg. Der »neue Empirismus« bildet in dieser Hinsicht einen Kontrast zum konventionellen Empirismus. Joseph Rouse (1987) drückt dies so aus:

»Wenn wir den neuen Empirismus ernst nehmen, zwingt er uns, die Beziehung zwischen Macht und Erkenntnis in einer radikaleren Weise neu zu bewerten. Die zentrale Frage ist nicht mehr, wie wissenschaftliche Ansprüche durch Polemik, Propaganda oder Ideologie verzerrt oder unterdrückt werden. Vielmehr müssen wir den Blick darauf richten, was früher als Errungenschaft der Macht durch die Anwendung von Wissen beschrieben wurde. Aber der neue Empirismus stellt auch die Angemessenheit des Begriffs ›Anwendung‹ in Frage. Der übliche Blick unterscheidet zwischen der Leistung der Erkenntnis und der nachfolgenden Anwendung, von der sich Macht herleitet. Neue empiristisch-wissenschaftliche Ansätze bezweifeln die Gültigkeit dieser Unterscheidung, wenn sie den Geltungsanspruch von Erkenntnis weg von der exakten Repräsentation hin zur erfolgreichen Manipulation und Kontrolle von Ereignissen verschieben. Macht ist der Erkenntnis nicht mehr äußerlich oder gegenübergestellt: Macht selbst wird zum Zeichen von Erkenntnis.«[9]

Die besten wie auch die schlechtesten Anteile an der Geschichte der Naturwissenschaften sind geprägt von – oder genauer: konstruiert durch und im Rahmen von – politischen Bedürfnissen, Interessen und Werten. Folglich gibt es keine Basis mehr für die Aussage, daß die Objektivität von Forschung durch die Eliminierung aller politischen Werte und Interessen aus dem Forschungsprozeß befördert wird. Statt dessen müssen die Wissenschaften *im Rahmen der wissenschaftlichen Forschung,* als Teil der praktizierten Wissenschaft, die kritische Untersuchung von solchen historischen Werten und Interessen begründen, die in der *scientific community* so allgemein anerkannt und die schon durch die Konstitution dieses oder jenes Forschungsgebietes so angelegt sind, daß sie sich den Experimentierenden oder in Forschungszusammenhängen Stehenden nicht als kulturelle Vorurteile offenbaren. Der Objektivismus kann den Bedarf an kritischer Untersuchung der »Intentionalität von Natur« nicht konzeptualisieren – gemeint ist nicht, daß Natur sich nicht von Menschen unterscheidet (und Absichten, Wünsche, Interessen und Werte hat oder spezifische »Lebensstile« hervorbringt), sondern daß Natur-als-Objekt-der-Erkenntnis niemals »nackt« vor uns steht, sie ist immer schon über das Denken sozial konstruiert.[10] Die Natur-als-Untersuchungsgegenstand simuliert in dieser Hinsicht ein intentionales Wesen. Dieser Gedanke hilft, der intuitiv verführerischen Idee zu widersprechen, daß wissenschaftliche Aussagen ein Epiphänomen der Natur sind und sein sollten. Die Idee der strengen Objektivität fordert die Entwicklung von Strategien zur Generierung von genau solchen kritischen Untersuchungen.

Dieses Projekt werden nicht alle begrüßen; selbst diejenigen, die die Kritik am Objektivismus teilen, mögen diesen Ruf nach strenger Objektivität zu idealistisch, zu utopisch und nicht realistisch genug finden. Ist es wirklich unrealistischer als der Versuch, die Gesetzmäßigkeiten und Grundlagen der Natur zu erklären, ohne *alle* ihre Ursachen zu erforschen? Selbst wenn das Ideal, alle Ursachen von Überzeugungen zu identifizieren, selten oder sogar nie erreichbar ist, warum sollten wir es nicht als einen wünschenswerten Maßstab anlegen? Die Anti-Abfallgesetzgebung verbessert den gesellschaftlichen Alltag, auch wenn sie nicht immer befolgt wird.[11]

Schwache Objektivität ist so gesehen eine widersprüchliche Vorstellung, und ihr widersprüchlicher Charakter ist in weiten Teilen für ihre Nützlichkeit und ihre weitverbreitete Anziehungskraft für die herrschenden Gruppen verantwortlich. Sie produziert die Hoffnung, daß WissenschaftlerInnen und wissenschaftliche Institutionen, die selbst zugegebenermaßen historisch verortet sind, Aussagen produzieren können, die als objektiv gültig betrachtet werden, ohne ihre eigenen historischen Verbundenheiten kritisch untersuchen zu müssen, von denen aus – ob sie es wollen oder nicht – sie ihre wissenschaftliche Forschung aktiv konstruieren. Sie erlaubt es WissenschaftlerInnen und wissenschaftlichen Institutionen, sich nicht für die Ursprünge und die Auswirkungen ihrer Problemstellungen und Praktiken oder die gesellschaftlichen Werte und Interessen zu interessieren, die diese Problemstellungen und Praktiken transportieren. Sie ermöglicht, das Versprechen von Francis Bacon in die Tat umzusetzen: Der von ihm vorgeschlagene Kurs wissenschaftlicher Entdeckungen »läßt nur wenig Raum für besondere Stärke und Schärfe des Geistes, sondern setzt den Geist und Verstand aller ungefähr auf eine Stufe« (zitiert bei van den Daele 1977: 145), weil der wissenschaftliche Forschungsprozeß nach abgesicherten Regeln abläuft.

Für die mächtigen Kräfte in der Gesellschaft, die Wissenschaft und Erkenntnis auf ihre eigenen Interessen zuschneiden wollen, ist es extrem wertvoll, die Idee unterstützen zu können, daß die Ignoranz gegenüber der Konstituiertheit der Wissenschaft im Rahmen von politischen Bedürfnissen, Werten und Interessen irgendwie die Zuverlässigkeit der Interpretationen von Natur und gesellschaftlichem Leben erhöht. Das Ideal des interesselosen, rationalen Wissenschaftlers befördert das Eigeninteresse sowohl von gesellschaftlichen Eliten als auch, ironischerweise, von Wissenschaftlern, die nach Status und Macht streben. In seinem Bericht über verschiedene Feldstudien im Bereich der Wissenschaftsforschung weist Steve Fuller (1988) darauf hin, daß machiavellische Urteile

»die des berühmten ›rationalen‹ Wissenschaftlers simulieren, weil der Machiavellianer bereit sein muß, um seinen Vorteil zu maximieren, Forschungsprogramme umzustellen, wenn er einen Wandel in der Balance der Glaubwürdigkeit feststellt – genau dies veranlassen Wissenschaftsphilosophen üblicherweise rationale Wissenschaftler zu tun. Um den Punkt noch klarer zu fassen: Es scheint so, da die Motivation des Wissenschaftlers sich einer totalen *Selbst-Interessiertheit* annähert (in dem Sinne, daß er seine eigenen Interessen immer von denen gesellschaftlicher Gruppen distanzieren kann, die möglicherweise Forschungsprogramme von verminderter Glaubwürdigkeit vertreten), daß sich sein Verhalten totaler *Uninteressiertheit* annähert. So können wir uns vorstellen, wie der machiavellische Wissenschaftler reinsten Wassers eine Forschungslinie verfolgt, die die meisten Gruppen in der Gesellschaft mißbilligen – vielleicht ist die These der rassischen Determiniertheit der Intelligenz ein Beispiel –, nur weil er um ihr Potential, den Kurs zukünftiger Forschung zu beeinflussen, und deshalb um die Möglichkeit der Steigerung seiner Glaubwürdigkeit als Wissenschaftler weiß.« (ebd.: 267)

Die Wissenschaftsgeschichte zeigt, daß Forschung, die sich von emanzipatorischen sozialen Interessen und Werten leiten läßt, für die Identifikation voreingenommener Ansprüche und verzerrter Annahmen tendenziell besser ausgerüstet ist, auch wenn die Glaubwürdigkeit von beteiligten WissenschaftlerInnen sich möglicherweise nicht in kurzer Zeit steigern läßt. Schließlich fließen antiemanzipatorische Interessen und Werte in die These von der natürlichen Unterlegenheit derjenigen Gruppen ein, die, wenn sie wirklich den gleichen Zugang zur Öffentlichkeit erhielten (nicht nur den formal gleichen Zugang, wie der Liberalismus ihn fordert), den Aussagen über ihre angebliche natürliche Überlegenheit vehement widersprechen würden. Antiemanzipatorische Interessen und Werte unterdrücken und zerstören, entgegen ihren eigenen Aussagen die glaubwürdigsten Quellen für empirische Belege. Dieser Umstand macht sie für gesellschaftliche Eliten rational.

Strenge Objektivität: Ein Kompetenz-Konzept

Es dürfte klar geworden sein, was ich mit dem Konzept strenger Objektivität meine. In einem bedeutungsvollen Sinn haben unsere Kulturen Programme und machen Voraussetzungen, die wir als Individuen nicht leicht aufdecken können. Theoretisch unvermittelte Erfahrung, der Aspekt von Gruppen- oder individuellen Erfahrungen also, in dem kulturelle Einflüsse nicht entdeckt werden können, fungiert als Teil der Belege für wissenschaftliche Aussagen. Kulturelle Programme und Annahmen sind Teil der Hintergrundvoraussetzungen und Hilfshypothesen, die PhilosophInnen identifiziert haben. Wenn das Ziel lautet, *alle* Belege für oder gegen Hypothesen der kritischen Überprüfung zugänglich zu machen, dann erfordert dies auch die kritische Untersuchung *innerhalb* von wissenschaftlichen Forschungsprozessen. Mit anderen Worten, wir können das Konzept strenger Objektivität als Versuch begreifen, die Vorstellungen von wissenschaftlicher Forschung auszuweiten und die systematische Untersuchung dieser machtvollen Hintergrundüberzeugungen zu integrieren. Die Wissenschaft muß diese Integration im Dienste der Maximierung von Objektivität leisten.

Das Konzept der strengen Objektivität, das die Standpunkt-Theorie fordert, ähnelt dem »strong programme« in der Wissenssoziologie darin, daß es uns anleitet, symmetrische Interpretationen von »guten« und »schlechten« Glaubensmustern und -begründungen hervorzubringen.[12] Wir müssen uns in die Lage versetzen, die gesellschaftlichen Ursachen guter Überzeugungen zu identifizieren, und nicht nur die von schlechten, auf die sich die konventionelle »Soziologie des Irrtums« und der Objektivismus in ihren kausalen Erklärungen beschränken. Die Standpunkt-Theorie fordert jedoch im Unterschied zum »strong programme« nicht nur kausale Analysen für die Mikroprozesse in Laboren, sondern auch für die Makrotendenzen der gesellschaftlichen Ordnung, die die wissenschaftlichen Praktiken prägen. Darüber hinaus erlaubt das Interesse für Makrotendenzen eine fundiertere Vorstellung von Reflexivität, als sie uns durch die Wissenssoziologie und Wissenschaftsphilosophie zur Verfügung steht. Der Versuch, die sozialen Ursachen guter Überzeugungen zu identifizieren, führt uns außerdem zur kritischen Untersuchung der Sorten von schlechten Überzeugungen, die unser eigenes Denken und Verhalten bestimmen, und nicht nur das von anderen.

Um die Argumentation des letzten Kapitels zusammenzufassen: In einer über eine Geschlechterhierarchie strukturierten Gesellschaft erhöht das »Denken vom Leben der Frauen aus« die Objektivität der Forschungsergebnisse, indem es die wissenschaftliche Beobachtung und die Wahrnehmung des Bedarfs an Erklärung in Beziehung setzt zu Annahmen und Praktiken, die aus der Perspektive des Lebens von Männern aus den herrschenden Gruppen natürlich oder nicht bemerkenswert erscheinen. Aus der Perspektive des Lebens von Frauen zu denken »verfremdet« dasjenige, was bis dahin als vertraut erschien; dies ist der Anfang aller wissenschaftlichen Forschung.[13]

Warum ist diese Geschlechterdifferenz eine wissenschaftliche Ressource? Sie führt uns zu Fragen über Natur und gesellschaftliche Verhältnisse aus der Perspektive von abgewerteten und vernachlässigten Lebensbedingungen. Diese Forschungspraxis setzt bei der Perspektive von »Fremden« an, die von den kulturellen Formen der Sozialisierung der »Eingeborenen« ausgeschlossen sind, die wiederum ihrerseits in den kulturellen Institutionen zu Hause und mit allen Bürgerrechten ausgestattet sind. Sie setzt also bei der Perspektive der systematisch unterdrückten, ausgebeuteten und beherrschten Menschen an, bei denjenigen, die ein geringeres Interesse an einer ignoranten Haltung gegenüber den Funktionsweisen der gesellschaftlichen Ordnung haben. Sie geht von der Perspektive »der anderen Seite« der Geschlechterkämpfe aus und bietet damit eine Blickrichtung, die sich von den »Geschichten der Sieger« über Natur und im gesellschaftlichen Leben unterscheidet; die männlichen Interpretationen des Lebens von Männern stellen tendenziell solche Siegergeschichten dar. Die Forschung aus der Perspektive von Frauen denkt vom alltäglichen Leben aus, für das Frauen die primäre Verantwortung zugeschrieben wird und in dem die Auswirkungen der Aktivitäten der herrschenden Gruppen sichtbar werden – Auswirkungen, die aus der Perspektive dieser Aktivitäten selbst nicht sichtbar sind. Sie denkt vom Leben derjenigen Menschen aus, denen in vielen Fällen die Arbeit der Vermittlung von ideologischen kulturellen Dualismen zugeschrieben wird – insbesondere die Vermittlung der Kluft zwischen Natur und Kultur. Sie setzt nicht nur beim Leben von Fremden oder Außenseiterinnen an, sondern bei »integrierten Außenseiterinnen« *(outsiders within)*, die die Beziehung zwischen außen und innen, Rand und Zentrum besser aufdecken können. Diese Forschung beginnt, aus der Perspektive des Lebens der Anderen zu denken, und erlaubt es der Anderen, ganz »unverschämt« den Blick des Selbst zu erwidern, das für sich das Recht in Anspruch nimmt, wen auch immer es will, zu beobachten und dabei »anonym« zu bleiben. Sie denkt vom Leben der Menschen aus, die nicht dazu neigen, die Verleugnung des normativen Kerns aller Erkenntnisansprüche zuzulassen. Sie beginnt in der Perspektive von Lebensbedingungen zu denken, die gerade zum gegenwärtigen historischen Zeitpunkt umfassende gesellschaftliche Widersprüche enthüllen. Und zweifellos gibt es noch weitere Aspekte, wie das Denken vom Leben der Frauen aus in besonderer Weise die Gesetzmäßigkeit und Grundlagen in Natur und gesellschaftlichen Verhältnissen enthüllt.

Im Hinblick auf die in Teil III fortzuführende Analyse ist es wichtig, darauf aufmerksam zu machen, daß es in einem gewissen Sinn keine »Frauen« und »Männer« in der Welt gibt – es gibt kein »Geschlecht« –, sondern nur Frauen, Männer und Geschlechter als durch spezifische historische Kämpfe konstruierte. Vermittelt über diese Konstruktionen erhalten jeweilige Rassen, Klassen, Sexualitätsformen, Kulturen, religiöse Gruppen und andere Zugang zu Ressourcen und Macht. Darüber hinaus sind die Standpunkt-Erkenntnistheorien, ob sie als solche artikuliert werden oder nicht, von DenkerInnen entwickelt worden, die sich nicht nur mit Geschlechter- und Klassenhierarchien beschäftigen (es sei daran erinnert, daß die Standpunkt-Theorie ihren Ursprung in der Klassenanalyse hat), sondern auch mit anderen »Anderen«.[14] Um alle aktuellen Lebensbedingungen von Frauen oder die Geschlechterbeziehungen in bestimmten Kulturen zu erklären, müssen die Analysen bei dem realen, historischen Leben von Frauen ansetzen, und dies sind immer Frauen bestimmter Rassen, Klassen, Kulturen und sexueller Orientierungen. Die historische Spezifität von Frauenleben ist ein Problem für narzißtische oder arrogante Interpretationen, die bewußt oder unbewußt versuchen, einen kulturellen Monolog zu führen. Aber sie ist eine Ressource für diejenigen, die glauben, daß unser Verständnis und unsere Erklärungen durch das verbessert werden, was wir eine intellektuelle partizipatorische Demokratie nennen könnten.

Die Idee einer strengen Objektivität schweißt die Stärken schwacher Objektivität und die Stärken »schwacher Subjektivität«, die mit ersterer korreliert, zusammen, aber sie schließt die Eigenschaften aus, die beide Bereiche nur schwächen. Die Direktive strenger Objektivität zu operationalisieren oder in die Tat umzusetzen bedeutet, die Perspektive der Anderen anzuerkennen und das Denken auf deren soziale Bedingungen zu verlagern – nicht, um dort stehen zu bleiben, »heimisch« zu werden oder das Selbst mit der Anderen zu verbünden, sondern um auf das Selbst in all seiner kulturellen Partikularität von einem distanzierteren, kritischeren und objektivierenderen Ort zurückzublicken. Wir können den Subjektivismus, den der Objektivismus als einzige Alternative konzipiert, als »prämoderne« Alternative zum Objektivismus begreifen; er stellt lediglich eine prämoderne Lösung für *unser* Problem bereit, das wir hier und jetzt im Zeitalter postmoderner Kritiken am modernen Objektivismus haben. Strenge Objektivität weist die Versuche der Wiederbelebung von organischen, okkulten, im Zeichen eines »partizipierenden Bewußtseins« stehenden Beziehungsformen zwischen Selbst und Anderer zurück, die für die prämoderne Welt charakteristisch sind.[15] Strenge Objektivität erfordert, daß wir die Beziehung zwischen Subjekt und Objekt erforschen, statt deren Existenz zu leugnen oder die einseitige Kontrolle dieser Beziehung anzustreben.

Historischer Relativismus versus Bewertungsrelativismus

Der historische Relativismus ist nicht an sich eine schlechte Sache. Die Berücksichtigung des historischen (oder soziologischen oder kulturellen) Relativismus ist für den Ausgangspunkt des Denkens immer sinnvoll. Unterschiedliche soziale Gruppen haben tendenziell unterschiedliche Praxis- und Glaubensmuster und unterschiedliche Maßstäbe für deren Bewertung; diese Praktiken, Überzeugungen und Maßstäbe erklären sich durch differente historische Interessen, Werte und Programme. Die Aufmerksamkeit gegenüber diesen empirischen Gesetzmäßigkeiten ist besonders in unserer heutigen Zeit wichtig, in der sich ein ungewöhnlich tiefgreifender und weitreichender sozialer Wandel vollzieht und in der sogar die in emanzipatorischen Projekten vorgefertigten Schemata tendenziell weniger gutsituierte Stimmen ausschließen und diejenigen neu entstehenden Denkweisen verzerren, die sich nicht leicht in ältere Schemata einpassen. Den unterschiedlichen Stimmen genau zuzuhören und auf differente Werte und Interessen Rücksicht zu nehmen. Diese Herangehensweise kann unsere Vorstellungswelt erweitern und zur Korrektur eingeschliffener Eurozentrismen beitragen. (Die vorherrschenden zähle ich nicht zu diesen »differenten« Werten, Interessen und Stimmen; sie sind der mächtige Strom, gegen den die »Differenz« anschwimmen muß.)

Diese historische oder soziologische Tatsache anzuerkennen, wie ich bereits an früherer Stelle argumentiert habe, verpflichtet uns nicht auf die weitergehende erkenntnistheoretische Aussage, daß es keine rationalen oder wissenschaftlichen Grundlagen für die Beurteilung von verschiedenen Glaubensmustern und ihnen zugrundeliegenden sozialen Praktiken, Werten und Schlußfolgerungen gibt. Viele DenkerInnen weisen darauf hin, daß sich der Objektivismus mit einem Bewertungsrelativismus verbindet. Zum Beispiel argumentiert die Wissenschaftshistorikerin Donna Haraway (1988), daß der Bewertungsrelativismus die andere Seite der Münze des »göttlichen Tricks« ist, den die von mir so genannte schwache Objektivität in Anspruch nimmt. Das Bestehen auf der Unmöglichkeit kognitiv angemessener Urteile läuft darauf hinaus, daß Erkenntnis nur von »einem unspezifischen Ort« aus hervorgebracht werden kann: d.h. von jemandem, der oder die an jedem Ort gleichzeitig sein kann.[16] Die kritische Voreingenommenheit für einen Bewertungsrelativismus ist das logische Komplement zu dem Bewertungsabsolutismus, der für den Eurozentrismus charakteristisch ist. Der Ökonom Samir Amin (1989) kritisiert die Voreingenommenheit für den Relativismus in einigen westlichen intellektuellen Kreisen als »invertierten Eurozentrismus«:

»Die Sichtweise, daß jede Person das Recht hat – und sogar die Macht –, über andere zu urteilen, wird ersetzt durch die Aufmerksamkeit für die Relativität solcher Urteile. Zweifellos können solche Urteile irrtümlich, oberflächlich, vorschnell oder relativ sein. Kein Fall kann jemals definitiv abgeschlossen werden; die Debatten setzen sich immer weiter fort. Aber das ist genau der Punkt. Es ist notwendig, die Debatten zu verfolgen, anstatt sie mit der Begründung zu vermeiden, daß die Anschauungen, die wir über andere bilden, immer falsch sind und sein werden: Daß die Franzosen niemals die Chinesen (und vice versa), die Männer niemals die Frauen usw. verstehen werden; oder mit anderen Worten, daß es keine menschliche Gattung gibt, sondern nur »Menschen«. Statt dessen wird der Anspruch erhoben, daß nur Europäer Europa, nur Chinesen China, nur Christen das Christentum und nur Muslime den Islam wirklich verstehen können; der Eurozentrismus der einen Gruppe wird durch den invertierten Eurozentrismus der anderen vervollständigt.« (Ebd.: 146 f.)

Historisch gesehen erscheint der Relativismus als eine problematische intellektuelle Strategie für die herrschenden Gruppen an dem Punkt, an dem die Hegemoniestellung ihrer Sichtweisen in Frage gestellt ist. Obwohl die Anerkennung, daß andere Kulturen tatsächlich andere Überzeugungen, Werte und Beurteilungsmaßstäbe haben, so alt ist wie die menschliche Geschichte, tauchte der Bewertungsrelativismus erst im Europa des 19. Jahrhunderts als eine drängende intellektuelle Frage im Zusammenhang der verspäteten Erkenntnis auf, daß den vordergründig bizarren Überzeugungen und Verhaltensweisen von Anderen eine eigene Rationalität und Logik zugrundeliegt. Der Bewertungsrelativismus bezeichnet kein Problem, das seinen Ursprung in den Begriffen des Lebens von marginalisierten Gruppen hätte oder mit diesen begründbar wäre. Er ist nicht im Zusammenhang frauenverachtenden Denkens entstanden; er ist auch nicht über die Unterscheidung des Lebens von Frauen und Männern im Feminismus entstanden. Frauen haben nicht das Problem, wie sie die sexistische Annahme, daß Frauen in der einen oder anderen Weise unterlegen sind, und die feministische Annahme, daß sie es nicht sind, intellektuell zusammenbringen können. So gesehen erscheint der Relativismus nur aus der männlichen Perspektive als Problem. Einige Männer treten so auf, als ob sie feministische Argumente anerkennen und akzeptieren würden, ohne jedoch ihre konventionell androzentrischen Überzeugungen und die daraus sich so folgerichtig ergebenden Praktiken aufzugeben. »Es ist alles relativ, meine Liebe«, diese Aussage dient dem Versuch, die beiden angesprochenen Ziele zu verwirklichen.

Wir Feministinnen im höheren Bildungswesen haben möglicherweise den Vorwurf des Relativismus provoziert mit unserer Rede davon, die feministischen Forschungs- und Reflexionsergebnisse über die Grenzen von Frauenstudienprogrammen hinaus auch in den allgemeinen Curricula und Kanons verbreiten zu wollen. Wir sprechen davon, Forschung, Lehre und Curricula von »anderen« Programmen zum *mainstream* zu machen bzw. sie in diesen zu »integrieren« und davon, die »Einschlußfähigkeit« von Lehre und Curricula zu verbessern. Wir reihen unsere Frauenstudienkurse in campusweite Projekte zur Förderung von »kultureller Vielfalt« und von »Multikulturalismus« ein, und auf der Grundlage dieser Begriffe akzeptieren wir Studenten in unseren Kursen. Widersprechen diese Projekte der Standpunkt-Logik? Ja und nein. Sie stehen insofern im Widerspruch, weil die involvierten Vorstellungen perfekt der Erhaltung von elitärer Erkenntnisproduktion und elitären Erkenntnissystemen dienen. Ich möchte diesen Punkt in Begriffen meiner ethnischen Identität als Weiße erläutern. »Sie (diese farbigen Menschen am Rande der gesellschaftlichen Ordnung) müssen von uns (weißen im Zentrum) integriert werden, dieser Prozeß soll jedoch uns und die rechtmäßigen Erben und Erbinnen des Zentrums der Kultur unverändert lassen. Sie müssen ihre Programme und Interessen aufgeben, die mit unseren im Konflikt stehen, um ihre Beiträge in die Forschung, Lehre oder in das Curriculum einzufügen, das in seiner Struktur zu unseren Programmen und Interessen paßt.« Dies ist eine ebenso arrogante Haltung wie der ältere kulturelle Absolutismus. Aus der Perspektive von ethnischen Minderheiten in den Vereinigten Staaten hat »Integration« als Lösung für die ethnischen oder rassischen Beziehungen niemals funktioniert. Warum sollten wir annehmen, daß sie für die in intellektuellen Zirkeln marginalisierten Projekte besser funktionieren wird?

Sollten wir also die Versuche zur Etablierung eines »integrativen Curriculums« und von »kultureller Diversität« wegen ihrer potentiellen Komplizenschaft mit Sexismus, Eurozentrismus, Heterosexismus und Klassenunterdrückung aufgeben? Selbstverständlich muß die Antwort nein lauten. Es ist richtig, daß diese Terminologie die bezwingenden Einsichten der Standpunkt-Erkenntnistheorie hintergeht und die feministischen Programme in der abgeschwächten Position zurückläßt, die Konzentration auf weiße, westliche und patriarchale Visionen zu unterstützen. Dennoch sind viele feministische Projekte – einschließlich der Frauenstudienprogramme – gezwungen, jegliche Nischen zu besetzen, die sie in institutionellen Strukturen entdecken können, die wiederum grundsätzlich gegen feministische Projekte oder zumindest »präfeministisch« eingestellt sind. Die implizite Akzeptanz des Pluralismus, wenn nicht eines Bewertungsrelativismus – zumindest auf der institutionellen Ebene – scheint die einzige Möglichkeit zu sein, daß Frauenstimmen und (männliche und weibliche) feministische Stimmen überhaupt gehört werden können.

Und schließlich, ist der Feminismus nicht nur eine »gleichwertige Stimme« von vielen, die um Aufmerksamkeit konkurrieren? Die »Eingeborenen« des 19. Jahrhunderts, deren Überzeugungen und Verhaltensweisen die Europäer bizarr fanden, konkurrierten nicht wirklich um eine gleichberechtigte Stimme innerhalb des europäischen Denkens und der europäischen Politik. Sie lebten in sicherer Entfernung in Afrika, dem Orient und an anderen weitabgelegenen Orten. Die Gefahr war gering, daß *Aborigines* nach Paris, London oder Berlin reisten, um die bizarren Überzeugungen und Verhaltensweisen im »Stammesleben« der europäischen Anthropologen zu untersuchen und ihren eigenen Kulturen darüber zu berichten. Noch wichtiger ist, daß es überhaupt keine Gefahr gab, daß sie ihre Erkenntnisse als Mittel zur Etablierung ihrer Herrschaft über Europäer in Europa benutzen würden. Die Stimmen von Frauen, obwohl sie alles andere als leise waren, wurden damals weitaus effektiver unterdrückt und zum Schweigen gebracht, als dies heute möglich ist. Als ein Wert, eine moralische Vorschrift, war der Relativismus eine sichere Position, die Europäer einnehmen konnten; die scheinbare Unterstützung der Reziprozität von Respekt hatte geringe Aussichten, tatsächlich umgesetzt werden zu müssen. Heute befinden sich Frauen und Feministinnen ganz und gar nicht in sicherer Entfernung und außerhalb der Sichtweite. Sie sind präsent und melden sich innerhalb derselben gesellschaftlichen Ordnung zu Wort, die die Überzeugungen und Verhaltensweisen von Frauen noch immer als bizarr ansieht. Darüber hinaus konkurrieren ihre Äußerungen nicht nur mit denen von Frauenverachtern um Aufmerksamkeit und Status, sondern auch mit denen von anderen Anderen: AfroamerikanerInnen, anderen Farbigen, den AktivistInnen für schwule und lesbische Rechte, PazifistInnen, Ökologiebewegten, Angehörigen der neuen Linken usw. Ist der Feminismus nicht gezwungen, aufgrund der Bedingung, daß er nur eine unter vielen gegenkulturellen Stimmen ist, eine relativistische Haltung einzunehmen?

Diese Beschreibung des Terrains, in dem Feministinnen darum kämpfen, ihre Ansprüche voranzubringen, setzt jedoch voraus, daß wir entweder nur jeweils eine dieser Gegenkulturen als Maßstab der Einsortierung von Erkenntnisansprüchen wählen können oder im anderen Fall alle als miteinander konkurrierend und mit dem gleichen kognitiven Status ausgestattet beschreiben müssen. Tatsächlich ist es aber ein anderes Szenario, das die Gegenkulturen ermöglichen und zum Teil sogar bereits verwirklichen: Die grundlegenden Tendenzen jeder dieser Gegenkulturen müssen jede der anderen durchdringen, wenn jede einzelne dieser Bewegungen erfolgreich sein will. Der Feminismus sollte sich auf die Interessen der anderen Bewegungen konzentrieren, und jede der anderen muß feministische Interessen ins Zentrum rücken.

Zusammenfassend läßt sich demnach sagen, daß die Vorstellung von strenger Objektivität die Anerkennung des historischen Charakters von Überzeugungen oder Glaubenssystemen fordert – sie ist einem kulturellen, soziologischen und historischen Relativismus verpflichtet. Aber sie fordert auch die Zurückweisung eines Bewertungs- oder erkenntnistheoretischen Relativismus. Schwache Objektivität ist im Rahmen von konzeptuellen Interdependenzen verortet, die (schwache) Subjektivität und einen Bewertungsrelativismus einschließen. Wir können nicht einfach schwache Objektivität aufgeben, ohne auch die übrigen Anteile dieses erkenntnistheoretischen Systems zu verändern.

Antworten auf Einwände

Wir müssen hier zwei mögliche Einwände gegen die Empfehlung eines strengeren Maßstabes für Objektivität betrachten. Erstens mögen einige WissenschaftlerInnen und WissenschaftsphilosophInnen dagegen protestieren, daß ich versuche, Maßstäbe für Objektivität für alle Wissenschaften zu spezifizieren. Was bedeutet der Versuch der Spezifizierung *allgemeiner* Standards für die Verbesserung der Objektivität der Forschung? Sollte nicht die Aufgabe der Bestimmung angemessener Forschung innerhalb jeder einzelnen Wissenschaft angesiedelt sein und von den jeweiligen PraktikerInnen erfüllt werden? Warum sollten WissenschaftspraktikerInnen aufgrund dessen, was eine Philosophin oder irgend jemand sonst denkt, die oder der kein Experte in einer spezifischen Wissenschaft ist, ihre Forschungspraxis einer Revision unterziehen?

Die Frage dieses Kapitels ist aber eine erkenntnistheoretische – eine metawissenschaftliche –, und nicht eine Frage innerhalb jeder einzelnen Wissenschaft. Es geht stärker um eine Direktive für die Operationalisierung theoretischer Konzepte als um eine Direktive für die spezifische Operationalisierung bestimmter theoretischer Vorstellungen in der Physik oder der Biologie. Die empfohlene Kombination von strenger Objektivität mit der Anerkennung eines historischen Relativismus bewirkte, würde sie angenommen, eine kulturweite Wende in bezug auf die als wünschenswert angesehene Art von Erkenntnistheorie. Sicherlich müßten Strategien zur Verpflichtung auf strenge Objektivität und die Anerkennung des historischen Relativismus innerhalb jedes spezifischen Forschungsprogramms entwickelt werden; es gibt bereits viele Beispiele in der Biologie und in den Sozialwissenschaften. Meiner Ansicht nach hinken die Naturwissenschaften in dieser Hinsicht hinterher;

entgegen der Annahme der KonventionalistInnen trifft die Angemessenheit dieser Direktive auch auf sie zu.

Die hier entwickelte Vorstellung von strenger Objektivität gibt Einsichten wieder, die DenkerInnen aus einer Reihe von Disziplinen in den letzten Dekaden hervorgebracht haben – sie ist nicht nur »Wunschdenken«, das sich überhaupt nicht auf empirische Wissenschaften gründet. Kritiken am herrschenden Denken der westlichen Welt, sowohl von innen als auch von außen, argumentieren, daß seine Voreingenommenheiten und Verzerrungen in weiten Teilen die Auswirkungen davon sind, daß dieses Denken lediglich vom Leben der vorherrschenden Gruppen im Westen ausgeht. Eine geringere Voreingenommenheit und Verzerrtheit sind die Folge, wenn das Denken vom bäuerlichen Leben ausgeht, und nicht nur vom aristokratischen; vom Leben der SklavInnen, und nicht nur von dem der Sklavenhalter; vom Leben der FabrikarbeiterInnen, und nicht nur von dem ihrer ChefInnen und ManagerInnen; vom Leben der Menschen, die für Löhne arbeiten und denen außerdem die Verantwortung für Ehemann und Kinderpflege zugeschrieben wird, und nicht nur vom Leben derjenigen, denen wenig von dieser Verantwortung zugeteilt wird. Die hier vertretene Direktive bleibt offen für ihre Umsetzung innerhalb jeder Disziplin oder jedes Forschungsgebietes in bezug auf die Handlungsanweisungen für ForscherInnen, ihr Denken beim Leben der Frauen oder dem Leben von anderen Menschen in marginalisierten Gruppen anzusetzen. Es wird in Geschichte oder Soziologie im Vergleich zu Physik oder Chemie einfacher – wenn auch immer noch schwierig genug – sein, vernünftige Antworten auf diese Aufforderung zu finden. Die Schwierigkeit in Physik oder Chemie ist aber kein Hinweis darauf, daß diese Frage für die Erkenntnissuche im allgemeinen absurd ist oder daß es nicht auch für diese Disziplinen vernünftige Antworten geben kann.

Der zweite Einwand kommt möglicherweise von Feministinnen selbst. Viele werden sagen, daß der Begriff der Objektivität so hoffnungslos mit dem Makel der historischen Komplizenschaft mit den Begründungen für die Indienstnahme der Wissenschaft für die herrschenden Gruppen behaftet ist, daß der Versuch, ihn effektiv und progressiv in alternativen Programmen einzusetzen, nur verwirrend sein kann. Wenn Feministinnen einem so beschmutzten Begriff wie Objektivität neues Leben einhauchen wollen – könnten wir nicht auch einen alternativen Begriff erfinden, der nicht all die Anfeindungen provoziert, die sich mit der Idee von Wertneutralität verbinden, der nicht auf das Engste mit einer unzutreffenden Theorie der Repräsentation, mit einer unzutreffenden psychischen Konstruktion des idealen Erkenntnissubjekts und mit regressiven politischen Tendenzen verknüpft ist?

Ich möchte einige schon an früherer Stelle behandelte Punkte neu kombinieren, um den vollen Gehalt dieses Einwands zu erfassen. Das Ziel, wertfreie Forschungsergebnisse zu produzieren, ist Teil der Vorstellung, die den idealen Geist als Spiegel einer Welt konzipiert, die »da draußen« vorgefertigt ist (vgl. Kapitel 4). Diese Anschauung behauptet, daß wertfreie Objektivität eine archimedische Perspektive einnehmen kann, in der die Ereignisse und Prozesse der natürlichen Welt an ihren richtigen Orten erscheinen. Nur falsche Überzeugungen hätten demnach soziale Ursachen – menschliche Werte und Interessen, die uns den Blick auf die Gesetzmäßigkeiten und Grundlagen der Welt verstellen und mit Vorurteilen behaftete Forschungsergebnisse hervorbringen. Richtige Überzeugungen hätten nur natürliche Ursachen: Gesetzmäßigkeiten und Grundlagen, die tatsächlich *da* sind, plus die Fähigkeit des Auges, sie zu sehen, und die Fähigkeit des Verstandes, Schlüsse aus ihnen zu ziehen. Diese Theorie der Repräsentation ist eine historisch situierte: Sie ist nur für bestimmte Gruppen in der modernen westlichen Welt charakteristisch. Kann die Vorstellung von Objektivität wirklich von dieser unplausiblen Repräsentationstheorie abgetrennt werden?

Wertfreie Objektivität verbindet sich außerdem mit einer unzutreffenden Theorie des idealen Subjekts von Wissenschaft, Erkenntnis und Geschichte. Sie sieht das Selbst als eine Festung, die gegen schädliche Einflüsse aus der sozialen Umgebung geschützt werden muß. Das Selbst, dessen Verstand perfekt die Welt reflektieren soll, muß Grenzen errichten und verteidigen um ein Niemandsland herum, zwischen sich selbst als Subjekt und den Objekten von Forschung, Erkenntnis oder Aktion. Feministinnen gehören zu den pointiertesten KritikerInnen des Konstrukts Selbst-versus-Andere[17] und beziehen sich darauf mit dem Begriff »abstrakte Männlichkeit« (*abstract masculinity*, vgl. Hartsock 1983). Darüber hinaus fällt seine Einbeziehung in die westlichen Konstruktionen des rassisch Anderen auf, das der »weiße« Westen für die Definitionen seiner vortrefflichen Projekte als Widerpart beansprucht (vgl. Gilman 1985; Mudimbe 1988; Said 1978 und 1988). Kann der Begriff Objektivität für die Bemühungen, einem solchen Sexismus und Rassismus entgegenzutreten, nützlich sein?

Ebenso wichtig ist, daß die Vorstellung wertfreier Objektivität aus weiteren Gründen als den bisher erwähnten moralisch und politisch regressiv ist. Sie begründet die Konstruktion der wissenschaftlichen Institutionen und der individuellen WissenschaftlerInnen als bloße gutfunktionierende Werkzeuge. Sie ist als Legitimation und zur Aufrecht7 erhaltung des höchsten Ideals von Institutionen und Individuen benutzt worden, die, sofern sie wissenschaftlich sind, geflissentlich uninteressiert an den Ursachen oder Auswirkungen ihrer Aktivitäten oder an den Werten und Interessen, die diese Aktivitäten befördern, sein sollen. Dieser nicht zufällige, determinierte und dezidierte Mangel an Interesse wird durch die wissenschaftliche Ausbildung unterstützt, die die Einübung kritischen Denkens ausschließt und die alle Ausdrucksformen gesellschaftlichen und politischen Interesses – die Interessen der Folterer und der Gefolterten gleichermaßen – ganz weit unten auf der Skala wissenschaftlicher »Rationalität« ansiedelt. Skandalöse Beispiele der institutionellen Unfähigkeit der Wissenschaften, sich als Wissenschaften zu moralischen und politischen Fragen zu äußern, die ihre Problematiken, Auswirkungen, Werte und Interessen prägen, werden seit Dekaden identifiziert (vgl. Kapitel 4). Die Grenzziehung zwischen der wissenschaftlichen Methode hier und den Verstößen gegen Menschen- und, in zunehmendem Maße, Tierrechte da muß »außerhalb« dieser Methode erfolgen in Regierungserklärungen über die Charakteristika akzeptabler Forschungsmethoden an menschlichen und tierischen Objekten, über die Bedingungen der Einwilligung zu Experimenten, die die Einrichtung von »Ethikkommissionen« nach sich ziehen usw. Kann die Vorstellung von Objektivität aus der Moral und der Politik »objektiver Wissenschaft« als »bloßem Werkzeug« herausgelöst werden?

Wir haben hier schwerwiegende Einwände antizipiert. Nichtsdestotrotz argumentiert dieses Buch, daß die Vorstellung von Objektivität nicht nur von ihrer beschämenden und schädlichen Geschichte abgetrennt werden kann, sondern daß wir dies auch tun sollten. Forschung ist sozial verortet und kann ohne den Anspruch auf Wertfreiheit objektiver durchgeführt werden. Die Forderung, eine strenge Objektivität zu erreichen, erlaubt es uns, die Vorstellungen aufzugeben über eine perfekte, spiegelgleiche Repräsentation der Welt, über das Selbst als eine zu verteidigende Festung, und über die »wahre Wissenschaftlichkeit« als an Moral und Politik uninteressierte, und dennoch rationale Maßstäbe für die Unterscheidung von mehr oder weniger voreingenommenen oder verzerrten Aussagen anzulegen. Ich denke, daß die hier vorgestellten Maßstäbe tatsächlich rationaler und effektiver für die Produktion von maximal objektiven Ergebnissen sind als diejenigen, die mit der von mir so benannten schwachen Objektivität assoziiert werden.

Ich habe argumentiert, daß Objektivität nur ein Teil eines Komplexes von untrennbar miteinander verbundenen Vorstellungen ist. Wissenschaft und Rationalität sind zwei andere Begriffe in diesem Netzwerk. Es ist nicht notwendig zu akzeptieren, daß es nur eine vernünftige und korrekte Weise gibt, diese Begriffe gedanklich zu fassen, ganz abgesehen davon, daß die korrekte Weise nicht notwendig die von den vorherrschenden Gruppen des modernen Westens angewandte sein muß. Nicht alle Vernunft ist weiße, männliche, moderne, heterosexuelle, westliche Vernunft. Nicht alle Modi strenger empirischer Erkenntnissuche entsprechen dem, was die herrschenden Gruppen als Wissenschaft betrachten – um das Argument herunterzuspielen. Die von der konventionellen Wissenschaft institutionalisierten Prozeduren für die Unterscheidung zwischen dem, wie wir uns die Welt wünschen, und dem, wie sie ist, sind nicht die einzigen oder besten Möglichkeiten, die Maximierung von Objektivität zu verfolgen. Es ist wichtig, in anderen als den vorherrschenden Bahnen zu denken und zu arbeiten, wie es die Minderheitenbewegungen vorgemacht haben. Aber es ist auch wichtig, die dort entwickelten Einsichten ins Zentrum der konventionellen Institutionen zu rücken und die herkömmlichen Praktiken dadurch von innen her zu stören, daß wir Begriffe wie Objektivität, Vernunft und Wissenschaft auf Arten verwenden, die die Chance haben, breite, begründete Zustimmung zu erfahren, während sie gleichzeitig die Bedeutungen und Bezüge der Diskussion auf eine Art und Weise verschieben und verrücken, die diese verbessert. Als »integrierte AußenseiterInnen« *(outsiders within)* können Feministinnen und andere die Wissenschaft und ihre sozialen Verhältnisse für diejenigen transformieren, die eine von beiden, AußenseiterInnen oder InsiderInnen, bleiben.

Wir können es uns nicht leisten, einfach »nein« zur Objektivität zu sagen. Ich glaube, daß es drei weitere gute Gründe dafür gibt, die Vorstellung von Objektivität auch für die zukünftige Erkenntnissuche zu bewahren und sie gleichzeitig aus ihrer katastrophalen historischen Verknüpfung mit Wertneutralität herauszulösen.

Zunächst einmal hat diese Vorstellung eine wertvolle politische Geschichte, die es zu beerben gilt. Es muß Maßstäbe geben für die Unterscheidung zwischen dem, wie ich die Welt haben will, und dem, wie sie als empirische Tatsache ist. Andernfalls gälte das Prinzip »Macht schafft Recht« genauso für die Erkenntnissuche, wie es das tendenziell für die Moral und die Politik tut. Der Begriff Objektivität ist nützlich, weil seine Bedeutungen und seine Geschichte solche Maßstäbe zu Tage fördern. Es gibt heute wie auch in der Vergangenheit machtvolle Interessen, die sich gegen die Versuche verbünden, die Gesetzmäßigkeiten und Grundlagen der natürlichen und der sozialen Welten herauszufinden. Einige Gruppen wollen die Auswirkungen einer industrialisierten Landwirtschaft oder des Gebrauchs von Pestiziden auf die Umwelt lieber nicht der öffentlichen Überprüfung ausgesetzt sehen. Einige wollen die Konsequenzen, die das Festhalten an ökonomischer Produktion für die Bauern und Bäuerinnen in der Dritten Welt, für die schwarze Unterschicht in den Vereinigten Staaten und besonders für die Frauen in beiden Gruppen mitsichbringt, nicht diskutieren, weil es Profite für die westlichen Eliten bedeutet. Die Vorstellung, größere Objektivität zu erreichen, ist in der Vergangenheit nützlich gewesen und kann dies auch heute noch sein, nämlich in den Kämpfen darum, Menschen und Institutionen für die Übereinstimmung ihrer Verhaltensweisen mit ihren Ansprüchen verantwortlich zu machen.

Zweitens kann der Begriff Objektivität eine ruhmreiche intellektuelle Geschichte für sich in Anspruch nehmen. Die Argumentation dieses Kapitels hat seine Dienste für die Eliten betont, aber er ist auch bemüht worden, um unpopuläre Kritiken an parteiischen, aber tief verwurzelten Überzeugungen zu begründen. Die Standpunkt-Theorie kann diese Geschichte zu Recht als ihr Erbe beanspruchen.

Schließlich ist der Bezug auf Objektivität nicht nur ein Gegenstand der Diskussion zwischen feministischen und präfeministischen Wissenschaften, sondern auch innerhalb jeder feministischen oder anderweitig emanzipatorischen Bewegung. Es gibt viele Feminismen, und einige von ihnen formulieren Aussagen, die die gesellschaftlichen Verhältnisse in bezug auf Rasse, Klasse, Sexualität oder Geschlecht verzerren. Welche feministischen Richtungen generieren weniger und welche stärker voreingenommene und verzerrte Interpretationen von Natur und gesellschaftlichem Leben? Die Vorstellung von Objektivität trägt dazu bei, daß wir einen Weg entwickeln, über die Kluft zwischen dem, wie Individuen oder Gruppen die Welt haben wollen, und dem, wie sie tatsächlich ist, nachzudenken.

Die Vorstellung von Objektivität – wie die Ideen Wissenschaft und Rationalität, Demokratie und Feminismus auch – beinhaltet progressive genauso wie regressive Tendenzen. In jedem Fall ist es wichtig, die progressiven zu entwickeln und die regressiven zu blockieren.

Reflexivität

Die Vorstellung von »strenger Objektivität« erfaßt die Bedeutung dessen, das erkennende Subjekt auf dieselbe Ebene von Kausalität und Kritik zu stellen wie die Objekte seiner Forschung. Sie erlaubt uns, die wissenschaftlichen genauso wie die moralischen und politischen Vorteile dieses Versuchs, eine reziproke Beziehung zwischen dem Subjekt und den Objekten von Erkenntnis zu erreichen, zu sehen. Der hier entwickelte Gegensatz von schwachen und strengen Vorstellungen von Objektivität ermöglicht die parallele Konstruktion schwacher versus strenger Vorstellungen von Reflexivität.

Reflexivität wird tendenziell als Problem der Sozialwissenschaften angesehen – und zwar ausschließlich als deren Problem. Beobachtung kann nicht so stark von ihren gesellschaftlichen Auswirkungen getrennt werden, wie es die Direktiven »schwacher Objektivität«, die ihren Ursprung in den Naturwissenschaften haben, angenommen haben. In der Sozialforschung verändert die Beobachtung das beobachtete Feld. Wenn der Forscher seine Verbundenheit mit dem Leben seiner Forschungsobjekte anerkennt, ist er als nächstes aufgefordert, vielfältige Strategien zur Demokratisierung der Situation auszuarbeiten, die »Eingeborenen« über ihre Optionen zu informieren, sie an den Interpretationen ihrer Aktivitäten zu beteiligen usw.[18]

Weniger verbreitet ist die Sichtweise, Reflexivität als Problem zu betrachten in dem Sinne, daß der Forscher, wenn er der Verpflichtung unterliegt, die sozialen Ursachen der »besten« wie der »schlechtesten« Überzeugungen und Verhaltensweisen derjenigen zu identifizieren, die er erforscht, auch seine eigenen Überzeugungen und Verhaltensweisen in der Durchführung dieses Projekts analysieren muß. Letztere sind von denselben Sorten sozialer Beziehungen geprägt, die er bestrebt ist, als Ursachen der Überzeugungen und Verhaltensweisen von anderen zu identifizieren. (An dieser Stelle können wir anfangen, Reflexivität auch für die Naturwissenschaften als »Problem« zu begreifen.) WissenssoziologInnen aus der neueren Schule des »strong programme« und aus verwandten Richtungen, die die Wichtigkeit der Identifikation der sozialen Ursachen von »besten Überzeugungen« betonen, sind sich von Anfang an über dieses Problem bewußt gewesen, haben uns aber keinen plausiblen Lösungsweg gewiesen. Dies in erster Linie deshalb, weil ihre Konzeption der sozialen Bedingungen von Überzeugungen in den Naturwissenschaften (der Hauptgegenstand ihrer Analysen) sich künstlich auf die Mikroprozesse in den Laboren und der Forschungsgemeinschaft beschränkt, unter dem expliziten Ausschluß von Rassen-, Geschlechter- und Klassenverhältnissen. Diese beschränkte Vorstellung davon, welches die angemessenen Gegenstände für die Analyse der sozialen Relationen in den Wissenschaften sind, überträgt sich auf das Verständnis ihrer eigenen Arbeit. Sie generiert Ethnographien ihrer eigenen und der naturwissenschaftlichen *scientific community*, die mit dem Positivismus darin übereinstimmen, daß sie auf der Trennung zwischen

Forschungsgemeinschaften und breiteren sozialen, ökonomischen und politischen Strömungen insistieren. (Diese Herangehensweisen sind auch durch ihre positivistische Konzeption des Forschungsobjekts in den Naturwissenschaften mangelhaft.)[19]

Die »schwachen« Vorstellungen von Reflexivität werden unbrauchbar durch das Fehlen eines Mechanismus zur Identifikation der kulturellen Werte und Interessen der Forschenden, die einen Teil der Belege für die Forschungsergebnisse sowohl in den Natur- als auch in den Sozialwissenschaften ausmachen. AnthropologInnen, SoziologInnen und vergleichbare WissenschaftlerInnen, die im Rahmen von sozialen Zusammenhängen arbeiten, scheinen sich oft einen solchen Mechanismus oder Maßstab zu wünschen; aber die methodologischen Voraussetzungen ihrer Disziplinen, die sie anleiten, entweder schwache Objektivität oder einen Bewertungsrelativismus zu vertreten, erlauben ihnen nicht, einen solchen Maßstab zu entwickeln. Das heißt, Individuen bringen zwar die »aufrichtigen Wünsche« zum Ausdruck, die zu Beobachtenden nicht schädigen, sich über die eigenen kulturellen Vorurteile bewußt werden zu wollen usw., aber diese reflexiven Ziele bleiben auf der Ebene von Wünschen statt von kompetenter Umsetzung. Kurz gesagt, diese schwache Reflexivität hat keine Operationalisierung oder kein Kompetenzkriterium für ihren Erfolg.

Eine Vorstellung von strenger Reflexivität würde erfordern, daß die Forschungsobjekte als in ihrer kulturellen Partikularität Zurückblickende konzipiert würden und daß die Forschenden, vermittelt über Theorien und Methoden, hinter ihnen stünden und selbst auf die eigene soziale Situierung ihres Forschungsprojekts in seiner kulturellen Partikularität und in seinen Beziehungen zu anderen kulturellen Projekten blickten – von denen viele (wie etwa die Entwicklung der internationalen Politik oder die industrielle Expansion) nur von Orten aus betrachtet werden können, die weitab von der alltäglichen Arbeit der WissenschaftlerInnen liegen.[20] »Strenge Reflexivität« erfordert die Entwicklung einer oppositionellen Theorie aus der Perspektive des Lebens von Anderen (»Natur« als immer schon sozial konstruierte genauso wie andere Menschen), weil intuitive Erfahrung, wie ich an früherer Stelle diskutiert habe, uns nicht zuverlässig zu den Gesetzmäßigkeiten von Natur und sozialem Leben und deren Grundlagen führt.

Die Standpunkt-Theorie eröffnet Wege zu strengeren Maßstäben für beide, Objektivität und Reflexivität. Diese Maßstäbe erfordern, daß Forschungsprojekte ihre historische Verortung als Mittel zur Erlangung größerer Objektivität einsetzen.

Kapitel 7
FEMINISTISCHE ERKENNTNISTHEORIE IN UND NACH DER AUFKLÄRUNG

Kapitel 5 hat die Konturen der zwei führenden Erkenntnistheorien untersucht, die als Antworten auf die skeptischen Fragen über die Möglichkeit feministischer Beiträge zu den Natur- und Sozialwissenschaften entwickelt worden sind: feministischer Empirismus und feministische Standpunkt-Theorie. Kapitel 6 hat auf den Vorwurf geantwortet, daß die Standpunkt-Theorie Objektivität aufgebe und eine schädliche Art Relativismus annehme. Ich habe argumentiert, daß im Gegenteil die Logik der Standpunkt-Theorie nach *strengeren* als den konventionellen Maßstäben für Objektivität verlangt, daß sie schädliche Formen von Relativismus vermeidet und daß sie die Reflexivität von Forschung von einem Problem zu einer wissenschaftlichen Ressource transformiert.

Die Standpunkt-Ansätze müssen jedoch nicht nur gegen eine konventionalistische Kritik verteidigt werden, sondern auch gegen eine Reihe von innovativen TheoretikerInnen, die die Standpunkt-Theorie für viel zu konservativ halten. Es gibt widersprüchliche Kritiken an der Standpunkt-Theorie. Auf der einen Seite wird gefragt, ob die Standpunkt-Theorie wirklich eine Erkenntnistheorie oder nur eine Wissenssoziologie ist. Auf der anderen Seite taucht die Frage auf, ob und warum die Standpunkt-Theorie erkenntnistheoretische Begründungen gerade zu einer Zeit beansprucht, in der solche Ansprüche von verschiedenen Seiten her kritisiert werden. Letzteres ist die Frage danach, ob sie zu stark erkenntnistheoretisch und zu wenig soziologisch ausgerichtet ist. Viele KonventionalistInnen sind der Auffassung, daß sie den Status der Wissenschaft abwertet; andere KritikerInnen wiederum argumentieren, daß sie die Wissenschaft zu hoch einschätzt. Ist sie essentialistisch, gründet sie ihre Argumentation auf eine universelle Vorstellung von der »Frau« oder mindestens auf die Aktivitäten von Frauen? Ist sie zu Recht das Ziel vielfältiger postmoderner Kritiken, oder ist sie (könnte sie) ein Teil des Postmodernismus (sein)? In diesem Kapitel versuche ich, solche Fragen zu beantworten, um darauf aufbauend die Verbindungsstücke zwischen Standpunkt-Theorie und feministischem Postmodernismus weiter zu untersuchen.[1]

Widersprüchliche Kritiken

Standpunkt-TheoretikerInnen stehen in den gängigen Debatten zwischen drei verschiedenen intellektuellen Gruppen: zwischen ErkenntnistheoretikerInnen und WissenschaftsphilosophInnen, WissenssoziologInnen und postmodernen KritikerInnen. Aus zum Teil unterschiedlichen Gründen meinen SoziologInnen und postmoderne DenkerInnen, daß der Standpunkt-Ansatz zu erkenntnistheoretisch ist, während – wiederum aus zum Teil differenten Gründen – PhilosophInnen und dieselben postmodernen TheoretikerInnen ihn zu soziologisch finden. Vielleicht reflektieren diese Dispute zum Teil auch die konkurrierenden Versuche von literarischen und kulturellen KritikerInnen, SozialwissenschaftlerInnen und PhilosophInnen, den intellektuellen und professionellen Status ihrer jeweiligen Disziplinen zu verbessern. Unabhängig davon, ob dies zutrifft oder nicht, versuchen diese Dispute die schwierige Frage zu bearbeiten, welche Anteile des Begriffssystems von Humanismus und Aufklärung gerettet und welche fallengelassen werden sollten.[2] Wir können unsere Gedanken in bezug auf zumindest einige der Fragestellungen dieser komplexen Diskussion ordnen, indem wir auf fünf Angriffe von verschiedenen KritikerInnen der Standpunkt-Theorie antworten.

1) Ist die Standpunkt-Theorie übermäßig fundamentalistisch und deshalb »zu stark erkenntnistheoretisch« akzentuiert? Neuere wissenschaftssoziologische und -historische Interpretationen haben die Vorstellung kritisiert, daß Erkenntnis irgendwie geartete transsoziale und feststehende Grundlagen haben kann. Die Suche nach klaren und abgesicherten Grundlagen hat die Fragestellungen von Philosophen bestimmt, von Plato und Aristoteles bis John Locke, George Berkeley, David Hume, Immanuel Kant, Bertrand Russell, A.J. Ayer und Roderick Chisholm. Die Berechtigung dieser Suche gründet sich auf die Annahme, daß nur falsche Überzeugungen soziale Ursachen haben. Solange richtigen Überzeugungen – oder Überzeugungen, die noch nicht als falsch erkannt sind – keine sozialen Ursachen unterstellt werden, gibt es einen konzeptuellen Raum für konventionelle PhilosophInnen, in dem

sie eine Logik von Überzeugungen debattieren können, ohne soziologische oder historische Voraussetzungen oder »*inputs*« zu berücksichtigen. Die konventionelle Erkenntnistheorie kann auf diese Weise ein Terrain beanspruchen, das sie als von dem Terrain der Soziologie vollständig verschiedenes konzipiert. Dieses Territorium verschwindet in dem Moment – wie die SoziologInnen des »*strong programme*« herausstellen –, in dem wir verstehen, daß auch unsere »besten Überzeugungen« soziale Ursachen haben (vgl. Bloor 1977; Barnes 1977). Wenn das stimmt, dann hat die konventionelle Erkenntnistheorie kein spezifisches Betätigungsfeld.

SoziologInnen, die das *strong programme* vertreten, sehen es als ihre Aufgabe an, Beschreibungen und Erklärungen der sozialen Ursachen von richtigen Überzeugungen, das heißt von Erkenntnis zu produzieren. Die konventionelle Wissenssoziologie, auf die sich diese TheoretikerInnen als »schwaches Programm« *(weak programme)* beziehen, ließ lediglich Beschreibungen und Erklärungen von falschen Überzeugungen und von »Erkennenden« zu. Sie stellte eine Soziologie des Irrtums und eine Soziologie der Erkennenden, aber nicht wirklich eine allgemeine *Wissens*soziologie bereit. Sie konnte die sozialen Bedingungen des Aufkommens der ptolemäischen Astronomie, der Phlogiston-Theorie oder des Lysenkoismus (vgl. Anm. 5 in Kapitel 4) erklären, sah aber in der sozialen Akzeptanz der kopernikanischen Astronomie, der newtonschen Mechanik oder der Evolutionstheorie keine erklärungsbedürftigen, keine soziologischen Tatsachen; zu einer Zeit, als die Beobachtung und das Nachdenken über die Gesetzmäßigkeiten der Natur noch die einzigen Forschungsgegenstände waren, mußten die Erklärungen unserer »besten Überzeugungen« den Philosophen und natürlich den Wissenschaftlern überlassen bleiben. Die TheoretikerInnen des *strong programme* arumentieren dagegen, daß eine wirklich wissenschaftliche Wissenssoziologie versuchen muß, mystische philosophische Interpretationen zu ersetzen durch wissenschaftliche Geschichtsschreibung und Soziologie, die davon handelt, wie einige Überzeugungen den Status der Legitimität erlangen und andere nicht. Dieselben Sorten Ursachen, die zur Erklärung des Entstehens und der Akzeptanz von falschen Überzeugungen herangezogen werden, müssen auch in die Erklärungen des Entstehens und der Akzeptanz von »richtigen Überzeugungen« einfließen; was im Kontext des *strong programme* als »kausale Symmetrie« bezeichnet wird, sollte das Ziel von maximal wissenschaftlichen Interpretationen der Akzeptanz von neuen Vorstellungen sein. Aus dieser wissenssoziologischen Perspektive sieht es so aus, als versuchten die Standpunkt-Theoretikerinnen, die philosophischen Grundlagen für Erkenntnisansprüche gerade in dem Moment wiederherzustellen, in dem solche Anstrengungen in der sozialwissenschaftlichen Wissenschaftsforschung endgültig diskreditiert werden.[3]

Eine mögliche Antwort auf diese Kritiken ist die, daß die Formen der von den Standpunkt-Theoretikerinnen beanspruchten Begründungen den Begründungsvorschlägen der konventionellen Erkenntnistheorien kaum noch vergleichbar sind; die Perspektive des Lebens von Frauen hat wenig Ähnlichkeit mit den Aussagen über Sinneswahrnehmungen, wie z.B. »hier jetzt das rote Feld«, die Bertrand Russell und andere Philosophen als Grundlagen von Erkenntnissen in Anspruch nehmen. Die Standpunkt-Theoretikerinnen argumentieren, daß die Lebensbedingungen von Frauen wissenschaftlich vorzuziehende Ausgangspunkte für die Hervorbringung und Überprüfung wissenschaftlicher Hypothesen darstellen, verglichen mit den Lebenswelten von Männern aus den dominierenden Gruppen, die konventionellerweise, wenn auch inoffiziell, zur Generierung wissenschaftlicher Problemstellungen herangezogen und in deren Zusammenhang Erkenntnisansprüche abgesichert werden. Wegen dieses Arguments wird der Standpunkt-Theorie nachgesagt, einen Fundamentalismus zu restaurieren.

Die Standpunkt-Theorie beansprucht jedoch nicht irgendein transhistorisches Privileg für eine Forschung, die beim Leben von Frauen ansetzt. Es ist außerdem wichtig, daran zu erinnern, daß Standpunkt-Theoretikerinnen nicht etwa meinen, daß Biologie, Intuition, Erfahrungen und Äußerungen von Frauen schon Grundlagen für Erkenntnisse darstellen. Die Äußerungen und Erfahrungen von Frauen sind wichtige Anhaltspunkte für Forschungsdesigns und -ergebnisse, es ist aber die objektive Perspektive, die sich *vom Leben der Frauen aus* eröffnet, die feministische Erkenntnis legitimiert.[4]

Eine Reihe von Analysen aus der präfeministischen Literatur unterstützen die feministische Standpunkt-Theorie, ohne dies zu beabsichtigen; wir brauchen keine neuen Argumente zu erfinden, um den Fundamentalismusvorwurf zurückzuweisen. Der Philosoph Charles Mills (1988) entwickelt in seiner Verteidigung alternativer Erkenntnistheorien wie der feministischen Standpunkt-Theorie eine solche Analyse:

»Wir können, wie einige Kritiker argumentieren, eine Symmetrie in bezug auf die *Tatsache* der Verursachung (von Überzeugungen) akzeptieren, während wir sie gleichzeitig zurückweisen im Hinblick auf die *Natur* der Verursachung und die möglichen unterschiedlichen Konsequenzen. W.H. Newton-Smith kontrastiert die Fälle von zwei Menschen mit bestimmten Überzeugungen darüber, wo sie sitzen; nur einer von beiden hat operative Wahrnehmungsmöglichkeiten. In beiden Fällen sind Überzeugungen das Ergebnis von kausalen Prozessen, diese

Symmetrie geht jedoch nicht tiefer. ›Im Falle einer verifizierten Wahrnehmungsvorstellung durchläuft die Kausalkette Ebenen, die der Überzeugung ihren Wahrheitswert vermitteln. Im Falle von nichtverifizierten Wahrnehmungsvorstellungen hat die Kausalkette möglicherweise mit den Ebenen nichts zu tun, die der Überzeugung ihren Wahrheitsstatus vermitteln.‹ In Analogie dazu können wir argumentieren, daß es in den oben zitierten Fällen die aktuelle Lage ist, die (unterschiedlich wahrgenommen) die Überzeugungen in spezifischen sozialen Gruppen entstehen läßt. Wenn wir Gründe als Ursachen akzeptieren, ist es folgerichtig, wenn wir außerdem zustimmen, daß Überzeugungen gleichzeitig soziale und rationale Ursachen haben können.«[5]

Es dürfte den VerteidigerInnen des *strong programme* also schwerfallen, die Ansprüche der feministischen Standpunkt-Theorie zu entkräften, die besagen, daß wir rational unterscheiden können zwischen solchen sozialen Bedingungen, die falsche Überzeugungen entstehen lassen, und solchen, die weniger falsche Überzeugungen hervorbringen. Wir sollten skeptisch sein gegenüber Ansprüchen, die transhistorische Grundlagen für Erkenntnisse identifizieren, dieser Skeptizismus bedeutet aber gerade nicht, daß wir die Möglichkeit historischer Ursachen (genauso wie natürlicher) für Erkenntnisansprüche zurückweisen müssen. Wir können soziologische Interpretationen der Entwicklung und der sozialen Akzeptanz der kopernikanischen Astronomie, der newtonschen Mechanik und der Evolutionstheorie liefern, ohne damit deren Erkenntnisansprüche zu unterminieren. Diese wissenschaftlichen Überzeugungen, wie auch diejenigen, die feministische Standpunkt-Theorien begründen, werden *sowohl* aus guten Gründen *als auch* aufgrund von sozialen Ursachen vertreten.

Es gibt ein weiteres Problem mit dem *strong programme* und mit vergleichbaren Ansätzen (vgl. Latour/Woolgar 1979; Knorr-Cetina 1981). Sie sind insofern mangelhaft, als sie nicht in der Lage sind, eine vernünftige Interpretation der sozialen Ursachen ihrer eigenen Erzeugung bereitzustellen und den hohen Wert zu erklären, der berechtigterweise vielen ihrer Einsichten zuerkannt wird. Diese Ansätze verfallen nicht nur zufällig einem Relativismus; David Bloor (1977) zum Beispiel nimmt den Relativismus aktiv auf. Obwohl er bemerkt, daß seine Verpflichtung auf Wertneutralität sein Programm relativistisch macht und keine Entwicklungsmöglichkeiten eröffnet, über deskriptive soziologische Darstellungen der Funktionsweisen von Objektivitätsansprüchen in der Wissenschaft hinauszugelangen, betrachtet er diese Beschränkung nicht als ernstes Problem (vgl. ebd.: 141-144). Wie ich aber in Kapitel 6 angemerkt habe, kann die Standpunkt-Theorie darauf bestehen, daß wir die Beobachtenden bzw. Beobachtungsinstitutionen auf derselben Ebene der Kritik einordnen wie die Beobachteten bzw. das zu Beobachtende. Dieselben Formen von gesellschaftlichen Kräften, die den Rest der Welt prägen, fließen auch in unsere eigenen Interpretationen ein, die wissenschaftlichen eingeschlossen.

Aus diesem Grund müssen wir unsere Forschungsprozesse und -institutionen in solche sozialen Kontexte einbinden, die dazu tendieren, weniger falsche Überzeugungen hervorzurufen. Es ist auch ein Grund, um kritisch darüber nachzudenken, wie Überzeugungen geformt und warum sie angenommen werden, und um solches Denken als *Logik* von Überzeugungen zu entwickeln, die normative Werte transportieren, und nicht nur als »wissenschaftliche« Beschreibungen davon, was tatsächlich auftaucht. Die *strong programme* TheoretikerInnen verfahren ebenso naiv wie die erkenntnistheoretischen Strategien, die sie kritisieren, wenn sie eine Politik aufnehmen, die die Ableitung der Logik von Überzeugungen aus soziologischen und historischen Beschreibungen von Überzeugungsmustern und -akzeptanzen ablehnt. Die Standpunkt-Theorie beansprucht, daß wir gute Begründungen für die Aufteilung in falsche und möglicherweise weniger falsche (oder »schlechte« und »gute«) Überzeugungen liefern können, daß sich diese Begründungen aber nicht auf bestimmte transzendentale Grundlagen für Überzeugungen beziehen von der Art, wie konventionelle Erkenntnistheorien sie in Anspruch nehmen, oder darauf, irgendeine aktuelle bzw. historische Gruppe von Menschen und ihre Weltsicht zu priviligieren (wie es Fehldeutungen der marxistischen Erkenntnistheorie angenommen haben).

2) Sind die Standpunkt-Erkenntnistheorien überhaupt keine Erkenntnistheorien, sondern tatsächlich nur Wissenssoziologien? Die vorangegangene Darstellung ermöglicht es uns, den entgegengesetzten Vorwurf von PhilosophInnen, daß diese angeblichen Erkenntnistheorien tatsächlich überhaupt keinen erkenntnistheoretischen Gehalt haben, schneller auszuhebeln. Schauen wir nach, wie der Philosoph Charles Mills (1988) erklärt, daß es sich tatsächlich um Erkenntnistheorien handelt, auch wenn ihre Belange sich von denen konventioneller Erkenntnistheorien unterscheiden. Standpunkt-TheoretikerInnen

»sehen sich in weiten Teilen nicht – im konventionellen Rahmen – als Anbieter von alternativen Analysen solcher traditionellen erkenntnistheoretischen Themen wie Gedächtnis, Wahrnehmung, Wahrheit, Überzeugung usw. oder als Produzenten von überraschenden neuen Lösungen für das *Gettier* Problem. Ihr paradigmatisches Erkennungszeichen ist auch nicht die übliche kartesianische Figur, der abstrakte, körperlose, individuelle Erkennende, der von skeptischen und solipsistischen Gefahren bedrängt wird und versucht, eine zuverlässige kognitive Beziehung zur ›Grundausstattung‹ des Universums aufzubauen. ...

Charakteristischerweise ist ihr Interesse nicht das Problem eines anderen Verstandes, sondern das Problem, warum Frauen nicht als mit Verstand begabte angesehen wurden; nicht die Untersuchung der Bedingungen, unter denen individuelle Gedächtnisse zuverlässig sind, sondern die Erforschung der gesellschaftlichen Bedingungen, unter denen die systematische historische Amnesie in bezug auf die Leistungen der afrikanischen Zivilisation möglich war; nicht die Verwirrung darüber, ob physikalische Objekte existieren oder nicht, sondern die Verwirrung über die kognitiven Mechanismen, die relationale soziale Eigenschaften im Kapitalismus als vergegenständlichte immanente natürliche Eigenschaften erscheinen lassen.« (Ebd.: 237, 239)

Konventionelle PhilosophInnen übersehen leicht die Tatsache, daß alle Erkenntnistheorien Annahmen darüber haben, wie Überzeugungen tatsächlich generiert werden und Legitimität erlangen, auch wenn nur wenige Erkenntnistheorien ihre psychologischen, soziologischen und historischen Voraussetzungen diskutieren. Wie Roy Bhaskar (1989) es ausdrückt,

»setzt jede Erkenntnistheorie eine *Soziologie* in dem Sinne voraus, daß implizit, wenn nicht explizit, angenommen werden muß, daß die Natur der Menschen und der Institutionen, die sie reproduzieren oder transformieren, so ist, daß Erkenntnisse hervorgebracht werden können. Deshalb setzt die Theorie von Hume ein Konzept vom Menschen als passivem Sensor gegebener Tatsachen und als Berichterstatter ihrer gegebenen konstanten Verbindungen voraus, das zur Folge hat, daß Erkenntnis immer in rein individualistischer Weise analysiert werden kann.« (Ebd.: 49 f.)

Darüber hinaus muß jede Soziologie oder Psychologie oder Geschichtswissenschaft eine Erkenntnistheorie voraussetzen, da sie jeweils annehmen müssen, daß *ihre* Praktiken tatsächlich Erkenntnisse produzieren. Die Standpunkt-Theorie, wie andere Theorien auch, beinhaltet sowohl eine Soziologie (Psychologie, Geschichte usw.) als auch eine Erkenntnistheorie. Wir können dieselbe Frage über Erkenntnistheorien formulieren, die Kuhn für die Philosophien der Wissenschaft gestellt hat: Wozu dient eine Erkenntnistheorie, die die »besten« Überzeugungen nicht erklären kann? (Vgl. Kuhn 1970: Kapitel 1) Selbstverständlich müssen wir *alle* diskutieren, welche Überzeugungen die besten sind, aber welche auch immer es sind: Wir müssen von unseren Erkenntnistheorien verlangen, daß sie erklären können, *warum* welche Überzeugungen die besten sind (»wir« ist hier so weit als möglich sozial einschließend gemeint). Wenn wir die Geschichte von Erkenntnistheorie und Wissenschaftsphilosophie betrachten, ist es vollkommen klar, daß die »Großen« auf diesen Gebieten versuchen, historische Veränderungen der Glaubensvorstellungen, die ihr Zeitalter vernünftig findet, zusammen mit der Schwierigkeit, sich auf konventionelle Grundlagen zur Begründung zu beziehen, adäquat zu theoretisieren. Nahezu alle führenden Erkenntnistheorien der modernen Ära versuchen, die Differenzen in bezug auf die Generierung und Legitimierung von wissenschaftlichen Überzeugungen zu verstehen und die Auswirkungen dieser Differenzen auf andere Glaubensformen wie religiöse oder politische oder soziale Überzeugungen zu begreifen. Descartes, Locke, Hume, Kant und andere Philosophen sind sehr explizit hinsichtlich dessen, was sie als die sozialen Ursachen ihrer Problematiken und als die neuen Kriterien für angemessene Überzeugungen ansehen, die sie berücksichtigen müssen. Das Interesse an Erkenntnistheorie und Philosophie der Wissenschaft im Wiener Kreis des frühen 20. Jahrhunderts geht auf die Tatsache zurück, daß die physikalische Theorie, die bis dahin weitestgehende Zustimmung erfahren hatte, durch eine Theorie ersetzt wurde, die lediglich ein geringes Maß an empirischer Untersützung vorweisen konnte: Gemeint ist, daß Einsteins Physik die von Newton verdrängte. (Es ist eine nuanciertere Analyse der Beziehung zwischen beiden Theorien wie auch der Motive der Angehörigen des Wiener Kreises möglich, ich betrachte aber die vorangegangene Zusammenfassung als ausreichend.)

Die Standpunkt-Theorien leiten ihre Problematik ebenfalls von Verschiebungen ab, die die Formen der Überzeugungen verändern (Überzeugungen, die konventionelle Sichtweisen über Frauen und Geschlecht in Frage stellen), sowie von nicht konventionellen Typen von Personen, die diese Überzeugungen hervorbringen (Frauen, Feministinnen), von nicht konventionellen Forschungsprozessen (die beim Leben von Frauen statt bei dem von Männern ansetzen) und von nichtkonventionellen Formen der Begründung solcher Überzeugungen. Sie versuchen, die Beziehung aufzuzeigen zwischen einerseits der Möglichkeit der Hervorbringung von empirisch und theoretisch angemesseneren Überzeugungen und andererseits den nichtkonventionellen Voraussetzungen, die zu ihrer Hervorbringung gemacht werden und gemacht werden müssen. Die Standpunkt-Theorien tragen also sowohl Charakteristika von konventionellen Soziologien als auch von konventionellen Erkenntnistheorien. Sie verwischen oder verschmelzen die beiden Felder nicht, benennen aber explizit die Beziehungsformen zwischen beiden, die in den konventionellen Disziplinen eher implizit bleiben.

Nicht nur die disziplinäre Macht, sondern auch allgemeinere politische Macht steht bei den Versuchen in Frage, Philosophie und Soziologie der Wissenschaft voneinander zu trennen. Zur Begründung der Autonomie der Wissenschaft, ihrer Freiheit von Überprüfungen und Ausbalancierungen, denen sich andere gesellschaftliche Institutionen unter dem Einfluß von sozialen, ökonomischen und politischen Entwicklungen ausgesetzt sehen, wird die Aussage herangezogen, daß die Wissenschaften selbst in der Lage sind, gesellschaftliche Kräfte an der Beeinflussung wissenschaftlicher Inhalte zu hindern. Es ist jedoch offensichtlich, daß aktuelle gesellschaftliche, ökonomische und politische Themenstellungen den Kurs der Wissenschaften und das wissenschaftliche Bild von Natur und gesellschaftlichen Verhältnissen immer geprägt haben. Hinter den Bemühungen, an einer strengen Unterscheidung zwischen Philosophie und Soziologie der Wissenschaft festzuhalten, vermutet Joseph Rouse (1987) den Wunsch, »eine *begriffliche* Trennung zwischen Wissenschaft als Feld der Erkenntnis und Wissenschaft als Feld der Macht« zu behaupten.[6] Solch eine Strategie mag die Auswirkungen von Politik auf Wissenschaft verbergen, aber nicht verhindern. Standpunkt-Theorien fordern – beinhalten – umfassende kritische Wissenschaftssoziologien (und -geschichten) sowie sozial verortete Wissenschaftsphilosophien und Erkenntnistheorien. Ob wir die Standpunkt-Theorien Soziologien oder Erkenntnistheorien oder Wissenschaftsphilosophien *nennen*, hängt von Streitereien zwischen den Disziplinen ab. Sie sind aber tatsächlich all dies.

3) Wertet die Standpunkt-Theorie Wissenschaft zu hoch? WissenschaftlerInnen und Wissenschafts-EnthusiastInnen entgegnen häufig, daß alle feministischen Wissenschaftskritiken unfair sind, daß sie die Wissenschaft, ihre Rationalität und ihre Logik zu Unrecht abwerten. Andere kritisieren jedoch die feministischen Wissenschaftsansätze – einschließlich der Standpunkt-Erkenntnistheorie – dafür, sich nicht bestimmt genug gegen die Sichtweise abzugrenzen, daß es so etwas wie reine Wissenschaft gibt oder geben kann und daß Wissenschaft deshalb im Grunde gut für die Gesellschaft ist. Diese zweite Form der Kritik bewegt sich auf demselben Terrain wie der Vorwurf, daß Standpunkt-Theorien »zu stark erkenntnistheoretisch« sind, aber das Interesse dieses Skeptizismus richtet sich eher auf die wissenschaftliche als auf die erkenntnistheoretische Seite. Der Soziologe Sal Restivo (1988) zum Beispiel meint, daß Feministinnen nicht danach fragen, in welcher Weise die Sozialstruktur einer Gesellschaft eine Determinante von gesellschaftlichen Erkenntnisprozessen ist:

»Die soziologische Perspektive im strengen strukturellen Sinn, für den ich plädiere, ist nicht gerade ein hervorstechendes Merkmal von feministischer Wissenschaftsforschung und -kritik. Dies meint nicht, daß Feministinnen den Problemen der Sozialstruktur keine Aufmerksamkeit widmen. Sie tun dies jedoch nicht auf eine Art und Weise, die Erkenntnistheorie von einem philosophischen in ein soziologisches Projekt verwandeln würde. Dadurch fällt es ihnen schwer, die Ideologie reiner Wissenschaft zu transzendieren. Eine soziologische Erkenntnistheorie muß die traditionelle Erkenntnistheorie ersetzen, bevor wir anfangen können, neue Wege der Forschung zu beschreiten.« (Ebd.: 211, 217)

Restivo eignet sich für seine strukturelle Soziologie merkwürdigerweise die Sorten von Voraussetzungen zur Erlangung von Erkenntnissen an, die feministische Standpunkt-Theoretikerinnen als *sowohl* soziologische wie *auch* erkenntnistheoretische beschreiben (vgl. Smith 1987; Rose 1983). Der letzte Absatz seines Essays beginnt mit den folgenden Fragen: »Welche Sorten sozialer Formationen fördern Interesselosigkeit und Objektivität? Das heißt, unter welchen Bedingungen kann Forschung so weit als möglich von ›weltlichen‹ Interessen und Verpflichtungen unbelastet und innerhalb eines so weit als möglich ausgedehnten Netzwerks an Information und Wissen ablaufen?« Obwohl er an früherer Stelle die Komplizenschaft der modernen Wissenschaft mit dem aufkommenden Kapitalismus und der imperialistischen Expansion diskutiert hat, verschwinden hier die konkreten Details der Makropolitik, und der Autor macht einen abstrakten Vorschlag: »Basierend auf den vorangegangenen Vermutungen lautet meine Antwort: Es sind solche sozialen Formationen, in denen die Person Vorrang hat, soziale Formationen, die differenziert, kooperativ, egalitär, nicht-autoritär und partizipatorisch sind.« (Ebd.: 220) Dem können wir nur zustimmen! Aber wie wir von hier nach da gelangen angesichts von weißer Vorherrschaft, neuen Formen des Imperialismus, fortgesetzter Klassenausbeutung, Zwangsheterosexualität und immer noch mächtiger männlicher Vorherrschaft bleibt rätselhaft. Es wäre anzunehmen, daß bestimmte Sorten von Interessiertheit – und nicht Interesselosigkeit – mit der Maximierung von Objektivität verknüpft werden sollten in der unzureichenden gesellschaftlichen Ordnung, in der Wissenschaft heute nun einmal existiert. Restivo fragt nicht, wie Wissenschaft und Erkenntnistheorie zu diesem Projekt beitragen sollen.

Unterdessen wollen Frauen wissen, wie ihre Körper wirklich funktionieren, welche gesellschaftlichen Kräfte am stärksten dafür verantwortlich sind, daß Frauen arm bleiben, warum Männer vergewaltigen, wie der Imperialismus insbesondere Frauen behandelt, wie Frauen die Macht erreichen können, ihre Bedingungen zu verbessern – und wir wollen diese Dinge jetzt wissen oder zumindest sobald wie möglich. Das Wissen um diese Dinge ist eine Vorbedingung für die Schaffung der von Restivo so hochgeschätzten sozialen Formationen. Das heißt, wir müssen diese wissenschaftlichen Fragen im Rahmen der bestehenden Formationen unserer Gesellschaft erforschen (Stiftungen, Universitäten, Gesundheitssystem, Ökonomie usw.), die undifferenziert, unkooperativ, hierarchisch, autoritär und nichtpartizipatorisch sind. Dafür benötigen wir die »Folgewissenschaften« *(successor sciences),* die die Standpunkt-Erkenntnistheorien benennen und fordern.[7]

4) Sind Standpunkt-Theorien essentialistisch? Sind sie eurozentrisch? Frauen in marginalisierten Rassen, Klassen, Sexualitätsformen und Kulturen argumentieren, daß es so etwas wie »das Weibliche« oder die universelle Frau nicht gibt. Frauen sind Teil von jeglichen Rassen, Klassen, Sexualitätsformen und Kulturen. Ihre Erfahrungen, Aktivitäten, Kämpfe und Perspektiven sind je unterschiedliche und nicht nur von generalisierten »männlichen« Lebenswelten oder auch nur von dem Leben der Männer in ihrer eigenen sozialen Gruppe verschiedene. Darüber hinaus unterscheiden sich Frauen untereinander auf zwei signifikante Weisen: Zum einen bringen verschiedene Kulturen wichtige Differenzen mit sich, die zum Beispiel das Leben in Puerto Rico anders aussehen lassen als in Australien; andere Differenzen sind dagegen den hierarchischen Machtbeziehungen zwischen Frauen in den herrschenden und den beherrschten Gruppen geschuldet. Restaurieren Standpunkt-Theorien die Vorstellung, daß eine homogene weibliche Erfahrung oder Aktivität oder Auseinandersetzung oder Perspektive die Grundlage feministischer Erkenntnisansprüche ist? Wiederholt diese feministische Theorie nicht noch ein weiteres Mal Rassismus, Klassenvorurteile, Heterosexismus und Eurozentrismus, die alle das konventionelle Denken beschädigt haben?[8]

Diese Art Kritik wird von AutorInnen unterstrichen, die aus anderen Gründen mißtrauisch gegenüber generalisierenden Tendenzen sind. Postmodernistische AutorInnen argumentieren, daß der allgemeine Mann – das sozial »homogene«, einheitliche, bewußte und autonome Subjekt der westlichen Wissenschaft, Vernunft, Ethik und Geschichte – ein Konstrukt der Aufklärung ist, auf das wir heute besser verzichten. Der Feminismus hat eine wichtige Rolle dabei gespielt, daß wir bei dieser Schlußfolgerung angekommen sind, obwohl die nichtfeministische postmodernistische Literatur diese Tatsache selten anerkennt. Als wir anfingen, die Vorstellung vom allgemeinen Mann zu hinterfragen, stand auch sein Pendant zur Disposition, das ihm auf dem Fuß folgte:

die allgemeine Frau. Daher, so fahren die KritikerInnen fort, ist die Standpunkt-Erkenntnistheorie regressiv, wenn sie eine Art allgemeine weibliche Kondition annimmt, die als Grundlage für feministische Erkenntnisansprüche dienen soll. Und wenn sie dies nicht tut, was ist dann feministisch an der Standpunkt-Theorie? Verfallen ihre Grundlagen nicht in die einzelnen Sichtweisen, die sich aus Tausenden (oder Millionen?) spezifischer Formen an sozialen Erfahrungen oder Perspektiven oder Aktivitäten oder Kämpfen ergeben, die für unterschiedliche Gruppen von Frauen charakteristisch sind? Der Anspruch, eine spezifisch *feministische* Erkenntnistheorie hervorzubringen, ist nach Ansicht dieser KritikerInnen mit falschen Annahmen über die allgemeine Frau verbunden. Die Standpunkt-Theorie scheint von vornherein zum Scheitern verurteilt zu sein: Sie ist mit der schier unlösbaren Aufgabe konfrontiert, zwischen dem Vorwurf, einen eurozentrischen Essentialismus zu vertreten, und der Kritik am generellen Mißlingen spezifisch feministischer Analysen manövrieren zu müssen. Sind diese Vorwürfe berechtigt?[9]

Zunächst einmal ist dazu zu sagen, daß in bezug auf die von der feministischen Standpunkt-Theorie der marxistischen Epistemologie entlehnte Logik tatsächlich ein Problem auftaucht. Die marxistische Theorie fokussiert auf einer bestimmten Sorte Differenz zwischen dem proletarischen Arbeiter, der seine Arbeitskraft verkauft, und dem Kapitalisten, der sie kauft – obwohl »Differenz« ein viel zu apolitischer (oder sogar bürgerlicher) Begriff für dasjenige ist, was Marx an dieser Beziehung interessierte. Für die Logik marxistischer Analysen sind nationale, religiöse, Geschlechter-, Rassen- und andere »kulturelle« (»Überbau-«) Differenzen zwischen Arbeitern nebensächlich. Obwohl marxistische DenkerInnen die besonderen Bedingungen von Frauen, Sklaven und Juden oder auch die Differenzen zwischen der Situation von Arbeitern in Deutschland und in Frankreich kommentiert haben, ist das grundlegende Interesse der Hauptströmungen marxistischer Theorie und Politik immer die Differenz zwischen den Produktionsmittelbesitzern und denjenigen gewesen, die ihre Arbeitskraft verkaufen müssen.[10] Analog dazu hat sich die feministische Standpunkt-Theorie wie viele andere feministische Theorien ganz grundlegend für die Differenzen interessiert, die durch die Beziehungen zwischen dem Leben von Frauen und dem Leben von Männern entstehen.[11]

Viele LeserInnen werden bereits etwas Eigentümliches an dieser Denkweise entdeckt haben. Erstens gehören die vorrangig weißen und westlichen Theoretikerinnen, die die Standpunkt-Ansätze entwickelt haben, zu den leidenschaftlichsten Feministinnen, die sich aktiv gegen

Rassismus, Imperialismus, Heterosexismus und Klassenunterdrückung gewandt haben – im Gegensatz zu vielen feministischen (und präfeministischen) Denkerinnen anderer erkenntnistheoretischer Überzeugungen. (Dies dürfte wenig überraschen, weil die marxistische Analyse, auf die sich diese Erkenntnistheorie bezieht, bis in die jüngste Vergangenheit als umfassendste Analyse der Ursachen nicht nur von Klassenunterdrückung, sondern auch von Rassismus und Imperialismus betrachtet werden konnte. Sie war für AfroamerikanerInnen und Menschen aus der Dritten Welt ein wertvolles Mittel zur Erklärung ihrer Situation.) Darüber hinaus waren diese Theoretikerinnen in politischen Aktivitäten zusammen mit farbigen, armen und lesbischen Frauen engagiert – in den alten sozialistischen Frauenunionen, in der Jesse Jackson Kampagne und in anderen regionalen und nationalen feministischen, linken und antirassistischen Aktivitäten. Zweitens finden nicht nur weiße, westliche, heterosexuelle und ökonomisch privilegierte Feministinnen die Standpunkt-Ansätze überzeugend. Afroamerikanische TheoretikerInnen nutzen sie: Patricia Hill Collins (1986) bezieht sich auf die Standpunkt-Theorie, um zu zeigen, was wir über die führenden Gesellschaftstheorien lernen können, wenn wir vom Alltag von armen, afroamerikanischen, japano-amerikanischen oder lesbischen Frauen ausgehen; Samir Amin (1989) beruft sich auf die Standpunkt-Theorie für seine Analyse des Eurozentrismus und Edward Said (1978 und 1988) für seine Diskussion des Orientalismus und der neueren indischen Geschichtsschreibung.

Wie können wir die scheinbar essentialistische Logik der Standpunkt-Theorien im Lichte ihrer offensichtlichen Nützlichkeit für so viele verschiedene »alternative Wissenschaften« erklären? Eine Möglichkeit der Erklärung ist die, daß die Standpunkt-Logik es jeder unterdrückten Gruppe erlaubt, ihre Weltsicht auf das Leben ihrer Mitglieder zu zentrieren, unter Ignorierung aller signifikanten Differenzen zwischen diesen und anderen Lebensbedingungen; das heißt, sie erlaubt es jeder unterdrückten Gruppe, die Programme von anderen emanzipatorischen sozialen Bewegungen zu ignorieren. Die Logik der Standpunkt-Ansätze zwingt uns jedoch nicht zu einer solch solipsistischen und essentialistischen Haltung; genausowenig will ich behaupten, daß die oben erwähnten TheoretikerInnen oder emanzipatorischen sozialen Bewegungen sie notwendig in dieser Weise anwenden.

Eine alternative Sichtweise ist die, daß die Standpunkt-Theorie Tendenzen einschließt, die Differenzen innerhalb der Gruppen, auf die sie sich konzentriert, entweder zu ignorieren oder zu betonen – in unserem Fall die Differenzen innerhalb der Gruppe der Frauen oder innerhalb der Gruppe der Männer. Feministische Analysen neigen dazu, sich solange nicht auf die Differenzen zwischen Frauen zu konzentrieren, solange keine Analysen aus der spezifischen Perspektive des Lebens von marginalisierten Frauen entwickelt werden. Allgemeine Aussagen über den Standpunkt von Frauen oder den feministischen Standpunkt hören sich an, als setzten sie einen Geschlechteressentialismus voraus, und einige, die die Terminologie der Standpunkt-Theorie verwenden, mögen tatsächlich EssentialistInnen sein. Selbst wenn wir sorgfältig darauf achten, den Begriff »Frauen« nicht im Sinne von »alle Frauen« zu benutzen, führt uns die Logik der Standpunkt-Argumentation dazu, von den »Erfahrungen von Frauen«, »Frauenaktivitäten«, der »Unterdrückung von Frauen«, der »Situation von Frauen«, den »Kämpfen von Frauen« zu sprechen, als ob diese Ereignisse und Prozesse für alle Frauen die gleichen wären, ohne Ansehen ihrer Rasse, Klasse oder Kultur.

Selbst das Sprechen über diese Aspekte der Lebensverhältnisse von Frauen im Plural – »Erfahrungen« – reicht nicht an sich schon aus, die essentialistischen Tendenzen zu brechen. Der Plural kündigt vielmehr eine Intention an, die noch nicht in Handlung umgesetzt ist: Die Endung »-en« wird einfach gesetzt, ohne daß es die entsprechenden Analysen schon gäbe. Es ist genauso, wie wir von »Männern – und natürlich auch Frauen« sprechen, um dann dieselben Annahmen fortzuschreiben und dieselben alten Themen zu diskutieren, mit denen wir uns befaßten, als es noch klar war, daß wir uns lediglich auf »männliche Menschen« bezogen. (Denken wir an die Diskussionen auf den Gebieten Ethik oder Ökonomie oder Rechtstheorie über die »moralische« oder »rationale« oder »vernünftige Person«.) Ein anderes Symptom desselben Problems ist, daß wir uns erinnern müssen, unseren Aussagen über »Männer« Einschränkungen hinzuzufügen – »Männer aus den herrschenden Rassen, Klassen und Kulturen« –, wenn wir der Tatsache Rechnung tragen wollen, daß die Männer aus der Arbeiterklasse und aus Minderheiten, wie immer sexistisch oder androzentrisch sie sein mögen, nicht dieselben Männer sind, die die Frauen unterdrückenden Institutionen und Praktiken entworfen haben und von diesen am meisten profitieren. (Der Nutzen, den unterprivilegierte Männer aus dieser Praxis ziehen, ist nur ein »Ableitungseffekt« von dem Profit der Männer in den herrschenden Gruppen.)

Noch einmal, es geht nicht darum, daß die Standpunkt-Theoretikerinnen oder ihre Theorien offen oder absichtlich rassistisch oder mit Klassen-Vorurteilen behaftet wären; sie tendieren vielmehr dazu, sich auf die Differenz zwischen den Geschlechtern zu konzentrieren, um den ontologischen (und folglich wissenschaftlichen, erkenntnistheoretischen und politischen) Preis, eine klare Fokussierung auf die Differenzen zwischen Frauen oder zwischen Männern verschiedener Rassen, Klassen und Kulturen nicht zu leisten.

Nichtsdestotrotz stellt die Standpunkt-Theorie wichtige Mittel bereit, die es ermöglichen, die Differenzen zwischen Frauen zu betonen. Sie besteht darauf, daß nicht nur falsche Aussagen, sondern auch richtige (oder weniger falsche) sozial verortet sind. Sie besteht auf kausaler Symmetrie in bezug auf die Erklärungen, wie wir zu »guten« Überzeugungen kommen. Deshalb stellt sie die Beobachterin und ihre »Beobachtungsinstitutionen« auf dieselbe Ebene der Kritikwürdigkeit wie die zu beobachtenden Gegenstände.[12] Welche Arten von Ursachen auch immer den Mustern der Natur oder des gesellschaftlichen Lebens zugeordnet werden (zum Beispiel Beschränkungen oder Ressourcen aufgrund von Geschlecht, Rasse, Sexualitätsform oder Klassenbeziehungen), sie sollten auch als Bestandteile der möglichen Hintergrundannahmen untersucht werden, die als »Belege« für solche Erklärungen dienen. Des weiteren erfordert die Analyse des wissenschaftlichen Vorteils, der uns zuwächst, wenn wir die Forschung beim Leben des dominierten Geschlechts beginnen, die Anerkennung des analogen Vorteils, den wir erreichen, wenn wir vom Leben der beherrschten Seite in gegensätzlichen Rassen-, Klassen-, sexuellen und kulturellen Beziehungen ausgehen.

Dieses Verständnis der Logik der Standpunkt-Theorie muß in allen Punkten durch reichhaltigere Konzeptualisierungen und Analysen der Verbindungen zwischen Seximus, Rassismus, Heterosexismus und Klassenunterdrückung ergänzt werden. Jedes dieser Phänomene ist in einem grundlegenden Sinn eine Relation, keine »Sache«; jedes drückt eine dynamische Beziehung aus, die sich permanent wandelt, zum Teil aufgrund von Veränderungen in den *anderen* Beziehungen. Folglich (wie ich in einem früheren Kapitel angemerkt habe) gibt es in Gesellschaften, die über die Kategorien Rasse, Klasse oder Kultur differenziert sind, keine Personen, die per se Frauen oder Männer wären; es gibt nur Frauen und Männer in spezifischen, historisch situierten Rassen-, Klassen- und kulturellen Beziehungen. Es gibt keine Geschlechterverhältnisse per se, sondern nur von und zwischen Rassen, Klassen und Kulturen konstruierte Geschlechterverhältnisse. Wie Sojourner Truth in ihrer berühmten Frage »Bin ich keine Frau?« herausstellt, ist die für weiße Frauen geforderte Weiblichkeit schwarzen Sklavinnen gerade verboten gewesen (vgl. Davis 1981). Dementsprechend waren die Ausübung und die Privilegien der Männlichkeit, die weiße Plantagenbesitzer für sich beanspruchten, schwarzen Sklaven gerade versagt. Die Historikerin Gisela Bock (1983) zeigt auf, daß die pronatalistische Politik, die für die arische Rasse in Deutschland zwischen den Weltkriegen verfolgt wurde, ihren Widerpart in der Politik verstärkter Sterilisation und Abtreibung oder sogar im Genozid an Zigeunerinnen, Jüdinnen und anderen als *rassisch* minderwertig betrachteten Gruppen hatte. Sie schlägt den Begriff »sexistischer Rassismus« vor, um uns darauf hinzuweisen, daß eine Frauen diskriminierende Politik und Praxis Frauen aus verschiedenen Rassen für gewöhnlich, vielleicht immer, auf unterschiedliche Weise diskriminiert. Ähnliche Diskussionen der rassen- und klassendiskriminierenden Aspekte finden sich in feministischen Arbeiten über die Reproduktionspolitiken in den Vereinigten Staaten in Gegenwart und Vergangenheit und in Arbeiten über internationale Reproduktionspolitiken und -technologien (vgl. Balasubrahmanyan 1984; Bunkle 1984). Wir sollten die Rassen-, Klassen-, Geschlechter- und Kultursysteme als verflochtene sehen: Wir können aus diesem Geflecht keinen Teil herauslösen, ohne die anderen durcheinanderzubringen.[13]

Wenn es nützlich ist, Forschung, Lehre und Theorie beim Leben von weißen Frauen anzusetzen, dann dürfte es klar sein, daß wir sogar noch mehr über die gesellschaftliche und natürliche Ordnung lernen können, wenn wir bei der Situation von Frauen aus herabgewürdigten und unterdrückten Rassen, Klassen und Kulturen beginnen. Wir können lernen, wie die Kategorien Rasse, Klasse und Kultur die Situationen und Visionen der Frauen in den herrschenden wie auch in den beherrschten Gruppen prägen. Dieses Wissen kann nicht entstehen, wenn wir nur von der Perspektive der Frauen in den herrschenden Gruppen ausgehen, aus denselben Gründen, aus denen die ausschließliche Betrachtung der Lebensbedingungen der Männer den geschlechtlich geprägten Charakter dieses Lebens oder Denkens nicht enthüllen kann.

Teresa de Lauretis (1986) argumentiert, daß das weibliche Subjekt eine »Stätte der Differenzen« ist.

»Ein allgemeingültiger feministischer Bezugsrahmen existiert nicht, und es sollte ihn auch niemals als abgepackten und vorgefertigten geben. Wir müssen uns einen absolut flexiblen und anpassungsfähigen Bezugsrahmen aus den Differenzerfahrungen von Frauen bilden, aus unserer Differenz von *der* Frau und aus den Differenzen unter Frauen. ... Wenn meine Idee nicht falsch ist, ... daß aus den feministischen Analysen der heterogenen Subjektivität und multiplen Identität von Frauen tatsächlich eine neue Konzeption des Subjekts entsteht, dann würde ich des weiteren behaupten, daß die Differenzen unter Frauen besser als Differenzen innerhalb von Frauen verstanden werden können. Denn wenn es zutrifft, daß das weibliche Subjekt über multiple Repräsentationen von Klasse, Rasse, Sprache und gesellschaftlichen Verhältnissen geschlechtlich sozialisiert wird, dann trifft es auch zu, ... daß die Kategorie Geschlecht ein gemeinsamer Nenner ist: Das weibliche Subjekt wird immer als Geschlecht und ausgehend vom Geschlecht konstruiert und definiert. Wenn also so gesehen Differenzen unter Frauen auch Differenzen innerhalb von Frauen sind, dann existiert der Feminismus nicht nur trotz dieser Differenzen, sondern er kann auch, als wichtigerer Punkt und wie wir erst jetzt zu erkennen beginnen, nicht ohne sie weiter existieren.« (Ebd.: 14)

Erkenntnisansprüche auf dem Leben von Frauen zu begründen bedeutet dann, sie auf Differenzen »innerhalb von Frauen« genauso wie auf denen zwischen Männern und Frauen aufzubauen.

In der Summe beinhaltet die Logik der Standpunkt-Ansätze sowohl eine essentialistische Tendenz als auch die Mittel, um solch eine Tendenz zu bekämpfen. Die feministische Standpunkt-Theorie ist nicht an sich entweder essentialistisch oder nichtessentialistisch, rassistisch oder antirassistisch, ethnozentrisch oder nicht. Sie hat Tendenzen in jede dieser Richtungen, sie ist widersprüchlich. Und ihre Logik hat erstauniche Konsequenzen. Das Subjekt, der oder die AgentIn feministischer Erkenntnis, ist vielfältig und widersprüchlich, nicht etwa einheitlich und »kohärent«; das Subjekt feministischer Erkenntnis muß auch das Subjekt jedes anderen emanzipatorischen Erkenntnisprojekts sein; und Frauen sind nicht die einzigartigen Produzentinnen feministischer Erkenntnis. Die Untersuchung dieser Schlußfolgerungen erfolgt in späteren Kapiteln.

5) Ist die feministische Standpunkt-Theorie exzessiv modernistisch? Ist sie immer noch zu humanistisch und den Überzeugungen der Aufklärung zu sehr verpflichtet? Ich habe bereits die Anschuldigungen von postmodernen DenkerInnen beantwortet, daß feministische Wissenschaft und Erkenntnistheorie, insbesondere die Standpunkt-Theorie, durch ihre exzessive Loyalität zu humanistischen und aufklärerischen Überzeugungen Schaden nimmt: In Kapitel 5 habe ich die diversen Grundlagen analysiert, die als wissenschaftliche und erkenntnistheoretische Vorteile beansprucht werden, wenn wir das Denken beim Leben von Frauen ansetzen; in Kapitel 6 habe ich die »strenge Objektivität« analysiert und in diesem Kapitel die Standpunkt-Theorie verteidigt. Die Weiterverfolgung dieser 5. Frage erfordert eine genauere Untersuchung der feministischen Ambivalenz gegenüber der Aufklärung.

Die Verbindungen zwischen Feminismus und Postmodernismus

Die Grenzen und der Charakter der postmodernen Kritik an der Aufklärung, ihre vielfältigen Formen, ihre Beziehung zum Modernismus (und zur Modernisierung) sind selbst Themen einer fortgesetzten Debatte.[14] Jane Flax (1992) argumentiert, daß der Feminismus trotz der verständlichen Ambivalenz gegenüber der Aufklärung fest auf dem Boden der Postmoderne steht und dies auch anerkennen sollte. Die feministische Standpunkt-Theorie, so Flax, ist eine der Theorien, die sich noch immer zu stark und unkritisch auf falsche Annahmen der Aufklärung gründen.

»Tatsächlich scheint die Vorstellung von *dem* feministischen Standpunkt, der wahrer als vorherige (männliche) Standpunkte ist, auf vielen und ungeprüften Annahmen zu beruhen. Diese beinhalten einen optimistischen Glauben, daß Menschen in ihrem eigenen Interesse rational handeln und daß die Wirklichkeit eine Struktur hat, die durch fehlerfreies Denken (wenn es soweit perfektioniert wurde) entdeckt werden kann. Diese beiden Annahmen hängen von einer unkritischen Anwendung der ... Aufklärungsideen ab. Außerdem setzt die Idee eines solchen Standpunkts voraus, daß die Unterdrückten durch ihre sozialen Erfahrungen in keiner Weise grundlegend beschädigt wurden. Vielmehr nimmt diese Position an, daß die Unterdrückten privilegierte Blickrichtungen und Fähigkeiten haben (und nicht nur andere), eine Wirklichkeit zu erfassen, die ›dort draußen‹ auf unsere Beschreibung wartet. Sie setzt auch geschlechtsgeprägte soziale Beziehungen voraus, in denen es eine Kategorie von Wesen gibt, die grundsätzlich untereinander gleich sind durch die Tatsache ihres Geschlechts – d.h. sie unterstellt das Anderssein, das Männer Frauen zuschreiben. Dieser Standpunkt nimmt außerdem an, daß Frauen, anders als Männer, frei sein können von jenen Prägungen, die sich aus ihrer eigenen Teilhabe an Herrschaftsbeziehungen ergeben, wie solchen, die in sozialen Beziehungen von Rasse, Klasse oder Homophobie wurzeln.« (Ebd.: 96)

Wir können erkennen, daß Flax trotz ihrer ebenso scharfen Kritik am nichtfeministischen Postmodernismus ernsthafte Zweifel hat in bezug auf die Möglichkeiten feministisch wissenschaftlicher und erkenntnistheoretischer Projekte.

Andere feministische Theoretikerinnen (einschließlich solchen, die versuchen, die Wissenschaftstraditionen auf eine andere Bahn zu bringen) argumentieren, daß die postmodernen Kritiken für den Feminismus wenig hilfreich sind und daß Feministinnen einen großen Fehler machen, wenn sie postmoderne Postulate aufnehmen. Nancy Hartsock (1987) schreibt:

»In unseren Bemühungen, Wege zu finden, die die Stimmen von marginalisierten Gruppen aufnehmen, mögen wir hilfreiche Anleitungen von denjenigen erwarten, die gegen universalistische und totalisierende Theorien wie die der Aufklärung argumentiert haben. ... Trotz ihrer offensichtlichen Kongruenz mit dem von mir vorgeschlagenen Projekt behindern diese Theorien m.E. seine Verwirklichung eher als sie zu fördern. ... Für diejenigen von uns, die die Welt systematisch verstehen wollen, um sie zu verändern, bieten postmoderne Theorien bestenfalls wenig Orientierung. ... Und schlechtestenfalls rekapitulieren postmoderne Theorien lediglich die Effekte der Theorien der Aufklärung – Theorien, die marginalisierten Menschen das Recht absprechen, den Interaktionsmodus mit den Menschen des *mainstreams* mitzubestimmen.« (Ebd.: 190 f.)

Christine Di Stefano, die ebenfalls gegen eine Verortung des Feminismus in dem Terrain des Postmodernismus argumentiert, sieht die größte Stärke feministischer Theorie und Politik in ihrem Bestehen auf der Wichtigkeit der Kategorie Geschlecht.

»Der zeitgenössische westliche Feminismus ist fest, wenn auch ambivalent, in dem modernistischen Ethos verankert, das die feministische Identifikation und Kritik an der Kategorie Geschlecht ermöglicht hat. ... Das Konzept Geschlecht *(gender)* hat es Feministinnen ermöglicht, die angenommene Übereinstimmung von biologischen und sozialen Geschlechterdifferenzen *(sex differences)* gleichzeitig zu erklären und zu delegitimieren. Zur selben Zeit haben sich *gender differences* (mehr als *sex differences*) als hochsignifikante, hervorstechende Merkmale entpuppt, die Männer und Frauen stärker voneinander unterscheiden und trennen, als sie zu Teilen eines weiterreichenden, komplementären, humanistischen Ganzen zu machen.

... die feministische Argumentation gegen den Postmodernismus besteht aus mehreren aufeinander bezogenen Aussagen. Erstens drückt der Postmodernismus Ansprüche und Belange einer Interessengruppe aus (weiße, privilegierte Männer aus dem industrialisierten Westen), die bereits die Aufklärung für sich beansprucht hat und die heute bereit und willens ist, diese Erbschaft einer kritischen Überprüfung auszusetzen. Zweitens sind die Objekte der vielfältigen postmodernen, kritischen und dekonstruktiven Anstrengungen die Konstruktionen einer ähnlich spezifischen und partiellen Interessengruppe (angefangen bei Sokrates, Plato und Aristoteles). Drittens sind die Hauptströmungen postmoderner Theorie (Derrida, Lyotard, Rorty, Foucault) in ihren eigenen angeblich politisierten Rezeptionen von Geschichte, Politik und Kultur gegenüber Geschlechterfragen bemerkenswert blind und unsensibel. Und schließlich unterminierte das postmoderne Projekt, wenn es ernsthaft von Feministinnen aufgenommen würde, schon die leiseste Andeutung feministischer Politik. Angesichts dessen, daß feministische Politik mit einer spezifischen Interessengruppe oder einem spezifischen Subjekt verbunden ist, nämlich den Frauen, unterminiert das postmoderne Verbot subjektzentrierter Forschung und Theorie die Legitimität einer auf breiter Basis organisierten Bewegung, die sich der Artikulation und Durchsetzung der Ziele dieser Interessengruppe widmet.« (Ebd.: 75 f.)

Wir können anfangen, einige der strittigen feministischen Fragen zu klären, wenn wir die Tendenz der Verschmelzung dessen bemerken, was ich »Postmodernismus« *(Postmodernism)* und Postmodernismus *(postmodernism)* nenne. Soll sich der Begriff auf die neuen Sichtweisen beziehen, die in uns und um uns herum entstehen, sobald die grundlegenden Annahmen der modernen westlichen Welt hinterfragt werden? Oder bezieht er sich auf ein bestimmtes Set an Aussagen und Praktiken, die sich selbst als »Postmodernismus« identifizieren oder von anderen als solches identifiziert werden?[15] Es würde die Dinge vereinfachen, wenn wir davon ausgingen, daß nicht alle Kritiken oder Entgegnungen an die Adresse der Aufklärungsphilosophie zum gegenwärtigen postmodernen Zeitpunkt »postmodernistisch« sind. Viele verschiedene gesellschaftliche Gruppen versuchen auf ihre Art, einen Ausweg aus der Hegemonie der modernen westlichen politischen Philosophie und aus den von ihr konstruierten Welten zu denken. Feministinnen verschiedener Schattierungen, linke Gruppen, Dritte-Welt-Bewegungen im Westen und in der Dritten Welt, die Ökologiebewegung und die philosophischen Bewegungen, die »postmodern« genannt werden, kritisieren alle, wenn auch auf unterschiedliche Weisen, die westliche politische Philosophie und ihre Wissenschaften. Deshalb sollten wir nicht überrascht sein über die Ambivalenz vieler feministischer Theoretikerinnen in bezug auf die Wahl zwischen Aufklärung und »Postmoderne«.

Mein Argument ist, daß diese Ambivalenz viel unerschütterlicher und prinzipieller sein sollte als die von Flax und Di Stefano identifizierte. Sie schreiben Feministinnen eine zaghafte, zögernde, widerstrebende – eine oftmals nicht einmal artikulierte – Ambivalenz zu, auf welche Seite des Disputes sich der Feminismus schlagen sollte. Die prinzipielle Ambivalenz, die ich für angemessen halte, wäre selbstbewußt und theoretisch artikuliert, sie wäre ein positives Programm für Überzeugungen und Handlungen. Ihre Begründungen sollten sich nicht in erster Linie auf feministische Irrtümer beziehen oder ausschließlich auf intellektuelle und politische Unangemessenheiten in der *mainstream*-Debatte, obwohl diese Debatte für feministische Belange tatsächlich beklagenswert unangemessen ist. Für die Entwicklung dieser Art Ambivalenz sind die Spannungen und Widersprüche in den Lebenswelten, in denen sich Feministinnen bewegen, wichtiger. Wenigstens einige der Spannungen zwischen wissenschaftlichen und »postmodernen« Programmen sind wünschenswert; sie reflektieren differente, zum Teil konträre, aber legitime, politische und theoretische Bedürfnisse von heutigen Frauen. Der Konflikt zwischen unseren verschiedenen und wertvollen politischen Projekten ist genau das, wodurch im feministischen Denken die notwendige Ambivalenz gegenüber der Aufklärung und gegenüber den Überzeugungen und Politikformen des »Postmodernismus« entsteht.

Ich möchte zunächst die möglichen Antworten auf fünf typische Angriffe gegen feministische Wissenschaft und Erkenntnistheorie von feministischen »postmodernen« Theoretikerinnen zusammenfassen, um dann zu behaupten, daß der feministische »Postmodernismus« selbst Loyalitäten (in mancher Hinsicht sogar exzessive) zur Aufklärung pflegt.

»Postmodernistische« Tendenzen in der feministischen Standpunkt-Erkenntnistheorie

Als erstes ergibt sich die Frage, ob sich die Standpunkt-Theorie essentialistischen Annahmen verpflichtet? Bereits an früherer Stelle in diesem Kapitel habe ich diese Frage mit nein beantwortet.

Ist die Standpunkt-Theorie zweitens darauf angewiesen, Ansprüche zu erheben im Dienste eines Denkens – einer Rationalität –, die »körperlos« abstrakt ist? Im Gegenteil besteht die Standpunkt-Theorie darauf, daß Vernunft gesellschaftlich verortet ist. Unsere besten Überzeugungen haben genauso wie unsere schlechtesten soziale Ursachen, und manche gesellschaftlichen Verortungen eigenen sich besser als andere als Ausgangspunkte für weniger voreingenommene und verzerrte Erkenntnisansprüche in bezug auf Natur und gesellschaftliche Verhältnisse. Das heißt nicht, daß nur Personen mit weiblichen Körpern solche Überzeugungen generieren oder generieren können, ganz abgesehen davon, daß nicht alle Frauen dies tun oder tun können. Es bedeutet aber, daß jemand in historischen Auseinandersetzungen engagiert sein muß – und nicht deren abstrakter Beobachter sein kann –, um solche sozialen Verortungen von sich aus »besetzen« zu können. Solche historischen Auseinandersetzungen machen unsere Argumente nicht zu transzendentalen, sondern zu »verkörperten«.

Müssen Standpunkt-Theoretikerinnen behaupten, daß unsere »besten« Repräsentationen der Welt dieser selbst transparent – also wahr sind? Dieser Angriff steht in Beziehung zu den Fragen, ob die feministische Standpunkt-Theorie »zu erkenntnistheoretisch« und zu wissenschaftsloyal ist. An dieser Stelle können wir erwidern, daß wir im Gegenteil unsere Überzeugungen in mehr oder weniger voreingenommene und verzerrte oder in mehr oder weniger falsche einteilen können, ohne uns der Überzeugung hingeben zu müssen, daß die Ergebnisse feministischer Forschung »wahr« sind. Denken wir an Thomas Kuhns

(1962) Schlußfolgerung, daß es angemessener ist, die Geschichte der Entwicklung wissenschaftlicher Erkenntnis als Fortschritt weg von Falschheit, denn als Annäherung an die Wahrheit zu konzipieren. (Ob dies die beste Art ist, über die Geschichte der westlichen Wissenschaft nachzudenken, ist ein diskutierenswerter, aber anderer Punkt.) Forschung vom Leben der Frauen aus führt zu sozial konstruierten Aussagen, die weniger falsch sind – weniger verzerrt und voreingenommen – als die (ebenfalls sozial konstruierten) Aussagen, die sich ergeben, wenn wir beim Leben der Männer in den herrschenden Gruppen ansetzen. Diese »besten Aussagen« sind selbst sozial verortet.

Sind viertens Vernunft- und Erkenntnissubjekte der Standpunkt-Theorie einheitliche Individuen? Nein, weil Standpunkt-Argumente beanspruchen, daß Erkenntnis durch das »gespaltene« Bewußtsein entsteht, das heißt durch die widersprüchlichen Loyalitäten von Frauen, die versuchen, das Verständnis ihres Lebens und die Einblicke, die sie über feministische Politik vermittelt bekommen, mit den vorherrschenden kulturellen Konzeptualisierungsweisen des Lebens von Frauen zusammenzubringen. Diese Agentinnen sind weder einheitliche noch konventionelle »Individuen«. Der wissenschaftliche und erkenntnistheoretische Vorzug feministischen Denkens erwächst aus der »Differenz«, die jedem feministischen Bewußtsein inhärent ist, genauso wie aus den Differenzen innerhalb der Gruppe der »Frauen«.[16]

Behauptet die Standpunkt-Theorie schließlich, daß Vernunft und Wissenschaft progressiv sind? Wir können dem in dieser Frage implizierten Angriff am besten begegnen, indem wir herausstellen, daß es nicht eine »Vernunft« oder »Wissenschaft« gibt, sondern nur partikulare, historische Formen von Vernunft und von Forschungstraditionen, -institutionen und -praktiken. Deshalb sind selbst hochgeschätzte Denkformen oder Forschungstraditionen nicht an sich progressiv. Die Analyse muß immer bei einer bestimmten historisch-sozialen Situation beginnen und in Richtung auf spezifische historische Zwecke durchgeführt werden. Die Progressivität mancher Denk- oder Wissenschaftsformen leitet sich von gesellschaftlichen Zielen und Werten ab, die sie befördern, und nicht von irgendwelchen Werten, die sie jenseits dieser spezifischen historischen Charakteristika verkörpern könnten. Wissenschaft und Vernunft beinhalten sowohl progressive als auch regressive Impulse. Diese Impulse werden durch historische Bedingungen freigesetzt oder gehemmt.

Ich möchte nicht etwa wichtige Gegensätze oder Konflikte zwischen der feministischen Standpunkt-Theorie und dem feministischen »Postmodernismus« einebnen oder abwerten. Vielmehr versuche ich, die

Diskussion über diese Gegensätze und Konflikte in aussichtsreichere Bahnen zu lenken, indem ich kläre, wo es *keine* Kluft gibt.

Die Modernität des feministischen »Postmodernismus«

Die feministische Standpunkt-Theorie hegt nicht als einzige Ambivalenzen gegenüber den Annahmen der Aufklärung. Zunächst einmal, wie könnte eine feministische Theorie sich vollständig von aufklärerischen Annahmen entfernen und trotzdem feministisch bleiben? Die KritikerInnen haben darin recht, daß der Feminismus mindestens teilweise auf dem Boden der Aufklärung stehen muß. Offensichtlich treffen sich die feministischen »PostmodernistInnen« mit denjenigen, die sie kritisieren, in dem Glauben, daß gesellschaftlicher Fortschritt wünschenswert und möglich ist und daß verbesserte Theorien über uns selbst und die Welt um uns herum zu diesem Fortschritt beitragen werden. Ihre eigenen Arbeiten setzen tatsächlich aufklärerische Ansprüche um, ob sie diese offen diskutieren oder nicht. Sie behandeln, welche Aussagen solche Theorien treffen sollten, ob wissenschaftliche und erkenntnistheoretische Projekte tatsächlich zu besseren Bedingungen für Frauen führen und wer sich anschicken darf zu definieren, was als gesellschaftlicher Fortschritt gilt.

Paradoxerweise kann sich der feministische »Postmodernismus« selbst zu *vielen* der aufklärerischen Annahmen verschreiben. Zum Beispiel scheint die Kritik an dem Ziel verbesserter, spezifisch feministischer Wissenschaft und Erkenntnistheorie mit den Tendenzen der Aufklärung übereinzustimmen, daß alle Wissenschaft und Erkenntnistheorie, die möglich ist – die diesen Namen verdient –, mit den modernen, androzentrischen, westlichen und bürgerlichen Formen vereinbar sein müssen. Es gibt aber gute Gründe dafür, dies als eine merkwürdige Annahme anzusehen. Die Hochkulturen Asiens, Amerikas und Afrikas – die vor dem Aufstieg der nordatlantischen Kulturen existierten – hatten gemessen an den Standards ihrer Zeit hochentwickelte Wissenschaften und Technologien (vgl. Kapitel 9). Die Ausdehnung menschlicher Rationalität ist weder beschränkt auf die moderne westliche Welt, noch wird sie von dieser in paradigmatischer Weise vorgeführt. Wenn andere Instituionen und Praktiken im Dienste des Erkenntnisgewinns außerhalb der modernen, bürgerlichen, androzentrischen westlichen Welt existiert haben, warum sollten wir dann annehmen, daß es in Zukunft keine anderen geben kann?

Außerdem scheinen »postmodernistische« KritikerInnen an feministischer Wissenschaft ebenso wie die positivistischsten modernen DenkerInnen anzunehmen, daß, wenn wir das Ziel aufgeben, eine wahre Geschichte über die Realität zu erzählen, wir auch darauf verzichten müssen, weniger falsche Geschichten erzählen zu wollen. Sie nehmen eine Symmetrie in bezug auf Wahrheit und Falschheit an, wie ich weiter oben und in Kapitel 6 ausgeführt habe. Feministisches Denken kann weniger voreingenommene und verzerrte Repräsentationen hervorbringen wollen, ohne deren absolute, vollständige, universelle oder außerordentliche Adäquatheit anzunehmen. Sollten wir diesen Vorwurf nicht an die »postmodernistischen« Analysen zurückgeben? Wenn nicht, welchen Stellenwert hat ihre Argumentation dann?

Vielleicht sollten wir aus all dem den Schluß ziehen, daß sowohl die Vertreterinnen feministischer Wissenschaft und Erkenntnistheorie als auch deren feministische »postmodernistische« Kritikerinnen mit einem Bein in der Aufklärung stehen und mit dem anderen in der Gegenwart – oder sogar in der Zukunft. Die Verbindung zur Vergangenheit bietet für beide Gruppen problematische und fruchtbare Aspekte. Wichtige Unterschiede zwischen beiden rühren in weiten Teilen von den differenten intellektuellen und politischen Kontexten her, in denen sie arbeiten. Sie haben eine unterschiedliche Geschichte, ein unterschiedliches Publikum und unterschiedliche Ziele. Reminiszenzen oder andere Dispute trüben den psychischen Boden, auf dem sie sich treffen. Zum gegenwärtigen historischen Zeitpunkt brauchen unsere feministischen Ansätze sowohl die Aufklärung als auch »postmodernistische« Programme –, aber wir brauchen nicht dieselben für dieselben Ziele oder in denselben Formen, wie die weißen, bürgerlichen, androzentrischen, heterosexistischen, westlichen Männer sie brauchen.

Ich habe die feministische Standpunkt-Erkenntnistheorie hier gegen so viele KritikerInnen und auf so vielen Gebieten verteidigt, daß der Eindruck entstehen kann, daß ich sie als absolut perfekt darzustellen versuche. Mein Ziel ist aber ein bescheideneres: zu zeigen, daß ihre Mängel nicht diejenigen sind, die ihr in der ersten Runde kritischer Evaluationen zugeschrieben wurden. Das Zusammentreffen gegensätzlicher Kritiken von Gruppen mit unterschiedlichen Programmen – zu objektivistisch versus zu relativistisch, zu erkenntnistheoretisch versus zu soziologisch, zu kritisch gegenüber der Wissenschaft versus nicht kritisch genug, zu loyal gegenüber der Aufklärung versus zu »postmodernistisch« – mag darauf hinweisen, daß die feministische Standpunkt-Theorie tatsächlich etwas Anderes und Wichtiges tut.

Teil III
»Andere«

Kapitel 8

»... UND RASSE?« DIE WISSENSCHAFTS-FRAGE IN GLOBALEN FEMINISMEN

Feministische Herausforderungen der konventionellen Auffassungen von Wissenschaft, Technologie und Erkenntnistheorie haben eine Entwicklung durchgemacht: Die Rufe nach Reform sind zu Programmen geworden, die die Wissenschaften zu sowohl demokratischeren als auch objektiveren transformieren sollen. Die meisten feministischen Wissenschaftskritikerinnen sind jedoch wie die Mehrheit der Intellektuellen in anderen Gebieten im Westen europäischer Abstammung. Wir haben argumentiert, daß positive Diskriminierung (*affirmative action*) eine wissenschaftliche und erkenntnistheoretische genauso wie eine moralische und politische Frage ist. Wir haben argumentiert, daß die soziale Gruppe, die in einem Fachgebiet die Möglichkeit hat, wichtige Problematiken, Konzepte, Annahmen und Hypothesen zu definieren, ihre sozialen »Fingerabdrücke« auf dem Weltbild hinterläßt, das auf den Ergebnissen der Forschungsprozesse dieses Feldes aufbaut. Da die meisten von uns, die feministische Fragen stellen, weiß und westlich sind, ist es unvermeidlich, daß auch wir bestimmte Fingerabdrücke auf den Bildern von Natur, gesellschaftlichen Verhältnissen, Wissenschaft, Technologie und Erkenntnistheorie hinterlassen, die aus unserer Forschung hervorgehen.

Eine Reihe feministischer Kritikerinnen hat bereits den Eurozentrismus der Wissenschaften und der sozialwissenschaftlichen Wissenschaftsforschung in Frage gestellt. Ich will die Signifikanz dieser Arbeiten nicht unterbewerten. In den Naturwissenschaften – auf die dieses Kapitel in erster Linie fokussiert – sind wichtige Beiträge entstanden von westlichen farbigen Frauen wie etwa Darlene Clark Hine (1989), von gemeinsam arbeitenden Autorinnen verschiedener Rassen wie Anne Fausto-Sterling und Lydia English (1986), von weißen Frauen wie Donna Haraway (1989) und von vielen Kritikerinnen an Reproduktions- und Produktionstechnologien.[1] Zusätzlich haben WissenschaftsbeobachterInnen, die nicht unbedingt als feministisch gelten, wichtige Analysen der Beziehungen zwischen rassistischen und sexistischen Projekten in den Wissenschaften vorgelegt (z.B. Gilman 1985; Gould 1981). Alle diese AutorInnen rütteln an der Annahme, daß die Geschichte der Rassenbeziehungen im Westen für die Interpretationen der Entwicklung und Praktiken der westlichen Wissenschaften und Technologien, Wissenschaftsphilosophien, -soziologien und Erkenntnistheorien irrelevant ist. Europäisch-amerikanische Philosophinnen haben außerdem wichtige feministische Analysen der rassistischen und eurozentrischen Voraussetzungen in westlichen feministischen Arbeiten vorgelegt, deren Argumente für die Wissenschaftsdiskussionen relevant sind (z.B. Frye 1983; Simons 1989; Spelman 1988).

Nach dem Untergang der allgemeinen Frau

In welcher Weise sollte ein Bewußtsein für Rassenthemen das feministische Nachdenken über Wissenschaft beeinflussen? Wir Autorinnen europäischer Abstammung fügen unseren Aussagen häufig die Kategorie »Rasse« hinzu und meinen damit für gewöhnlich, daß wir auch über das Leben farbiger Frauen nachdenken *sollten,* wenn wir über die »Lebenssituationen von Frauen« sprechen. Wir behaupten etwa: »Selbstverständlich schafft der Rassismus für farbige Frauen zusätzliche Probleme«. Wir fragen jedoch nicht, was passiert, wenn wir tatsächlich versuchen, die verschiedenen Probleme farbiger Frauen den Schwerpunkten existierender Analysen hinzuzufügen. Diese Versuche ziehen terminologische und konzeptuelle Probleme nach sich (die in aller Regel politische Dimensionen haben). Einige von diesen Problemen werden weiter unten identifiziert, ein paar verdienen jedoch einen vorbereitenden Kommentar.

Zum einen, sollten bestimmte BürgerInnen der Vereinigten Staaten als »Schwarze«, »Menschen aus der Ditten Welt«, »Menschen mit Dritte-Welt-Abstammung«, »Farbige«, »rassische Minderheiten« oder »afrikanische AmerikanerInnen« *(African Americans)* bezeichnet werden? Es gibt für jeden Begriff Pros und Kontras; ich benutze jeweils den, der mir im Kontext am angemessensten erscheint.

Des weiteren ist der Begriff »feministisch« in Diskussionen um Rasse, Geschlecht und Wissenschaft sogar noch umstrittener als in den Fällen, in denen Rassenfragen nicht ins Zentrum gerückt werden. Viele Frauen mit Dritte-Welt-Abstammung, die Theoretikerinnen und Aktivistinnen im Dienste der Frauen sind, verstehen unter »Feminismus« lediglich die eurozentrischen und meistens auch klassenunterdrückenden Programme und Praktiken von ökonomisch privilegierten Frauen europäischer Abstammung. Für diese Theoretikerinnen und Aktivistinnen ist der »Feminismus« Teil ihres Problems; der Begriff erscheint ihnen in politischer und intellektueller Hinsicht als viel zu regressiv, um die Ziele ihrer eigenen Feminismen einzufangen. Auch einige der Frauen, die zu Geschlechteraspekten von Klassenfragen arbeiten, begreifen den »Feminismus« als Teil ihres Problems. Lesbische Frauen, die unter den homophobischen Verhaltensweisen und Einstellungen von vielen Heterosexistinnen leiden, die sich wiederum selbst als Feministinnen begreifen, meiden den Begriff ebenfalls.

Meiner Meinung nach sollten progressive Feministinnen, die weiß, westlich, ökonomisch privilegiert und/oder heterosexuell sind, diese Einschätzungen respektieren. Wir sollten unsere Analysen der Situationen von Frauen und unsere Programme neuorientieren, so daß sie den umfassenderen von solchen Frauen signifikant näherkommen, die auch noch unter anderen Bedingungen als nur darunter leiden, was einige Frauen schlicht als Geschlechterunterdrückung ansehen. Dies schließt die »Neuerfindung von uns selbst als Anderen« ein, die Teil der Ziele dieses Kapitels und dieses Buches ist. Ich werde das hier diskutierte Programm aus zwei Gründen auch weiterhin feministisch nennen. Die meisten LeserInnen werden den Begriff »Feminismus« in diesem Kontext nicht als zu konservativ empfinden. Noch wichtiger ist aber, daß die radikaldemokratischen und -emanzipatorischen Richtungen innerhalb des Feminismus dadurch gestärkt und ermutigt werden können. Diesen Prozeß möchte ich unterstützen.

Aber in anderer Hinsicht mag das Projekt, von dem dieses Kapitel ausgeht, als zu konservativ angesehen werden. Wenn wir uns an die Grenzen des Versuchs erinnern, die Situation von Frauen im Rahmen von Wissenschaften, Technologien und Erkenntnistheorien zu verstehen, indem wir Frauen den konventionellen Diskursen »hinzufügen«, sollten wir dann nicht den Versuch, farbige Frauen den feministischen Diskussionen »hinzuzufügen«, als ebenso problematisch wahrnehmen? Er ist problematisch – aber er hat auch radikale Aspekte. Ich halte ihn aus zwei Gründen für lohnend. Schließlich muß jede irgendwo beginnen, wenn sie ein neues Feld betritt; dieser Versuch ist sicherlich progressiver, als Wissenschaft und Technologie zu diskutieren, ohne das Leben von farbigen Frauen überhaupt zu betrachten. Wir können innerhalb des begrifflichen Rahmens der bestehenden feministischen Diskussionen über wichtige Schriften nachdenken und wichtige Fragen entwickeln. Darüber hinaus werden die Sorten Kritik an Wissenschaft und Technologie, die (weiße) Feministinnen vorbringen, für viele Menschen immer vertrauter. Besonders für diese Personen kann die Vertrautheit mit feministischen Kritiken den Weg bereiten für die Anerkennung der Wichtigkeit von Rassenfragen.

Es ist jedoch alles andere als einfach, farbige Frauen in die Wissenschafts- und Technologiediskussionen »einzubringen«. Der Mangel an Überblicksessays, -büchern und -kursen zu diesem Thema macht es schwierig, die vorhandene Literatur zusammenzutragen oder Analysen zu finden, die auf die Konsequenzen dieser Arbeiten für das konventionelle Denken reflektieren. Der Rassismus, der Menschen mit Dritte-Welt-Abstammung von den Wissenschaften und der akademischen Welt ausgeschlossen hat, behindert Berichte darüber, wie diese Menschen die westlichen Wissenschaften und Technologien erfahren und mit ihnen interagiert haben, und erschwert die Bestimmung dessen, was Menschen europäischer Abstammung vermittelt über die Erfahrung von anderen über sich selbst lernen können.

Trotzdem ist es ein gutes Projekt, gerade auch weil seinen Möglichkeiten Grenzen gesetzt sind. Die Probleme, denen wir begegnen, dürften uns ein Bewußtsein dafür vermitteln, warum wir nicht dabei *stehenbleiben* können, farbige Frauen den feministischen Wissenschafts- und Technologiediskussionen »hinzuzufügen«, auch wenn dies der notwendige Ausgangspunkt ist. Diese Anstrengung kann uns helfen, unser Denken ambitionierteren Verständnissen näher zu bringen. Seit ihren Anfängen haben die Ansätze, die zunächst einmal nur additiv »Frauen hinzufügen« sollten, dazu tendiert, ihre vorgegebenen Beschränkungen zu sprengen und in sinnvoller Weise unangenehme Fragen über den Wissenskanon und -korpus zu stellen. Die Bemühungen, »farbige Frauen hinzuzufügen«, können denselben Effekt haben. Es gibt also gute Gründe – auch wenn radikalere Formen einer globalen feministischen Perspektive auf die westliche Wissenschaft und Technologie denkbar sind –, den hier vorgestellten Ansatz als angemessen und wertvoll anzuerkennen. Er wird uns, so hoffe ich, zu den radikaleren Fragen führen.

Der nächste Abschnitt zeigt einige Verfahrensweisen auf, wie wir die Erfahrungen und Interaktionen von farbigen Frauen mit der westlichen Wissenschaft und Technologie den Themen hinzufügen können, die in den bestehenden Kritiken von (in erster Linie) weißen, westlichen Feministinnen die Schwerpunkte bilden. Danach wende ich mich allgemeineren Fragen darüber zu, warum diese Strategien des Hinzufügens unzureichend sind. Sofern ein solcher Rahmen das Leben von farbigen Frauen nur unangemessen berücksichtigt, bringt er auch unangemessene Interpretationen der Beziehungen von *beliebigen anderen Personen* zu Wissenschafts-, Technologie- und Geschlechterfragen hervor. Jede Analyse, die lediglich partielle und verzerrte Interpretationen des Lebens von farbigen Frauen bereitstellt, kann analog dazu auch nur partielle und verzerrte Interpretationen des Lebens von weißen Männern, farbigen Männern und von weißen Frauen liefern. Kurz gesagt, als Feministinnen den allgemeinen Mann dekonstruierten, unterminierten sie auch die Möglichkeit, aus der Perspektive seiner treuen Begleiterin – der allgemeinen Frau – zu sprechen. Die Nichtexistenz allgemeiner Frauen hat Implikationen für die Kritiken an Wissenschaft und Technologie.

Von der Frage nach farbigen Frauen in der Wissenschaft zur Wissenschaftsfrage in globalen Feminismen

Was können wir lernen, wenn wir versuchen, farbige Frauen den Gegenständen feministischer Analysen hinzuzufügen? Zunächst einmal ist nicht anzunehmen, daß es über die Erfahrungen und Interaktionen dieser Frauen mit Wissenschaften und Technologien nur *eine* Geschichte zu erzählen gibt. Sogar in den Vereinigten Staaten sind die Auswirkungen des individuellen und institutionellen Rassismus für Frauen verschiedener Rassen, Klassen und kultureller Gruppen unterschiedliche. Wir können keine allgemeinen Aussagen über farbige Frauen in den Vereinigten Staaten treffen, und wir können die Erfahrungen der Frauen in den sogar noch stärker differenzierten Gruppen in der Dritten Welt nicht verallgemeinern. Es gibt keine typische Frau mit Dritte-Welt-Abstammung, deren Erfahrungen als Produzentin, Konsumentin oder Forschungsobjekt westlicher Wissenschaften und Technologien zu verfolgen wären. Der Fokus in diesem Kapitel liegt auf amerikanischen Frauen afrikanischer Abstammung, unter Einbeziehung der Eindrücke des Lebens von anderen Frauen mit Dritte-Welt-Abstammung, die die Literatur anbietet.[2]

Frauen mit Dritte-Welt-Abstammung in den Wissenschaften

In den Vereinigten Staaten sind die Chancen in den Wissenschaften für farbige Frauen noch extremer eingeschränkt als für weiße Frauen. Spezifische Informationen dazu sind jedoch schwer erhältlich. Sie fehlen oftmals in den Berichten über die Erfahrungen von »Frauen«, die sich in erster Linie auf weiße Frauen beziehen; sie fehlen ebenso in den Diskussionen über »Minderheiten«, die sich in aller Regel auf das Leben von Männern konzentrieren. Quantitative Daten über farbige Frauen sind häufig in den Gesamtdaten über »Frauen« und »Minderheiten« aggregiert, oder manchmal sogar in denen über »Frauen und Minderheiten«. Nichtsdestotrotz sind einige interessante Einblicke in das Leben von afrikanisch-amerikanischen Frauen in den Wissenschaften und Technologien erhältlich.

Einigen wenigen schwarzen Frauen ist es gelungen, die Ausbildung und Reputation für eine Karriere in den Naturwissenschaften zu erreichen; sie finden sich überproportional in der Medizin. Darlene Clark Hine (1985) berichtet über die 115 schwarzen Frauen, die in den Vereinigten Staaten in dem Vierteljahrhundert nach dem Ende der Sklaverei *M.D. degrees* (M.D. = Medical Doctor) erhielten, verliehen vom *New England Female Medical College in Boston,* vom *Women's Medical College of Philadelphia,* vom *New York Medical College for Women* und von weiteren Colleges. Hine weist darauf hin, daß diese Frauen in verschiedener Hinsicht ein anderes Leben führten als andere Ärzte – ob Männer oder weiße Frauen. Als hervorstechendstes Merkmal »waren sie ein integraler Bestandteil der schwarzen Gemeinwesen, in denen sie praktizierten«, sie arbeiteten an schwarzen Colleges und in städtischen Kliniken und Hospitälern, sie schlossen sich Vereinen an, und sie verbanden erfolgreich ihr Dasein als Ehefrauen und Mütter mit ihren Karrieren als Ärztinnen – und stellten damit die allgemein gültige Überzeugung in Frage, daß höhere Schulbildung und berufliche Ausbildung der Weiblichkeit von Frauen abträglich sei (obwohl Weiblichkeit in afrikanisch-amerikanischen Gemeinschaften sicherlich eine andere Bedeutung hat als unter Weißen, wie Sojourner Truth herausgestellt hat). Darüber hinaus gründeten sie eine Reihe von Einrichtungen der Gesundheitsversorgung: »Sie etablierten Krankenhäuser und Kliniken, bildeten Krankenschwestern aus, lehrten ihre StudentInnen und PatientInnen elementare Gesundheitsregeln und gründeten Häuser und Dienstleistungseinrichtungen für arme Frauen und unverheiratete Mädchen aus beiden Rassen.« Obwohl diese kleine Gruppe professioneller Frauen in erster Linie den höheren Schichten der schwarzen Gesellschaft entstammte, setzte jede von ihnen ihre Bildung und Fertigkeiten zum Wohle aller schwarzen Menschen ein: »Diese schon früh professionalisierten schwarzen Frauen spielten unbestreitbar eine signifikante Rolle im allgemeinen Überlebenskampf aller schwarzen Menschen.« (Ebd.: 117)

Um 1920 herum gab es eine auffällige Reduktion der Anzahl an schwarzen Ärztinnen. Hine nennt zwei Gründe: Die Konvergenz neu erstarker rassistischer, sexistischer und auf Professionalisierung drängender Kräfte war zweifellos zum Teil für diese Reduktion verantwortlich; darüber hinaus »begannen karriereorientierte schwarze Frauen, anstatt den Beruf der Medizinerin zu ergreifen, sich auf die realisierbarere Alternative ›Krankenschwester‹ zu verlegen, wenn sie einen professionell verdienstvollen Platz im amerikanischen Gesundheitssystem anstrebten« (ebd.). Aus anderen Quellen wird deutlich, daß Stiftungen auf die Ausbildungsinstitutionen Druck ausübten, die Karriereaussichten von Schwarzen in den Wissenschaften und der Medizin einzuschränken (vgl. Manning 1983). Die neuere Studie von Hine (1989) über Krankenschwestern von 1890 bis 1950 beleuchtet die heftigen Kämpfe, die schwarze Frauen führen mußten, um Zugang zur Krankenschwesterausbildung zu erhalten. Dieser war ihnen ebenso verwehrt wie schwarzen ÄrztInnen der Zutritt zu leitenden Positionen in weißen Krankenhäusern und schwarzen PatientInnen der Zugang zu medizinischer Versorgung. Aufgrund dieser Diskriminierung und dieses Ausschlusses entwickelten schwarze Gemeinwesen ein paralleles System mit eigenen Ausbildungsschulen und Krankenhäusern.

Wenn amerikanische WissenschaftlerInnen afrikanischer Abstammung das Thema sind, dann erfordern die Diskussionen über die geringe Anzahl von Frauen und Männern die Berücksichtigung eines umfassenderen Kontextes, als wenn WissenschaftlerInnen europäischer Abstammung die vorrangig zu untersuchende Population darstellen. Es ist erstaunlich, daß bis zum 2. Weltkrieg überhaupt einige afrikanische AmerikanerInnen in anderen Feldern als der Medizin wissenschaftliche Karrieren erreichten, wenn wir betrachten, wie stark der Zugang zu graduierten wissenschaftlichen Ausbildungen für Schwarze beschränkt war.[3] Selbst die öffentliche *high school* Bildung war noch bis zur Mitte der 1960er Jahre an manchen Orten für afrikanische AmerikanerInnen unerreichbar. In den frühen 60er Jahren stellten manche Städte im Süden noch immer keine über die 8. Klasse hinausgehende öffentliche Schulbildung für Schwarze bereit. Ein neuer Lektor an meiner Universität beschrieb die »*Negro High School*« in Tallahassee, Florida, die er besuchte, wie folgt: Die segregierten *elementary schools* baten die afrikanisch-amerikanischen Eltern, ihre Kinder vier Jahre lang in der 8. Klasse bleiben zu lassen, damit die LehrerInnen sie mit dem Wissen und den Fertigkeiten ausstatten konnten, die denen der vierjährigen *high school* Ausbildung, die europäisch-amerikanische BürgerInnen in Tallahassee in Anspruch nehmen konnten, entsprachen. Anschließend ermunterten die LehrerInnen zumindest einige ihrer 8. Klasse »Graduierten«, sich für die strengsten *colleges* zu bewerben. Der Berichterstatter, ein *college dean*

(Student mit Aufsichts- und Beratungsfunktion, Anm. d. Ü.), hat in Harvard studiert und seine Prüfungen abgelegt. Er war in den späten 50er Jahren direkt nach Absolvierung seiner 8. Klassen in Harvard aufgenommen worden.

Die Situation in den Ingenieur- und technologischen Berufen, die immer in enger Verbindung zur wissenschaftlichen Praxis gestanden haben, sah fast genauso düster aus. Freie afrikanische Amerikaner konnten ihre wichtigen technologischen Erfindungen seit der Zeit des ersten *U.S. Patent Act* (1970) patentieren lassen, aber vor dem Bürgerkrieg erhielten tatsächlich nur wenige solche Patente. Sklaven, Frauen und Männer, machten viele Erfindungen, aber bis zum Ende des Bürgerkriegs war es weder Sklaven noch ihren Besitzern erlaubt, Patente für die Erfindungen von Sklaven entgegenzunehmen.

Auch andere Faktoren trugen zur Seltenheit von WissenschaftlerInnen afrikanischer Abstammung bei. Wenn wir die gesamte Geschichte westlicher wissenschaftlicher Projekte – sowohl in den Natur- als auch in den Sozialwissenschaften – einteilen würden in solche, die wenig mit der Verbesserung afrikanisch-amerikanischer Lebensbedingungen zu tun haben, solche, die (beabsichtigt oder nicht) deren Qualität mindern, und alle anderen, würden wir sehr wenig wissenschaftliche Arbeit in der ersten und der dritten Kategorie vorfinden. Die Wissenschaften haben im allgemeinen keine guten Auswirkungen auf die Lebensbedingungen von afrikanischen AmerikanerInnen gehabt.[4] Warum sollten diese also im Lichte der Ressourcen, die die Wissenschaften für rassistische Politik und Praxis bereitgestellt haben, heute ihren Nachwuchs dazu bewegen, in solche Felder wie Physik, Chemie, Biologie, Mathematik und Ingenieurwesen zu gehen? Bis heute gibt es im Bildungssystem auf keiner Ebene – weder in primär schwarzen noch in integrierten Klassen – Initiativen, die die afrikanisch-amerikanische Jugend zur Verfolgung wissenschaftlicher Karrieren ermutigen. Afrikanisch-amerikanische Gemeinwesen bestehen darauf, daß ihre Kinder in einer Weise unterrichtet werden, die unmittelbar dem Wohle der afrikanischen AmerikanerInnen dient.[5]

Ist es fair, wenn afrikanische AmerikanerInnen heute dazu verpflichtet werden sollen, nur dann wissenschaftliche oder technologische Berufe zu ergreifen, wenn sie damit die Lebensbedingungen von Schwarzen ganz allgemein verbessern? Schließlich, so können wir einwenden, wird von europäischen AmerikanerInnen nicht erwartet, daß sie kalkulieren, ob ihre Arbeit weißen Gemeinwesen nützen wird, bevor sie sich über ihren Eintritt in Physik, Chemie oder Ingenieurberufe freuen dürfen. Die Ethik des Dienstes an der Gemeinschaft erscheint oft als eine ungerechte Last, besonders wenn europäische AmerikanerInnen diese Argumentation benutzen, um talentierte afrikanische AmerikanerInnen aus den vorwiegend weißen Institutionen auszuschließen und auf schwarze Einrichtungen zu verweisen. »Du hast eine Pflicht deiner Gruppe gegenüber«, vermittelten weiße Lehrer und Stiftungen dem »schwarzen Apoll der Wissenschaft«, Edward Everett Just. »Unterrichte lieber Studenten an der *Howard University,* anstatt eine Forschungskarriere in der Physik anzustreben.« (Vgl. Manning 1983)

Mir als europäischer Amerikanerin steht es ebensowenig zu wie denjenigen, denen Just zuhören mußte, zu verkünden, welche Karrieren afrikanische AmerikanerInnen anstreben sollten. Trotzdem können wir feststellen, daß, obwohl das Argument gegen die Ethik des Dienstes an der Gemeinschaft bezwingend scheint, die Situation von afrikanischen AmerikanerInnen nicht so parallel zu der von europäischen AmerikanerInnen ist, wie es das Argument impliziert. Westliche Wissenschaft und Technologie haben nicht nur zu offen rassistischen sozialen Programmen beigetragen, sondern kodieren auch rassistische Botschaften schon in den Definitionen ihrer abstraktesten Projekte. Auch europäische AmerikanerInnen fühlen sich zur Wissenschaft »berufen«, inspiriert durch die Heldensagen über große Männer und Frauen, deren Leistungen angeblich die höchsten intellektuellen Errungenschaften der »menschlichen« Rasse verkörpern und deren Arbeit der »Menschheit« so großen Nutzen gebracht haben soll. Dazu gehört, so wird behauptet, die erbitterte Verteidigung der Rationalität gegen irrationalen Aberglauben, »primitive« Denkweisen und unterdrückerische und ausbeuterische Politik, die wiederum von den »Massen« so häufig unterstützt werden. Die Dekodierung der rassistischen Botschaften (und derjenigen, die das Geschlecht oder die Klasse betreffen) in diesen konventionellen Begründungen für den Eintritt in die harte Ausbildung, die für eine Karriere in den Wissenschaften nötig ist, enthüllt, daß europäische AmerikanerInnen sich tatsächlich zur Ergreifung wissenschaftlicher Berufe verleiten lassen, um die Bedingungen für *ihre* Rasse zu verbessern. Eine »Ethik im Dienste der Weißen« ist nicht nur offenkundig Teil der Anziehungskraft, die wissenschaftliche Karrieren für europäische AmerikanerInnen ausüben, sondern beinhaltet auch – im Unterschied zur schwarzen Ethik – relativ offenkundige rassistische Botschaften.

Trotz der rassistischen Programme der westlichen Wissenschaften und der Kodierung ihrer Mission denke ich, daß wir erkennen können, warum es mehr afrikanische AmerikanerInnen in den Wissenschaften geben sollte. All die in Kapitel 3 genannten Argumente für die Erhöhung der Anzahl von Frauen in den Wissenschaften sind auch Argumente für eine Erhöhung der Zahlen afrikanischer AmerikanerInnen und anderer Farbiger. Die soziale Gerechtigkeit erfordert, daß afrikanische AmerikanerInnen an dem sozialen Nutzen beteiligt werden, der wissenschaftlichen Karrieren entspringt. Darüber hinaus entscheidet wissenschaftliche Kompetenz heutzutage über die Funktionstüchtigkeit in der Gesellschaft. Außerdem sind junge afrikanische AmerikanerInnen auf die Unterstützung und das Rollenmodell angewiesen, das alle WissenschaftlerInnen ihnen bieten sollten – unter den gegebenen Bedingungen der rassischen Differenzierung der US-Gesellschaft und der negativen Anschauungen, die die meisten europäischen AmerikanerInnen über die intellektuellen Fähigkeiten von afrikanischen AmerikanerInnen verbreiten, ist darauf allerdings kein Verlaß. Farbige AmerikanerInnen sollten außerdem Zugang zu den Ressourcen für Wissenschafts- und Technologieplanungen erhalten, die ihren Gemeinwesen zugute kommen können. Die Wissenschaften hätten eine bessere Chance, ihre rassistischen Programme und Kodes zu überwinden, wenn es eine signifikante Präsenz von afrikanischen AmerikanerInnen in der Wissenschaft gäbe. Und schließlich fällt es schwer, sich die Förderung demokratischerer Tendenzen in den westlichen Gesellschaften vorzustellen ohne die sichtbare und richtungsweisende Mitwirkung von afrikanischen AmerikanerInnen und anderen farbigen Frauen und Männern in der Wissenschafts- und Technologiepolitik.

Dies ist nur eins der Gebiete, auf denen es wichtig ist, die Differenzen in den Situationen von farbigen Frauen in verschiedenen Gesellschaften genau zu betrachten. In einigen wenigen Dritte-Welt-Ländern (zum Beispiel in Südafrika und der Karibik) erlauben es die gesellschaftlichen Verhältnisse Frauen aus der Oberschicht, so wie im Westen Bildung und Karrieren zu erlangen, die sich wenig von denen ihrer Brüder unterscheiden (vgl. Gonzalez 1984). Folglich sind die Frauen in den Wissenschaften in diesen Ländern häufig Angehörige einer ökonomischen und politischen Elite, die viel weniger dazu neigt als ökonomisch und politisch weniger privilegierte Gesellschaftsschichten, die westlichen Vorstellungen über die wünschenswerten Funktionsweisen von Wissenschaften und Technologien zu hinterfragen. Die neuere Geschichtsforschung hat jedoch wiederholt gezeigt, daß Frauen aus privilegierten Klassen oftmals eine starke Kraft für progressiven gesellschaftlichen Wandel gewesen sind, im Gegensatz zur konventionellen Auffassung einiger linker Männer, daß sie stets eine konservative Kraft in der Geschichte darstellen. Selbst in den herrschenden Gruppen ermöglicht der relativ marginale Status von Frauen, verbunden mit einer

Fürsorgeethik, die auch von diesen Frauen erwartet wird, häufig ihre mitfühlende Identifikation mit den Bedürfnissen und Interessen von Menschen, die noch marginalisierter sind als sie selbst. Viele Aktivistinnen, die an der Verbesserung der Bedingungen von rassisch und ökonomisch marginalisierten Frauen in den Vereinigten Staaten und Europa gearbeitet haben, kommen aus der Oberschicht.

Inwiefern sind in diesem Zusammenhang die Vorbehalte relevant, die die konventionelle feministische Literatur in bezug auf die Erfahrungen von Frauen in der sozialen Struktur der Wissenschaft formuliert? Zunächst einmal bedeutet die Fokussierung auf einige wenige afrikanisch-amerikanische »Würdenträgerinnen«, denen der Eintritt in die europäisch-amerikanischen Wissenschaftsinstitutionen gelungen ist, nicht, daß wir viel über die breite Mehrheit derjenigen Frauen erfahren, die in den Wissenschaften arbeiten oder die irgendwann einmal wissenschaftliche und technologische Karrieren angestrebt haben. Mehr noch als das Leben von »großen« europäisch-amerikanischen Männern und von den wenigen »großen« europäisch-amerikanischen Frauen, die in den Wissenschaften Anerkennung finden, ist das Leben dieser farbigen Frauen per definitionem außergewöhnlich. Darüber hinaus tendiert die Geschichtsschreibung über Frauen in den Wissenschaften dazu, sich ebenso wie ihr »präfeministisches« Pendant überproportional auf Eliten zu konzentrieren. Dies hat zur Folge, daß die Präsenz von farbigen Frauen in den Wissenschaften nahezu unsichtbar wird. Die Suche nach »großen« afrikanischen Amerikanerinnen in den Wissenschaften leidet darunter, daß sie versucht, die Individualität einiger weniger Frauen auf Kosten der breiten Mehrheit herauszustellen, deren Anstrengungen die Leistungen der »Großen« erst ermöglichen. Solch ein Zugang fördert eurozentrische Voreingenommenheiten für Individualismus und Meritokratie, zu Lasten des Verstehens und der Unterstützung der kollektiven Formen, in denen Wissenschaft und Technologie in unserer und in anderen Kulturen tatsächlich ablaufen.

Es ist eine weitere Herausforderung, der Versuchung zu widerstehen, die Beiträge von afrikanischen AmerikanerInnen zu Wissenschaft und Technologie allein aus der Perspektive dessen zu beurteilen, was europäisch-amerikanische Eliten als wissenschaftlich und technologisch interessant und wertvoll erachten. Hines Studien über die Bildungs- und Sozialarbeit von schwarzen Ärztinnen und über die spätere Verlagerung des Interesses von schwarzen Frauen auf den Beruf der Krankenschwester beleuchten die Wichtigkeit von solchen wissenschaftlichen Aktivitäten, die in den vorherrschenden weißen, westlichen und männlichen Wissenschaftszirkeln abgewertet werden. Außerdem ist es wichtig zu erforschen, welche Bedeutungen diese Leistungen und die Beteiligung an Wissenschaft und Technologie für Frauen afrikanischer Abstammung haben.

Ich habe bisher hauptsächlich afrikanisch-amerikanische *Frauen* behandelt, es mutet jedoch seltsam an, über sie zu sprechen, als ob ihre Situation nicht ganz grundlegend von den Bedingungen geprägt wäre, die sie mit den Männern gleicher Rasse teilen. Die Diskussionen über die Partizipation von Frauen europäischer Abstammung in der Wissenschafts- und Technologiegeschichte konstituieren ihre Gegenstände in erster Linie über den Kontrast zwischen den Möglichkeiten und Erfahrungen dieser Frauen einerseits und denen von Männern derselben Rassen, Klassen und Kulturen andererseits. Auch wenn der Vergleich der Situation von Frauen afrikanischer Abstammung mit der Situation ihrer Brüder erhellend sein kann, so verzerrt doch die alleinige oder auch nur hauptsächliche Konzentration auf diesen spezifischen Geschlechterkontrast die Interpretation. Für das Verständnis der Beiträge von afrikanischen Amerikanerinnen zu Wissenschaften und Technologien ist es notwendig, diese Geschichte in die allgemeinen Muster der afrikanisch-amerikanischen Geschichte einzuordnen – und nicht nur in die europäisch-amerikanische Geschichte. Schwarze Frauen sind nicht »wie weiße Frauen, nur anders«; sie werden geprägt durch und prägen selbst die umfassendere Geschichte der Beziehungen zwischen den Rassen. Die Geschichten über Frauen in den Wissenschaften werden zumeist in weiten Teilen in die europäisch-amerikanische Geschichte eingebettet. Diese Vorgehensweise leuchtet dann ein, wenn der Fokus darauf gerichtet ist, was die herrschende Kultur als Wissenschaft betrachtet. Wenn aber Wissenschaft Teil der Gesellschaft ist – wenn die Gesellschaft in der Wissenschaft ist, wie ich in Kapitel 4 argumentiert habe –, dann brauchen wir ein Verständnis davon, wie sich die Muster der Rassenbeziehungen in der Gesellschaft auf die Erfahrungen und Interaktionen von afrikanischen AmerikanerInnen in den Wissenschaften auswirken.

Schließlich können wir darüber spekulieren, ob der Eintritt einer großen Anzahl von afrikanisch-amerikanischen Frauen und Männern in Autoritätspositionen in den Wissenschaften und Technologien die Inhalte der wissenschaftlichen Aussagen und die Forschungs- und Erklärungslogik verändern würde oder nicht. Ich habe in früheren Kapiteln argumentiert, daß die Gleichstellung der Geschlechter eine wissenschaftliche und erkenntnistheoretische genauso wie eine moralische und politische Frage ist. Trifft dies nicht ebenso auf die Rassengleichstellung zu?

Die Auswirkungen von Wissenschaft und Technologie auf farbige Frauen

In den Vereinigten Staaten leiden afrikanisch-amerikanische Frauen in extensiverer und intensiverer Weise als europäisch-amerikanische Frauen an den gleichen schlechten Auswirkungen westlicher Wissenschaft und Technologie (vgl. Kapitel 2). Aber es gibt auch sowohl qualitative als auch quantitative Differenzen zwischen diesen Lebensmustern. Zunächst einmal werden vielen afrikanischen Amerikanerinnen durch Rassismus und die daraus entstehende größere Armut Ressourcen vorenthalten, auf die sich europäische Amerikanerinnen bei ihren Aushandlungen mit den wissenschaftlichen, technologischen und medizinischen Establishments berufen können.

Diese Muster lassen sich zum Beispiel in der Reproduktionspolitik und -praxis beobachten. In den Vereinigten Staaten sind unter den Frauen, die ohne ihre Einwilligung sterilisiert worden sind, überproportional viele afrikanische Amerikanerinnen. Rassismus und Armut, die für die hohen Sterilisationszahlen verantwortlich sind, erschweren afrikanischen Amerikanerinnen auch den Zugang zu sicheren Abtreibungen. Der *Supreme Court* schreibt vor, daß *Medicaid*, das Bundesgesundheitsvorsorgeprogramm für Arme, keine Abtreibungen finanzieren darf. Offensichtlich können europäische AmerikanerInnen grundsätzlich nicht tolerieren, daß afrikanisch-amerikanische Frauen und Männer ihre eigenen reproduktiven Entscheidungen treffen. Dies ist wenig überraschend, wenn wir auf eine Tatsache reflektieren, die so offensichtlich ist, daß wir sie schwer in den Blick bekommen: In einer nach Rassen differenzierten Gesellschaft bringt die soziale und biologische Reproduktion (wobei die biologische selbst durch die soziale geformt wird) wiederum Rassen, und nicht rassisch anonyme Kinder hervor. Folglich wäre es überraschender – und verlangte nach wissenschaftlicher Erklärung –, wenn die Reproduktionspolitiken in einer rassistischen Gesellschaft *nicht* zu den Entscheidungen beitrügen, wer leben darf und wer nicht. »Reproduktionspolitiken« beziehe ich hier nicht nur auf Verhütung und Geburten, sondern auch auf die Verteilung der Chancen auf Gesundheit in späteren Stadien des Lebens.[6]

Profitieren europäische Amerikanerinnen von den rassistischen Reproduktionspolitiken, -technologien und -praktiken? Es ist nicht gerade angenehm für europäische AmerikanerInnen – ganz zu schweigen von Feministinnen in dieser Gruppe –, über diese Frage nachzudenken. Aber bis zu welchem Grad auch immer die Verteilung von sozialen und materiellen Chancen und Ressourcen ein Nullsummenspiel sein mag, die Antwort muß bejahend ausfallen.[7] Als Konsequenz der bestehenden

Politiken leben mehr europäische als afrikanische Amerikanerinnen bei guter Gesundheit. Darüber hinaus wirken sich die relativen Ressourcen, die europäischen AmerikanerInnen, ökonomisch privilegierten Frauen und armen farbigen Frauen zur Verfügung stehen, nicht nur auf ihr Dasein als »Reproduzierte« aus, sondern auch auf ihr Dasein als »Reproduzierende«. Wenn Reproduktionstechnologien in den falschen Händen sind, kann der Nutzen für europäische Amerikanerinnen direkt zu Lasten von armen und farbigen Frauen gehen. Einige haben befürchtet, daß der Fall des Babys M. das Vorbild abgeben könnte für die Ausbeutung der Gebärmütter von armen und Dritte-Welt-Frauen zur Hervorbringung von Kindern für ökonomisch privilegierte europäisch-amerikanische Paare. Ein weiteres Beispiel in diesem Zusammenhang ist, daß solche Verhütungsmittel, die für das nordamerikanische Festland noch nicht als sicher galten, zunächst in Puerto Rico getestet wurden, wodurch die Frauen auf dem Festland ihre Kontrolle über Empfängnis oder Verhütung auf Kosten erhöhter Risiken für die Gesundheit von vielen Puerto Ricanerinnen verbessern konnten.

Diese Phänomene sind nicht neu. Im 19. Jahrhundert wurden afrikanisch-amerikanische Sklavinnen von mindestens einem prominenten Arzt und Medizinforscher, J. Marion Sims, für experimentelle gynäkologische Forschung mißbraucht; er setzte in hunderten Experimenten nicht einmal die damals verfügbare Anästhesie ein. Zwei seiner »Patientinnen«, eine Sklavin und eine arme irische Frau, überlebten sogar mehr als 30 von diesen sogenannten Operationen (vgl. Barker-Benfield 1977: 96, 102). Da es in der medizinischen Forschung eine weitverbreitete Sitte war, arme Menschen für wissenschaftliche und medizinische Experimente zu benutzen, dürfte es wenig überraschen, daß Praktiken, die bei armen Menschen europäisch-amerikanischer Abstammung nicht erlaubt waren, an farbigen Frauen zur Anwendung kamen.

Sollten wir diese Art wissenschaftlicher Forschung, die ohne Frage dem Erkenntnisgewinn dienen soll, als Experimentieren oder als Folter ansehen? Gibt es irgendeinen wissenschaftlichen Maßstab für die Unterscheidung zwischen diesen beiden Alternativen? Welchen Verpflichtungen unterliegen WissenschaftlerInnen, über so gewonnene Forschungsergebnisse zu berichten oder eine moralische Haltung einzunehmen? Unter diesen Fragen beginnen KritikerInnen, die vielen beiläufigen Bezüge der neueren medizinischen Literatur auf die Berichte von Nazi-Ärzten über die Ergebnisse ihrer Experimente an jüdischen Gefangenen in Konzentrationslager zu diskutieren – Experimente, die im Dienste der Verbesserung der Lebensmöglichkeiten deutscher BürgerInnen durchgeführt wurden (vgl. Scheman 1989). Zum Beispiel tauchten die nationalsozialistischen Forscher Gefangene in Eiswasser und beobachteten die Charakteristik dieses Sterbens, um Informationen zu gewinnen, die es deutschen Matrosen und Fliegern ermöglichen sollten, in der Nordsee zu überleben. Daß diese Experimente nicht hätten durchgeführt werden dürfen, versteht sich von selbst und ist deshalb auch in den neueren Diskussionen nicht die Frage. Die Frage ist auch nicht, ob diese Informationen benutzt werden dürfen, weil das Wissen um die von dieser »Forschung« ermittelten »Tatsachen« helfen kann, Leben zu retten. Die Frage ist, ob und wie die so produzierten nützlichen Informationen in späteren wissenschaftlichen Berichten zitiert werden sollten. Um den Punkt zu wiederholen: Sind diese Informationen das Ergebnis von Experimenten oder von Folter? Wie können wir – bzw. die Wissenschaft – den Unterschied zwischen beiden fassen? Sind dies nicht außerdem die Begriffe, mit denen auch die Diskussionen über die reproduktionstechnologischen Experimente an farbigen Frauen arbeiten sollten?

Wenn »Reproduktionspolitiken« allgemeiner als solche Politiken aufgefaßt werden, die für die ganze Lebensspanne determinieren, wer leben darf und wer sterben soll, werden viele Differenzen in den Ressourcen sichtbar, die europäischen und afrikanischen AmerikanerInnen jeweils zur Verfügung stehen. In den Vereinigten Staaten verbreiterte sich in den 1980er Jahren die Kluft zwischen den Rassen in bezug auf die Reproduktionspolitiken der Regierung. Als unfreiwillige Sterilisationen und der Abbau sozialer Dienste für afrikanische AmerikanerInnen und arme Frauen eskalierten, gab es gleichzeitig einen Abbau der Unterstützungen für Vorschriften und Dienstleistungseinrichtungen, die es europäischen AmerikanerInnen und Mittelschichtfrauen bis dahin erlaubt hatten, einer Vollzeiterwerbstätigkeit außerhalb des Haushalts nachzugehen. Die Regierung zog sich von der Unterstützung positiver Diskriminierung und von Gleichstellungspolitik zurück und kürzte gleichzeitig die Mittel für soziale Dienste für Kinder, Alte und Kranke. Dies hatte zur Folge, daß die Pflege von Kindern, Kranken und Alten in vollem Umfang an die Privathaushalte zurückverwiesen und die Möglichkeit der Erwerbstätigkeit für Frauen, die durch öffentliche soziale Einrichtungen gegeben war, wieder vermindert wurde. Frauen, die auf dem Arbeitsmarkt diskriminiert werden, haben jetzt wieder viel unbezahlte, aber gesellschaftlich notwendige Arbeit, die sie beschäftigt und ans Haus bindet. Es scheint sich hier unmittelbar um eine Klassenfrage zu drehen, aber sie hat verheerendere Auswirkungen auf afrikanisch-amerikanische als auf europäisch-amerikanische Haushalte.[8]

Ein anderer Fokus der Kritik richtet sich auf gefährliche, unangemessene und ausbeuterische Technologien, die in die Dritte Welt transferiert werden und die spezifische Konsequenzen für Frauen haben. Säuglingsnahrung wurde in Afrika ohne ausreichende Unterweisung in Zubereitung und Anwendung vermarktet – mit der Folge, daß die Gesundheit von afrikanischen Babys gefährdet wurde. *Depo-provera* und Intrauterinpessare wurden an Regierungen in der Dritten Welt verkauft – ihnen sogar als Bedingung der Fortsetzung finanzieller Hilfen aus dem Westen aufgezwungen –, ohne Frauen und Männer in der Dritten Welt in ihre Anwendung einzuweisen und ohne Interesse für den allgemeinen Gesundheitszustand der Frauen, die diese Verhütungsmittel benutzen.[9] Noch vorhandene Vorräte an im Westen verbotenen Medikamenten wurden auf den Dritte-Welt-Märkten zu Dumpingpreisen verschleudert.

Die Literatur zu Frauen und Entwicklung ist reich an Beispielen von Technologietransfers, die für den Westen ökonomisch und politisch vorteilhaft sind, aber die materiellen und sozialen Ressourcen der Frauen (und Männer) in den empfangenden Kulturen weiter schwächen.[10] Wenn Männer mit Agrartechnologien versorgt und in deren Verwendung eingewiesen werden in Kulturen, in denen traditionellerweise Frauen Landwirtschaft betreiben, wird die landwirtschaftliche Produktion herabgesetzt, weil Männer in der Dritten Welt genausowenig wie ihre westlichen Brüder von der Aussicht begeistert sind, »Frauenarbeit« zu verrichten. »Moderne« Wasserversorgungs- und Haushaltstechnologien werden eingeführt mit der Konsequenz, daß Frauen mehr Arbeit haben als zuvor. Die sogenannte »grüne Revolution« ersetzt die Produktion von Feldfrüchten, die der Selbstversorgung dienen, durch den Anbau gewinnträchtiger Früchte für den Export und produziert auf diese Weise ökonomische und in deren Folge Ernährungsprobleme für die einheimische Bevölkerung – besonders für Frauen, die häufig sowohl die Ernährenden als auch die letzten sind, die bei der Zuteilung des Essens in den Familien an der Reihe sind. Es wird zunehmend klar, daß arme Frauen einen überproportionalen Anteil der Kosten der sogenannten »Entwicklung« der Dritten Welt bezahlen.

In der Ersten Welt ist es mit Hilfe der Wissenschaft der »Rationalisierung« von Arbeitsprozessen gelungen, die Arbeit in vielen Beschäftigungsbereichen zu dequalifizieren, mit der Konsequenz, daß diejenigen, die auf dem Arbeitsmarkt am wenigsten konkurrenzfähig sind, die Arbeiten annehmen müssen, die am schlechtesten angesehen und vergütet werden. Die niedrigen Löhne von afrikanischen AmerikanerInnen ermöglichen es den Arbeitgebern, mit billigeren, gefährlicheren, arbeitsintensiveren Technologien, als sie andernfalls erforderlich wären, ungestraft zu arbeiten. Sie können es sich außerdem erlauben, weder Krankenversicherung noch Mutterschutz oder Altersversorgung zur Verfügung zu stellen. Textil-, Elektronik- und andere verarbeitende Industrien sind in die südlichen Staaten umgezogen, wo afrikanisch-amerikanische, hispanische und einige europäisch-amerikanische ArbeiterInnen hungriger und die Gewerkschaften schwächer sind und wo der Staat verspricht, die Bevormundung der Arbeitgeber gering zu halten. Die Zunahme der internationalen Arbeitsteilung bedeutet, daß vom Westen kontrollierte Industrien in der Dritten Welt angesiedelt werden, wo Frauen – die sowohl von ihren Familien als auch von Regierungen und von Arbeitgebern ausgebeutet werden – in Textil- oder Elektronikmanufakturen oder in Akkordarbeit in der Computerherstellung weit billiger arbeiten, um Produkte und Dienstleistungen für den westlichen Markt zu erzeugen.[11] Ich werde hier nicht etwa die ins Detail gehende Literatur zu diesen Praktiken referieren, sondern lediglich argumentieren, daß sie wichtig ist für unser Nachdenken über die Auswirkungen der westlichen Wissenschaften und Technologien auf das Leben von Frauen, die aus der Dritten Welt stammen. Diese Wissenschaft ist ganz sicher nicht »für das Volk« eingesetzt worden, mit Galilei gesprochen – zumindest dann nicht, wenn mit »Volk« alle Völker auf der Welt gemeint sind.

Die Erklärungen darüber, wie wissenschaftliche Technologien das Leben von Frauen und Männern mit Dritte-Welt-Abstammung beeinflussen, müssen innerhalb der allgemeineren Geschichte der Dritten Welt angesiedelt werden. Diese Erklärungen sollten berücksichtigen, daß Wissenschaften und Technologien Frauen und Männer häufig in unterschiedlicher Weise beeinflußt haben. All meine weiter oben formulierten Vorbehalte gegen den Versuch, das Leben von farbigen Frauen aus seinem konkreten historischen Kontext herauszulösen, um es den Berichten über das Leben von Frauen aus der Ersten Welt »hinzuzufügen«, greifen auch hier.

In Kapitel 4 habe ich mich gegen die verlockende Annahme gewandt, daß eine im Kern »reine Wissenschaft« aus deren eurozentrischer und rassistischer Institutionalisierung im modernen Westen extrahiert werden kann. Wir könnten jetzt noch immer vermuten, daß der »reine« Kern der Wissenschaft nur aufgrund der massiven Zufuhr von öffentlichen Geldern in die harten Wissenschaften und ihre Technologien seit dem 2. Weltkrieg geschrumpft ist, im Unterschied zur Ausweitung des »unreinen« Mißbrauchs. Das gynäkologische Experimentieren an afrikanisch-amerikanischen Sklavinnen, das lange vor Sputnik stattfand, könnte man noch immer als die Ausnahme ansehen, die die Regel bestätigt; die meisten WissenschaftlerInnen beschäftigten sich nicht mit solchen eklatant rassistischen Praktiken. Diese Annahme ist zweifellos richtig. Trotzdem haben bestimmte Rassenbeziehungsformen die moderne westliche Wissenschaft seit ihren Anfängen mit der Förderung von Imperialismus und Kolonialismus in der Dritten Welt untrennbar verknüpft (vgl. Kapitel 9).

Ob einzelne europäische AmerikanerInnen mit ihren wissenschaftlichen Überzeugungen und Praktiken tatsächlich *beabsichtigten,* die Ausbeutung von Menschen mit Dritte-Welt-Abstammung zu unterstützen oder nicht, die Wissenschaft als Institution hat in ausbeuterischer Weise gewirkt. In zunehmendem Maße wird der Widerstand gegen die Anerkennung oder kritische Untersuchung von Herkunft, Auswirkungen, Werten und Interessen wissenschaftlicher Projekte als Teil der Unverantwortlichkeit positivistischer Tendenzen in den Wissenschaften und der Wissenschaftsforschung wahrgenommen, die – wie ich in früheren Kapiteln argumentiert habe – antidemokratische Tendenzen in Staat und Ökonomie befördert haben. Selbst die *National Academy of Sciences* (1989) bemüht sich heute darum, das Verständnis dafür zu fördern, daß »menschliche Werte nicht aus der Wissenschaft eliminiert werden ... und wissenschaftliche Forschungen subtil beeinflussen können«; daß »Wissenschaft und Technologie integrale Bestandteile der Gesellschaft geworden sind, so daß Wissenschaftler sich nicht mehr von gesellschaftlichen Belangen ausnehmen können« (ebd.: 6, 20).

Vorurteile gegen farbige Frauen in Forschungsergebnissen

WissenschaftshistorikerInnen und BiologInnen stellen heraus, daß für die Verbreitung von einerseits rassistischen und andererseits sexistischen Geschichten über die menschliche Evolution dieselben Argumentationen und Forschungsprojekte benutzt worden sind. Der verbreitete Einsatz soziobiologischer Argumentationen für rassistische und sexistische Ziele ist nur der jüngste dieser Versuche, den Status quo in bezug auf Rasse und Geschlecht von 1950 und früher angesichts der Bedrohung, die aufkommende feministische und Dritte-Welt-Bewegungen darstellen, zu restaurieren (vgl. Bleier 1984; Lewontin u.a. 1984). Und die Evolutionstheorie ist nur ein Gebiet der Biologie, in dem die Kombination von rassistischen und sexistischen Annahmen das Bild von farbigen Frauen verzerrt hat.

Die Sozialwissenschaften haben seit einigen Forschungsdekaden kritische Analysen hervorgebracht, die Alternativen anbieten zu den voreingenommenen und verzerrten Ansichten über farbige Frauen, die sowohl für die konventionelle als auch für die europäisch-amerikanische feministische Gesellschaftstheorie und -forschung charakteristisch gewesen sind.[12] Diese Analysen stellen in Ehren gehaltene Voraussetzungen in Wissenschaft, Philosophie und Wissenschaftsforschung in Frage. Sie hinterfragen die Abwertung des »Entdeckungskontextes« in bezug auf die gesellschaftliche Prägung der Forschungsergebnisse; sie hinterfragen die Fähigkeiten der wissenschaftlichen Methode, so wie sie üblicherweise definiert wird, verzerrende Voreingenommenheiten zu identifizieren und zu eliminieren; sie hinterfragen die enge und irreführende Weise, in der Objektivität konzeptualisiert wird; sie hinterfragen landläufige Ansichten über die wissenschaftlichen Konsequenzen von positiver Diskriminierung und von Gleichstellungsprogrammen; sie hinterfragen die Angemessenheit der Versuche, Frauen den herkömmlichen Gegenständen einfach »hinzuzufügen«, anstatt auch deren begriffliches Rahmenwerk zu transformieren.

Es verdient hervorgehoben zu werden, daß sich in dieser Literatur auch ein neues Verständnis von europäisch-amerikanischen Frauen und Männern findet. Europäische Amerikanerinnen haben auch eine Rasse, ob wir dies nun wahrnehmen und anerkennen oder nicht. Wir tendieren dazu, diese in Wort und Tat – bewußt oder unbewußt – zu demonstrieren, und müssen deshalb lernen, wie wir bei der Analyse der »Situation von Frauen« sowohl vom Leben der Frauen mit Dritte-Welt-Abstammung als auch von unserem eigenen Leben ausgehen können. Die unerforschte rassische Identität führt nicht nur zu verzerrten Bildern von Menschen aus der Dritten Welt; sie führt auch zu voreingenommenen und verzerrten Bildern von Frauen und Männern europäischer Abstammung.

Rassische und sexuelle Bedeutungen von Wissenschaft und Natur

Einige AutorInnen haben angefangen, ihr Augenmerk auf den Beitrag der Wissenschaft zur gleichzeitig sexuellen und rassischen Attribuierung von Natur und Forschung zu richten. Sander Gilman (1985) hat untersucht, wie Rassismus und Sexismus wechselseitig als Ressourcen dienten für die Konstruktion der Bilder von Frauen und »anderen Rassen«, die deren Ausbeutung und Beherrschung durch Männer europäischer Herkunft legitimieren sollten. Gilman schildert etwa, wie medizinische Autoren westlicher Provenienz ein Netzwerk an Assoziationen über die sexuellen und moralischen Abweichungen und Abnormalitäten von schwarzen Südafrikanerinnen, südeuropäischen Frauen, Prostituierten und Lesben entspannten. Auf diese Weise gelang es solchen Autoren, breite Unterstützung für ihre Idee zu bekommen, daß Frausein an sich eine Quelle des Übels und der moralischen Korruption ist. Nancy Stepan (1986) hat gezeigt, daß die Wissenschaften rassische und sexuelle Stereotypen zum Nachteil von Frauen und Menschen der Dritten Welt verbinden. Anne Fausto-Sterling (1987) hat die Forschung über die Bedeutungen weitergetrieben, die die abfällig so genannte »Hottentotten-Venus« für das Europa des 19. Jahrhunderts hatte.

Donna Haraway (1989) hat den rassistischen Sexismus und sexistischen Rassismus der Primatologie untersucht, die wichtige wissenschaftliche Begründungen für die assoziative Verknüpfung von afrikanischen Frauen mit wilden Tieren geliefert hat, im Unterschied zur Assoziation von europäischen und amerikanisch-europäischen Frauen mit Zivilisation. Haraway identifiziert die sehr unterschiedlichen Voreingenommenheiten der indischen, japanischen und amerikanischen primatologischen Forschung und vermutet, daß sie über die kulturellen Differenzen in bezug auf die Konzeptualisierung von Natur und Gesellschaft interpretierbar sind. Rassische und geschlechtliche Bedeutungen sind ein klarer, aber komplexer Bestandteil dieser gegensätzlichen Konzeptionen (vgl. ebd., besonders Kapitel 10). Auch LiteraturkritikerInnen haben die miteinander verknüpften rassistischen und sexistischen Zuschreibungen identifiziert, die sich in der Geschichte von Reiseberichten und in anderen kolonialen Diskursen über exotische Natur und exotische Menschen finden (vgl. Gates 1986; Said 1978; Mudimbe 1988).

Kapitel 2 handelte davon, daß metaphorische Bedeutungen soziale Rechtfertigungen – bzw. moralische Ressourcen – für die Theorien akkumulieren, in denen sie vorkommen.[13] Sie konstituieren nicht einfach rhetorische Dekorationen oder heuristische Instrumente, sondern dienen dazu, Forschungsprozesse in bestimmte Richtungen zu lenken – wie es zum Beispiel die Metapher von der Natur als Maschine getan hat –, und sie helfen zu bestimmen, was als Evidenz für Hypothesen gelten darf. Vielleicht sollte uns die Identifikation von rassischen Themen in der wissenschaftlichen Literatur zu einer Neuuntersuchung der Metaphern animieren, die für gewöhnlich mit Geschlecht assoziiert werden, um zu überprüfen, ob sie außerdem rassische Bedeutungen transportieren. In welcher Weise prägt der Rassismus zum Beispiel die Konzeption der »wilden Frau« – in der Sprachfigur von Bacon und Machiavelli –, die das menschliche Schicksal bedroht, wenn sie nicht vom Mann kontrolliert wird? Wird die Vorstellung von der Wildheit europäischer Frauen gesteigert durch die Assoziation – die sich besonders in Schriften über farbige Frauen findet – von Frauen mit einer Sexualität, die Männer als »wild« empfinden (als »dunklen Kontinent«, in Freuds Worten)? (Vgl. Tiffany/Adams 1985)

Eurozentrische Erkenntnistheorien

Weniger voreingenommene und verzerrte Beschreibungen und Erklärungen von Natur und gesellschaftlichen Verhältnissen sind das Ergebnis, wenn die Forschung beim Leben von farbigen Frauen ansetzt, anstatt nur die Lebensbedingungen von Männern und Frauen europäischer Abstammung zu berücksichtigen. In einer Gesellschaft, die über die Kategorien Rasse, Klasse und Geschlecht differenziert ist, können die Wissenschaften nicht Objektivität maximieren, wenn die *scientific community* elitäre gesellschaftliche Interessen und Werte vertritt. Die Ergebnisse der neueren Kritik an den eurozentrischen politischen, sozialen, psychischen und ökonomischen Projekten in den Natur- und Sozialwissenschaften machen deutlich, wie partiell und verzerrt die Bilder von natürlichen und sozialen Verhältnissen gewesen sind, die selbst diejenigen Anwendungen der wissenschaftlichen Methode mit sich gebracht haben, welche einmal für die strengsten gehalten wurden. Die Kritiken und alternativen Interpretationen demonstrieren, daß Gleichstellungsfragen nicht nur moralisch und politisch, wie gewöhnlich angenommen wird, sondern auch wissenschaftlich und erkenntnistheoretisch relevant sind.

In feministischen Analysen, mit einigen Ausnahmen, tauchte die Perspektive von Frauen mit Dritte-Welt-Abstammung auf das westliche Leben und Denken nicht auf, bevor nicht diese selbst Zugang zu Publikationsmöglichkeiten, universitären Positionen und disziplinären Konferenzen erlangt hatten. In diesem Zusammenhang sind die Sorten Fragen von Bedeutung, die die Konstruktionen des feministischen Empirismus und der feministischen Standpunkt-Theorie geprägt haben. Wollen die Kritiken an Wissenschaft und Technologie aus der Perspektive des Lebens von farbigen Frauen eine »schlechte Wissenschaft« von ihren unzureichend strengen Praktiken befreien? Oder ist etwas ganz grundlegend falsch an den europäisch-amerikanischen wissenschaftlichen Erkenntnistheorien? Brauchen wir eine afrikanisch-amerikanische oder Dritte-Welt- oder globale feministische Standpunkt-Erkenntnistheorie, um den Rassismus von Wissenschaft und Technologie angemessener ausdeuten zu können und um die feministischen Interpretationen zu stärken, die aus der Perspektive des Lebens von farbigen Frauen entstehen? Welche Aspekte des Lebens dieser Frauen machen genau den erkenntnistheoretischen Vorzug aus?

Mit Bezug auf die Diskussion in Kapitel 5 können wir für den wissenschaftlichen und erkenntnistheoretischen Vorteil argumentieren, der sich ergibt, wenn wir beim Leben der vom Zentrum der gesellschaftlichen Ordnung Herabgesetzten, Vernachlässigten, Ausgeschlossenen ansetzen; beim Leben derjenigen, die kein Interesse an einer ignoranten Haltung gegenüber den Funktionsweisen der Gesellschaftsordnung haben; die die Perspektive der anderen Seite der rassischen Auseinandersetzungen vertreten; die eine differente, nämlich alltägliche Perspektive ermöglichen; die in manchen Fällen die Perspektive »integrierter AußenseiterInnen« haben; die die Beziehungen zwischen Natur und Kultur auf andere Weisen vermitteln als europäische Amerikanerinnen; und deren Aktivitäten zum gegenwärtigen historischen Zeitpunkt ein besonders erhellendes Verständnis bereitstellen.

Die detailliertere Untersuchung dessen, wie genau die Forschung aus der Perspektive von farbigen Frauen Objektivität maximieren und Voreingenommenheit und Verzerrtheit wissenschaftlicher und gelehrter Bilder von Natur und gesellschaftlichen Verhältnissen minimieren kann, ist ein Projekt, das HistorikerInnen, SoziologInnen, LiteraturkritikerInnen, ÖkonomInnen, politische WissenschaftlerInnen und andere in vielen Arbeiten bereits verfolgen. Ich möchte hier für die Notwendigkeit argumentieren, daß *alle* Forschung und *alles* Wissen anfangen müssen, das Denken auf diese Weise zu begründen. Das heißt, feministische Forschung wird weiter unnötig partielle und verzerrte Interpretationen liefern, wenn sie die Anweisung der Standpunkt-Theorie nicht ernst nimmt, vom Leben der Frauen auszugehen – vom Leben *aller* Frauen. Die Berücksichtigung institutioneller und struktureller Beziehungen zwischen den Lebensbedingungen von Frauen verschiedener Rassen, Klassen, Sexualitätsformen und Gesellschaften ist für die Reduzierung von Voreingenommenheit und Verzerrtheit entscheidend.

Kapitel 11 erforscht weitergehend, welche spezifische Bedeutung es für Frauen europäischer Herkunft hat, wenn sie ihr Denken beim Leben von Frauen mit Dritte-Welt-Abstammung ansetzen. Bis wir dazu kommen, müssen noch einige allgemeinere Fragen über die Vorteile gestellt werden, die uns zuwachsen, wenn wir die westlichen Wissenschaften und ihre Technologien aus der Perspektive des Lebens von farbigen Frauen zu analysieren beginnen.

Die Integration von Rasse, Klasse und Geschlecht

Wie erwartet können die additiven Zugänge zu rassischen Fragen genausowenig wie die Ansätze, die Frauen und Geschlechterfragen den herkömmlichen Denkweisen einfach »hinzufügen« wollen, nicht den Terrains zugeordnet werden, die wir zu Beginn für sie ins Auge gefaßt haben mögen. Begriffe haben sich von ihren üblichen Bezügen entfernt: So hat sich etwa herausgestellt, daß wir für die Wissenschafts- und Technologiediskussion die Organisation der Lohnarbeit und die Muster der »De-Entwicklung« in der Dritten Welt betrachten müssen. Wir können uns nicht auf individuelle Vorurteile gegen Farbige konzentrieren, sondern müssen auch die Programme und Praktiken von Institutionen berücksichtigen. Wir können nicht einfach auf Frauen mit Dritte-Welt-Abstammung und ihr Leben fokussieren, sondern müssen auch das Leben von Männern aus der Dritten Welt und von europäischen AmerikanerInnen betrachten.

In bezug auf die konventionellen feministischen Wissenschafts- und Technologieansätze sind neue Fragen aufgetaucht: Profitieren westliche Frauen von Mißbrauch und Fehlnutzung der Wissenschaften und ihrer Technologien im Leben von farbigen Frauen? Sind manche Geschlechtermetaphern im westlichen Wissenschaftsdiskurs gleichzeitig rassistische Metaphern? Welche begrifflichen Verschiebungen mit welchen Konsequenzen müssen vorgenommen werden, wenn wir über die additiven Ansätze hinausgelangen wollen, um Geschlechter-, Rassen- und Klassenanalysen zu integrieren? Welche Bedeutung kommt dem Versuch zu, nur noch integrierte Analysen vorzunehmen?

Wir können damit beginnen, was ein solcher Versuch *nicht* ist oder sein sollte. Maxine Baca Zinn und ihre Kolleginnen (1986) haben drei verbreitete und problematische Zugänge zu Rassen- und Klassenfragen in den Arbeiten von weißen und feministischen Sozialforscherinnen der Mittelschicht identifiziert. Da sich dieses Buch mit sozialwissenschaftlicher Wissenschaftsforschung, Technologie und der Produktion von Erkenntnis befaßt, sind diese Ansätze für uns relevant. Eine Form der Analyse behandelt diesen Kritikerinnen zufolge

> Rasse und Klasse als sekundäre Merkmale der Gesellschaftsorganisation und räumt der universellen Unterordnung der Frauen primäre Bedeutung ein. Dieses Denken etabliert eine gemeinsame feministische Grundlage und ebnet alle Abweichungen ein, brandmarkt sie in den Worten Phyllis Palmers [1983] als »abweichende Spezialinteressen«.

Es ist einfach nicht wahr, daß Geschlechterbeziehungen ein im Vergleich zu den Ungleichheiten Rasse und Klasse bedeutenderes Set an menschlichen Erfahrungen konstituieren, dies ist aber implizit, wenn wir Geschlechterbeziehungen das Primat einräumen. Ein zweiter problematischer Ansatz

erkennt an, daß Ungleichheiten in bezug auf Rasse, Klasse und Geschlecht differente Erfahrungen generieren und daß Frauen eine rassen- und klassenspezifische Beziehung zum Geschlechterverhältnis [sex-gender system] haben. Im weiteren werden Rassen- und Klassenungleichheiten jedoch beiseite gestellt mit der Begründung, daß sie zwar wichtig sind, uns aber die nötigen Informationen fehlen, um diese Aspekte in die Analyse zu integrieren. Bonnie Thornton Dill [1983b] drückt diesen Sachverhalt so aus, daß andere als Geschlechterungleichheiten zwar wahrgenommen, aber nicht expliziert werden. Abgesehen von einer flüchtigen Anerkennung der Differenzen machen die Vertreterinnen dieser Position keinen weiteren Versuch, die Ergebnisse der kritischen Forschung zu Rasse und Klasse in ein Rahmenwerk zu integrieren, das sich ganz allgemein mit Frauen auseinandersetzt.

Der dritte Ansatz

konzentriert sich auf deskriptive Aspekte der Lebensweisen, Werte, Gewohnheiten und Probleme von Frauen in untergeordneten Rassen- und Klassenkategorien. Hier werden Differenzen beschrieben, ohne daß der Versuch gemacht würde, deren Ursachen oder tiefere Bedeutung zu erklären. Solche Abhandlungen sind nach Margaret Simons [1979] »auf die prätheoretische Präsentation konkreter Probleme begrenzt«.

Wenn Feministinnen Rassen-, Klassen- und Geschlechterfragen integrieren wollen, müssen sie unsere in weiten Teilen separierten Theorien zu Ursachen und Erscheinungsweisen der Geschlechter-, Rassen- und Klassenhierarchien in einer Theorie vereinen. Baca Zinn und ihre Koautorinnen weisen darauf hin, daß »ein Ansatz zur Erforschung von Frauen in Kultur und Gesellschaft auf der Ebene der gesellschaftlichen Organisation ansetzen sollte. Von diesem Aussichtspunkt aus können wir das komplexe Geflecht hierarchischer sozialer Arrangements einschätzen, das für verschiedene Frauen unterschiedliche Erfahrungen hervorbringt.« (Baca Zinn u.a. 1986: 296 f.)

Für Wissenschaft und Technologie bedeutet das, bei der sozialen Organisation der wissenschaftlichen und technologischen Institutionen zu beginnen, einschließlich der Fragestellung, wie sie sich ökonomisch und politisch in Rassen-, Klassen- und auch Geschlechterverhältnisse einordnen. Die unter europäischen AmerikanerInnen in den Vereinigten Staaten üblichen Konzeptualisierungsweisen für Rasse und Rassismus erschweren den Wechsel zu der von Baca Zinn und ihren Kolleginnen eingeforderten Form der Analyse. Erstens muß der Begriff Rasse als ein Verhältnis (und nicht als eine »Sache« oder Eigenschaft) neu bestimmt werden. (Erinnert sei an das Argument eines früheren Kapitels, daß es keine substantiell männlichen oder weiblichen Eigenschaften gibt, sondern daß Geschlecht eine gesellschaftlich definierte Beziehung ist). Dann ist es einfacher zu verstehen, wie Rassismus funktioniert: Eine Form von Rassismus wie die weißen Suprematieansprüche bezieht sich auf angebliche biologische Differenzen, um die Zuteilung von materiellen und sozialen Ressourcen an eine Gruppe auf Kosten einer anderen Gruppe zu begründen.

Zweitens ist Rassismus ganz grundlegend eine Funktion der Sozialstruktur und keine Frage individuell schlechter Einstellungen und falscher Überzeugungen. Wie der Soziologe David Wellman (1977) herausgestellt hat, gibt sich die Tendenz, Rassismus als »Rassenvorurteil« zu definieren, mit einer Interpretation zufrieden, die die Verantwortung für Rassismus lediglich den bereits ökonomisch benachteiligten armen Weißen auflädt, die es im Unterschied zu Mittelschichtangehörigen nicht gelernt haben, offen rassistische Äußerungen zu vermeiden oder dafür nicht belohnt wurden. Rassismus wird auf viele verschiedene Weisen ausagiert, offene Vorurteile sind nur eine davon. Er drückt ganz grundlegend eine politische Beziehung aus, so Wellman, eine Strategie, die »den Weißen zu Lasten von Schwarzen und anderen Farbigen sytematisch ökonomische, politische, psychologische und soziale Vorteile bringt« (ebd.: 37), und es handelt sich um eine dynamische Beziehung, die flexibel genug ist, sich an veränderte historische Bedingungen anzupassen. Ich schlage nicht etwa vor, Individuen die Verantwortung für ihre Verhaltensweisen und Überzeugungen zu entziehen; es ist falsch, rassistische Vorurteile zu äußern. Aber dieses Verständnis markiert nur den Anfang der Auseinandersetzung mit den Konstitutionsbedingungen rassistischer Überzeugungen und Verhaltensweisen – mit der institutionellen Rassensuprematie also, die von »vorurteilsfreien« individuellen Überzeugungen und Verhaltensweisen unterstützt und erhalten wird. Feministische Leserinnen werden wissen, daß wir eine solch triviale und wenig hilfreiche Art der Analyse in bezug auf den Sexismus niemals toleriert haben. Die Eliminierung sexistischer Kommentare und frauenverachtender Einstellungen ist wichtig, aber es ist noch wichtiger, die politischen, ökonomischen und sozialen Institutionen zu transformieren, die den Sexismus und Androzentrismus stützen und erhalten.

Diese beiden Punkte führen zum dritten: nämlich daß die sozialen Strukturen der Rassenbeziehungen mit Geschlechter- und Klassenverhältnissen verbunden sind. Diese Verbindung ist zum Teil verantwortlich für die Flexibilität und Anpassungsfähigkeit jedes einzelnen Ausbeutungs- oder Unterdrückungssystems: Seit ihren Anfängen ist jedes einzelne für die Konstruktion der jeweils anderen benutzt worden.

Die Anerkennung dieser drei Aspekte von Rasse und Rassismus kann bei der Analyse von Wissenschaft und Technologie helfen, ansonsten verführerische Tendenzen zu vermeiden. Diese Form der Analyse verzichtet auf die Annahme, daß Frauen und Männer europäischer Herkunft keine Hautfarbe haben, und erkennt statt dessen an, daß auch diese Frauen und Männer einer Rasse angehören. Sie vermeidet den Effekt der »Ausforschung«, der die Folge der ausschließlichen Fokussierung auf farbige Frauen beim Thema Rasse ist. (Feministinnen europäischer Abstammung haben oft auf diese Weise geforscht, obwohl wir die analoge Dynamik von Männern immer schärfstens zurückgewiesen haben, die »Frauen erforscht«, aber die Anwendung feministischer Ergebnisse auf die Untersuchung des eigenen (männlichen) Geschlechts und seiner Institutionen vermieden haben: »Warum untersuchen sie sich nicht selbst, wenn sie etwas über Sexismus und Androzentrismus erfahren wollen?«, lautet die gängige feministische Beschwerde.) Selbstverständlich wäre es eine Verbesserung, wenn Menschen europäischer Abstammung mehr über farbige Menschen, ihr Leben, ihre Geschichte, ihr Denken und ihre Literatur wüßten und wenn wir mehr als flüchtig die negativen Auswirkungen unseres eigenen Rassismus und Imperialismus auf ihr Leben anerkennen würden. Die Form der »Ausforschung« ist aber sicherlich nicht der einzige Weg für Menschen europäischer Abstammung, diese Dinge zu erfahren.

Es wird viele andere Verschiebungen in den gängigen Sichtweisen geben, wenn den Analysen begrifflich und empirisch adäquatere Konzeptionen von Rasse und Rassismus zugrundegelegt werden. Zum Beispiel wirft der Versuch der Integration von Rassenfragen ein Schlaglicht auf die Notwendigkeit einer angemessenen Klassenanalyse. Die Geschichte der Entwicklung moderner Wissenschaften und Technologien ist untrennbar mit der Geschichte der Klassenverhältnisse verknüpft, und die vorhandene Klassenanalyse liefert wichtige Ressourcen für Untersuchungen über Rasse und Wissenschaft. Um ein anderes Beispiel zu nennen: Sollten wir nicht von der »Bevorteilung« der Mehrheit als dem logischen Komplement der »Benachteiligung« der Minderheit sprechen (vgl. McIntosh)? Wenn auch Menschen europäischer Abstammung als Träger einer Rasse gesehen werden und wenn Rasse als strukturell gestütztes Verhältnis wahrgenommen wird, dann müssen wir in unsere Konzepte auch einbeziehen, wie es zu fehlenden »Vorteilen« kam und kommt. Wir können ähnlich argumentieren in bezug auf die Beendigung von Rassismus als eine Frage »sozialer Gerechtigkeit«. Das

Konzept sozialer Gerechtigkeit nimmt an, daß manche Gruppen sie erfahren und manche nicht; so gesehen sollte sich die Gesellschaft darauf konzentrieren, wie diejenigen, die sie bisher nicht erfahren, in ihren Genuß kommen können. Es mißlingt diesem Konzept, sich dezidiert gegen die Tendenz zu richten, die das Opfer für schuldig erklärt und meint, daß die Besitzlosen auf irgendeine Art ihre Bedingungen verdienen. Und es lenkt unsere Gedanken nicht in Richtung auf die Frage, ob und wie manche Menschen möglicherweise »zuviel Gerechtigkeit« erfahren – das heißt, ob und wie sie unfairerweise von gesellschaftlichen Institutionen bevorzugt werden. Es ist m.E. genauso ungerecht, daß manche die Nutznießer sozialer Güter sind, wie es für andere ungerecht ist, daß sie die Benachteiligten sind, aber nur wenige Menschen bemerken dies, wenn sie über Abhilfen gegen »soziale Ungerechtigkeit« nachdenken.

Ich richte diese Kommentare in erster Linie an Feministinnen – obwohl linke Analysen, die Geschlechter- und Rassenfragen nicht einbeziehen, und Rassenanalysen, die die Kategorie Geschlecht nicht berücksichtigen (auch wenn sie gewöhnlich Klassenfragen integrieren), genauso unfähig sind, ihre Ziele zu erreichen. Da die Kategorien Geschlecht und Rasse für die Konstruktion der Kategorie Klasse benutzt werden – einem Angehörigen der Arbeiterklasse müssen spezifische Rassen- und Geschlechtsaktivitäten, -einstellungen, -pflichten und -verantwortlichkeiten »zugeschrieben« werden –, können wir nicht verstehen, wie Klassenstrukturen zu beliebigen historischen Zeiten funktionieren, wenn wir uns nicht mit dem Zusammenhang auseinandersetzen, der Klassenstrukturen mit Geschlechterverhältnissen, westlichem Imperialismus und weißer Vorherrschaft verschmilzt. Die Integration von Rassen-, Geschlechter- und Klassenanalysen ist für jede der Gruppen notwendig, die sich bisher auf einen dieser Schwerpunkte konzentrieren, wenn sie ihre Ziele erreichen wollen.

Wichtige Fragen über den Anteil westlicher Wissenschaften und Technologien an rassischen Programmen sind aus der Perspektive der Projekte, die farbige Frauen den bestehenden Programmen schlicht »hinzufügen« wollen und mit denen ich dieses Kapitel begonnen habe, nahezu unsichtbar. Zwei dieser Fragen werden später aufgenommen: Kapitel 9 untersucht die Beziehung zwischen der Entwicklung von Wissenschaften und Technologien im modernen Westen und deren De-Entwicklung in den Hochkulturen der Dritten Welt; Kapitel 11 reflektiert die Beziehung zwischen Erfahrung und Erkenntnis beim Erarbeiten solcher Untersuchungen.

In diesem Kapitel habe ich versucht, ein Kompetenzkriterium für feministische Wissenschafts- und Technologieanalysen einzuführen, die von Menschen europäischer Abstammung erstellt werden. Feministische Analysen dürfen nicht nur die Interessen ihrer Protagonistinnen und der Frauen ihrer Rasse, Klasse und Kultur fördern. Eine solche Analyse ist objektiv gesehen eigennützig, und zwar nicht deshalb, weil Frauen versuchen, die Interessen von Frauen zu fördern, sondern weil sie erfolgreich die Interessen einiger Frauen auf Kosten der Interessen von anderen Frauen fördern. Der Feminismus soll die Bedingungen aller Frauen verbessern, diese Art Analysen verbessert aber nur die Bedingungen der Gruppe der Sprecherin. Es sind nicht die Intentionen, die den Maßstab für ihren Erfolg abgeben, sondern die tatsächlichen Konsequenzen der Analysen. Feministische Analysen müssen die Ursachen, Auswirkungen, Werte und Interessen, die sie transportieren, bewußt machen und zur *Diskussion* stellen. Dies ist Teil des wissenschaftlichen Projekts des Feminismus, und nicht etwa ein optionaler Zusatz.

Selbstverständlich bedürfen die konventionellen Wissenschaftsdiskussionen eines gleichermaßen strengen Adäquatheitskriteriums. Was können wir tun, um demokratische Tendenzen innerhalb der Wissenschaften zu stärken und um elitäre, autoritäre und spezifisch androzentrische, bürgerliche und eurozentrische Programme zu hemmen?

Kapitel 9

WISSENSCHAFT IN DER ERSTEN UND DRITTEN WELT
Gemeinsame Geschichten, gemeinsame Schicksale

Wenn wir die Standardgeschichten über Aufkommen und Wachstum der modernen Wissenschaft lesen, die nicht für das historische Fachpublikum bestimmt sind – zum Beispiel Einführungstexte für angehende WissenschaftlerInnen und populärwissenschaftliche Darstellungen –, dann wechseln wir in einen anderen »Bewußtseinszustand« hinüber. Im magischen Universum dieser Darstellungen entspringen die »wahre Wissenschaft« und die moderne Welt, die durch erstere – zumindest im Westen – ermöglicht wird, einigen wenigen brillanten Ideen und der Beharrlichkeit einiger hartarbeitender Genies, die mit Reagenzgläsern und Drähten herumspielen. Die moderne Wissenschaft, so erfahren wir, entwickelte sich aus der Unzufriedenheit einiger Astronomen und Astrologen und dem Mangel an Komplexität des ptolemäischen Universums; aus alchimistischen Projekten zur Transformierung natürlicher in wertvollere Ressourcen; aus Galileos Interesse für den technischen Bedarf der venetianischen Ingenieure; aus der Wiederentdeckung alter griechischer und ägyptischer Vorstellungen über die Natur des Universums und aus anderem mehr. Diese verschiedenen Einflüsse schienen erst mit der modernen Wissenschaft in einen Zusammenhang gebracht werden zu können. Aus ihnen entspringt die moderne Welt, diese bedeutende humane Errungenschaft, die um so vieles höherentwickelt ist als die mittelalterliche europäische Welt einerseits und die »primitiven Kulturen« andererseits, die für den größten Teil der restlichen Welt noch bis ins 20. Jahrhundert hinein Bestand haben. Nachdenkliche, erwachsene Menschen werden vermuten, daß es eine komplexere Geschichte zu erzählen gibt; die populäre Erzählung kreiert aber eine Art Emblem, ein Bild, das reich an gesellschaftlichen Bedeutungen ist und das sowohl WissenschaftlerInnen als auch WissenschaftshistorikerInnen kontinuierlich verbreiten, wenn sie außerhalb ihrer Kreise sprechen (und oftmals sogar innerhalb ihrer Kreise).

Diese Geschichten betonen die wichtigen Beiträge der westlichen Wissenschaften und ihrer Technologien zu »unserem« Leben, erwähnen aber kaum die Kehrseite dieses »humanen Fortschritts«, ebensowenig wie sie die lange und historisch sich verändernde Beziehung zwischen Kapitalismus und Wissenschaft, deren sehr vorteilhafte Konsequenzen für die westlichen Eliten und deren weniger vorteilhafte und oft sehr schlechte Auswirkungen für nahezu alle anderen Gruppen benennen. Wenn wir uns in den Vereinigten Staaten umsehen, stellen wir fest, daß die modernen Wissenschaften und ihre Technologien wunderbar konstruierte moderne Städte mit wunderschön reflektierenden Wolkenkratzern hervorgebracht haben, daß aber in denselben Städten urbane Megakatastrophen produziert werden: In riesigen Slums leben Menschen in Bruchbuden mit minimalen sanitären Anlagen; für afrikanische Amerikaner beträgt die Arbeitslosenrate in manchen Altersgruppen über 40 Prozent; die Kindersterblichkeit ist im Vergleich der westlichen Nationen mit am höchsten; und tausende obdachlose Männer, Frauen und Kinder leben auf der Straße. »Unterentwickelte« Gemeinden, die so dicht bevölkert und verelendet sind wie ganze Dritte-Welt-Nationen, existieren Seite an Seite mit etwa einem halben Dutzend US-amerikanischer Städte, in denen die Lebenswelten der Wohlhabenden die höchsten Errungenschaften der westlichen Zivilisation repräsentieren – Errungenschaften, die den Unterschied zwischen »primitiv« und »unterentwickelt« hier und »zivilisiert« da markieren.

Zu den Leistungen der modernen Wissenschaft und ihrer Technologien zählen die Mondflüge – aber auch die atomaren Waffenlager. Supermärkte quillen über von makellosen Früchten und Gemüsen, die oft auf der anderen Seite des Globus wachsen –, während Hunger, Fehlernährung und technisch leicht zu behandelnde Krankheiten ganze Populationen, ganze Rassen hinraffen. Manche Menschen im Westen laufen mit Herzen, Lungen und Nieren von anderen in ihren Körpern herum –, aber neben ihnen auf der Straße und anderswo überall auf der Welt gibt es Millionen Menschen, die keinen Zugang zu einem Minimum an Hygiene, gesunder Ernährung oder Gesundheitsversorgung haben. Pessimistische *science fiction* Literatur kann uns kaum Erschreckenderes zeigen als das, was wir sehen können, wenn wir uns umschauen.[1] Der modernen westlichen Wissenschaft wird die Verantwortung für viel Gutes in der Welt zugeschrieben; wenn sie aber für die guten Anteile verantwortlich ist, warum dann nicht auch für die schlechten? Konventionelle Darstellungen verschleiern die Beziehung zwischen der ganzen Großartigkeit und der ganzen Entsetzlichkeit der wissenschaftlichen und technologischen Kulturen des späten 20. Jahrhunderts.

Seit Mary Shelleys »Frankenstein«-Geschichte haben SchriftstellerInnen, PhilosophInnen, FilmemacherInnen, TheologInnen und andere Intellektuelle gerne darauf insistiert, daß die moderne Wissenschaft ganz grundlegend entweder utopisch oder dystopisch ist, und sie haben von der einen oder anderen Seite dieser angeblich exklusiven Alternativen aus dringende Warnungen ausgesprochen. Aber die Beendigung der Diskussion mit dem Rätsel dieser Dichotomie und dieser Warnungen macht kurz davor halt zu zeigen, daß der nur scheinbar mysteriöse Widerspruch tatsächlich überaus evidente Ursachen erkennen läßt, wenn wir uns nur entschließen, hinzuschauen.

Ich möchte mich auf die wesentlichen Mittel konzentrieren, mit denen die übliche populäre Wissenschaftsgeschichte die Entwicklung der kognitiven Strukturen der westlichen Wissenschaft – die abstrakten Naturgesetze – von einigen ihrer materiellen Bedingungen und Konsequenzen abtrennt. Warum die Welt, die von Wissenschaft und ihren Technologien mithervorgebracht wurde, so widersprüchlich ist, ist nicht so mysteriös, wie es konventionelle Darstellungen und die Utopie-Dystopie Debatte suggerieren. Die neuere Wissenschaftsgeschichte und -soziologie hat begonnen, wie wir bereits in früheren Kapiteln gesehen haben, dieses Mysterium aufzuhellen.[2] Diese Forschung umreißt ihren Gegenstand aber immer noch innerhalb der Grenzen der modernen westlichen Geschichte. Die Bedingungen und Konsequenzen, die ich identifizieren möchte, finden sich in Afrika, Asien, ganz Amerika sowie Europa. Es gibt noch eine andere Geschichte des Ursprungs der modernen Wissenschaft, ihrer Technologien und der durch sie möglich gewordenen Welt.

Diese zweite Geschichte verlangt von uns, daß wir auf die Beziehung zwischen der Entwicklung der westlichen Industriegesellschaften, in denen Wissenschaft und Technologie eine so wichtige Rolle gespielt haben, und der De-Entwicklung der afrikanischen, asiatischen und Dritte-Welt-Gesellschaften schauen. Diese andere Geschichte kann aus Quellen zusammengesetzt werden, die nicht das wissenschaftliche Erbe beanspruchen können, das westliche Darstellungen zu legitimieren hilft. Diese Quellen bringen nur wenige Fußnoten mit, mit denen westliche WissenschaftlerInnen und WissenschaftsbeobachterInnen üblicherweise die fünfhundertjährige Wissenschaftsgeschichte in Büchern, Bibliotheken und Dissertationen bezeugen. Diese Quellen sind entschieden »leichtgewichtiger« und fragiler in ihrer empirischen Untermauerung. Es scheint, als ob sie zu irgendeinem Zeitpunkt den Weg verließen, um sich auf neu sichtbaren Pfaden in andere Welten zu begeben, bis zu denen sich unsere Erzählungen niemals vorgewagt haben. Unsere Geschichten verbleiben auf ihren eingetretenen Wegen, mit denen diese Nebenpfade durchs Unterholz nur unvollständig verbunden sind.

Für die zweite Geschichte spricht jedoch eine wachsende empirische Evidenz für viele ihrer Erkenntnisansprüche. Darüber hinaus erlangt sie Plausibilität, weil ihre narrative Struktur in zunehmendem Maß von entsprechenden Revisionen anderer Gebiete der westlichen und Dritte-Welt-Geschichte Unterstützung erfährt; sie wird unterstützt durch eine allgemeine Verschiebung in westlichen Begriffsschemata in Richtung auf den begrifflichen Rahmen dieser anderen Erzählung. Diese beiden Stabilitätsquellen erlauben es der zweiten Geschichte, die herkömmliche Geschichte zwar nicht auf gleicher Ebene, aber wenigstens in einer immer herausfordernderen Weise zu konfrontieren.

Dieses Kapitel überprüft die erste und skizziert die zweite Geschichte, reflektiert darauf, welche Bedeutung die andere Geschichte für weiße, westliche Menschen erlangen könnte oder sollte (die feministischen Wissenschafts- und TechnologiekritikerInnen eingeschlossen) und formuliert Bedenken gegenüber einigen allzu verführerischen Wegen für Menschen europäischer Abstammung, sich auf diese Art Erzählung zu beziehen.

Unsere Geschichte und eine andere Geschichte

Uns allen ist die populäre Geschichte der Geburt der modernen Wissenschaft vertraut. In wichtigen Aspekten markieren ihre groben Umrisse auch das Terrain von WissenschaftshistorikerInnen und -philosophInnen. Mit einigen Ausnahmen finden die Hauptereignisse und -prozesse dieser Erzählung innerhalb der Grenzen der modernen europäischen Geschichte statt, so wie sie in den nordatlantischen Gesellschaften verstanden wird.

In ihrer älteren Form ist diese Erzählung eine »internalistische« Wissenschaftsgeschichte: Sie nimmt an, daß die Geschichte intellektueller Strukturen unabhängig von der Geschichte der ökonomischen, politischen und sozialen Umgebung sein kann, in der diese intellektuellen Strukturen entstehen, geprägt und verändert werden, aussterben oder transformiert werden. Sie nimmt an, daß die Aktivitäten der Gehirne – mindestens bestimmter Formen von Gehirnen – ein signifikantes Maß an Unabhängigkeit von ökonomischen, politischen und sozialen Aktivitäten der Körper erreichen können, in denen die Gehirne historisch verortet sind. Diese Art der Geschichtsschreibung versucht also, gleichzeitig die logische Entwicklung der Wissenschaft zu rekonstruieren und auch deren historische Erklärung zu liefern. Die logische Entwicklung *ist* selbst, was als historische Erklärung gelten sollte, vielleicht hier und da ausgeschmückt mit ein paar Anekdoten über »große WissenschaftlerInnen« (vgl. van den Daele 1977: 131 f.). Dies ist für viele WissenschaftsphilosophInnen und HistorikerInnen immer noch die bevorzugte Form der Erzählung.

Größere Aufmerksamkeit für die historische Situiertheit von Wissenschaften und Technologien würden wir eher von »externalistischen« WissenschaftshistorikerInnen und von SoziologInnen, FeministInnen und anderen DenkerInnen erwarten, die argumentieren, daß politische, ökonomische und soziale Umfelder beschränkende Bedingungen für die Wissenschaftsentwicklung konstituieren, und zwar sowohl im Hinblick auf Wissenschaft als soziale Institution als auch im Hinblick auf eine Geschichte und Logik des Denkens (vgl. ebd.). Solche Erwartungen werden aber im großen und ganzen enttäuscht. Selbst die Intellektuellen, die die anerkanntesten Wissenschaftsgeschichten unter Berücksichtigung externer Bedingungen vorgelegt haben, stellen in aller Regel die Vorstellung nicht in Frage, daß die angemessenen geographischen und zeitgeschichtlichen Grenzen dieser Erzählungen durch die moderne europäische Geschichte markiert werden. Sie betrachten Wissenschaftsinstitutionen und -denken aus der Perspektive von Klassenkämpfen (z.B. Rose/Rose 1979b), von Frauen (z.B. Merchant 1980) und von den Infrastrukturen der modernen Wissenschaften aus (z.B. Latour/Woolgar 1979; Knorr-Cetina 1981), aber sie tun dies hauptsächlich innerhalb der Begrenzungen der modernen Geschichte der westlichen Industrieländer. Eine wichtige Ausnahme von dieser Verallgemeinerung ist Joseph Needham (1969), dessen Studien zum Einfluß der chinesischen auf die westlichen Wissenschaften zum ersten Mal vor 35 Jahren erschienen.

Drei neuere Bücher von Dritte-Welt-WissenschaftlerInnen stellen die Vorstellung in Frage, daß die westliche Wissenschaft nur im Rahmen konventioneller westlicher Geschichtsschreibung angemessen verstanden werden kann. Sie liefern überzeugende Argumentationen für die Untersuchung der westlichen Unbewußtheit in bezug auf diese Beschränkung, die kein unschuldiges Übersehen, sondern ein wichtiger Teil der rassistischen und imperialistischen Ideologie ist, der den Völkern im Westen dabei geholfen hat, die Unvermeidlichkeit der wissenschaftlichen und technologischen Kluft zwischen der Ersten und Dritten Welt zu rechtfertigen.

Wissenschaft und Technologie in den afrikanischen Hochkulturen

Die Essays in Ivan van Sertimas Sammelband *Blacks in Science* (1986) berichten über die jüngsten (Wieder-)Entdeckungen alter afrikanischer wissenschaftlicher und technologischer Errungenschaften, die für den Westen über mehrere Jahrhunderte unsichtbar gewesen sind. Ich referiere die wichtigsten Ergebnisse dieser Arbeiten, um zu verdeutlichen, daß es dabei nicht um eine Aufwertung des wissenschaftlichen Status von tatsächlich magischen, mystischen und intuitiven Interaktionsweisen mit der Welt geht.[3] Statt dessen geht es um die Entwicklung von genau denselben Arten wissenschaftlicher und technologischer Innovation in Afrika, die gerade als Kennzeichen der Überlegenheit der nordatlantischen Kulturen angesehen worden sind.

In den 1970er Jahren entdeckten ForscherInnen, daß in Tansania lebende AfrikanerInnen vor 1500 bis 2000 Jahren Stahl aus Kohle mit einer Methode auf einem solch hohen technologischen Entwicklungsstand produziert hatten, der in Europa erst Mitte des 19. Jahrhunderts erreicht wurde (vgl. Shore 1986). Die Ruine eines astronomischen Observatoriums, das 300 v. Chr. erbaut und jetzt in Kenia entdeckt wurde, deutet darauf hin, daß diejenigen, die es erbauten und benutzten, einen der exaktesten vorchristlichen Kalender besaßen (vgl. Lynch/Robbins 1986). Zwischen 1200 und 1400 n.Chr. berichteten die Dogon in Westafrika über die Ringe des Saturn, die Monde des Jupiter und die Spiralstruktur der Milchstraße: »Sie kannten unzählige Spiralwelten im All ... (und wußten), daß der Mond ein unfruchtbarer Planet ist. Sie sagten, er sei ›trocken und tot, wie getrocknetes Blut‹.« Sie wußten auch, daß ein kleiner, für das bloße Auge unsichtbarer Stern den Planeten Sirius in einer elliptischen Bahn in 50 Jahren einmal umkreist. Die Entdeckung von exakt kugelförmigen und sehr feinen Kristallinsen, die bis zu der Periode der Besetzung Ägyptens durch Afrikaner zurückdatieren (vor der Ausbreitung der islamischen Kultur im 11. Jahrhundert), beweist die Annahme, daß im alten Afrika Teleskope erfunden worden waren (vgl. Adams 1986a und 1986b).

Die Mathematik war im alten Afrika mindestens ebenso hochentwickelt wie in allen anderen zeitgenössischen Kulturen. Zeugnisse eines 8000 Jahre alten Rechensystems, das möglicherweise als Mondkalender verwendet wurde, sind in Zaire gefunden worden (vgl. Zaslavsky 1986; Lumpkin 1986a). Die Mathematik entwickelt sich, um einen gesellschaftlichen Bedarf abzudecken – um auf immer komplexere Weise zu rechnen oder zu messen zum Beispiel[4] –, und deshalb dürfte es nicht überraschen, daß wir in alten afrikanischen Gesellschaften hochentwickelte mathematische Systeme vorfinden, die vor Jahrhunderten oder sogar Jahrtausenden entwickelt wurden, um den Handel zu unterstützen. Desgleichen finden wir in den afrikanischen Hochkulturen enorme und komplexe Leistungen auf den Gebieten Technik und Architektur. Die ägyptischen Pyramiden sind das deutlichste Beispiel der technischen Meisterleistungen auf dem afrikanischen Kontinent, doch südlich der Sahara finden wir Groß-Simbabwe, eine Stadt aus massivem Stein, die älter als 800 Jahre ist und erst 1982 von ForscherInnen wiederentdeckt wurde; es wird geschätzt, daß etwa 10 000 Menschen dort lebten. Die Überreste von mehr als 200 kleineren, aber ähnlichen Steinstädten sind über ganz Simbabwe und Mosambik verstreut. Und in Südafrika finden sich die ältesten Minen der Welt (vgl. Lumpkin 1986b; Asante/Asante 1986).

Außerordentliche technische Fertigkeiten können wir auch in der Geschichte des afrikanischen Transportwesens entdecken. Unterschiedlich gestaltete, hochentwickelte Boote transportierten Händler entlang der Wasserstraßen des Niger und der Atlantikküste. Es wird von Handelsflotten mit 80 großen Schiffen mit einer durchschnittlichen Länge von 30 Metern berichtet. Sogar auf dem Land waren Reisende auf den Handelswegen durch die Sahara auf solche Fertigkeiten wie den Gebrauch von Kompaß und astronomischen Berechnungen angewiesen. Van Sertima (1986) erklärt:

»Die Reise durch die Sahara ... ist doppelt so lang und doppelt so beschwerlich wie die Reise über die offene See von Afrika nach Amerika (1500 Meilen). Die Afrikaner mußten tausende Meilen wegloses Ödland durchqueren, wohingegen der Atlantik natürliche Seewege hat (Heyerdahl nennt sie ›Seeförderbänder‹), die die Seefahrer automatisch dirigieren, egal ob sie sich auf einer zufälligen oder geplanten Expedition befinden. Die Afrikaner mußten das Problem eines Getreidevorrats für mehrere Monate lösen, während derer sie die öde Wüste durchqueren, das Meer ist jedoch ein mobiles Nahrungsmittelreservoir. Sie mußten riesige Wasserbehälter bei ihren Karawanen mitführen, um die Versorgung vor Erreichung der nächsten Oase sicherzustellen, während auf den Handelswegen des Atlantik der Saft von Fischen die Wasserversorgung aus – wie auch immer unsicheren – Regenfällen ergänzte.« (Ebd.: 19; vgl. auch Malloy 1986)

Die Agrarwissenschaften entwickelten sich in Afrika mindestens 7000 Jahre früher als in irgendeinem anderen Kontinent. Gerste und Weizen wurden in der Nähe des Nils und südlicher in Nubien mehr als 10 000 Jahre vor der Zeit der ägyptischen Dynastien kultiviert und geerntet. Im kenianischen Hochland wurde vor mehr als 15 000 Jahren Vieh domestiziert. Wir wissen heute, daß das Tal des Euphrat, das Schulkindern in westlichen Industriegesellschaften als »Wiege der Zivilisation« geläufig ist, sich durch Einfluß und Verbreitung von Informationen, Ideen und Technologien aus Afrika entwickelte. Es lassen sich sogar plausible Belege dafür anführen, daß 5000 Jahre bevor Kolumbus Amerika »entdeckte«, AfrikanerInnen, Pflanzen in diese Hemisphäre brachten.[5]

Auf dem Gebiet der Medizin, wie van Sertima zeigt, wurden für afrikanische Kräuterheilmittel viele der Bestandteile verwendet, wie sie auch heute noch für moderne Arzneimittel wie Aspirin, Kaopektate, antibakterielle Mittel und Reserpine benutzt werden. Es gab effektive Behandlungsanweisungen für »Fehlgeburten, zu schwache Wehen, Malaria, Rheuma, neurotische Boshaftigkeit, Schlangenbisse, Darmparasiten, Hautgeschwüre, Tumore, Katarrhe, Krämpfe, Geschlechtskrankheiten, Bronchitis, Bindehautentzündung, Harnwegeverengungen und anderes mehr«. AfrikanerInnen führten auf hohem Niveau Autopsien durch, nur eine der Demonstrationen ihrer außerordentlichen chirurgischen Fertigkeiten. Sogar noch in den 1870er Jahren, nach Jahrhunderten euroamerikanischen Zerstörungswerks an afrikanischen Kulturen und technologischen Fähigkeiten, berichtete das *Edinburgh Medical Journal* über die Beobachtung eines Kaiserschnitts in Ostafrika, zu einer Zeit also, als diese Prozedur im Westen selten war: »Die Afrikaner führten den Kaiserschnitt nicht nur mit routiniertem Geschick aus, sondern operierten auch antiseptisch, eine Notwendigkeit, die Lister nur zwei Jahre vor dieser afrikanischen Operation entdeckt hatte und deren allgemeine Anwendung in den Operationssälen Europas noch lange nicht eingeführt war.«[6]

Schließlich gibt es – entgegen der westlichen Annahme, daß traditionelle AfrikanerInnen keine Alphabete kannten – Belege für die Erfindung von mindestens einem halben Dutzend Schriftsprachen, die zum Teil bis auf das Jahr 3000 v.Chr. zurückdatieren (vgl. Winters 1986; Johnson 1986). Sie sind besonders bedeutsam für die neuerliche Erforschung der afrikanischen Wissenschaft und Technologie, weil in der Regel argumentiert wird, daß kritisches Denken auf Schrift als Kommunikationsmittel angewiesen ist. Ohne Frage haben sowohl die alte als auch die moderne westliche Wissenschaft von den Aufzeichnungen über Beobachtungen und Gedanken profitiert, die von Generation zu Generation tradiert werden können und von Gedächtnisaufgaben entlasten, so daß der Verstand freigesetzt ist, die Evidenz bester Überzeugungen kritisch zu untersuchen. Auch die afrikanischen Hochkulturen konnten von diesem Mittel Gebrauch machen.

Van Sertima argumentiert, daß der Anschein eines Vermächtnisses afrikanischer Primitivität die Folge des Zerstörungswerks des von den

Weißen betriebenen Sklavenhandels ist. Er regt an, darüber nachzudenken, was es bedeuten würde, wenn die Zentren der zeitgenössischen nordatlantischen Wissenschaft und Technologie verschwänden.

»Ein Atomkrieg könnte die Hauptzentren der Technologie des 20. Jahrhunderts in wenigen Tagen zerstören. Die Überlebenden an der Peripherie könnten auf Jahrhunderte hinaus diese Technologie nicht reproduzieren, auch wenn sie sich an Flugzeuge und Fernseher, Roboter und Computer und die Raumfähren, die dann unser Sonnensystem umkreisen, erinnerten. Abgesehen vom beinahe vollständigen Aussterben der technokratischen Klasse wären die Vernetzung zwischen diesen zerstörten Zentren und die gleichermaßen empfindliche Interdependenz zwischen Zentren und ihren Peripherien für immer dahin. Die Überreste glichen den Fäden eines Netzes, die zerrissen und über einer Wüste baumelnd zurückblieben.

Sicherlich würde ein dunkles Zeitalter folgen. Jahrhunderte später erschiene die technologische Brillanz des 20. Jahrhunderts wie ein Traum, unwirklich. Bis die Archäologie begänne, die zerbrochenen Teile zusammenzusetzen, würden diejenigen, die uns in den kommenden Jahrhunderten nachfolgen, sicherlich daran zweifeln, was alles in den Jahrhunderten vor der Katastrophe erreicht worden war.« (Sertima 1986: 8)

Die Unterentwicklung Afrikas durch Europa

Die Schaffung eines solchen dunklen Zeitalters ist der Gegenstand des zweiten Buches, das ich behandeln möchte, Walter Rodneys *How Europe Underdeveloped Africa* (1982).[7] Rodney argumentiert, daß die heutige afrikanische Unterentwicklung als die Kehrseite der Geschichte der europäischen Entwicklung gesehen werden muß. Beide müssen zusammen erforscht werden, als Einheit, weil eine Seite nur im Zusammenhang mit der anderen erklärbar ist. Europa entwickelte sich in weiten Teilen als Folge der Stillstellung der Entwicklungsprozesse in Afrika; die zunehmende wissenschaftliche und technologische Kompetenz von EuropäerInnen basierte größtenteils auf dem Abbau solcher Kompetenzen bei AfrikanerInnen. Mehr noch, diese Kausalbeziehung war vorauszusehen. Sie war zumindest von einigen Europäern von Beginn an beabsichtigt und wurde bis zum Ende der kolonialen Periode in den 1960er Jahren auch als offizielle Politik ausgegeben. Anders gesagt: Die Geschichte Europas und der Vereinigten Staaten *ist* auch afrikanische Geschichte, und die afrikanische Geschichte *ist* auch europäische und US-amerikanische Geschichte.

Joseph Needham (1969, besonders Kapitel 2 und 3) hat in den 50er Jahren darauf hingewiesen, daß der Westen oft keine klare Vorstellung davon hatte, wo die Ursprünge seiner intellektuellen und technologischen Ressourcen lagen. Er kritisierte führende westliche WissenschaftshistorikerInnen dafür, daß sich die Vorurteile ihrer Kulturen in ihrer gelehrten Ignoranz gegenüber dem Einfluß alter Kulturen auf die europäische Wissenschaft spiegeln. Rodney entwickelt ein verwandtes Thema: die Abhängigkeit der nordatlantischen Nationen von *ökonomischen* und *politischen* Ressourcen, die ihren Ursprung in Afrika haben. Rodneys Titel benennt die Wahrnehmungsverschiebung, die nötig ist, wenn wir einen realistischen Eindruck von dieser weltgeschichtlichen Periode bekommen wollen. Wir müssen nicht die »afrikanische Unterentwicklung« erforschen, sondern die europäischen Handlungen, die ihr Gesicht geprägt haben. Analog dazu sollte unser Fokus nicht auf der »europäischen Entwicklung«, sondern auf den afrikanischen Beiträgen zur Entwicklung Europas liegen. Eine wachsende Zahl Intellektueller findet Needhams und Rodneys Thema wichtig, da die westlichen Industrienationen in der gegenwärtigen Welt ihre führende Position verlieren. In welcher Weise ist die westeuropäische und die US-amerikanische Geschichte auch die der Dritten Welt? In welcher Weise ist die Dritte-Welt-Geschichte auch die Europas?[8]

Obwohl Rodneys Buch die allgemeine ökonomische und soziale Entwicklung behandelt, macht er einige Anmerkungen zu Wissenschaft und Technologie, und wir können Schlußfolgerungen aus anderen Passagen ziehen. Die Geburt der modernen Wissenschaft und die Entwicklung neuer Technologien waren für den Aufschwung der Industrialisierung in Europa notwendig. Wie Sal Restivo es ausgedrückt hat:

»Der Ursprung und die Entwicklung der modernen Wissenschaft sind untrennbar mit dem Ursprung und der Entwicklung der modernen Gesellschaft verbunden. ... Die wissenschaftliche Revolution stellt nur eine von mehreren zusammenhängenden *parallelen* organisatorischen Reaktionen in den wichtigsten institutionellen Sphären Westeuropas seit dem 15. Jahrhundert dar (einschließlich des Protestantismus in der religiösen Sphäre und des modernen Kapitalismus in der ökonomischen Sphäre) – Reaktionen auf ein zugrundeliegendes Bündel ökologischer, demographischer und politisch-ökonomischer Bedingungen und Veränderungen. ... (Diese) These der ›parallelen Reaktionen‹ rückt die moderne Wissenschaft ins Zentrum des modernen Staates und seiner technologischen Untermauerung.« (Restivo 1988: 210 f.)

Ende des 13. Jahrhunderts war der Feudalismus in Europa weitverbreitet, während in Afrika nur einige Gebiete begannen, vom Kommunalismus zum Feudalismus überzugehen. Rodney vertritt die Ansicht, daß dieses Muster ungleicher Entwicklung Europa in die Lage versetzte, eine Form von Wissenschaft und Technologie zu erschaffen, die in den folgenden Jahrhunderten einen Arbeitskräfte- und Rohstoffbedarf produzierte, der innerhalb Europas nicht gedeckt werden konnte. Die Feudalwirtschaft stellte einen fruchtbaren Boden für die Entwicklung von Wissenschaft und Technologie dar: Die Wissenschaft in Europa wurde von Landbesitzern mit einem professionellen Interesse am Land entwickelt – von feudalen Adligen und später von bürgerlichen Großbauern (vgl. Rodney 1982: 41). Diese Grundbesitzer formierten eine neue gesellschaftliche Gruppe, die ihr eigenes Fortkommen in der Verbindung von wachsenden materiellen Reichtümern, der Kontrolle der Natur und der Etablierung repräsentativer Demokratie sah. Um aber die ersten beiden dieser Ziele realisieren zu können, waren weitaus größere Ressourcen an Rohstoffen und menschlicher Arbeitskraft erforderlich, als Europa bereitstellen konnte. Es entdeckte diese Ressourcen hauptsächlich in Afrika.

Weder erfanden moderne Europäer die Sklaverei, noch begann die Versklavung von AfrikanerInnen mit dem nordatlantischen Handel. Die antike griechische Zivilisation, die die westlichen modernen Demokratietheorien inspiriert hat, war eine Sklavenhaltergesellschaft; nur etwa zehn Prozent der Bewohner Athens galten als Bürger. Darüber hinaus hatten sich afrikanische Stämme bereits gegenseitig versklavt, und seit Jahrhunderten bestand ein islamisch-afrikanischer Sklavenhandel. Nichtsdestotrotz hatte der nordatlantische Handel besonders schlechte Auswirkungen auf die afrikanische und besonders gute Effekte für die europäische und nordamerikanische Wissenschafts- und Technologieentwicklung.

Zu den schlechten Auswirkungen auf Afrika zählten in erster Linie die massiven Bevölkerungsverluste unter den Jungen, Gesunden und Gebärfähigen während der Jahre, in denen Europas Bevölkerung um das Vierfache wuchs.[9] Solche Verluste verminderten die Produktivität und schwächten die Fähigkeit afrikanischer Kulturen, Natur zu zähmen und zu nutzen. Ein Klima sozialer Gewalt – zwischen Sklavenhaltern und AfrikanerInnen und zwischen von Sklavenhaltern gegeneinander aufgebrachten afrikanischen Gruppen – verminderte die Aufmerksamkeit für wissenschaftliches Denken und technologische Erfindungen. Darüber hinaus führte die Flut europäischer Güter auf afrikanischen Märkten zu einer Abnahme der technischen Fertigkeiten, die für die Produktion von Textilien und Waren in den einheimischen Ökonomien notwendig gewesen wären. Die Produktion für den Export und die Verminderung der Bevölkerung trugen zum Problem Hunger bei. Die Anleihen bei anderen Kulturen, die für die Entwicklung europäischer Wissenschaft und Technologie so wichtig waren, wurden in Afrika durch die Kanalisierung vieler Transportrouten zu den Küsten, wo die Sklavenhalterschiffe auf ihre Fracht warteten, auf ein Minimum reduziert.

Vielleicht war es am wichtigsten, so argumentiert Rodney, daß die Sklaverei nicht nur Unterentwicklung produzierte, sondern auch eine Verminderung der Entwicklungschancen durch den Verlust von jungen innovativen Menschen, von ökonomischer Nachfrage für Produkte und, wie aufgezeigt, von Chancen, neue Ideen von Europa, Nachbarländern und anderen Völkern in der Welt zu übernehmen (vgl. ebd.: 105). Er bittet seine LeserInnen, die britische und die Geschichte eines beliebigen afrikanischen Volkes in der Vorstellung zu vertauschen. Wenn Millionen Briten außerhalb ihres Heimatlandes und über einen Zeitraum von vier Jahrhunderten ebenso wie auch Menschen vom europäischen Kontinent versklavt worden wären, dann wäre das Niveau wissenschaftlicher und technologischer Entwicklung in England sicherlich niedrig. Betrachten wir die möglichen alternativen historischen Szenarien: Newtons Mechanik wäre wahrscheinlich eher von einem Tansanier und Einsteins Relativitätstheorie von einem Senegalesen entdeckt worden; Modernität würde mit Afrika und nicht mit Europa assoziiert. Vielleicht wäre die Physik in signifikanten Aspekten anders als die von Newton oder Einstein, aber auf andere Weise ebenso mächtig. Möglicherweise hätten sich andere Wissenschaften schneller als Physik und Astronomie entwickelt und zu anderen Konzepten der menschlichen Beziehung zur Natur geführt. Vielleicht würden AfrikanerInnen heute darüber disputieren, ob die europäische Unterentwicklung und der bedauernswerte Zustand der auf den Straßen lebenden Weißen der biologischen Minderwertigkeit der Völker weißer Hautfarbe oder deren unzureichender kultureller Anpassung an eine unwirtliche soziale und natürliche Umwelt geschuldet ist. (Selbstverständlich setzt dieses letzte Szenarium voraus, daß AfrikanerInnen ein destruktives Klassensystem und imperialistische Programme entwickelt hätten, parallel zu den tatsächlich im Westen vorherrschenden. Außer unserer Verbundenheit mit dem Eurozentrismus gibt es aber für diese Annahme wenig Gründe, vgl. Amin 1989.)

Rodney gibt die entsprechende Geschichte von den europäischen Profiten durch die Kolonisation Afrikas von 1885 bis in die 1960er Jahre wieder. Während dieser Zeit verlagerte sich die europäische Administration der afrikanischen Kolonien auf den afrikanischen Kontinent, wodurch sich der europäische Einfluß auf afrikanische Völker, vermittelt über politische, ökonomische, soziale und psychologische Initiativen, sogar noch vergrößerte. In dieser Periode erlebte die westliche weiße Wissenschaft eine Phase der Expansion, Professionalisierung und zunehmenden Einbeziehung in staatliche Vorhaben (vgl. Rose/Rose 1979b). Die Annahme scheint schlüssig, daß die Simultanität der Entwicklung in Europa und der De-Entwicklung in Afrika keine reine Koinzidenz war.

Der Fall des indischen Subkontinents

Im dritten Buch, das ich vorstellen möchte, *Aborted Discovery,* baut Susantha Goonatilake (1984) auf Needhams Arbeit und auf der *world systems theory*[10] auf, um über die Geschichte wissenschaftlicher und technologischer Leistungen in Südostasien zu berichten, die in westlichen Geschichten unerforscht bleiben. Er stellt heraus, daß sie aufgrund der westlichen Annahme vernachlässigt werden, daß die Wissenschaftsgeschichte des Westens die Geschichte aller Wissenschaft beinhaltet. Goonatilake malt ein düsteres Bild von der Möglichkeit der Umkehrung der De-Entwicklung, um für die Zukunft gleiche wissenschaftliche und technologische Chancen für den Westen und die Dritte Welt zu schaffen. Nach seiner Auffassung stellt die westliche Politik heute sicher, daß Wissenschaften und Technologien in den Kulturen der Peripherie denen in den Zentren des politisch-ökonomischen Weltsystems unterlegen bleiben. Dritte-Welt-WissenschaftlerInnen bleiben untrennbar mit intellektuellen und politischen Ökonomien verwoben, die in einer zentripetalen Weise aus der Dritten Welt die einschneidenden wissenschaftlichen und technologischen Fortschritte, einen überproportional großen Anteil von deren Nutzen und einen vergleichsweise geringen Anteil an schlechten Effekten für die nordatlantischen Gesellschaften abziehen. Dritte-Welt-WissenschaftlerInnen müssen in erster Linie für ein westliches Publikum sprechen und schreiben; das intellektuelle und technologische Weltsystem spricht dagegen, sich hauptsächlich an ein Dritte-Welt-Publikum zu wenden. Die neuere Literatur zur sogenannten Entwicklung der Dritten Welt bietet einen guten Einblick, auf welche Weise die schlechten Auswirkungen westlicher Wissenschaften und Technologien überproportional an die Dritte Welt ausgeteilt werden.

Die drei zitierten Arbeiten sind nicht die einzigen neueren Studien, die es uns ermöglichen, einen kritischen Blick auf die westlichen Wissenschaften und Technologien aus der Perspektive der Dritten Welt zu bekommen. Zwei weitere Forschungsgebiete müssen hier besonders erwähnt werden. Afrikanische PhilosophInnen bemühen sich seit einigen Jahrzehnten darum, eine spezifisch afrikanische Philosophie zu definieren.[12] Eine zentrale Frage in diesen Diskussionen ist, welche Rolle im afrikanischen Denken der »geistige Apparat« (Mudimbe) des westlichen Imperialismus spielen sollte, welcher sich auf Konzeptionen von wissenschaftlicher Rationalität, Objektivität und Fortschritt gründet, die gerade entwickelt wurden, um »zivilisierte« EuropäerInnen von »primitiven« AfrikanerInnen und anderen »niederen« Völkern zu unterscheiden. Viele dieser DenkerInnen fragen, wie Menschen afrikanischer Abstammung Zugang zu den im Westen entwickelten Kompetenzen und Erkenntnissen gewinnen können, ohne die schlechten Auswirkungen der westlichen Anwendungen in Kauf nehmen zu müssen. Man könnte auch sagen, sie stellen die Wissenschaftsfrage in Studien aus der afrikanischen Diaspora.

Neuere feministische Untersuchungen über Frauen und »Entwicklung« können ebenfalls für die Generierung kritischer Perspektiven auf die westliche Wissenschaft und Technologie genutzt werden. Viele AutorInnen haben argumentiert, daß Frauen in der Dritten Welt in der Regel an Status und Macht verlieren, wenn ihre Gesellschaften unter westlicher Anleitung »entwickelt« werden (selbst dann, wenn ihre Brüder und Väter signifikant richtungweisende Rollen bei dieser sogenannten Entwicklung spielen).[13] Mindestens eine Gruppe von KritikerInnen behauptet, daß westliche Politik – insbesondere die Politik der Weltbank – bäuerliche Populationen in der Dritten Welt systematisch und intentional reproduziert. Das Absinken der Lebensqualität dieser Gruppen wird als akzeptabler Preis für den wachsenden Profit und die ökonomische Kontrolle der Ersten Welt wahrgenommen. Frauen sind das bevorzugte Ziel solcher Politik, obwohl ihr alle bäuerlichen Populationen in der Dritten Welt ausgesetzt sind. Bauern und Bäuerinnen sind demnach keine anachronistischen Überbleibsel einer früheren Wirtschaftsform; statt dessen *vergrößern* westliche Bankiers heute mit Absicht die Zahl der Landwirtschaft Betreibenden auf der Welt und verändern deren Arbeit weg von der Selbstversorgung mit adäquater Nahrung, Behausung und Gesundheitsvorsorge hin zur Produktion gewinnträchtiger Früchte, die dem Westen Profite bringen. So müssen natürlich Frauen in der Ersten Welt mehr und mehr Produkte konsumieren, die Frauen aus der Dritten Welt für den Export zu produzieren gezwungen sind. Ironischerweise dürfen Frauen aus der Dritten Welt sich in dieser Hinsicht nicht »reproduzieren«, während Erste-Welt-Frauen gezwungen sind, es zu tun (vgl. Mies 1986; Mies u.a. 1988; siehe auch Enloe 1990). Aus der Perspektive dieser Interpretation liefert die kausal miteinander verknüpfte Ausbeutung der Frauen in der Dritten und der Ersten Welt sowohl das Modell als auch die Begründung für die Beibehaltung des westlichen Imperialismus.

Was weiße Menschen im Westen von der anderen Geschichte lernen können

Es ist Zeit zu untersuchen, welche Bedeutung die vorangegangene Erzählung über westliche Wissenschaft und Technologie für Menschen im Westen erlangen sollte. Offensichtlich gibt es vieles, was Menschen europäischer Abstammung über die afrikanische und Dritte-Welt-Geschichte und ihre Beziehung zur herkömmlichen Geschichtsschreibung des Westens nicht gewußt haben. Zweifellos stecken die Details ein vielversprechendes Terrain für Forschung und Auseinandersetzung der nächsten Jahre ab. Mein Interesse konzentriert sich jedoch auf die Wege, auf denen diese andere Erzählung uns zu neuen Einsichten in der Wissenschaftsphilosophie und sozialwissenschaftlichen Wissenschafts- und Technologieforschung führen kann.

Gemeinsame Geschichte, gemeinsames Schicksal

Der Versuch, den Aufstieg von Wissenschaft und Technologie im Westen zu erklären, ohne sich auf die Dritte-Welt-Geschichte zu beziehen, mit der dieser Aufstieg kausal verbunden ist, kann nur partielle und verzerrte Interpretationen hervorbringen. Dabei geht es mir nicht um die Unterstellung von Intentionalität. Im Sinne einer kausalen Interpretation ist es nicht relevant, daß viele westliche WissenschaftlerInnen und TechnologInnen nicht beabsichtigten, die Dritte Welt unterzuentwickeln, um ihre eigenen Erklärungen zu befördern oder ihre Innovationen zu verbreiten (obwohl einige genau diese Absichten hatten). Eine erfolgreiche – eine objektive – Erklärung für den Aufstieg der westlichen weißen Wissenschaft muß in der Lage sein, die Ursachen von Ereignissen und Prozessen unabhängig davon zu identifizieren, ob menschliche Absichten zu diesen Ursachen gehören oder nicht.

Aus dieser Perspektive heraus sollten wir nicht von der Entwicklung Europas und der Unterentwicklung der Dritten Welt sprechen, sondern von der *Über*entwicklung Europas und der *De*-Entwicklung der Dritten Welt. Diese Terminologie ermöglicht es uns, die Weltsysteme im Kopf zu behalten, die diese Tendenzen hervorbringen, und kausale Wirksamkeit in angemessener Weise zuzuschreiben. Analog sollten wir von »überbevorteilten« (*overadvantaged*) und »ent-vorteilten« (*de-advantaged*) Völkern sprechen, anstatt mit dem Gebrauch des Begriffs »unterbevorteilt« (*underadvantaged*) zu suggerieren, daß die Entvorteilten selbst die primäre Verantwortung für ihre Bedingungen tragen sollten oder daß die Ursachen für ihren Mangel an Vorteilen für die Veränderung ihrer Situation uninteressant oder irrelevant sind.[14]

Die westliche Kultur mußte verzerrte konzeptuelle Schemata entwickeln, um den Eindruck zu erwecken, daß die Geschichte Afrikas und die nordatlantische Geschichte voneinander getrennt gehalten werden können. Der afrikanisch-amerikanische Philosoph Lacinay Keita (1977/78) verweist zum Beispiel auf die falschen und den Westen bevorteilenden Überzeugungen, daß das alte Ägypten nicht wirklich ein Teil Afrikas war, daß Griechenland tatsächlich zu Europa gehörte und daß die islamische Kultur vollständig arabischen Ursprungs ist. Es gab aber tatsächlich von der Antike bis zur modernen Ära zwischen den mediterranen, afrikanischen und den Kulturen des Nahen Ostens kontinuierlich Vermischung und Austausch. Westliche WissenschaftlerInnen rechtfertigen absichtlich oder unabsichtlich das übertriebene Selbstbewußtsein des Westens und die Abwertung der Leistungen der Dritte-Welt-Kulturen über ihre Weigerung, diese Verbindungen anzuerkennen. Nicht nur zeitgenössische Menschen europäischer Herkunft können das philosophische Denken Platos und Aristoteles und das des europäischen Mittelalters und der Renaissance beerben; AfrikanerInnen können diese Erbschaft mit demselben Recht beanspruchen (ebd.; vgl. auch Bernal 1987). Die Dritte Welt und der Westen teilen sowohl ihre Geschichte als auch ihr Schicksal. Damit sollen für die Völker der Ersten und Dritten Welt keine *identischen* Geschichten und Schicksale behauptet werden, sondern es soll statt dessen anerkannt werden, daß ihre Vergangenheit, Gegenwart und Zukunft untrennbar miteinander verknüpft sind.

Die Leistungen der Dritten Welt

Viele wissenschaftliche und technologische Innovationen, von denen Menschen europäischer Herkunft gerne annehmen, daß sie ihr alleiniges Erbe darstellen, sind unabhängig vom Westen in der Dritten Welt entwickelt worden – manchmal weitaus früher als im Westen. Menschen im Westen müssen ihre Stereotypen von »primitiven Kulturen« überdenken, die mit der Annahme verbunden sind, daß alle Wissenschaften, die diesen Namen verdienen, im Westen entwickelt wurden.

Menschen mit Dritte-Welt-Abstammung verdienen Anerkennung dafür, daß sie geholfen haben, die Wissenschaften und Technologien der westlichen Industriegesellschaften zu ermöglichen. Es ist üblich, die Aktivitäten von Müttern und Ehefrauen anzuerkennen, die bemerkenswerte Leistungen von berühmten Männern ermöglichen. Nicht alle diese anerkannten Aktivitäten sind jedoch in dem Sinne *beabsichtigt,* daß sie zu bemerkenswerten Leistungen oder Ruhm oder Glück für Söhne, Väter und Ehemänner führen *sollen.* Viele sind notwendige Aktivitäten, die von Frauen erwartet oder gefordert werden, oder aber diese Frauen handeln für sich selbst oder einfach, um zu überleben. In diesen Fällen ist die Ermöglichung der Leistungen anderer eine unbeabsichtigte Folge. Dementsprechend scheint es schlüssig zu behaupten, daß Menschen afrikanischer und anderer Dritte-Welt-Abstammung Anerkennung verdienen dafür, daß sie mit ihrer Arbeit und ihrem Leben die wissenschaftlichen und technologischen Innovationen in den nordatlantischen Gesellschaften ermöglichen, ob sie dies nun beabsichtigten oder nicht. Wenn diejenigen von uns, deren Vorfahren analphabetische Bauern in Europa zur Zeit der wissenschaftlichen Revolution waren, meinen, diese Erbschaft beanspruchen zu können, warum sollten dies dann nicht auch andere tun, deren Arbeit die modernen westlichen Wissenschaften auch mit ermöglichte? Und vielleicht wird der gegenwärtige Wunsch von Völkern in der Dritten Welt, Wissenschaften und Technologien zu entwerfen, die nicht solche schlechten Auswirkungen wie diejenigen des Westens haben, dereinst eine Erbschaft darstellen, der sich zukünftige Generationen im Westen zuwenden werden, um die Formen »internationaler Entwicklung« einzuholen, die ihren Ursprung in der Dritten Welt haben.

»Ursprungsgeschichten«

Die westliche Erzählung über die Geburt der modernen Wissenschaft ist unter anderem das, was Anthropologen eine »Ursprungsgeschichte« nennen. Sie erzählt uns Menschen im Westen eine Geschichte, die bewirkt, daß wir uns als Beteiligte sehen: Woher wir kommen, wie wir uns von anderen Kulturen unterscheiden, welche individuellen und kulturellen Merkmale am höchsten geschätzt sind, welchen Prinzipien wir im Leben folgen sollen. In dieser Hinsicht unterscheidet sie sich wenig von homerischen Heldenepen, der Bibel oder den Geschichten über George Washington, die Zweitklässlern erzählt werden. Jede Kultur hat ihre Ursprungsgeschichten, und »Die Geburt der modernen Wissenschaft« ist in der zeitgenössischen westlichen Kultur eine populäre.

Meines Erachtens sollten Menschen im Westen an der anderen Geschichte als erstes bemerken, daß sie dieselben Funktionen erfüllt. Eine

Kollegin berichtete mir, daß sie zum ersten Mal mit Rodneys Buch in Berührung kam, als ein schwarzer Student ihr erzählte, daß es an ihrer Universität in selbstorganisierten afrikanisch-amerikanischen Studiengruppen diskutiert wird. Wie die Auseinandersetzung mit dem *Kapital* von Marx für die Studiengruppen in den 1960er Jahren fungiert die Diskussion von Rodneys Argumentation als bewußtseinsbildende Erfahrung im Hinblick auf eine historische Verschiebung der Perspektive, die den Kämpfen im Leben von Menschen eine neue Bedeutung geben kann. Sie unterstützt ein oppositionelles Bewußtsein; sie erklärt die eurozentrischen Programme und weißen Suprematieansprüche der westlichen Gesellschaft und ist damit sinnvoller, als die von Weißen angebotenen Interpretationen des Lebens von Minderheiten und der offiziellen Politik. Die andere Geschichte kann nicht nur ein interessanter und kontroverser Gegenstand in intellektuellen Zirkeln sein – obwohl sie dies sicherlich werden sollte –, sondern auch eine Möglichkeit für Dritte-Welt-Völker, gegen die vorherrschenden westlichen Erzählungen seine alternative Darstellung dessen zu entwickeln, wer ihre Vorfahren waren, welche Werte ihnen wichtig waren und noch heute wichtig sein sollten, und wer genau verantwortlich ist für die gegenwärtigen Bedingungen ihres Lebens und des Lebens der dominanten Gruppen. In diesen Aspekten unterscheidet sie sich nicht von der vorherrschenden westlichen Geschichte.

Die beiden Erzählungen vertreten aber gegensätzliche moralische Einschätzungen der westlichen und der Dritte-Welt-Völker. Jede Geschichte beschuldigt explizit oder implizit die je andere Gruppe der moralischen Unterlegenheit. In der westlichen Geschichte erscheinen Dritte-Welt-Völker als primitiv, als Kinder, Barbaren und Wilde, als außerhalb von Geschichte und Kultur, ohne rettende kulturelle Errungenschaften. Sie sind ein Hindernis für den »Fortschritt der Menschheit« und eine Bedrohung für den Westen, wenn sie nicht von ihm überwacht werden. In der Dritte-Welt-Geschichte sind westliche Völker gierig, barbarisch, wild, arrogant, egozentrisch, heuchlerisch, absichtlich ignorant und ganz generell eine Gefahr für sich selbst wie auch für ein anständiges menschliches Leben.

Wir sollten überaus hitzige Diskussionen erwarten, wenn die VertreterInnen der beiden Interpretationen aufeinandertreffen. Nicht nur die Fakten stehen in Frage, obwohl sich die wissenschaftlichen Dispute nach außen hin auf Fakten konzentrieren werden. In Kenntnis beider Geschichten bedeutet die Akzeptanz und Inanspruchnahme von einer der beiden die bewußte oder unbewußte Komplizenschaft mit den moralischen Wertungen, die sie befördert. Nicht nur Fakten stehen in Frage, sondern auch die gesamte moralische und kulturelle Identität der Völker des Westens und der Dritten Welt, die von unserer Wahrnehmung von uns selbst als Menschen nicht zu trennen ist. Das führt uns zum nächsten Punkt.

Wissenschaft als umkämpftes Terrain

Wir können es nicht der Wissenschaft überlassen, zwischen beiden Darstellungen zu entscheiden. Mit dem Hinweis auf einen impliziten moralischen Disput will ich nicht die Bedeutung abwerten, die der Erforschung, empirischen Bestätigung und sorgfältigen Prüfung der Evidenz der von der anderen Geschichte vorgeschlagenen vielfältigen Hypothesen zukommt. Diese Forschung hat noch kaum begonnen und dürfte sich als fruchtbar und wertvoll erweisen. Das Vorhaben ist jedoch noch schwieriger, als es zunächst erscheinen mag. Wenn der beizulegende Konflikt einer zwischen zwei westlichen Personen über eine Frage wäre, die keine moralischen Implikationen für ihr eigenes Leben hätte, dann würden wir erwarten, daß die Beteiligten wohlklingende Argumente hervorzubringen versuchen, die auf Beobachtung und Vernunft allein beruhten und die Erreichung einer interesselosen und wertneutralen Position zum Ziel hätten (wie ich gezeigt habe, scheinen Angehörige westlicher Eliten leider viel zu viele Dispute auf diese Weise wahrzunehmen). Das angemessene Verfahren für die Entscheidung zwischen unseren beiden Geschichten ist jedoch weniger eindeutig. Sicherlich können Dokumente sorgfältiger erforscht, Daten neu durchgesehen, neue empirische Belege gesammelt und neues Licht auf alte Bewertungen geworfen werden; diese Arbeit ist zu begrüßen. Aber daß wir eine unparteiische, leidenschaftslose, interesselose und wertneutrale Perspektive lokalisieren könnten, aus der heraus zwischen beiden Geschichten zu entscheiden wäre, diese Vorstellung ist – zumindest zum gegenwärtigen Zeitpunkt – zum Scheitern verurteilt.

Die Veränderungen, die erforderlich sind, um die westliche in Übereinstimmung mit der anderen Geschichte zu bringen, wären so fundamental, daß es vernünftiger ist, beide als inkommensurabel zu betrachten. Insbesondere die Versuche von europäischen AmerikanerInnen, die andere Geschichte mit der Begründung zu verwerfen, daß sie nicht mit den »besten Anschauungen« im Westen übereinstimmt, wird die Andersdenkenden nicht überzeugen, weil die westlichen Maßstäbe für beste Anschauungen gerade diejenigen sind, die in alternativen Interpretationen in Frage gestellt werden. Jeder oder jede, der oder die von sich glaubt, eine unparteiische, leidenschaftslose, interesselose und wertneutrale Perspektive auf diese Fragen beanspruchen zu können, belügt sich nicht nur selbst, sondern geht auch bereits konform mit den westlichen Maßstäben für das Auffinden der »besten Anschauung«. Insofern wir europäischen AmerikanerInnen unserer europäischen Herkunft gegenüber loyal sind, sind wir, direkt oder indirekt, entweder Opfer oder Nutznießer der Ergebnisse des Disputes.

Im folgenden nenne ich einige der Fragen über konventionelle westliche Beschreibungen und Bewertungen der modernen Wissenschaft, die sich aus der Perspektive der oben betrachteten Ansätze ergeben. Sollten wir die wissenschaftliche und technologische Innovation in den westlichen Industriegesellschaften als Fortschritt begreifen, wenn die Mehrheit der Menschen auf der Welt das soziale Gefüge, in dem Wissenschaft ein integraler Bestandteil ist, als ausbeuterisch und unterdrückerisch erfahren hat? Vielleicht sollten wir im Zusammenhang mit Wissenschaft und ihren Technologien davon sprechen, daß sie Fortschritt für wenige und Rückschritt für viele bedeuten. Warum sollte die Periode, in der Fortschrittsparteien in Europa und Nordamerika den Weg für den Imperialismus bereiteten und bereiten sollten, als »Zeitalter der Entdeckungen« präsentiert werden? Warum sprechen wir nicht vom »Zeitalter des Imperialismus«, vom »Zeitalter des Genozids« oder vom »Zeitalter der Unterwerfung«? Die Terminologie der »Entdeckung« und »Erforschung« hat einen Vorteil: In einer naiven Weise macht sie überdeutlich, daß die imperialistischen Projekte mit wissenschaftlicher Aktivität verbunden waren und auf der Basis wissenschaftlicher Rationalität begründet wurden. Sollten wir die wissenschaftlichen und technologischen Innovationen in Europa dem angeblich einzigartigen europäischen Forschungsgeist oder dem exzessiv aggressiven Geist Europas zuschreiben (vgl. Jacob 1988; Restivo 1988)?

Die andere Geschichte stellt nicht nur ganz bestimmte historische Wissenschaften und Technologien in Frage, sondern auch ganz allgemein dasjenige, was westliche Kulturen als »Wissenschaft und Technologie« bezeichnen. Was als Wissenschaft und Technologie gilt, liegt nicht etwa außerhalb von politischen Kämpfen, wie die meisten wissenschaftlichen Schulen in westlichen Industrienationen annehmen, sondern kann in unserem Zusammenhang als Gegenstand von Konflikten gesehen werden. Der Charakter und die Bedeutung »echter Wissenschaft« liegen *nicht* jenseits von Politik; sie sind Ressourcen, über die konkurrierende Gruppen versuchen, Kontrolle zu erlangen.[15]

Dies trifft auf zweifache Weise zu. Die Wissenschaftsgeschichte und ihre Bedeutung sind in diesen Auseinandersetzungen umstritten: es gibt

»Tatsachen«, die aufgedeckt, interpretiert, debattiert und in kohärente und plausible Darstellungen eingepaßt werden müssen. Die Erkenntnistheorie der Wissenschaft ist jedoch ebenfalls in Frage gestellt: Zum Beispiel ist klar, daß wir nur darüber, was manche WissenschaftstheoretikerInnen als »Eindringen der Politik in die Wissenschaft« bezeichnen, die Probleme mit der konventionellen Erzählung erkennen können. Aus der Perspektive einer antirassistischen Politik können wir wahrnehmen, daß der konventionellen Darstellung der Geruch ihrer politischen Herkunft, Konzepte, Forschungsdesigns, Forschungsprozeduren und Auswirkungen anhaftet. Unter den gegebenen differenten Rahmenbedingungen der beiden Geschichten können die jeweiligen VertreterInnen behaupten, daß die jeweils andere Geschichte voreingenommen und verzerrt ist und daß diese Mängel politische Gründe haben. Empiristische Erkenntnistheorien, die am besten zu dem idealistischen Bild von den Institutionen der Erkenntnissuche als wertneutrale und interesselose passen, helfen hier nicht weiter; die positivistischen Elemente des Empirismus, die das »spontane Selbst-Bewußtsein der Wissenschaft« ausdrücken, sind Teil dessen, was in Frage steht (vgl. Bhaskar 1989, Kapitel 4). Die westlichen weißen Wissenschaftsphilosophien, -geschichten und -forschungen müssen Kriterien entwickeln und verbreiten, die in der Lage sind, wissenschaftliche und technologische Ansprüche zu bewerten: Nützen sie westlichen Eliten, oder sind sie »weniger falsch«? Zum gegenwärtigen Zeitpunkt ist es schwierig, solche Kriterien zu bestimmen.[16]

Die falsche Alternative Rationalität versus Aberglauben

Ich habe bereits auf einen falschen Gegensatz hingewiesen, der ein realistisches Bild der modernen Wissenschaft behindert: der Gegensatz zwischen der vermeintlich exemplarischen Rationalität europäischer Kulturen und den angeblich primitiven und kindlichen, abergläubischen, religiösen, mystischen, prärationalen und alogischen Modi des Denkens, die für die Dritte-Welt-Kulturen und die prämodernen nordatlantischen Kulturen charakteristisch seien. Auf der Höhe der kolonialen Anthropologie beschrieb der französische Anthropologe Lucien Lévy-Bruhl die Mentalität von Dritte-Welt-Völkern als prälogisch. Viele Dekaden später argumentierte der britische Anthropologe Robin Horton, daß der Westen übersieht, in welcher Hinsicht das traditionelle afrikanische Denken nicht different, sondern vielmehr dem westlichen wissenschaftlichen Denken ähnlich ist. Hortons Analyse löste eine lebhafte

Diskussion unter AnthropologInnen und PhilosophInnen aus, passend zur Zeit ihres Erscheinens während des post-Kuhnschen Leidens an der offensichtlich fehlgeschlagenen Rationalität der Wissenschaft, der Dispute zwischen »naturalistischen« und »intentionalistischen« Philosophien der Sozialwissenschaften, der politischen Aufbrüche in Europa und den Vereinigten Staaten in den 1960er Jahren und des Beginns der Unabhängigkeit afrikanischer Staaten.[17]

TheoretikerInnen mit Dritte-Welt-Abstammung sind der Ansicht, daß Horton nur die halbe Wahrheit erkannt hat. Der Philosoph J.E. Wiredu zum Beispiel meint, das Problem solcher wohlmeinenden Darstellungen wie der Hortons sei, daß ihre AutorInnen – in erster Linie AnthropologInnen oder andere westliche BesucherInnen von nicht-westlichen Kulturen – nicht mit konventioneller Physik, Chemie und anderen Naturwissenschaften vertraut sind. Dieser Mangel macht Besucher europäischer Herkunft durchweg unfähig, der westlichen Wissenschaft, westlichen WissenschaftlerInnen und allgemein dem westlichen Denken gegenüber dieselbe kritische Haltung einzunehmen, die sie den Überzeugungen und Verhaltensweisen von Dritte-Welt-Völkern entgegenbringen. Wiredu stellt heraus, daß viele zeitgenössische WissenschaftlerInnen sich mit religiösen Praktiken befassen und auf religiöse Texte zurückgehende Behauptungen aufstellen, die ebenso irrational, »prälogisch« und abergläubisch sind wie diejenigen, die sie kritisieren. Obwohl sich Menschen aus dem Westen wie vorbildliche Vertreter der Rationalität fühlen mögen, etwa wenn sie sich an Debatten über das Denken von frühmodernen Philosophen wie David Hume und John Locke beteiligen, untersuchen sie deren Denken tatsächlich für gewöhnlich nicht mit der gleichen kritischen Haltung, die sie gegenüber nicht-westlichem Denken einnehmen. Es ist viel leichter, gegenüber dem Ungewohnten kritisch zu sein als gegenüber dem Gewohnten, und wissenschaftliche Blickwinkel und Denkmuster sind für die Kulturen der westlichen Industrieländer ebenso traditionell wie afrikanische Sichtweisen und Annahmen für die afrikanischen Kulturen. Einige westliche PhilosophInnen, wie Charles Mills (1988) berichtet, haben den theatralischen und rituellen Charakter weiter Teile des westlichen Denkens erkannt, das als Gipfel der Rationalität charakterisiert wird:

»Hume hat vor langer Zeit gezeigt, daß unabhängig von den skeptischen Ikonoklasmen, denen Philosophen in bezug auf alltägliche Überzeugungen im Privaten (oder zusammen mit ihren Kollegen) nachgeben mögen, ›(sie) unmittelbar, nachdem sie ihr Arbeitszimmer verlassen haben, ... wieder dem von ihnen verworfenen Glauben der übrigen Menschheit huldigen‹. Dies ist nicht notwendig nur eine Sache zweckmäßiger Konformität mit der unaufgeklärten

Herde, weil Hume für sich selbst zugibt, daß er nach ein paar Stunden Backgammon, wenn er versucht, ›zu jenen Spekulationen zurückzukehren, so erscheinen sie mir kalt, überspannt und lächerlich, daß ich mir kein Herz fassen kann, mich weiter in sie einzulassen‹.« (Ebd.: 238; Zitate aus Hume 1888, dt. 1904: 284, 347)

Die Darstellung der Wissenschaft und Technologie westlicher Industrienationen aus der Perspektive der Dritten Welt stellt sowohl die Natur als auch die Verbreitung des Rationalitätskonzepts in Frage, das für das Selbstbild der westlichen Wissenschaftskultur zentral gewesen ist.

Rekonstruktion der Beziehung zwischen Wissenschaft und Technologie

Bringt die andere Geschichte Wissenschaft und Technologie durcheinander? Viele LeserInnen der Darstellungen der afrikanischen Hochkulturen würden behaupten, daß sie lediglich angewandte Wissenschaften und Technologien und nicht »reine Wissenschaft« implizieren und daß es – damals oder später – so gut wie keine interessanten Beziehungen zwischen der Entwicklung westlicher Wissenschaft und den Bedingungen in der Dritten Welt gibt. Diese Sichtweise möchte den Begriff »Wissenschaft« für etwas reservieren, das sich ausschließlich in den modernen nordatlantischen Kulturen entwickelt hat. Solche Kritik würde argumentieren, daß »Wissenschaft« nur ein Set an abstrakten Sätzen darstellt (bevorzugt diejenigen, die rein formal, mathematisch sind) wie etwa Newtons oder Boyles Gesetze, die von bestimmten Methoden hervorgebracht werden, für die die Physik paradigmatisch ist. »Reine Wissenschaft« ist Beschreibung der Natur, ungeachtet der Bedeutungen, die solche Beschreibungen transportieren und ungeachtet der Anwendungen, zu denen sie führen. Auf diese Weise kann »reine Wissenschaft« selbst unabhängig von den externen Ursachen wissenschaftlicher Programme beschrieben und erforscht werden, von solchen Ursachen also, die die Beschreibungen der Natur, die politischen Implikationen der angewandten Technologien oder die sozialen Bedeutungen dieser Beschreibungen generiert haben.

Die Besessenheit von dieser Form analytischer Aufspaltung in »reine Wissenschaft« und wissenschaftliche Technologien stützt ein falsches Verständnis des wissenschaftlichen und technologischen Unternehmens, denn Wissenschaft und Technologie sind auf vielfältige Weise Teile eines sozialen Kontinuums und partizipieren wechselseitig an ihren Aktivitäten. Um die Punkte von Kapitel 4 zu wiederholen: Wissenschaft ermöglicht in ihrer Folge bestimmte Technologien und Anwendungen, und Technologien bringen neue Formen wissenschaftlichen Denkens hervor, indem sie neue Sorten Experimente und Beobachtungen ermöglichen. Von keiner dieser Beziehungen nimmt das konventionelle Denken an, daß sie die vorgebliche Reinheit der Wissenschaft bedroht. Wie verhält es sich aber mit der Tatsache, daß sozial legitimierte wissenschaftliche Problemstellungen für gewöhnlich (immer?) Antworten auf einen gesellschaftlichen Bedarf sind, der als technologischer definiert wird, und daß soziale Bedeutungen von Technologien uns neue Erfahrungen mit der Welt vermitteln? Hier wird die Reinheit der Wissenschaft hinter ihrem Rücken in Frage gestellt. Hier geht es um allgemeine kulturelle Einflüsse auf Wissenschaft, um die Art und Weise, wie Wissenschaft in jeweiligen historischen Kulturen eingebettet ist, trotz der Versuche von WissenschaftlerInnen, sie zu einem transzendentalen Projekt zu erheben, das nur für die reine Vernunft (was immer das ist) von Interesse ist.

Um der Bedeutung der anderen Geschichte für die Annahmen über die »Reinheit« der abstrakten wissenschaftlichen Sätze gerecht zu werden, müssen wir eine Form von Wissenschaftsgeschichte und -philosophie erschaffen, die darüber hinausgeht, die Beziehungen zwischen externalistischen und internalitischen oder zwischen politischen und intellektuellen Wissenschaftsgeschichten zu diskutieren. Die beiden Formen der Wissenschaftsgeschichtsschreibung sind nicht eigenständig. Vielmehr müssen wir danach fragen, wie die grundlegenden wissenschaftlichen Muster und politischen Richtungen genauso wie die allgemeinen Voreingenommenheiten des Zeitalters in die Konzepte und Annahmen der Natur- und Sozialwissenschaften hineingelangen. Wie werden externe Einflüsse zu internen Denkmustern? Wir haben noch immer nicht verstanden, wie der technologische Bedarf des Imperialismus seine Fingerabdrücke auf den Denkstrukturen der Wissenschaften der westlichen Industriegesellschaften hinterlassen hat.

Ich muß allerdings hinzufügen, daß es selbstredend viele technologische Innovationen gibt, die der Wissenschaft so gut wie nichts verdanken. Von der Entwicklung von Geräten zum Sammeln und Jagen bis hin zur Erfindung von Rucksäcken, um Babies zu tragen, ist es klar, daß technologische Innovation unabhängig von Wissenschaft ablaufen kann. Schließlich erfinden sogar Hunde und Affen Werkzeuge. Die Problematik der angeblich »reinen Wissenschaft« ist dennoch mit vermeintlichen technischen Bedürfnissen und mit realen technischen Innovationen und Folgen auf eine viel engere Weise verknüpft, als es die Enthusiasten »reiner Wissenschaft« zugeben können. Wissenschaft und Technologie können eigenständig sein, nicht weil Wissenschaft von

Technologie unabhängig ist (das ist sie niemals), sondern weil technologische Innovation manchmal autonom von Wissenschaft ablaufen kann – aber »manchmal« ist nicht »immer«. Die Empirie muß bestimmen, wann technologische Innovationen sich der Wissenschaft verdanken und wann nicht (vgl. Needham 1969). Dieses Verständnis läßt interessante Fragen offen darüber, ob technologische Innovation eigenen Erkenntnistheorien folgte, die nicht von Theorien wissenschaftlicher Erkenntnis ableitbar sind.

Die »einheimische« Sichtweise der westlichen Wissenschaften

Wenn wir erkenntnistheoretischen Betrachtungen nachgehen, stellen wir fest, daß es eine Asymmetrie zwischen den AutorInnen der beiden Erzählungen gibt. Die westliche Wissenschaftsgeschichte und -philosophie ist hauptsächlich von Personen geschrieben worden, die in zweifacher Weise »Eingeborene« des Unternehmens sind, dessen Geschichte sie aufzeichnen. Viele sind WissenschaftlerInnen oder WissenschaftsenthusiastInnen, die das wissenschaftliche Ethos teilen. Andere stammen aus dem Westen und teilen bewußt oder unbewußt das Ethos des Westens, das die Eigenschaften und vermeintlichen Konsequenzen wissenschaftlicher Rationalität hochschätzt. Die Identifikation mit der nordatlantischen Wissenschaftskultur schafft eine Prädisposition, gerade dasjenige als Wert zu akzeptieren, was die andere Geschichte in Frage stellt. PhilosophInnen der Sozialwissenschaften, die sich begeistert an den Naturwissenschaften orientieren, argumentieren, daß eine Darstellung aus der Perspektive der Einheimischen nicht in der Lage ist, genau die Sorte kausale Interpretationen bereitzustellen, die sich in den Naturwissenschaften als so wertvoll erwiesen hat. SozialwissenschaftlerInnen, die in dem Sinne »einheimisch« werden, daß sie ihre Darstellungen auf die Intentionen und Erkenntnismöglichkeiten der Einheimischen eingrenzen, beschränken sich eher auf die Interpretation von Phänomenen, als daß sie solche kausalen Erklärungen suchen, die eine Darstellung erst als wissenschaftliche qualifizieren. Einheimische sind in mancher Hinsicht Experten ihrer Kultur, in anderer Hinsicht sind sie aber weit davon entfernt. Experten in bezug auf manche Aspekte von Natur sind noch lange nicht Experten, wenn es um die Frage geht, wie ihre Expertisen produziert werden oder welche Konsequenzen diese haben.

Im Gegensatz dazu ist die andere Geschichte von »integrierten AußenseiterInnen« verfaßt worden, die ein »gespaltenes Bewußtsein«

entwickeln müssen. Sogar im Rahmen der westlichen Vorschriften für Wissenschaftlichkeit sind diejenigen hochgeschätzt, die über ein möglichst breites Beobachtungsfeld – und besonders eine Bandbreite von spezifisch kritischen (alternativen) Evidenzen – verfügen. Deshalb sollte uns die Logik dieser Darstellungen zur Annahme einer Plausibilitätsüberlegenheit der Anderen über die westliche Geschichte führen.[18]

Geschlechterfragen

Zweifellos sind weitere allgemeine Einsichten zu erzielen, wenn wir auf die beiden kontroversen Darstellungen westlicher Wissenschaft reflektieren, aber einige sind besonders für Feministinnen von Interesse. Zum einen können Dritte-Welt-Frauen ihren Anteil an der glorreichen Wissenschafts- und Technologiegeschichte der Dritten Welt beanspruchen. Weil Frauen in den Dritte-Welt-Kulturen oftmals einen höheren Status und mehr Macht gehabt haben als in der Ersten Welt, sind sie möglicherweise für einen größeren Beitrag zu den Wissenschaften und Technologien ihrer Hochkulturen verantwortlich, als jemand erwarten würde, der oder die nur mit der Frauengeschichte der Ersten Welt vertraut ist. Wenn wir bis zu den Ursprüngen zurückgehen, werden wir feststellen, daß die Sammlerin, die wichtige Beiträge zur technologischen Entwicklung geleistet hat, nicht nordatlantischer Herkunft ist. Welche Beiträge zur Entwicklung der Wissenschaften und Technologien ihrer Kulturen haben Dritte-Welt-Frauen seitdem geleistet? Gab es zum Beispiel signifikante Unterschiede zwischen den wissenschaftlichen und technischen Projekten, die in Afrika favorisiert wurden, je nachdem, ob eine Königin oder ein König herrschte?

Solche Fragen führen zum Verständnis dessen, daß Frauen an Wissenschaft und Technologie nicht nur »als Frauen« partizipieren und sie »als Frauen« erfahren, sondern als Frauen aus der Ersten oder Dritten Welt. Feministische Interpretationen von Wissenschaft und Technologie neigen dazu, die Erfahrungen von weißen, nordatlantischen Mittelschichtfrauen auf eine Weise zu verallgemeinern, die empirisch nicht gestützt werden kann. Mit der Entwicklung westlicher Wissenschaften und Technologien haben Dritte-Welt-Frauen mehr verloren als weiße, westliche Frauen, und sie haben es auf andere Weise verloren. Da alle Frauen (und Männer) auf der Welt eine gemeinsame Geschichte und ein gemeinsames Schicksal haben, ist es besonders wichtig für Frauen aus der Ersten Welt, danach zu fragen, wie es Dritte-Welt-Frauen heute mit den Technologietransfers der sogenannten Entwicklung ergeht. Was wünschen sich Dritte-Welt-Frauen, und was brauchen sie von der Wissenschaft und Technologie westlicher Prägung (vgl. Bourque/Warren 1987; Mies 1986)? Wie verteilen sich Nutzen und Kosten der nordatlantischen wissenschaftlichen und technologischen Unternehmungen auf Frauen, unter Berücksichtigung der Kategorien Rasse, Klasse und Kultur? Diese Art Fragen sollte sich nicht nur auf die Aspekte Gebrauch und Mißbrauch konzentrieren, sondern auch auf den Gehalt wissenschaftlicher Aussagen in Biologie und Sozialwissenschaften. Besonders relevant sind Aussagen in bezug auf die Geschichte und Soziologie von Wissenschaft und Technologie.

Die Untersuchung der sozialen Bedeutungen von Wissenschaft und Technologie enthüllt eine denkwürdige Koinzidenz zwischen Maskulinismus und Eurozentrismus. Viele Merkmale, die europäische und nordamerikanische Feministinnen den Stereotypen und Ideologien der Männlichkeit zuschreiben, stehen auch im Zentrum afrikanischer und Dritte-Welt-Kritiken am Eurozentrismus.[19] Feministinnen in der Ersten Welt genauso wie Dritte-Welt-WissenschaftlerInnen müssen kausale Erklärungen liefern, die die Überlappungen und Antagonismen zwischen diesen beiden Dichotomien anerkennen. Warum werden die Charakteristika, die in Afrika als eurozentrisch betrachtet werden, im Westen als spezifisch männliche angesehen? Warum ähneln sich die Charakterisierungen des »Weiblichen« und des »Afrikanischen« so stark? Die Antwort darauf muß komplex sein. Sie muß die sexuellen und rassischen Stereotypen des Anderen berücksichtigen, die weiße, westliche Männer konstruiert haben, um ihr Recht auf Herrschaft zu begründen. Sexuelle Bedeutungen sind mit rassischen verwoben: Die konzeptuellen Rahmen sexueller und rassischer Bedeutungen konstruieren sich gegenseitig (vgl. Gilman 1985; Stepan 1986).

Welche Art Erkenntnistheorie ist in der Lage, die Wichtigkeit des Lernens vom Standpunkt der Frauen mit Dritte-Welt-Abstammung anzuerkennen? Wenn Feministinnen europäischer Herkunft anfangen, Fragen über Wissenschaften und Technologien sowohl der Ersten als auch der Dritten Welt aus der Perspektive des Lebens von Dritte-Welt-Frauen zu stellen, dann dürfte sich ihr konzeptueller Rahmen signifikant verschieben. Feministinnen in der Ersten Welt können dadurch lernen, andere Sorten Fragen zu stellen. KritikerInnen aus der Dritten Welt sind dem Westen gegenüber weniger loyal als Erste-Welt-Feministinnen, die – in Adrienne Richs (1979) Worten – zusätzliche Wege kennenlernen können, »der Zivilisation gegenüber disloyal« zu sein. Feministinnen in den westlichen Industriegesellschaften können lernen, wie sie bei gleichzeitigem Festhalten an der Kategorie Geschlecht Fragen von Rassismus und Imperialismus ins Zentrum rücken können. Kann es möglicherweise auch eine feministische Haltung sein, die Kategorie Geschlecht einmal nicht ins Zentrum zu rücken, um sich mit Dritte-Welt-Frauen in Fragen des Rassismus und Imperialismus selbst in solchen Fällen zu verbünden, in denen Geschlecht nicht das primäre Problem ist? Feministinnen europäischer Herkunft können nicht afrikanische oder nordatlantische Wissenschaften und Technologien genauso »wie Afrikanerinnen« durchdenken; wir haben nicht die Lebenserfahrungen, aufgrund derer »afrikanische« Interpretationen entstehen. Darüber hinaus haben wir oft gerade von den Ereignissen und Prozessen profitiert, die das Leben von Frauen und Männern aus der Dritten Welt benachteiligt haben. Und doch können diese anderen Interpretationen unser Denken in vielerlei Hinsicht befruchten. (Kapitel 11 wendet sich diesem Thema zu.)

In welcher Weise sollten Menschen europäischer Herkunft die andere Geschichte, die dieses Kapitel betrachtet hat, ins Zentrum ihres Denkens rücken? Im Lichte der Geschichte des rassistischen und imperialistischen Denkens der Ersten Welt über die Dritte Welt sind die Formen dafür, die gerade nicht passen, leicht vorstellbar.

Zum einen könnte die Aufmerksamkeit für die afrikanische und Dritte-Welt-Geschichte die eurozentrische Faszination für das Exotische wiederholen, und zwar auf Kosten eines ernsthaften Interesses für die wissenschaftliche und technologische Situation der Dritte-Welt-Völker heute. In der Wissenschafts- und Technologiegeschichte herumzuwühlen, wird nicht ändern, was passiert ist, und es lenkt uns von drängenden politischen Fragen ab wie etwa der, was heute zu tun ist.

Die wissenschaftlichen und technologischen Leistungen der Dritte-Welt-Völker vor und außerhalb der Wissenschaft der Ersten Welt können auch dazu benutzt werden, eine subtilere Form von genau der Konzentration auf das Primitive zu befördern, die van Sertima kritisiert hat. Schließlich sind Reisen durch die Sahara, Pflanzenzucht und Kaiserschnitte immer noch recht primitive Errungenschaften im Vergleich zu Mondflügen, Genmanipulationen und Herztransplantationen.

Manche LeserInnen mögen annehmen, daß ich eine Suche nach individuellen wissenschaftlichen und technologischen Vorläuferinnen in Afrika und anderen Dritte-Welt-Gesellschaften empfehle. Suche ich nach »Großen Frauen« in der Geschichte der afrikanischen und asiatischen Wissenschaften und Technologien, nach Figuren, die spezifische, aber übersehene Beiträge zur wissenschaftlichen und technologischen Innovation geleistet haben, so wie Feministinnen im Westen es für ihre eigene Geschichte getan haben? Dies zum Hauptanliegen zu machen, würde die Individualität von wenigen Dritte-Welt-Frauen hervorheben, zu Lasten der Anerkennung der Beiträge von vielen, deren Anstrengungen die Einzelleistungen erst möglich gemacht haben. Es würde die westliche Voreingenommenheit für den Individualismus, für die Variante der Wissenschafts- und Technologiegeschichtsschreibung, die »Geniegeschichten« erzählt, auf Kosten des Verstehens der kollektiveren und gemeinschaftlich organisierten Formen bestärken, in denen Wissenschaft und Technologie in allen Kulturen, die diese Ethik des Individualismus nicht teilen, praktiziert worden sind.

Die Forderung nach einem spezifisch feministischen Zugang zur Eingebundenheit der Wissenschaft der Ersten Welt in die Weltgeschichte könnte auch so wirken, als ob ich versuchte, kritische Dritte-Welt-Perspektiven auf nordatlantische Gesellschaften aufzuspalten und anzueignen, indem ich die feministischen Aktivitäten und Kämpfe von Dritte-Welt-Frauen in Anspruch nehme, während ich die von Dritte-Welt-Männern ignoriere und für unseren Diskurs stillstelle.

Schließlich und ganz allgemein könnte man fragen, ob ein solch feministischer Zugang einen zweiten Versuch der Kolonisierung der Wissenschaft und Technologie der Dritten-Welt durch einen – den feministischen – Teil der nordatlantischen Kultur vorstellen würde. Wie können wir weißen, westlichen Feministinnen zum Beispiel die afrikanische Geschichte lesen, ohne unsere eigenen Phantasien und Wünsche auf sie zu projizieren? Wie können unsere Bemühungen vermeiden, den Geltungsbereich weißer feministischer Analysen weiter auszudehnen, während sie die drückenden aktuellen Probleme von Dritte-Welt-Frauen vergessen (vgl. Spivak 1987; Spivak 1986)?

Solche Gefahren bedrohen das Projekt, das ich vorschlage, auf Schritt und Tritt. Das ist aber kein hinreichender Grund dafür, feministische – oder »präfeministische« – Wissenschafts- und Technologieforschung innerhalb der Grenzen der Geschichte jenes Feldes zu verfolgen, das im Lichte der Interpretationen aus der Dritte-Welt-Perspektive vollkommen eurozentrisch erscheint. Eurozentrische Annahmen markieren »subjektive« alltägliche Traditionen von der Art, die die Wissenschaft eigentlich bekämpfen sollte. Wir können ein weniger voreingenommenes und verzerrtes Verständnis von den Wissenschaften und Technologien der Ersten Welt entwickeln, wenn wir den gegenwärtig aufkommenden Skeptizismus in bezug auf eurozentrische Perspektiven auch auf die gesellschaftliche Wissenschaftstradition ausdehnen. Die andere Geschichte der Dritten Welt eröffnet erhellende und politisch sinnvolle Möglichkeiten der Problematisierung unserer weißen, westlichen feministischen Identität – damit wir »disloyal gegenüber der Zivilisation« werden können. Wenn wir darin erfolgreich sein und die Gefahren umgehen wollen, die immer auf diejenigen warten, die Disloyalität wagen, müssen wir innovative Strategien entwickeln.

Kapitel 10

DENKEN AUS DER PERSPEKTIVE LESBISCHEN LEBENS

Feministische Standpunkt-Theorien leiten uns an, unsere Forschung und Lehre bei der Perspektive der Lebenserfahrungen von Frauen anzusetzen. Frühere Kapitel haben darauf hingewiesen, daß die Kategorien Klasse und Rasse wichtige Unterschiede im Leben von verschiedenen Frauen markieren; Klasse, Rasse und Geschlecht werden dazu benutzt, sich wechselseitig zu konstruieren. Aber was ist mit der Sexualität? Sollte es nicht einen spezifisch lesbischen erkenntnistheoretischen Standpunkt geben?[1] Wenn ja, in welcher Weise könnte er zu Natur- und Sozialwissenschaften beitragen?

Ich will hier nicht die gesamte Literatur oder alle relevanten Fragen aufarbeiten, sondern möchte die Sorten Ressourcen für Forschung und Theorie untersuchen, die gewonnen werden können, wenn wir entsprechend der Direktive feministischer Standpunkt-Erkenntnistheorie vom Leben *aller* Frauen ausgehen und nicht nur vom Leben der Frauen, die im konventionell androzentrischen, weißen, westlichen, ökonomisch privilegierten und heterosexistischen Denken hochgeschätzt werden. Ich fahre in diesem Kapitel fort, der Vorstellung zu widersprechen, daß es eine essentielle oder typische »Frau« gibt, bei deren typischen Lebensbedingungen wir im Sinne der Standpunkt-Theorie ansetzen sollten. Es sind im Gegenteil die Lebensbedingungen aller Frauen – der marginalisierten genauso wie der im Zentrum stehenden –, von denen aus wir die gesellschaftlichen Verhältnisse betrachten müssen.

Manche LeserInnen mögen der Meinung sein, daß es seltsam ist, in einem Buch über Wissenschaften und Erkenntnistheorien ein Kapitel über das »Leben von lesbischen Frauen« zu finden. Noch vor zwanzig Jahren wäre es merkwürdig gewesen, in einem Buch mit ähnlichem Thema ein Kapitel über das Leben von Frauen überhaupt zu finden. Wie ich in früheren Kapiteln angemerkt habe, hat sich der Feminismus mit anderen sozialen Befreiungsbewegungen darin getroffen, die Legitimität des Denkens in Begriffen des allgemein Männlichen zu unterminieren. In der Folge haben schwule und lesbische Bewegungen, Armenbewegungen, Bewegungen von Farbigen und andere der Idee widersprochen, daß feministisches Denken sich auf die allgemeine »Frau« zentrieren sollte. Und da es unwahrscheinlich ist, daß LeserInnen, die mit der neueren feministischen Gesellschaftstheorie nicht vertraut sind, eine Vorstellung davon haben, was es bedeuten könnte, die »Forschung aus der Perspektive lesbischen Lebens heraus zu beginnen«, ist es sinnvoll, die bereits vorliegenden lesbischen Beiträge zu feministischer Theorie und Forschung zu überprüfen.

Einige Punkte sollten von Anfang an geklärt werden. Zunächst einmal, was ist eine Lesbe? Die meisten Menschen glauben wahrscheinlich, dies durchaus zu wissen –, bis sie anfangen, über Fragen nachzudenken, die in neueren Arbeiten gestellt werden. Muß eine Frau Sex mit einer anderen haben, um als Lesbe zu gelten? Viele werden dies annehmen, doch Adrienne Rich (1980) argumentiert, daß wir statt dessen von einem »lesbischen Kontinuum« ausgehen sollten, das alle Frauen einschließt, die Widerstand gegen Zwangsheterosexualität leisten, ob sie nun tatsächlich sexuelle Beziehungen mit anderen Frauen haben oder nicht. Rich betont die Wichtigkeit des politischen Gehalts des Lesbianismus. Darüber hinaus debattieren HistorikerInnen darüber, was als »Sex haben« gelten soll. Bieten geteilte Betten, intime Berührungen, Händehalten, Küsse auf den Mund und die Ausdrücke unsterblicher Liebe, Anbetung und Leidenschaft – die Charakteristika romantischer Freundschaft zwischen Frauen, die von allen als Modelle heterosexuellen Frauseins im 19. und frühen 20. Jahrhundert angesehen wurden – hinreichende Evidenz für die Schlußfolgerung, daß diese Frauen sexuelle Beziehungen zueinander hatten (vgl. Faderman 1981)? Ist es richtig, diese Frauen als Lesben anzusehen, wenn doch tatsächlich viele von ihnen genauso glücklich verheiratet waren wie die meisten anderen Frauen ihrer Zeit und wenn sie sich nicht selbst als lesbisch bezeichneten? Die komplexen (und in vielen Aspekten misogynen) Sexualitätsanalysen von Freud und anderen Sexologen waren damals noch relativ unbekannt, und eine urbane Kultur mit ökonomisch unabhängigen Frauen, die die heutigen selbstbewußten lesbischen Kulturen möglich gemacht hat, gab es noch nicht (vgl. Ferguson 1981; Ferguson 1989).

Fragen der Sexualität sind nicht nur für die Vergangenheit umstritten. Ist absichtlicher und bewußter Sex mit Frauen als Maßstab ausreichend, um heutigen Frauen das Etikett »lesbisch« anzuheften? Einige meinen nein, weil manche Frauen, die sexuelle Beziehungen zu Frauen unterhalten, auch weiterhin sexuelle Beziehungen zu Männern haben;

Bisexualität ist etwas anderes als Lesbianismus. Darüber hinaus lassen sich Frauen manchmal nur zum Nutzen der patriarchalen Kultur auf sexuelle Beziehungen zu anderen Frauen ein – oder scheinen dies zu tun –, wie zum Beispiel bei den sogenannten »Lesbenfotos«, die als Faltposter in solchen Magazinen wie *Hustler* und *Playboy* zu finden sind. Darin werden patriarchale Phantasien über die weibliche Sexualität als Schauspiel inszeniert, um männliche Wünsche zu befriedigen. Warum sind dies »lesbische« Fotos? Um ein anderes Beispiel zu nennen, ist es richtig, Frauen, die das Etikett zurückweisen, als Lesben zu kategorisieren? Einige Frauen, die lesbisch leben, lehnen die Bezeichnung ab, weil sie lesbischen Feminismus für ihren ansonsten konventionellen Lebensstil zu radikal oder bedrohlich finden. Andere lehnen die Bezeichnung ab, weil sie sie für ihr Leben und ihre Politik für zu konservativ halten; diese Aktivistinnen der homosexuellen Befreiungsbewegung oder anderer »linker« Politik wollen sich von den separatistischen, klassenprivilegierten oder ethnozentrischen Programmen mancher lesbischen Richtungen, die sie kontraproduktiv finden, abgrenzen.

Ich lasse mich nicht auf diese Debatten ein, sondern nehme einfach eine von verschiedenen möglichen akzeptablen Positionen in dieser Diskussion ein: Ich nenne all diejenigen Frauen lesbisch, die den Begriff für sich selbst angenommen haben. Dies schließt gemessen an manchen Maßstäben zu wenige Frauen und gemessen an anderen zu viele ein, und es hat Auswirkungen darauf, was mit »Denken vom lesbischen Leben aus« gemeint ist. Es hat aber den Vorteil, daß wir die Autonomie lesbischer Frauen anerkennen, sich selbst und ihre Welt so zu benennen, wie sie es wollen, eine Freiheit, die Frauen – besonders marginalisierten Frauen – nur zu oft verwehrt wird. Das Recht, die Kategorien zu bestimmen, in denen jemand die Welt sieht und von dieser gesehen werden will, ist ein politisches Grundrecht.

Mit der Identifikation dessen, was wir mit Hilfe eines lesbischen Standpunkts erkennen können, weise ich nicht ausschließlich auf Einsichten *über* Lesben hin. Die Standpunkt-Erkenntnistheorien folgen einer anderen Logik. Genauso wie die Forschung und Lehre, die vom Frauenstandpunkt ganz allgemein ausgehen, nicht nur *über* Frauen berichten, sind die letztgenannten Einsichten nicht nur Einsichten *über* Lesben. Der Punkt ist, daß das Denken, ausgehend von den (vielen verschiedenen) täglichen Aktivitäten von lesbischen Frauen, uns in die Lage versetzt, Dinge wahrzunehmen, die andernfalls unsichtbar geblieben wären, und zwar nicht nur in bezug auf lesbisches Leben, sondern auch in bezug auf heterosexuelles Leben von Frauen und in bezug auf heterosexuelles oder schwules Leben von Männern.

Diese Einsichten sind auch nicht notwendig nur von Lesben generiert worden. Einige Männer sind durchaus in der Lage gewesen – mindestens gelegentlich –, aus der Perspektive des Lebens von Frauen zu denken statt auf der Basis des ihnen unmittelbar zur Verfügung stehenden Verständnisses ihres eigenen Lebens. John Stuart Mill, Karl Marx, Frederick Douglass und andere männliche feministische Denker hatten die Fähigkeit, neue Einsichten aus der Perspektive von Lebensbedingungen heraus zu entwickeln, die nicht ihre eigenen waren, oder mindestens diese Perspektiven zu benutzen, um von ihrem eigenen Leben aus in radikal neuen Bahnen zu denken. Analog dazu dürften alle, die genug über Lesben wissen, dazu in der Lage sein, von dieser Perspektive aus zu denken. Schließlich sind wir gleichermaßen aufgefordert, vom Leben in grundlegend verschiedenen Kulturen auszugehen, wenn wir das Denken von Plato, Aristoteles, Descartes oder Shakespeare erklären sollen. Von zeitgenössischen Frauen wird erwartet, daß sie die Weltsicht von notorisch misogynen Männern verstehen – zum Beispiel von Henry Miller und Norman Mailer (oder Aristoteles und Descartes, würden manche Kritikerinnen hinzufügen). Es sollte Heterosexuellen nicht viel schwerer fallen, von der Perspektive lesbischen Lebens auszugehen. Nicht alle, deren Arbeiten ich unten zitiere, haben sich selbst als Lesben identifiziert, und manche identifizieren sich als heterosexuell.

Schließlich muß ich noch erwähnen, daß zumindest eine latente Liebe zu Frauen das meiste (alles?) feministische Denken durchzieht – gerade so, wie es die Misogynen am stärksten befürchten –, obwohl ich damit nicht sagen will, daß alle Frauen, die die Bezeichnung lesbisch beanspruchen, auch teilen, was andere als Liebe zu Frauen identifizieren würden. Die Tatsache feministischer Liebe zu Frauen kann für BeobachterInnen verwirrend sein, die nicht damit vertraut sind, Frauen um ihrer selbst willen zu lieben und wertzuschätzen und nicht hauptsächlich dafür, wie sie den Bedürfnissen von Männern, Kindern oder den dominanten Gruppen der Gesellschaft dienen. Auf solche Menschen wirkt die Liebe unter Frauen wie ein Betrug an der »Ordnung der Natur« – das heißt, an patriarchalen Prinzipien, Klassenloyalitäten, rassischem Stolz oder kultureller Identität –, und wer verletzt diese Prinzipien, Loyalitäten, stolzen Gefühle und Identitäten unverhohlener als Lesben? Feminismus fängt da an, wo ein Sinn für moralische Entrüstung darüber, wie Frauen in Wort und Tat behandelt werden, vorhanden ist. Mit der Zurückweisung sexistischen und androzentrischen Denkens, das Frauen herabsetzt und abwertet, weist der Feminismus notwendig die Misogynie, den Frauenhaß (Freuds »normale Misogynie« von Männern) zurück, der nicht besonders verdeckt hinter diesem Denken steckt. Wenn also Frauen lernen, »sich selbst zu lieben«, auf eine Weise, die eine sexistische und androzentrische Gesellschaft verbietet, lernen sie auch, die misogyne Einstellung neu zu bewerten, die auch von Frauen ganz allgemein erwartet wird – gegenüber anderen Frauen genauso wie gegenüber sich selbst. Wie könnte jemand lernen, sich selbst und andere Menschen, die sind wie er oder sie selbst, zu lieben, ohne sich auch der Erotik des eigenen Geschlechts bewußt zu werden? (Ich kehre weiter unten zu einigen Einsichten über männliche »Homosozialität« und weibliche Sexualität zurück, die durch lesbische Perspektiven ermöglicht werden.)

Diese Fragen sind viel zu komplex, als daß ich sie hier behandeln könnte. Ich mache diese vorbereitenden Anmerkungen nur, um das konventionelle Vertrauen in die Nützlichkeit stereotyper Vorstellungen von Frauen, Sexualität, Feminismus und Lesbianismus zu erschüttern.

Beiträge zum feministischen Denken

Gesellschaftsanalysen aus der Perspektive lesbischen Lebens haben dessen Verständnis durch Lesben selbst sicherlich enorm bereichert, mein Interesse ist aber ein anderes: Welches sind die allgemeineren Beiträge zum feministischen Denken, die vom lesbischen Standpunkt aus generiert werden? Ohne einen umfassenden Literaturüberblick versuchen zu wollen, kann ich doch auf einige bemerkenswerte Einsichten hinweisen, die sich aus einem solchen Projekt ergeben.

1) Vom lesbischen Standpunkt aus können wir Frauen in Beziehung zu anderen Frauen sehen – nicht nur in Beziehung zu Männern und Familie. Die Literaturkritikerin Bonnie Zimmerman (1991) ist der Ansicht, daß »lesbische Frauen die weibliche Verbundenheit ins Zentrum des feministischen Diskurses gerückt haben, so daß jetzt die meisten Feministinnen Frauen in Relation zu anderen Frauen sehen«. Im Gegensatz dazu, so Zimmerman, neigen Männer und heterosexuelle Frauen dazu, sich in anderer Weise auf Frauen zu beziehen.

»Im allgemeinen sehen Männer Frauen in Beziehung zu sich selbst, als sexuelle Objekte oder Haushälterinnen. Die ganze Geschichte hindurch haben Männer Frauen auch als Exemplare oder Archetypen, im positiven oder negativen Sinn, gesehen: Eva oder Maria, Hure oder Heilige, Engel des Hauses oder geschlechtsloses Wesen. So betrachten Männer Frauen entweder als Anhängsel oder als eine Klasse, aber nicht als Individuen und unabhängige Personen mit eigenen Perspektiven und Handlungsmöglichkeiten.

Einige [heterosexuelle Frauen] verkünden stolz, daß sie Frauen gar nicht sehen (›Ich ziehe es vor, mit Männern zu reden‹; ›Das Geschlecht hat mit meinem Leben oder meiner Arbeit nichts zu tun‹). ... Eine andere Form, in der heterosexuelle Frauen andere Frauen sehen, ist als Rivalinnen. ... Schließlich können heterosexuelle Frauen andere Frauen innerhalb der Rollen und Institutionen wahrnehmen, die durch eine männlich zentrierte Perspektive etabliert wurden: zum Beispiel die Frau als Ehefrau, Mutter, Verführerin, Mätresse, sogar als unabhängige Frau.« (Ebd.)

Feministinnen haben gelernt, Frauen in ihren Beziehungen zueinander als Mütter, Töchter, Schwestern, Geliebte, Freundinnen, Kampfgenossinnen, Lehrerinnen, Studentinnen, Mentorinnen, Musen und Kolleginnen zu sehen. Die Historikerin Bettina Aptheker (1989) berichtet, daß gerade die gegenseitige Liebe und Unterstützung zwischen Frauen oftmals das Fundament ihres gesellschaftlichen Aktivismus *für* Frauen darstellt. Zum Beispiel ermöglichten die intensiven Verbundenheiten zwischen vielen Frauen, die für die Gründung von Siedlungen und Frauen-Colleges verantwortlich waren, die heroischen Kämpfe zur Etablierung dieser Institutionen.

Selbstverständlich sind nicht alle Beziehungen unter Frauen inspirierend. Die neuere Forschung hat die Wichtigkeit dessen gezeigt, auch die Beziehungen zwischen Frauen zu betrachten, die im Rahmen von rassistischen, klassenhierarchischen oder imperialistischen Bedingungen agiert werden – zwischen Frauen und ihren Sklavinnen oder Hausdienerinnen, zwischen arischen und jüdischen Frauen im nationalsozialistischen Deutschland, zwischen Frauen europäischer Herkunft und den »anderen«, die sie in Afrika, Asien und Lateinamerika zu beherrschen geholfen haben. Nichtsdestotrotz bedeutet die Entscheidung, speziell für Frauen zu arbeiten und deren Lebensbedingungen zu verbessern, das nahezu sichere Risiko in Kauf nehmen, die Unterstützung von – linken genauso wie rechten – Männern zu verlieren. Die Arbeit von Frauen für Frauen mußte und muß sich fast ausschließlich auf die gegenseitige Liebe und Unterstützung von Frauen gründen. Wo sonst könnte sie eine Grundlage finden?

Ein damit zusammenhängender Gegenstand, der in den Vordergrund tritt, wenn wir von der Perspektive des Alltags von Lesben ausgehen, ist die Rolle von alleinstehenden Frauen in der Geschichte. Viele lesbische Frauen haben in konventionellen Familien gelebt, aber viele auch nicht. Die sexistische und androzentrische Perspektive, die darauf besteht, Frauen in erster Linie in konventionellen Familienarrangements wahrzunehmen, kann die gesellschaftliche Bedeutung oder die Bedeutungen für Frauen nicht aufdecken, die die Arbeit von alleinstehenden Frauen hat. (Werden tatsächlich alle Frauen, die nicht in »normalen Familien« leben, nach konventionellen Maßstäben als alleinstehend oder -lebend wahrgenommen – »Alleinerziehende«, Frauen, die in Kommunen, Studentenwohnheimen, mit Freundinnen usw. leben?) Die meisten Frauen in den westlichen Industrieländern sind einen großen Teil ihres Lebens alleinstehend. Und zu Zeiten, in denen es ein massives demographisches Ungleichgewicht gibt (nach großen Kriegen oder wenn die Männer zur Eroberung von Kolonien oder neuen Gebieten ausziehen), erreicht die Anzahl alleinstehender Frauen ein Ausmaß, das diejenigen, die nach wie vor darauf bestehen, daß das Leben von Frauen in erster Linie im Rahmen von Familien begriffen werden muß, anzuerkennen sich weigern. Die Betrachtung der Welt aus der Perspektive der Lebensverhältnisse vieler lesbischer Frauen heute arbeitet deutlich die Leiden, Freuden und Leistungen von alleinstehenden Frauen heraus.

Hätten diese Beiträge zum feministischen Denken auch von heterosexuellen Lebensbedingungen ausgehend entstehen können? Theoretisch ja: Sicherlich haben heterosexuelle Frauen heute wichtige Beziehungen zu anderen Frauen, und alleinstehende heterosexuelle Frauen liefern wichtige Beiträge zu unserer Welt. Trotzdem scheinen diese Aspekte weiblichen Lebens im Kontext des begrifflichen Rahmens, der die Geschichte und Soziologie der heterosexuellen Welt strukturiert, weniger wichtig oder nicht so leicht erkennbar wie die Beziehungen von Frauen zu Männern oder ihre Beziehungen als verheiratete Frauen. Vielleicht erscheint es den Männern, auf deren ökonomische und soziale Unterstützung heterosexuelle Frauen angewiesen sind, sogar disloyal, wenn Frauen zu lange bei dem Wert und dem offenkundigen Vergnügen verweilen, das das Leben zusammen mit anderen Frauen und außerhalb der Ehe bereitet. (Selbstverständlich halten Männer es nicht für eine Disloyalität gegenüber Frauen, wenn sie von uns allen erwarten, daß wir uns ausführlich mit dem Wert und dem Vergnügen *ihrer* Beziehungen zu anderen Männern und außerhalb der Ehe befassen; diese Beziehungen werden einfach »Wissenschaft«, »Gesellschaft« oder »soziale Ordnung« genannt.) Weil im lesbischen Leben nicht die Beziehungen zu Männern im Zentrum stehen, ganz abgesehen von den Aktivitäten im Rahmen der Ehe, treten weibliche Bindungen und alleinstehende Frauen deutlicher hervor. Der Wert eines lesbischen Standpunkts muß sich aber nicht allein auf diesen Anspruch berufen, wenn er auch wohl begründet ist.

2) Ein lesbischer Standpunkt erlaubt es uns, daß wir Gemeinschaften wahrnehmen und uns vorstellen können, die im sozialen Sinn keine Männer brauchen oder haben wollen. Die Perspektive des männlichen Lebens läßt uns viele Gemeinschaften erblicken, die den Einschluß von Frauen nicht gebracht oder gewollt haben. Männer haben Frauen von vielen Handlungsfeldern ausgeschlossen: von Führungspositionen in Laboren und anderen Wissenschaftsinstitutionen, vom Militär, vom Reich der Abenteuer und Entdeckungen, von intellektuellen Zirkeln und literarischen Traditionen, Gewerkschaften, Bars, Straßenecken, Sportarten, Priesterschaft, höherer Bildung, universitären Lehrkörpern und anderem mehr. Männliche homosoziale Welten sind für Männer die Norm, heute besonders noch in der Ober- und in der Unterschicht. Es ist jedoch nicht ganz korrekt, davon zu sprechen, daß diese Welten keine Frauen brauchten, weil jemand für die tägliche Reproduktion der männlichen Körper sorgen mußte, damit Männer ihren anderen Aktivitäten nachgehen konnten; diese Arbeit wurde und wird ganz überwiegend von Frauen geleistet.

Es ist schwieriger, Frauengemeinschaften zu finden, die keine Männer brauchen oder wollen. »Rein weibliche« Gemeinschaften sind oft von Männern geführt oder angeleitet worden: Nonnenklöster, Frauencolleges, »eingeschlechtliche« Erwerbsarbeit (wie zum Beispiel in Textilfabriken und Großraumbüros), »weibliche Hilfskräfte« männlicher Organisationen usw.

Aus der Perspektive lesbischen Lebens werden jedoch Frauengemeinschaften vorstellbar, die von Frauen entworfen, organisiert und geführt werden (vgl. Zimmerman 1991). In der heterosexuellen Welt werden die Energien von Frauen *für* Frauen fehlgeleitet, unterminiert und abgewertet durch die Forderung, daß sie zuerst, und oftmals ausschließlich, Vätern, Brüdern, Ehemännern, Söhnen, männlichen Geliebten, Kollegen, Chefs und Kameraden dienen sollen. *Für* Frauen zu arbeiten – und nicht etwa im Sinne der Aufzucht zukünftiger Ehefrauen, des Füßeabbindens, der Klitorisbeschneidung und dieser Dinge mehr, sondern wirklich *für* Frauen – bedeutet das Risiko eingehen, die strenge Mißbilligung von Männern zu ernten. Charlotte Bunchs (1988) Begriff der »frauen-identifizierten Frau« transportiert sehr unterschiedliche Bedeutungen im Vergleich zu seiner strukturellen Analogie, dem »männer-identifizierten Mann«. Eine frauen-identifizierte Frau weckt die Assoziation einer Frau, die die männliche Vorherrschaft bedroht und die wahrscheinlich im Rahmen der gesellschaftlichen Ordnung eine empfindliche Strafe für ihre Unverschämtheit zu erwarten hat, daß sie ihr Recht wahrnimmt, nicht »für Männer« da zu sein. Mit einem männer-identifizierten Mann wird dagegen die Norm von Männlichkeit assoziiert; was könnte ein frauen-identifizierter Mann anderes sein als ein »Schwuler«?[2]

Einen anderen Aspekt dieser Frage stellt Bettina Aptheker (1989) heraus. Sie ist der Ansicht, daß die Präsenz von Lesben das Bewußtsein für das Potential weiblicher Unabhängigkeit schärft, das aus der Perspektive des Lebens von heterosexuellen Frauen unsichtbar bleibt. Aus deren Perspektive können Frauen hauptsächlich als Männer aufwertende und bedienende Personen gesehen werden. Sie müssen die von PsychologInnen identifizierte Wahl zwischen Autonomie und Verbundenheit treffen. Heterosexuelle Frauen entscheiden sich normalerweise für die Bindung, aber wie auch immer, entscheiden müssen sie sich. Die Präsenz von lesbischen Frauen verändert jedoch die Grundlage, auf der heterosexuelle Frauen mit der Wahl zwischen Autonomie und Verbundenheit jonglieren (vgl. ebd.: 93). Aptheker argumentiert, daß das Denken vom lesbischen Leben aus die Tatsache deutlich macht, daß Frauen nicht zwischen diesen beiden Alternativen entscheiden müssen, daß Autonomie und Verbundenheit beide kultiviert werden können, als gegenseitige Unterstützung oder Grundlage. Lesbisches Leben setzt neue Maßstäbe dafür, was für Frauen in heterosexuellen Beziehungen möglich sein sollte.

Viele Frauen finden es für ein erfülltes Leben nicht mehr so notwendig, mit einem Mann zusammenzuleben. Ob Frauen einen fairen Tausch eingehen, wenn sie ihr Geschlecht und soziale Dienstleistungen für das ökonomische Fortkommen vermarkten – historisch gesehen ein zwingender Grund für viele Frauen zu heiraten –, ist heute unberechenbarer als je zuvor. In überwiegend schwarzen und hispanischen Gemeinden in den Vereinigten Staaten sorgen Rassismus und Klassenausbeutung dafür, daß das Zusammenleben mit einem Mann für Frauen keineswegs immer den Zugang zu ökonomischen Ressourcen bedeutet (vgl. Baca Zinn/Eitzen 1987). Erst wenn institutionelle Transformationen vorgenommen würden, könnten arme Männer und Frauen sich selbst erhalten und zum Unterhalt von Verwandten beitragen. Männer, die Zugang zu ökonomischen Ressourcen haben, müssen in ihrem täglichen Leben unabhängiger von Frauenarbeit werden und Frauen und Kinder besser versorgen, wenn Frauen Männer nicht nur als ökonomische Nutzbringer von zweifelhafter Zuverlässigkeit begrüßen sollen.

3) Ein lesbischer Standpunkt enthüllt, daß (heterosexuelle) Frauen nicht geboren, sondern gemacht werden. Simone de Beauvoir hat erklärt, daß die »Frau« ein soziales Konstrukt und keine biologische Tat-

sache ist. Dies trifft aber auch auf Zwangsheterosexualität zu, wie die Perspektive lesbischen Lebens deutlich macht. Angemessenes heterosexuelles Verhalten variiert von Kultur zu Kultur und in verschiedenen historischen Perioden, wie AnthropologInnen und HistorikerInnen gezeigt haben (vgl. D'Emilio/Freedman 1988; Faderman 1981; Smith-Rosenberg 1975). Aber jenseits der kulturellen Variationen dessen, was als Heterosexualität und was als Homosexualität gilt, liegt die Konstruktion von Zwangsheterosexualität selbst (vgl. Frye 1983; Wittig 1981). Gayle Rubin (1975) hat in ihrer vielzitierten Studie herausgestellt, daß bereits Freud und Lévi-Strauss Zwangsheterosexualität auf verschiedene Weisen klar als soziale Konstruktion wahrgenommen und beschrieben hatten, aber deren politische Implikationen für das Leben von Frauen und für den Feminismus wurden erst mit der zweiten Frauenbewegung aufgedeckt. Wenn wir Lévi-Strauss aus der Perspektive lesbischen Lebens lesen, können wir erkennen, daß die Prinzipien der Zwangsheterosexualität Frauen auf andere Weise beschränken als Männer. Verwandtschaftssysteme werden über »Schenkbeziehungen« zwischen Männern konstruiert. Frauen sind zusammen mit Kühen, Muscheln und Yamswurzeln Reichtümer, die Männer sich gegenseitig schenken, um Verwandtschaftsbeziehungen herzustellen. Ein Geschenk kann sich nicht selbst schenken; es erfordert einen Schenkenden. Folglich müssen Männer die sexuelle Freiheit von Frauen beschneiden, wenn diese effektiv als die höchstbezahlten Objekte, mit denen Männer handeln, funktionieren sollen (vgl. ebd.). Nur aus der Perspektive des alltäglichen Lebens von Lesben können wir das heterosexuelle Privileg überhaupt sehen. Aus der Perspektive heterosexueller Frauen erscheint dieses Privileg, wenn nicht als natürlich, dann doch so, »wie die Dinge eben sind«.[3]

Wenn wir Freud aus der Perspektive lesbischen Lebens noch einmal lesen, stellen wir fest, daß die erste und vollkommenste Liebe von uns allen die zu einer Frau ist – zur Mutter. Männer bekommen als Erwachsene eine Liebende wieder, die sie als Kind aufgeben mußten – eine Frau. Aber Frauen bekommen »nur einen Mann«, der viel weniger befriedigende und schmerzvolle Erinnerungen an die »erste Liebe« wachruft, als Frauen dies für Ehemänner tun. Die männlichen Erfahrungen der sexuellen Beziehungen mit Frauen sind demzufolge tendenziell emotional viel intensiver und strukturierter als umgekehrt die weiblichen Erfahrungen mit Männern. Catherine MacKinnon (1982) hat diesen Punkt – nur halb im Scherz – so ausgedrückt, daß die Frage nicht sein sollte, warum manche Frauen, sondern warum nicht alle Frauen lesbisch werden.

Andere Aspekte lesbischen Lebens führen zu einem anderen Set an feministischen Fragen über Zwangsheterosexualität. Nicht alle homosexuellen Frauen finden ihre Identität als Frauen und mit Frauen unproblematisch. Als Freud herausstellte, daß Weiblichkeit in gewissem Sinn für viele Frauen eine schreckliche Last ist, setzte er »Weiblichkeit« mit dem Erwerb einer passiven Haltung gleich, die von Frauen erwartet wird (ich komme gleich auf diese Passivität zurück). Manche lesbischen Frauen haben aber diese Form von Weiblichkeit nie erworben; diejenigen, für die die Erwartung weiblicher Verhaltensweisen besonders abschreckend war, wehrten sich aktiv gegen das Erlernen der Passivität, auf die sich Freud bezog. Wenn sie nicht passiv waren, waren sie dann keine Frauen? Und wenn keine Frauen, was dann? Das Denken vom lesbischen Leben aus bringt neue Fragen über die Beziehung zwischen biologischer Geschlechtsidentität *(sex identity)*, sozialer Geschlechtsidentität *(gender identity)* und Politik hervor.[4]

4) Ein lesbischer Standpunkt rückt weibliche Sexualität in verschiedener Hinsicht ins Zentrum, und zwar eine von Frauen selbst geprägte Sexualität. Erstens scheint die Aussage plausibel, daß wir nur aus der Perspektive lesbischen Lebens erkennen können, daß Frauen überhaupt eine Sexualität haben – im Gegensatz zu den Perspektiven, die sich aus dem Leben von Männern oder heterosexuellen Frauen der herrschenden Rassen und Klassen ergeben. Diese letztgenannten Perspektiven betrachten weibliche Sexualität oft ausschließlich als biologisches Objekt: Es geht dabei darum, wie sich Spezies und verschiedene Klassen, Rassen oder Kulturen reproduzieren. Historische Beispiele sind die Fragen, wie die Anzahl der ArierInnen im nationalsozialistischen Deutschland wachsen und die Anzahl der Juden und Jüdinnen über Sterilisationen und Abtreibungen vermindert werden konnte; oder wie schwarze SklavInnen auf den Plantagen der Vereinigten Staaten »produziert« werden konnten. Weibliche Sexualität kann auch als ökonomisches Objekt betrachtet werden. »Gute Frauen« tauschen Sexualität und die Kinder, die sie austragen, gegen die ökonomische Unterstützung von Männern; »schlechte Frauen« verkaufen Sexualität in Akkordarbeit an Männer. Oder, worauf ich bereits hingewiesen habe, weibliche Sexualität wird als Fabrik gesehen, als Teil der ökonomischen Produktion.[5] Sie kann darüber hinaus als politisches Objekt fungieren, wenn zum Beispiel aristokratische Familien ihre Töchter untereinander austauschen, um politische Loyalitäten zu zementieren.[6] Sie wird als Mittel zum Zweck männlicher Befriedigung angesehen: Populäre Magazine instruieren ihre Leserinnen, die Wünsche ihrer Liebhaber niemals zu frustrieren;

eine »echte Frau« befriedigt ihren Mann – offensichtlich ohne Rücksicht auf ihre eigenen Ängste oder Wünsche. Aus der Perspektive des Lebens von heterosexuellen Frauen scheinen Frauen keine sexuelle Initiative zu besitzen. Nur aus der Perspektive lesbischen Lebens können Frauen weibliche Sexualitäten imaginieren, die gerade nicht nur für andere, sondern für Frauen, für uns selbst da sind.

Diese Perspektive ermöglicht es auch, daß wir in sozialen Beziehungen und literarischen Texten, die vermeintlich von heterosexuellen Beziehungen handeln, die unterdrückten lesbischen Spuren wahrnehmen können. LeserInnen fangen an, im Leben einer Virginia Woolf oder einer Eleanor Roosevelt die Liebe und das erotische Interesse für andere Frauen zu sehen und in den weitverbreiteten romantischen Freundschaften vor der Ausbreitung des Freudianismus neben dem, was das Zeitalter heterosexuellen Frauen zugedacht hatte, solche Spuren zu erkennen (vgl. Faderman 1981). Diese Perspektive führt auch zur Identifikation der Liebe, des erotischen Interesses und der totalen Eingenommenheit und Faszination zwischen Männern in den meisten *mainstream* Filmen und Erzählungen und in intellektuellen Projekten in Literaturwissenschaft, Philosophie und anderen Gebieten. Wir können jetzt die charakteristische Romanze des männlichen, linken Intellektuellen mit dem männlichen Proletarier als solche wahrnehmen; die fortgesetzte Konstruktion der exklusiv männlichen Genealogien erkennen, die für literarische, philosophische und politische Traditionen typisch sind; eine gewisse omnipräsente Handlungslinie in Filmen und Erzählungen sehen, bei der sich zwei Männer indirekt – über ihren zum Teil sogar gewalttätigen Konkurrenzkampf um eine Frau – »erotisch« aufeinander beziehen.

Eine aktive weibliche Sexualität, eine weibliche sexuelle Initiative, die von und für Frauen entworfen wäre, beschränkte sich nicht auf das Schlafzimmer, so wie es für die Sexualität weißer heterosexueller Frauen in den bürgerlichen Schichten des Westens heute charakteristisch ist. Dieser Punkt kann auch aus der Perspektive des Lebens von vielen »anderen« Frauen, einschließlich Lesben, verstanden werden. Die erotische Energie von Frauen würde in ihre Arbeit, ihr öffentliches Leben, ihre öffentlichen Beziehungen einfließen (vgl. Lorde 1984). Die männliche Involviertheit in »nichtsexuelle« Aktivitäten wird oft als erotisch wahrgenommen – die Beziehung des Wissenschaftlers zur Natur, des Künstlers zu seinem Material[7] –, aber heterosexuellen Frauen wird dieses Einfließenlassen ihrer Sexualität in ihr gesamtes Leben nicht zugestanden. Wie Freud (1933) sehr klar erfaßt hat, hängt der Erfolg des Prozesses der (heterosexuellen) Frauwerdung von der Verdrängung der Libido, der sexuellen Initiative ab.

»Hingegen kann ich es nicht unterlassen, einen Eindruck zu erwähnen, den man immer wieder in der analytischen Tätigkeit empfängt. Ein Mann um die Dreißig erscheint als ein jugendliches, eher unfertiges Individuum, von dem wir erwarten, daß es die Möglichkeiten der Entwicklung, die ihm die Analyse eröffnet, kräftig ausnützen wird. Eine Frau um die gleiche Lebenszeit aber erschreckt uns häufig durch ihre psychische Starrheit und Unveränderlichkeit. Ihre Libido hat endgültige Positionen eingenommen und scheint unfähig, sie gegen andere zu verlassen. Wege zur Entwicklung ergeben sich nicht; es ist, als wäre der Prozeß bereits abgelaufen, bliebe von nun an unbeeinflußbar, ja als hätte die schwierige Entwicklung zur Weiblichkeit die Möglichkeiten der Person erschöpft.« (Freud 1982: 564)

Freud beschreibt einen historisch spezifischen Typus Frau: nämlich den Typus, der in seiner Wiener Praxis Ende des 19. Jahrhunderts erschien. Die Sexualität anderer Frauen war sicherlich nicht dem Schlafzimmer vorbehalten, sondern sollte beliebigen Männern aus den herrschenden Gruppen zu allen Zeiten zur Verfügung sehen – in ihrer Arbeit oder manchmal in ihrem gesamten Leben. Dies trifft zum Beispiel auf die Sexualität von Sklavinnen, Bäuerinnen, Hausangestellten und Fabrikarbeiterinnen zu, die keinen männlichen »Beschützer« in der Nähe hatten. Damit sind andere Formen angesprochen, in denen Frauen ihrer sexuellen Initiative beraubt wurden. Sie sind ein Ausdruck dessen, daß es Frauen nicht erlaubt war oder daß sie das Risiko nicht eingehen konnten, eine aktive, selbstbestimmte Sexualität zu leben.

5) Ein lesbischer Standpunkt enthüllt die Verbindungen zwischen der Unterdrückung von Frauen und der Unterdrückung von abweichenden Sexualitätsformen, zwischen männlicher Suprematie und Unterdrückung von »devianter« Sexualität. Zunächst einmal *ist* die weibliche Sexualität in den Augen traditioneller Gesellschaftstheoretiker und Biologen das Paradigma abweichender Sexualität. Aristoteles (1908-52) behauptete, daß Frauen Männern unterlegen seien, weil ihr »Samen minder gar gekocht«[8] wäre (ebd.: 727a18, 766b20, 767b9, 775a15). Andere haben weibliche Sexualität als eine unvollständige, schlecht konstruierte oder irgendwie zurückgebliebene Form von heterosexueller männlicher Sexualität angesehen. Mit der Unterwerfung der Sexualität von Frauen geht die Unterwerfung lesbischer Sexualität einher.

Die Unterdrückung weiblicher Sexualität verläuft auch entlang von »Perversionen«. Weibliche Sexualität wird oft als »tierisch« begriffen. In der westlichen Kultur ist heute die homosexuelle Liebe von Männern zu Jungen ein Objekt der Kritik. Aber die Liebe von Männern zu Mädchen (und sogar Vater-Tochter-Inzest) ist im täglichen Leben oder in der Gesetzgebung so gut wie ausgeblendet. Die Liebe von Männern zu Mädchen ist in der Realität und in kulturellen Bildern die Norm; sogar 20 bis 50 Jahre Altersunterschied zwischen Männern und ihren jungen Ehefrauen ist nicht ungewöhnlich (man denke an Pablo Picasso, Pablo Casals, Justice William O. Douglas, Henry Kissinger). Offizielle Anthropologenmeinung ist noch immer, daß Inzest das fundamentale Tabu jeder Kultur darstellt, obwohl die Statistik zum Kindesmißbrauch durch vertraute Verwandte horrende Zahlen offenbart. Das führt zu der Frage, ob »Perversionen« ein weiteres kulturelles Objekt sind, das Männer für sich selbst zu reservieren versuchen, da für Frauen offensichtlich alles im Bereich des Normalen zu liegen scheint (außer selbstverständlich die Verweigerung vor dem männlichen Zugriff).

Welches ist die beste feministische Politik in Fragen sexueller »Devianz«? Dies ist schwer zu sagen. Auf der einen Seite verlangt der Feminismus vom Staat, einzugreifen und Vergewaltigung, Inzest und Pornographie zu bestrafen, bei denen Männer zu ihrem eigenen sexuellen Vergnügen Frauen Gewalt antun. Auf der anderen Seite sehen nicht nur Feministinnen, daß die soziale Einordnung und staatliche Regulierung dessen, was gesunde und was abweichende Sexualität ist, mit der sozialen Etikettierung und staatlichen Kontrolle weiblicher Sexualität einhergeht (vgl. Snitow u.a. 1983; Vance 1984).

Schließlich wird der Feminismus selbst häufig als Perversion betrachtet, wie eine Bemerkung, die Rebecca West zugeschrieben wird, illustriert: »Ich habe nicht die leiseste Ahnung, was eine Feministin ist, aber ich weiß, daß ich eine Feministin genannt werde, wann immer ich mich von einer Fußmatte zu unterscheiden versuche.« In der Perspektive heterosexuellen Lebens ist der Feminismus »unnatürlich«, wider die »Natur« (sprich: das »patriarchale Gesetz«) genauso wie Homosexualität oder andere Einstellungen zu Geschlechterfragen *(sex* und *gender)*, denen die männliche Vorherrschaft die Legitimität abzusprechen beliebt. Feministinnen werden oft als Lesben etikettiert, weil die Verteidiger der männlichen Suprematie nicht in der Lage sind, zwischen dem weiblichen Wunsch nach vollen Menschenrechten (und nicht nur den Rechten, die Frauen bisher zugestanden werden) und der Weigerung von Frauen, ihr Leben Männern zu widmen, zu unterscheiden. In einer Kultur, die von allen erwartet, ausschließlich von Männern und ihren Leistungen eingenommen zu sein, ist diese Verwirrung verständlich.

6) Ein lesbischer Standpunkt zeigt, daß Gynophobie Rassismus fördert. Adrienne Rich (1979) argumentiert, daß Gynophobie die Fähigkeit weißer Frauen blockiert, sich mit den Belangen farbiger Frauen als farbige *Frauen* zu identifizieren – mit ihren Interessen als Mütter, Töchter,

ökonomische Versorgerinnen, Opfer sexueller Ausbeutung usw. Aufgrund der allgemeinen Gynophobie erschien es mir früher leichter, mich eher mit den Interessen von Männern wie Plato und Aristoteles zu identifizieren, deren Alltag doch so verschieden von meinem war, als mit den Belangen von afrikanischen Amerikanerinnen in meinen Seminaren oder der farbigen Frau, die mein Büro putzt. Rassismus, kulturelle Differenzen und, in vielen Fällen, Klassenunterdrückung sorgen dafür, daß wir als Mütter, Töchter oder Arbeiterinnen nicht die gleichen Erfahrungen machen. Aber das Geschlecht, die Kultur, Klasse und 2500 Jahre Geschichte trennen mich von Platos und Aristoteles' Leben. Gynophobie verdeckt die Komplizenschaft weißer Frauen mit Rassismus. Frauen sollen einander hassen und um die Gunst von Männern aus den herrschenden Gruppen konkurrieren. Allgemeiner können wir feststellen, daß Sexismus, Rassismus, Klasse und Sexualität dazu benutzt werden, sich gegenseitig auf einer alltäglichen Basis wie auch in der offiziellen Politik zu konstruieren (wie ich in den Kapiteln 7, 8 und 9 gezeigt habe). Intimitätsverpflichtungen gegenüber Männern, für die ihre männliche Vorherrschaft mit ihrem Engagement in Rassen- und Klassenkämpfen verbunden ist – auf welcher Seite dieser Kämpfe sie sich auch befinden –, lassen es Frauen als eine Rassen- und Klassendisloyalität erscheinen, wenn sie über Rassen- und Klassenkämpfe hinweg gegenseitig ihre Lebensbedingungen anerkennen.

7) Ein lesbischer Standpunkt nimmt an, daß die lesbische Frau eine zentrale Figur im traditionellen männlichen Diskurs ist. Paradoxerweise läßt uns die Perspektive lesbischen Lebens erkennen, daß die Lesbe eine unterdrückte, aber zentrale Figur im traditionellen männlichen Suprematiediskurs ist: Sie ist aufgrund ihrer Abwesenheit zentral (vgl. Roof 1989). Wie sonst könnten wir die unglaubliche Heftigkeit erklären, mit der Männer und heterosexuelle Frauen Liebes- und Fürsorgebeziehungen unter Frauen ignorieren, solange diese Beziehungen nicht auf Familienbeziehungen beschränkt sind? Es ist plausibel anzunehmen, daß diese machtvolle Verdrängung von einer bedrohlichen Frauenfigur beherrscht sein muß, deren Phantasien sich um andere Frauen drehen oder die andere Frauen liebt, respektiert, für sie sorgt, von ihnen fasziniert ist, sich ihnen widmet, für sie arbeitet und lebt.

Dieser kurze Abriß konnte nicht mehr tun, als ein paar der Beiträge zum feministischen Denken vorzustellen, die – ausgehend vom lesbischen Leben – bereits vorliegen; zweifellos gibt es weitere. Was hat das nun mit Erkenntnistheorie oder Wissenschaft zu tun?

Ein lesbischer Standpunkt und Objektivität

Kapitel 5 hat vielfältige Differenzen zwischen den Lebensbedingungen der Männer in den herrschenden Gruppen und denen von Frauen untersucht – Differenzen, die es nahelegen, Denken und Forschung eher aus der Perspektive des Lebens von Frauen als dem von Männern zu betreiben, wenn weniger verzerrte und voreingenommene Verständnisse von Natur und gesellschaftlichen Verhältnissen erreicht werden sollen. Feministische Forschung erhöht die Objektivität des allgemeinen Wissens, indem sie der »eingeborenen« westlichen Lebens- und Denkweise die Loyalität verweigert, in welcher die »Eingeborenen« Männer der herrschenden Gruppen sind, deren Perspektiven und Interessen unser aller Leben strukturieren. Kann eine analoge Argumentation für den Ansatz beim lesbischen Leben geführt werden?

Offensichtlich ja. Erstens – um die Grundlagen für einen solchen Anspruch zu rekapitulieren – ist lesbisches Leben als Ausgangspunkt für wissenschaftliche Forschung und als empirische Basis für oder gegen Erkenntnisansprüche abgewertet und vernachlässigt worden. Zweitens, wenn der Ausschluß (heterosexueller) Frauen vom Entwurf sozialer Beziehungen dafür sorgt, daß sie eine erkenntnistheoretisch wertvolle Perspektive als Fremde oder Außenseiterinnen entwickeln, wie Anthropologie und Soziologie sie diskutieren, kann entsprechend auch der Ausschluß von Lesben die Quelle eines neuen Verständnisses der merkwürdigen, von den westlichen Völkern eingerichteten Institution Zwangsheterosexualität darstellen. Diese Perspektive kann die Formen, in denen selbst im Rahmen feministischer Literatur über Geschlecht (*sex* und *gender*) nachgedacht wird, als grundlegend verzerrte enthüllen (vgl. z.B. Butler 1990). Drittens, wenn die Unterdrückten weniger Interesse an einer ignoranten Haltung gegenüber den Funktionsweisen von Natur und gesellschaftlicher Ordnung haben, dann wird die Perspektive lesbischen Lebens wichtige neue Fragen hervorbringen, zum Beispiel darüber, wie die heterosexistische Kontrolle der Sexualität Kapitalismus, Rassismus und männliche Vorherrschaft unterstützt (vgl. z.B. Foucault 1980; Rubin 1975).

Viertens ist die Sicht aus der Perspektive lesbischen Lebens diejenige von der »anderen Seite« der Auseinandersetzungen um Sexualität. Erkenntnisse zu erlangen ist ein aktiver Prozeß, und politische Kämpfe erzeugen Einsichten – in die Wissenschaftsgeschichte nicht weniger als in andere Geschichten. Die Überlebenskämpfe von lesbischen Frauen können Gesetzmäßigkeiten und Ursachen sozialer Strukturen enthüllen, die aus der Perspektive heterosexuellen Lebens nicht sichtbar sind.

Fünftens kann das tägliche Leben von Lesben die Fürsorge und Wertschätzung für Frauen, die Priorität für deren Wohlergehen aufdecken und die Möglichkeit der Erfahrung wirklicher Intimität und demokratischer häuslicher Beziehungen zeigen, die von Männern und heterosexuellen Frauen nur ambivalent erlebt werden können.

Sechstens ermöglicht die Perspektive lesbischen Lebens, daß vielfältige kulturelle »Irrationalitäten« klarer gesehen werden können: »normale« homosoziale männliche Welten, die »normalen« Modelle männlicher Leidenschaften und Eingenommenheiten für Männer versus die Charakterisierung der analogen Beziehungen unter Frauen als »infantil« oder »zügellos«; »normale« weibliche Abhängigkeit und sogenannte männliche »Autonomie« und anderes mehr. Siebtens sind viele Lesben, und besonders lesbische Intellektuelle, nicht einfach Außenseiterinnen, sondern »integrierte AußenseiterInnen« (Collins 1986). Die Perspektive ihres Lebens, das seinen Ort nicht nur an den Rändern der Gesellschaftsordnung hat, sondern in gewissem Sinn auch in deren Zentrum, kann die kausalen Relationen zwischen Rändern und Zentrum aufdecken. Und schließlich können wir eine soziologische und historische Argumentation dafür aufbauen, daß heute der historisch richtige Zeitpunkt ist, das Denken beim lesbischen Leben anzusetzen, darauf zu reflektieren, warum Veränderungen in der Gesellschaftsordnung das Aufkommen von Lesben und Schwulen als soziale »Klasse« nicht nur *an* sich, sondern auch *für* sich ermöglichen (vgl. Ferguson 1989; D'Emilio/Freedman 1988).

Im vorangegangenen Teil dieses Kapitels habe ich einige der wesentlichen »wissenschaftlichen« Einsichten zusammengestellt, die wir gewinnen können, wenn wir aus der Perspektive lesbischen Lebens zu forschen beginnen. Zuletzt habe ich die *erkenntnistheoretischen* Grundlagen für die Argumentation zusammengetragen, daß dies die Objektivität der Forschung erhöht. Die genannten sind nicht die einzig möglichen erkenntnistheoretischen Grundlagen, und die Standpunkt-Theorie ist für die Begründung der oben referierten Erkenntnisansprüche nicht die einzig relevante. Zum Beispiel gibt es Analogien zur feministisch-empiristischen Erkenntnistheorie, die ich in Kapitel 5 umrissen habe, in bezug auf die Diskussionen, warum von lesbischen und schwulen Bewegungen motivierte Forschung fruchtbar gewesen ist und ist. Mein Bemühen hier ist es zu zeigen, wie ein feministischer Standpunkt neue Fragen und Erkenntnisse über Natur und gesellschaftliche Verhältnisse ermöglicht, nicht etwa auf der Basis des Lebens einer paradigmatischen, abstrakten Frau (das heißt der heterosexuellen, weißen, westlichen, ökonomisch privilegierten Frau), sondern von solch spezifischen weiblichen Lebensbedingungen wie denen von Lesben aus. Wie ich schon an früherer Stelle bemerkte, ist auch der Terminus »lesbisches Leben« eine kulturelle Abstraktion; Rasse, Klasse, Sexualität, Kultur und Geschichte konstruieren verschiedene Muster für die täglichen Aktivitäten von Lesben genauso wie für das Leben von anderen.

KritikerInnen mögen einwenden, daß die Perspektive lesbischen Lebens vielleicht für die Sozialwissenschaft nützlich ist, daß sie sich aber keine Auswirkungen auf die Naturwissenschaften vorstellen können. Es gibt nicht mehr (oder weniger) Grund, diesen Einwand gegen einen lesbischen Standpunkt zu erheben als gegen einen beliebigen anderen Frauenstandpunkt. Deshalb würde ich ihm in derselben Weise begegnen wie ähnlichen Einwänden gegen die Bedeutung des »Lebens von Frauen« allgemein. Dieses Projekt steht noch aus, ich möchte hier aber wenigstens ein paar vorläufige Fragen formulieren.

Welche Technologien sind aus der Perspektive des Lebens von Frauen wünschenswert, die nicht mit Männern leben und hauptsächlich mit Frauen arbeiten? Für Frauen, die nicht in konventionellen Familien leben? Für Gemeinschaften, in denen es keine geschlechtsspezifische Arbeitsteilung gibt? Diese Fragen entstehen durch die Perspektive »alleinstehender Frauen«, aber dieser Begriff suggeriert eine Art »vorübergehenden Mangel« in bezug auf die Situation dieser Frauen; sie klingt nach ungenügender Ersatzversorgung durch handliche Schraubglasöffner und Trittleitern, um die obersten Bretter von Regalen zu erreichen. Wie sähen unsere Haushalte, unsere Arbeit und unsere Verkehrssysteme aus, wenn sie dazu entworfen wären, in das Leben von Frauen zu passen, die statt mit Männern hauptsächlich mit Frauen zusammen leben und arbeiten? Wie veränderte sich die Gynäkologie, wenn weibliche Körper nicht mehr in erster Linie als reproduktive Systeme betrachtet würden?

Wie sähen Wissenschaften aus, die nicht mehr von Subtexten und Metaphern beeinflußt wären, in denen aktive und autonome Frauen als sexuell abschreckend erscheinen, sondern die statt dessen von positiven Bildern starker, unabhängiger Frauen mit einer von Frauen für Frauen entworfenen weiblichen Erotik geprägt wären? Sie könnten sich nicht auf sexistische und misogyne Metaphern und Modelle von Natur oder Forschung beziehen. Sie könnten sich nicht darauf berufen, daß das Bild der »wilden und unbeherrschten« Frau oder die Frauen von Frauen gewidmeten Energien bedrohlich sind. Sie könnten die Vorstellung der Beherrschung der Natur nicht mehr als ›Ablösung‹ der Beherrschung der Frau/Mutter darstellen. Sie *könnten* sich auf Metaphern positiver Frauenbeziehungen – von Müttern zu Töchtern, Kolleginnen zu Kolleginnen, Freundinnen zu Freundinnen – stützen beim wissenschaftlichen Nachdenken darüber, wie Natur strukturiert ist und wie WissenschaftlerInnen mit der Natur interagieren sollten. Würde das Vorherrschen solcher alternativen Metaphern den Erkenntnisfortschritt fördern? Wenn sie die Phantasie in einer Intensität anregen sollten, wie Vergewaltigungs-, Folter- und andere misogyne Metaphern tatsächlich Generationen von männlichen Wissenschaftlern angetrieben haben, dann gibt es keinen Zweifel, daß sich das Denken in neue und fruchtbare Richtungen entwickeln würde.[9]

Was wäre, wenn weiße, westliche Frauen es für wichtiger hielten, daß Frauen anderer Rassen und Klassen ihre Lebensbedingungen verbessern könnten, anstatt daß sie weiße, westliche Männer bei der Ausbeutung von Menschen anderer Rassen unterstützen? Welche wissenschaftliche Sichtweise und welche neuen wissenschaftlichen und technologischen Praktiken würden aus solchem Engagement erwachsen? Diesen Punkt behandele ich im nächsten Kapitel.

Kapitel 11

WIE WIR UNS SELBST ALS ANDERE NEU ERFINDEN
Neue Subjekte von Geschichte und Erkenntnis

Standpunkt-Theorien zeigen, wie Forschung und wissenschaftliche Projekte ihre Interessen verschieben können: von der *Einbeziehung* des Lebens Anderer hin zum *Ausgehen von* deren Leben bei der Entwicklung von Forschungsfragen, theoretischen Konzepten, Forschungsdesigns, dem Sammeln von Daten und der Interpretation der gefundenen Ergebnisse. Feministische WissenschaftlerInnen und Gelehrte haben sich besonders für Frauen als »Andere« interessiert. Deren Perspektive könnte dafür genutzt werden, Forschung und Wissen zu generieren, die weniger voreingenommene und verzerrte Interpretationen von Natur und gesellschaftlichen Verhältnissen bereitstellten als die konventionellen Arbeiten in den Natur- und Sozialwissenschaften, die behaupteten, daß sie überhaupt nicht von spezifischen historischen Lebensbedingungen ausgehen, sondern einfach die »Wahrheit« suchen. Abgesehen von den wenigen Ausnahmen, die die Regel bestätigen, sind es nur Angehörige der herrschenden Gruppen, die sich den Luxus der Illusion leisten, daß ihr Leben und Denken das ahistorisch Menschliche repräsentiert. Uns anderen ist es lediglich erlaubt, als »Frauenliteraturkritikerinnen«, »afrikanisch-amerikanische SoziologInnen« oder als »Arme« zu sprechen.

Aber in jeder Rasse, Klasse und Kultur finden sich Frauen. Wenn feministische Forschung und Lehre beim Leben von Frauen ansetzen soll, muß sie *alle* Frauen einbeziehen. Darstellungen der Natur und des gesellschaftlichen Lebens aus der Perspektive von Unterschicht- und armen Frauen, Lesben und farbigen Frauen in der Ersten und Dritten Welt haben das übrige feministische Denken bereichert und herausgefordert; sie haben die vorherrschenden Interpretationen der westlichen Gesellschaften in bezug auf das Leben und Denken dieser Frauen an der Peripherie korrigiert. Ebenso wichtig ist jedoch, daß sie die vorherrschenden Interpretationen des Lebens von Frauen und Männern im

»Zentrum« in Frage stellen. Die Kapitel 8 und 9 haben einige der Herausforderungen für konventionelle Wissenschaftsdarstellungen identifiziert, die sich ergeben, wenn die Forschung nicht von den Lebensbedingungen der Menschen europäischer Herkunft ausgeht, sondern vom Leben der Menschen mit Dritte-Welt-Abstammung. Kapitel 10 hat auf einige der Beiträge hingewiesen, die unser aller Verständnis vom nichtlesbischen Leben bereichern können, wenn wir beim lesbischen Leben ansetzen.

Wie konzipieren die Standpunkt-Theorien die Beziehung zwischen Erfahrung und Erkenntnis? Ich habe an früherer Stelle betont, daß es nicht die Erfahrungen von Frauen sind, die die Grundlage der Feministischen Standpunkt-Theorie darstellen, sondern der Blickwinkel aus dem Leben von Frauen. Die Diskussionen, die ich in den letzten drei Kapiteln referiert habe, lassen noch immer im Unklaren, wie die Beziehung zwischen Erfahrung und Erkenntnis genau aussieht, die sie beanspruchen.

Es gibt zwei Positionen, die die Argumentationen der vorangegangenen Kapitel zu vermeiden versucht haben. Die eine ist die konventionelle westliche Tendenz, das Denken aus keinem spezifischen Blickwinkel, »aus dem Nirgendwo« heraus zu beginnen, zu vollbringen, was Donna Haraway (1988) den »göttlichen Trick« genannt hat. Diese Tendenz, die wir transzendentalen oder ahistorischen Fundamentalismus nennen können, führt zu Engstirnigkeit, weil sie nicht in der Lage ist, zu irgendeinem Zeitpunkt die möglicherweise *größere* Legitimität solcher Sichtweisen wahrzunehmen, die beanspruchen, historisch verortet zu sein, aber im Widerspruch zu derjenigen des Sprechers oder der Sprecherin stehen. Die andere ist die Tendenz, in Reaktion auf diesen Ahistorismus darauf zu bestehen, daß das spontane Bewußtsein individueller Erfahrung ein einzigartiges Begründungskriterium für die Identifikation vorzuziehender oder weniger falscher Überzeugungen bereitstellt. Diese Haltung können wir als Erfahrungsfundamentalismus bezeichnen –, der offensichtlich auch zu Engstirnigkeit neigt.

Die Herausforderung liegt darin, den wahren Kern jeder dieser Positionen von seiner falschen und mystifizierenden Schale zu trennen. Auf der einen Seite sollten wir in der Lage sein, über die Gültigkeit eines Erkenntnisanspruchs unabhängig davon, wer ihn ausspricht, zu entscheiden; dies ist das begrüßenswerte Vermächtnis der konventionellen Sichtweise. Andernfalls landen wir auf dem Gebiet von Erkenntnistheorie, Wissenschaft und der Bestimmung von »Fakten« beim Prinzip »Macht schafft Recht«. (Das angesprochene Vermächtnis ist wertvoll, auch wenn die konventionelle Sichtweise – über die

Einbettung dieses wahren Kerns in ahistorischen Fundamentalismus – selbst bei der Unterstützung des Prinzips »Macht schafft Recht« in Wissenschaft und Erkenntnissuche landet.) Auf der anderen Seite macht es tatsächlich einen Unterschied, wer was spricht und wann. Wenn Menschen von der oppositionellen Seite der Machtbeziehungen aus sprechen, kann deren Perspektive objektiver sein, als die Perspektive aus dem Leben der Mächtigeren (Kapitel 5 hat die Begründung für diesen Punkt erarbeitet). Solange die weniger Mächtigen ihre Stimmen nicht erheben, um ihre Erfahrungen zu artikulieren (oftmals eine gefährliche Handlung), kann niemand von uns ihre Perspektive einnehmen. Zum Beispiel ist die Vorstellung absurd, daß die Weise, in der Sklavenbesitzer in den Vereinigten Staaten das afrikanische und afrikanisch-amerikanische Leben sahen, in bezug auf Unvoreingenommenheit, Interesselosigkeit, Unpersönlichkeit und Objektivität der Sichtweise von Sklaven überlegen ist. Wir brauchen nicht zu behaupten, daß die Sichtweise von Sklaven unvoreingenommen, interesselos oder unpersönlich ist, um diese Einschätzung zu haben oder den Sklaven das letzte Wort über solche Fragen zuzusprechen wie etwa die, wie die Ökonomie der Sklaverei international funktionierte, um die Chance zu erkennen, die ihre Perspektive in Abgrenzung zu der für Sklavenbesitzer typischen Sichtweise eröffnet.[1] Wenn Erkenntnis nicht in komplexer Weise im menschlichen Leben und in menschlichen Erfahrungen begründet ist, welches ist dann die Quelle ihres Status als Erkenntnis in den modernen westlichen Gesellschaften? Diese Vorstellung ist für den experimentellen Geist der modernen Wissenschaft so zentral, selbstverständlich und weithin akzeptiert, daß sie trivial anmutet.

Dieses Kapitel setzt die Reflexion auf die Beziehung fort, die die Standpunkt-Theorie zwischen Erfahrung und Erkenntnis knüpft. Es untersucht die Sorten Subjekte der TrägerInnen von Geschichte und Erkenntnis und die Sorten Projekte, die durch die »Logik« der Standpunkt-Theorie hervorgebracht werden. Ich charakterisiere das Standpunkt-Unternehmen als Antwort auf die Frage, »wie wir uns selbst als Andere neu erfinden können«. Es bringt Subjekte von Geschichte und Erkenntnis hervor, die bei ihrer Wissenssuche Erfahrungen in anderer Weise nutzen, als die VertreterInnen der beiden zu vermeidenden Strategien. Ich erkläre hier also, wie wir das in Kapitel 6 entwickelte Kriterium der »strengen Objektivität« in die Praxis umsetzen können.

Vier Probleme

Die philosophische Verwirrung darüber, welche Beziehung zwischen Erfahrung und Erkenntnis wir zu fördern versuchen sollten, taucht in vierfacher Weise in unserem Leben auf: Sie ist ein wissenschaftliches, ein erkenntnistheoretisches, ein pädagogisches und ein politisches Problem.

In wissenschaftlichen Projekten verzerren ethnozentrische Annahmen das Leben von marginalisierten Völkern oder Gruppen: von rassisch marginalisierten Menschen in der Ersten und Dritten Welt, von Armen, sexuellen Minderheiten und Frauen (um bei den vier am häufigsten diskutierten Marginalisierungen zu bleiben). Die explosionsartige Ausweitung der Forschung und des Wissens *durch* diese Anderen selbst legt nicht nur Zeugnis von ihren Lebensbedingungen ab, sondern zeigt auch, wie ethnozentrisches Lernen die Lebensbedingungen der Angehörigen der zentralen Gruppen verzerrt: der Weißen, der ökonomisch Privilegierten, der sexuellen »Mehrheit« und der Männer. Wie können *wir* aktiv unser dominantes Gruppen-Selbst und unsere Kultur untersuchen und etwas über sie lernen, ohne entweder die konventionell ethnozentrischen Perspektiven zu reproduzieren, die sich auf unser spontanes Bewußtsein von unseren Lebenserfahrungen berufen, oder aber unangemessenerweise die Erfahrungen derjenigen Anderen anzunehmen, deren Stimmen uns veranlassen, die Notwendigkeit des Überdenkens unserer Selbstbilder zu sehen? Wir haben nicht ihre Erfahrungen gemacht und nicht ihr Leben gelebt.

Die Standpunkt-Theorien argumentieren, daß es ein erkenntnistheoretischer Vorteil ist, das Denken im alltäglichen Leben von Menschen aus unterdrückten und ausgeschlossenen Gruppen zu fundieren. Aber kann nur das Leben der Unterdrückten Erkenntnisse, insbesondere emanzipatorische Erkenntnisse generieren? Welche Rolle bei der Erkenntnissuche kann das Leben derjenigen spielen, die weiße AntirassistInnen, männliche Feministen, heterosexuelle AntiheterosexistInnen, ökonomisch Privilegierte gegen Klassenausbeutung und dergleichen mehr sind? Und ist die Artikulation von Erfahrungen die Grundlage oder die Vorbedingung für Erkenntnis?

An der pädagogischen Front sehen sich LehrerInnen tagtäglich vor die Herausforderung gestellt, die Beziehung zwischen Erfahrung und Erkenntnissuche, die nicht schon präkonzeptualisiert ist, zu artikulieren oder dies mindestens zu versuchen. Es ist für die Anderen in unseren Klassen- und Seminarräumen heute aufregend zu erleben, daß ihre Lebensbedingungen und -perspektiven zum ersten Mal adäquat reflektiert werden in den Ergebnissen der Forschung und des Lernens, die die Programme der Frauenstudien, ethnischen Studien, afrikanischen und afrikanisch-amerikanischen Studien, schwulen und lesbischen Studien und manchmal sogar der marxistischen oder Studien zur »politischen Ökonomie« hervorgebracht haben. In den Vereinigten Staaten fangen viele Colleges und Universitäten an, ihre Mittelverteilung und ihre curricularen Anforderungen daraufhin zu überprüfen, ob sie diese Forschung und Lehre einbeziehen, damit sie dasjenige erfüllen können, was sie allmählich als wichtigen Teil ihrer Mission sehen lernen. Aber was ist mit den Studierenden in unseren Seminaren (oder mit uns selbst), die augenscheinlich die »falsche Identität« haben oder das »falsche Leben« leben, um zu diesem aufregenden neuen Denken beitragen zu können? Wie können wir uns selbst und unsere Studierenden und KollegInnen europäischer Herkunft, Männer, Heterosexuelle und ökonomisch Privilegierte ermutigen, ohne diese Tendenz zur Schuld zu denken und zu agieren, die grundlegend inauthentisch ist und Passivität induziert? Wir sind keine unbeschriebenen Blätter, wie die Empiristen meinten; Lernen ist ein aktiver Prozeß. Wie können wir Studierende und KollegInnen aktivieren, ausgehend von ihren eigenen spezifischen (»falschen«) Identitäten und sozialen Verortungen zu Subjekten oder TrägerInnen von wissenschaftlich angemessener und emanzipatorischer Erkenntnis zu werden?

Das politische Problem ist schließlich, wie wir die demokratischen Tendenzen und Wünsche, die im gesellschaftlichen Leben aufkommen, aktivieren und stärken können. Wie können wir bei uns selbst, unseren Studierenden und KollegInnen die progressivsten Tendenzen hervorrufen? Die Frage für diejenigen von uns, die sich bereits in emanzipatorischen Projekten engagieren, ist insbesondere, wie wir Kontinuitäten schaffen und progressive Beziehungen zwischen unseren verschiedenen Projekten fördern können. Die Politik der Einheit im alten Stil – »wenn du nicht für uns bist, bist du gegen uns« – ist nicht mehr angemessen oder effektiv, wenn sie es jemals war.

Diese Probleme sind viel zu umfassend und komplex, als daß ich sie hier lösen könnte. Wir können uns aber die Mittel für das weitere Nachdenken über sie aneignen, wenn wir die Logik der Argumentation der vorangegangenen Kapitel weiterverfolgen.

Wir beanspruchen Identitäten, die wir gelehrt wurden zu verachten

Feministinnen haben um die Bestimmung dessen gekämpft, wie sie die Perspektiven, die durch ihre »verachteten« Identitäten als Frauen, als afrikanische Amerikanerinnen, als Farbige in der sogenannten Ersten, Zweiten und Dritten Welt, als Lesben, arme Frauen und Arbeiterinnen entstehen, im Dienste ihrer Forschung, Lehre und Politik in Anspruch nehmen können.[2] Wir haben die historische Realität unserer Lebensbedingungen als den Ort beansprucht, an dem unser Denken und unsere Politik tatsächlich beginnt und auch beginnen sollte. Es hat Mut erfordert, uns auf diese Identitäten für diese Zwecke zu berufen, da die Wächter über intellektuelle Traditionen seit Jahrhunderten darauf bestanden haben, daß wir gerade nicht zu der Sorte Personen zählen, deren Überzeugungen den Status »Erkenntnis« erlangen können. Diese Wächter behaupten noch immer, daß nur unpersönliche, interesselose, sozial anonyme Repräsentanten menschlicher Vernunft – eine Beschreibung, die viele explizit ausschließlich auf sich selbst bezogen wissen wollen – in der Lage sind, Erkenntnis zu produzieren. Der Rest der Menschheit könne allenfalls Meinungen hervorbringen. Es ist deshalb eine außerordentliche Leistung, gezeigt zu haben, daß die durch unsere abgewerteten Identitäten entstehenden Perspektiven erkenntnistheoretisch machtvoll sein können und daß die un-selbstbewußte Perspektive, die Universalität beansprucht, tatsächlich nicht nur voreingenommen, sondern auch auf eine Weise verzerrt ist, die über Voreingenommenheit hinausgeht. Die angeblich allgemeine Perspektive ist in Wirklichkeit örtlich beschränkt, historisch und subjektiv: Nur Angehörige der herrschenden Gruppen dürfen so tun, als seien ihre Perspektiven die einzig legitimen.

Das politische Pendant zu dieser Form feministisch-erkenntnistheoretischen Anspruchs ist »Identitätspolitik« genannt worden: Gemeint ist die Arbeit für die Emanzipation der eigenen Gruppe, und nicht der »Menschheit«. Die Gruppe afrikanischer Amerikanerinnen, die sich *Combahee River Collective* nannte, erklärte (1983): »Die Konzentration auf unsere eigene Unterdrückung verkörpert sich im Konzept der Identitätspolitiken. Wir glauben, daß die profundeste und potentiell radikalste Politik direkt aus unserer eigenen Identität entsteht, im Gegensatz zu der Arbeit für die Beendigung der Unterdrückung von irgendwelchen anderen« (ebd.: 212). Sie waren es leid, sich anzuhören, wie sie sich für die Befreiung anderer engagieren sollten oder wie andere sie befreien werden. Wir können diese Position »verortete Politik« nennen, um zu betonen, was sie mit der in früheren Kapiteln diskutierten »verorteten Erkenntnis« gemeinsam hat: Marginalisierte Gruppen entwickeln politische und erkenntnissuchende Projekte, die explizit in ihrem eigenen, sozial abgewerteten Leben wurzeln statt im »Nirgendwo« oder im Leben von irgendwelchen Anderen.

Die zu verfolgende Hauptfrage ist nun: Gibt es nicht noch zusätzliche Formen verorteter Erkenntnis und Politik, die sich in der Logik dieser Analysen verbergen? Wir können noch weitere Identitäten für Erkennende aufdecken (für WissenschaftlerInnen, ForscherInnen, DenkerInnen, Intellektuelle, historische AkteurInnen), sekundäre Identitäten, die im Schatten von denjenigen stehen, auf die sich Feministinnen und andere emanzipatorische DenkerInnen bisher konzentriert haben – Identitäten, die ebenfalls als respektierte und legitime Produzenten von erhellenden Analysen hervorzutreten versuchen. Aus der Perspektive der erbittert ausgefochtenen Kämpfe um die Legitimitätsansprüche marginalisierter Identitäten können diese zusätzlichen Identitäten monströs erscheinen: männliche Feministen, Weiße gegen Rassismus, Kolonialismus und Imperialismus; Heterosexuelle gegen Heterosexismus; ökonomisch Privilegierte gegen Klassenausbeutung.

Sollten Frauen Zeit darauf verwenden, männliche feminstische Projekte zu legitimieren? Sollten afrikanische AmerikanerInnen ihre Energie dafür einsetzen, europäischen Amerikanerinnen beim Umgang mit ihrem Wunsch zu helfen, auf der richtigen Seite der Rassengeschichte zu stehen; sollten Lesben und Schwule Heterosexuellen helfen, den Heterosexismus zu verstehen; sollten die Armen den Reichen helfen, mit ihrer Ausbeutung der Armen fertig zu werden? Ist es nicht die schlimmste Sorte Programm, Frauen zurück in ihre konventionellen Rollen als Kollaborateurinnen und Helferinnen des Mannes zu zwingen? Viele Feministinnen würden sich lieber von einem Lkw überfahren lassen. Darüber hinaus ist klar, daß eine lebenslange Verpflichtung gegenüber einem solchen Programm Feministinnen ein desillusioniertes und trostloses Leben unter starker intellektueller und sozialer Deprivation bereiten würde. Die »erkenntnistheoretisch separatistische« Einstellung, die solchen Projekten widersteht, hat wertvolle Konsequenzen, und ich will hier nicht etwa behaupten, daß alle Feministinnen – sicherlich nicht einmal die meisten – ihre Zeit in der angedeuteten Weise verbringen sollten. Männliche Möchte-gern-Feministen sollten dies von Feministinnen definitiv nicht erwarten. Ich meine jedoch, daß ein Feminismus »nur für Frauen« ein Luxus ist, den Feministinnen sich nicht leisten können und sich niemals gewünscht haben. Schließlich wollen wir die Welt verändern – und nicht nur die Frauen.

Wenn der Feminismus feministische Männer und spezifisch wissenschaftliche und politische Projekte für diese nicht legitimieren kann, wie können dann Feministinnen europäischer Herkunft legitimerweise antirassistische Erkenntnisse generieren, akademische Feministinnen lernen, die Welt in einer von Frauen der Arbeiterklasse formierten Weise zu sehen oder heterosexuelle Feministinnen lernen, aus der Perspektive lesbischen Lebens zu denken? Ich bin der Ansicht, daß dasjenige, was zunächst außerhalb der zentralen Anliegen des Feminismus zu liegen scheint – theoretische Überlegungen und Hilfe bei der Entwicklung eines Programms für feministische Männer –, sich gerade als zu diesen zentralen Anliegen gehörend entpuppt. Ein Feminismus zum Beispiel, der nur von und für weiße Frauen ist, manifestiert lediglich einen eigennützigen Individualismus. Er ist Teil des Problems anderer unterdrückter Menschen. Die angedeutete Haltung erzeugt aber umgehend das »Monsterproblem«: Was bedeutet es und könnte es bedeuten, ein männlicher Feminist zu sein?

Widersprüchliche Identitäten, widersprüchliche soziale Verortungen

Die Standpunkt-Theorien selbst stellen die Mittel zur Beantwortung solcher Fragen bereit. In der Perspektive konventionellen Denkens haben alle Feministinnen widersprüchliche Identitäten; mit anderen Worten, wir denken und agieren von widersprüchlichen sozialen Orten aus.[3] Ausgehend von diesen Widersprüchen effektiv denken und agieren zu lernen, ist eine wichtige Voraussetzung dafür, Feminismus für sich beanspruchen zu dürfen oder eine Feministin zu werden. Eine Frau als Denkerin ist ein Widerspruch in sich, wie die feministischen Kritikerinnen an Wissenschaft, Philosophie, Geschichte, Soziologie, Literaturwissenschaft und anderen Feldern gezeigt haben anhand von Äußerungen berühmter Männer über Frauen und Geschlecht (vgl. Lloyd 1984). Aber bei dem Versuch der Spezifikation, warum Frauen und westliches Denken in bestimmter Weise unvereinbar sind, haben KritikerInnen aufschlußreiche Deutungen der Natur und des sozialen Lebens, heute und in der Vergangenheit, hervorgebracht.

Eine Identität zu haben oder von einem sozialen Ort aus zu sprechen, die oder der als Widerspruch in sich wahrgenommen wird, kann ein gewichtiger Nachteil in politischen, ökonomischen und sozialen Strukturen sein, aber eine solche Identität kann auch in einen wissenschaftlichen und erkenntnistheoretischen Vorteil umgemünzt werden. Mit der Aktivierung unserer Identiät als weibliche Wissenschaftlerinnen, Philosophinnen, afrikanisch-amerikanische Soziologinnen, lesbische Literaturkritikerinnen – als weibliche *Subjekte und Erzeugerinnen* des Denkens, und nicht nur als Objekte des Denkens von Anderen – nutzen wir den Bruch, die Kluft, die Dissonanz zwischen multiplen Identitäten aus. Unsere Identitäten widersetzen sich der Logik, weil sich die Frage, »wer wir sind«, mindestens an zwei Orten gleichzeitig stellt: außerhalb und innerhalb, am Rand und im Zentrum der Gesellschaft. Das Denken von dieser sozialen Position der »integrierten Außenseiterinnen« aus hat in den Sozial- und Naturwissenschaften, der Literatur und den Künsten aufregende und wertvolle neue Einsichten hervorgebracht. Die schwarze Soziologin Patricia Hill Collins (1986) schreibt: »Als integrierte Außenseiterinnen können schwarze feministische Wissenschaftlerinnen eine von vielen spezifischen Gruppen von marginalen Intellektuellen sein, deren Standpunkte den soziologischen Diskurs zu bereichern versprechen. Diese Gruppe so wie andere, die den Status integrierter AußenseiterInnen gegenüber der Soziologie teilen, ins Zentrum der Analyse zu bringen, kann Ansichten der Realität zum Vorschein bringen, die von den orthodoxeren Ansätzen verdeckt werden.« (Ebd.: 15) Kapitel 5 und 6 haben weitere Möglichkeiten vorgeschlagen, marginale Intellektuelle zu beschreiben. Sie drücken aus, was an ihrer sozialen Situation einen wissenschaftlichen und erkenntnistheoretischen »Vorteil« ausmacht. Der Begriff der »integrierten AußenseiterInnen« erfaßt zentrale Charakteristika dieser gesellschaftlichen Verortungen.

Die zwei (oder mehr) Identitäten von integrierten AußenseiterInnen sind nicht einfach voneinander verschiedene: Als Gegensätze sind sie aufeinander bezogen. Im Zentrum der Gesellschaft können Frauen nicht ausschließlich *als* Frauen sprechen, so wird uns gesagt, und erst recht nicht als afrikanische Amerikanerinnen, Lesben oder Feministinnen. Für marginalisierte Menschen unangenehm, können wir nur als Wissenschaftlerinnen, Literaturkritikerinnen, Philosophinnen sprechen – gesellschaftliche Prägung, Hautfarbe und historische Aktivitäten in bestimmten Körpern sind nicht nur nicht zentral in unserer Sprache, sondern aktiv verdeckt, unterdrückt. Es ist uns fast peinlich, wenn wir uns einen Philosophen vorstellen – keine Frau, nicht farbig oder aus einer anderen Kultur stammend –, der zu Beginn seiner Ausführungen zu einem typisch »allgemeinen« philosophischen Gegenstand öffentlich erwähnt, daß er selbstverständlich als weißer Mann von der Universität Delaware spricht, zum Beispiel. Es wäre verwirrend, weil aus feministischer Perspektive diese Details die Lokalisierung seines Denkens ermöglichten, aber der Sprecher könnte die Richtigkeit der feministischen Perspektive nicht anerkennen und dennoch in seinem Diskurs fortfahren. Eine Philosoph*in* paßt nicht in die Gesellschaft, weil ein Philosoph zu perfekt hineinpaßt. Sie ist solange grundsätzlich unmöglich, solange er so wahrscheinlich ist. Unmögliche Menschen erscheinen uns als in Kultur und Geschichte verortete; es ist ihre soziale Situation, die sie unmöglich macht. Folglich bedarf es keines Sherlock Holmes, um in einer ziemlich präzisen Weise die kulturelle Heimat derjenigen zu identifizieren, die überhaupt nicht sozial verortet zu sein scheinen: Sie sind zu Hause in der Welt, die nach ihren Wünschen und Interessen entworfen und beschaffen ist. »Der Blickwinkel von nirgendwo« ist von denen generiert worden, die sich den Luxus des »Traums vom Überall« leisten können.[5]

Die feministische Standpunkt-Theorie fokussiert auf der wissenschaftlichen und ekenntnistheoretischen Bedeutung der Kluft zwischen dem Verständnis, das durch die vorherrschenden begrifflichen Schemata zur Verfügung steht, und der Weltsicht, die verfügbar wird, wenn wir vom Leben der Menschen in den ausgebeuteten, unterdrückten und beherrschten Gruppen ausgehen.[6] In den feminitischen Darstellungen sind die paradigmatischen Standpunkt-Erkennenden Frauen, die Intellektuelle, Forscherinnen, Lohnarbeiterinnen oder in der einen oder anderen Weise in der Öffentlichkeit aktiv sind. Von diesen Frauen wird erwartet, daß sie das Verständnis ihrer eigenen Aktivitäten und des sonstigen sozialen Lebens in starre begriffliche Formen bringen, die dazu konzipiert worden sind, den Männern und für Männer der herrschenden Rassen und Klassen das Leben von Leuten zu erklären, die wie sie selbst sind. Aus dieser Kluft heraus sind feministische Sichtweisen entstanden.

Aber meinen diese Theoretikerinnen, daß die durch die widersprüchlichen Identitäten von Frauen generierten Sichtweisen nur diesen Frauen selbst vorbehalten bleiben sollten? Sicherlich nicht. Zum Beispiel besteht die oben zitierte Patricia Hill Collins darauf, daß auch Menschen, die keine marginalen Identitäten haben, trotzdem lernen können, das Wissen zu nutzen, das aus der Perspektive von integrierten AußenseiterInnen entwickelt wird. Weil Collins zum soziologischen Diskurs im allgemeinen und zur Diskussion der afrikanischen Amerikanerinnen beiträgt, und nicht nur zum Diskurs von marginalen Intellektuellen wie sie selbst, können wir jetzt all diejenigen Aspekte von Rassen- und Geschlechterrelationen wahrnehmen, auf die uns afrikanisch-amerikanische Feministinnen als erste hingewiesen haben. Darüber hinaus erfahre ich *von* Ihnen nicht nur etwas *über* afrikanische AmerikanerInnen; von Collins und anderen afrikanisch-amerikanischen DenkerInnen habe ich auch bestimmte Dinge über europäisch-amerikanische Erfahrungen, Identitäten und Privilegien gelernt, die ich zuvor einfach als Komponenten entweder der menschlichen Erfahrung allgemein oder meiner vermeintlich individuellen Erfahrung angesehen hatte. Diese Argumentationslinie führt zu dem Verständnis, daß feministische Einsichten nicht »nur Frauen« zugute kommen können; es kann nicht angehen, daß niemand sonst mit Hilfe dieser Einsichten Wissen erlangen kann, auch wenn sie explizit *für* Frauen generiert werden: das heißt, um Frauen, und nicht nur überlegenen Männern die Welt zu erklären.

Die Widersprüche nutzen

Ich finde es paradox – und, ehrlich gesagt, verdächtig –, daß die meisten der europäisch-amerikanischen Feministinnen, die ich kenne und die die Einsichten von farbigen Feministinnen schätzen, anwenden und davon lernen, ihre eigene Fähigkeit überschätzen, sich im antirassistischen Denken zu engagieren, aber gleichzeitig die Fähigkeit von Männern unterschätzen, sich auf feministisches Denken einzulassen. Sie scheinen zu glauben, daß europäisch-amerikanische Feministinnen umstandslos in der Lage sind, antirassistische Analysen hervorzubringen; denken wir, so würden sie sagen, an die wichtigen Beiträge von Bettina Aptheker (1982), Minnie Bruce Pratt (1988), Adrienne Rich (1979) und von Philosophinnen wie Marilyn Frye (1983), Margaret Simons (1979) und Elizabeth V. Spelman (1988). Trotzdem scheinen diese Feministinnen auch zu glauben, daß Männer keine feministischen Analysen generieren können; vergessen wir, so legen sie uns nahe, John Stuart Mill (1970), Marx und Engels (1973) und solche neueren Autoren wie Isaac Balbus (1982) und Brian Easlea (1980 und 1983). Eine Art Monster durchschleicht die Logik des weißen feministischen Diskurses; es ist ein weißer, ökonomisch privilegierter, westlicher, heterosexueller Mann – und er ist auch noch feministisch. Hält seine Existenz weiße, heterosexuelle, ökonomisch privilegierte Frauen von der Vorstellung ab, antirassistische, antihomophobische und gegen Klassenausbeutung gerichtete Analysen zu produzieren? Stampft dieses Monster auch durch die männliche Vorstellungswelt?

Einige feministisch-erkenntnistheoretische Positionen haben angenommen, daß nur Frauen, weil sie die Erfahrungen von Frauen haben, feministische Einsichten hervorbringen können; daß nur afrikanische Amerikanerinnen, Lesben, Arbeiterinnen oder Frauen aus der Dritten Welt antirassistische, antihomophobische, antibürgerliche oder antiimperialistische Einsichten begründen können. Trifft es zu, daß *nur* die Unterdrückten Erkenntnisse hervorbringen können, daß jemand nur aus seiner eigenen *Unterdrückung* heraus zu Kritik und Erkenntnisfortschritt beitragen kann? Die Standpunkt-Theorien argumentieren, daß Erkenntnis sozial verortet werden muß und daß für die Produktion von Erkenntnis manche Situierungen schlechter geeignet sind als andere. Aber ist eine »soziale Situation« exakt und ausschließlich durch die Kategorien Geschlecht, Rasse, Klasse oder Sexualität determiniert? Wie unterscheidet sich die soziale Situation einer feministischen Wissenschaftlerin von der einer Frau, die antifeministisch, misogyn und eine Verteidigerin des Patriarchats ist? Was bedeutete es, wenn wir davon ausgingen, daß in diesem Fall die durch das Geschlecht der Frauen entstehende soziale Situation den Unterschied markiert?[7]

Wir können sicherlich Gründe dafür finden, warum Feministinnen versucht sind zu leugnen, daß es Feministen geben kann. Feministinnen können sich auf die Tatsache beziehen, daß sie nicht mit allem übereinstimmen, was Mill, Marx, Engels und andere geäußert haben: Diese Männer waren nicht *wirklich* Feministen, weil zeitgenössische Feministinnen ihre Sichtweisen als nicht feministisch genug kritisiert haben. Wer hätte aber je das Buch oder den Essay gesehen, feministisch oder nicht, von einer Frau oder einem Mann, mit dem alle total übereinstimmten? Darüber hinaus kritisiert heute jede von uns ihre eigenen früheren Sichtweisen als nicht feministisch genug oder nicht richtig feministisch. Manche Feministinnen mögen es für wichtig halten, auf einer Differenzierung zwischen antisexistisch und feministisch zu bestehen: Männer können demnach antisexistisch und feministisch sein. Wie Menschen genannt werden, ist eine wichtige politische Frage, und ich werte nicht die Gründe dafür ab, das Etikett »feministisch« für Frauen zu reservieren, die an der Verbesserung des Lebens von Frauen arbeiten. Nichtsdestotrotz ist es wichtig, daran zu erinnern, daß FeministInnen nicht geboren, sondern gemacht werden. Die Biologie allein macht Marabel Morgan oder Margaret Thatcher nicht zu Feministinnen.

Zu anderen Zeiten – im 19. Jahrhundert zum Beispiel – und besonders im Kontext des deterministischen biologischen Denkens mag es so gut wie keine Differenzen zwischen weiblich und feminin und zwischen feminin und feministisch gegeben haben, aber heute kann nur ein Ignorant diese Begriffe durcheinanderwerfen. Selbstverständlich können wir etwa das Phänomen, wie die patriarchale Kultur Biologie konstruiert, *analysieren:* Das heißt, wie das soziale Geschlecht das biologische Geschlecht konstruiert und wie in der Folge Geschlechterbeziehungen *(sex relations)* wahrgenommen und agiert werden (vgl. Butler 1990). Und wir können das Insistieren auf der scharfen Trennung von Natur und Kultur kritisieren, zu der die Unterscheidung in biologisches und soziales Geschlecht gehört. Aber das Befaßtsein mit solchen Analysen und Kritiken ist etwas anderes, als es angemessen zu finden, die Begriffe »weiblich«, »feminin« und »feministisch« synonym zu gebrauchen, wie es Studierende zu Beginn ihrer Auseinandersetzung mit dem Feminismus tun. Jemand muß in der Lage sein, biologische, kulturelle und politische Differenzen zu unterscheiden, um überhaupt in die neueren kritischen Diskussionen darüber eintreten zu können, in welchen komplexen Weisen diese Differenzen dazu benutzt wurden und werden, sich gegenseitig zu konstruieren.

Des weiteren muß ich anmerken, daß Feministinnen in vielen verschiedenen Formen auftreten, und unsere Programme stehen oft in direktem Konflikt zueinander. Liberaler Feminismus, marxistischer Feminismus, radikaler Feminismus, der Feminismus von farbigen, lesbischen, jüdischen, christlichen und islamischen Frauen markieren nur einige der feministischen Identitäten und Programme, die in neueren Buchtiteln auftauchen. Warum aber reservieren die Kritikerinnen an der Idee feministischer Männer das Etikett »feministisch« für Frauen, die doch so viele verschiedene politische Programme vertreten, und weigern sich, es auch nur einem Mann zu verleihen, unabhängig von seinem politischen Programm oder seiner politischen Leistung?

Wahrscheinlich ist das Problem viel einfacher. Männer belieben alles mit Beschlag zu belegen, zu bestimmen, zu beurteilen und zu managen, wo immer sie ihre Finger im Spiel haben –, besonders die weißen, heterosexuellen und ökonomisch privilegierten Männer, mit denen feministische Wissenschaftlerinnen und Forscherinnen in der Regel an vielfältigen Arbeitsplätzen und in sozialen Institutionen interagieren. Manche Männer haben versucht, sich arroganterweise den Feminismus auf ihre Fahnen zu schreiben und eine Sorte feministische Autorität zu beanspruchen, die sie als Männer nicht haben können, und sie haben dabei unachtsamerweise enthüllt, daß sie nicht einmal die grundlegendsten feministischen Prinzipien verstanden haben. Sie haben versucht, den Feminismus für sich selbst zu beanspruchen, ohne ihren eigenen Sexismus zu bekämpfen – oder mindestens ohne genug zu kämpfen, um ein Minimum an Recht auf das Etikett »feministisch« zu erlangen.[8] Ähnliche Kritiken können Farbige an Weißen (die feministischen eingeschlossen), Lesben und Schwule an Heterosexuellen und

Unterschichtsangehörige an ökonomisch Bevorteilten üben. Im Lichte dieser Geschichten können wir verstehen, warum jede marginalisierte Gruppe darauf insistiert, die Autorität darüber zu behalten zu bestimmen, welches theoretisch und politisch die angemessene Lehre und Forschung ist. Wir haben von Männern wirklich viel über Frauen und Geschlecht gehört, von Weißen über Farbige und Rasse, von Heterosexuellen über Lesben, Schwule und sexuelle Präferenzen und von ökonomisch Überprivilegierten über ArbeiterInnen und die Armen. Der Anspruch, die kritische Rolle der Anderen im Namen ihrer Emanzipation einnehmen zu können, ist nicht geeignet, irgend jemandem den Applaus der Anderen einzubringen. Wie Elaine Showalter (1987) herausgestellt hat, gehen Männer, die »als Frauen zu lesen« versuchen, tendenziell lediglich als »*Tootsies*« durch – als Männer, die von sich glauben, mehr über Frauen zu wissen als Frauen, und die die schwierige und mühevolle Arbeit ablehnen, die sie aufbringen müßten, wenn sie spezifisch als Männer in den feministischen Diskurs eintreten wollten.[9]

In den »guten alten Zeiten« war es einfacher, als noch die SprecherInnen »hier« und das Besprochene vollständig »irgendwo dort draußen« war. AnthropologInnen haben festgestellt, daß ihre gesamte Disziplin ihre Grundlagen und Methoden überdenken mußte, als die vermeintlichen Forschungsobjekte aus dem »Busch«, den Pflanzungen, dem »Hinterland« in angesehene Autorenkreise und in Verwaltungs- und Curriculumausschüsse migrierten (vgl. Geertz 1988). Im 19. Jahrhundert spielten Männer als Feministen eine wichtige und relativ unproblematische Rolle, wie der Theoretiker Stephen Heath (1987) in seiner Reflexion darüber herausstellt, ob er selbst als Feminist angesehen werden kann oder nicht:

»Ist nicht John Stuart Mills *The Subjection of Women* ganz offensichtlich ein feministisches Buch? Ohne Zweifel ja. Es ist ein Buch, geschrieben von einem Mann, der eindeutig progressiv und für den Feminismus, selbst ein Teil von dessen Geschichte war. Mills Intervention in die Debatte über die Gleichheit der Geschlechter *[sexes]* nahmen Frauen im späten 19. Jahrhundert und danach zweifellos als ›einen enormen Fortschritt für die ganze Frauenbewegung‹ wahr; aber das gilt nur im *historischen* Sinne. Heute hat sich die Geschichte gewandelt, der Feminismus ist gewachsen und fortgeschritten, es gibt keinen Platz mehr darin für einen Mill.« (Ebd.: 9; Zitat im Zitat aus Fawcett 1912: 16)

Es wäre interessant zu untersuchen, was genau zu den Bedingungen für »Wachstum und Fortschritt« gezählt werden sollte, die Heath glauben lassen, daß es für heutige Männer schwieriger sei als für die Männer früherer Zeiten, feministisch zu sein. Vermutlich hätten wir die neueren feministischen Kritiken der »normalen« männlichen Sexualität zu berücksichtigen; die Diskussionen über die Aktivitäten des Unbewußten, die Geschlechtercodes und die Konstruktion der Frau als Andere; und mit Sicherheit die Fähigkeit von Feministinnen, Zutritt zu den meisten öffentlichen Foren zu erlangen, die einstmals für Männer reserviert waren. Frauen sind heute »hier«, nicht mehr »dort draußen«; wir können für uns selbst sprechen. Vergleichbare Fortschritte zeugen von einer analogen Schwierigkeit der gegenwärtigen Position von Menschen europäischer Herkunft in antirassistischen, antiimperialistischen und antikolonialistischen Bewegungen.

Feministische Standpunkt-Theorien wollen eindeutig, daß Männer von feministischen Standpunkten aus generierte Einsichten nutzen, obwohl ihr Schweigen zum Thema selbst ein interessantes Phänomen ist. Sie scheinen ambivalent, ob nur Frauen Darstellungen hervorbringen können, die *für* Frauen sind. Aber die Logik der Standpunkt-Argumentation führt zu der Einschätzung, daß das Element Unterdrückung nicht allen Identitäten und sozialen Orten eigen ist, die zur Begründung von weniger falschen oder verzerrten Überzeugungen herangezogen werden können. Auf der einen Seite macht die Standpunkt-Theorie die Wichtigkeit dessen geltend, die Analyse bei der weiblichen Perspektive auf unser aller Leben anzusetzen, anstatt bei der Perspektive von Männern. Und sie weist auf die Bedeutung des »gespaltenen Bewußtseins« für die Politik der Frauenbewegung und die radikalsten feministischen Analysen hin. Es ist ein Kampf um die Artikulation der verbotenen, »inkohärenten« Erfahrung, die eine neue Politik und weitere Analysen ermöglicht. Auf der anderen Seite nimmt diese Theorie an, daß unsere aktuellen *Erfahrungen* oft zu verzerrten Perspektiven und Einschätzungen führen, weil eine männliche, suprematistische soziale Ordnung unser Leben auf eine Weise arrangiert, die deren wahre Natur und Ursachen verbirgt. Folglich wird die Politik der Frauenbewegung dafür gebraucht, Frauen als eine Gruppe »für sich selbst« zusammenzubringen, und feministische Analysen sind nötig, um uns mit den Mitteln zur Artikulation unserer Situationen zu versorgen, die durch die individuelle und untheoretisierte Erfahrung, die jede von uns hat, verschlossen werden.

Aber wenn Analyse und Politik das Leben afrikanisch-amerikanischer Frauen für diese selbst aufklären kann, kann dann nicht auch dieselbe Analyse, wenn sie mit europäisch-amerikanischer antirassistischer Politik verbunden wird, das Leben europäischer AmerikanerInnen für diese selbst aufklären? Und kann nicht feministische Analyse und Politik das Leben von Männern für Männer aufklären? Es ist wichtig zu unterscheiden, ob jemand »als eine Frau« oder »als ein feministischer Mann liest«, ob wir es mit der Weltsicht einer Frau oder mit der eines Feministen zu tun haben. Die Entscheidung, ob wir Männern den Begriff »feministisch« zuerkennen, ist nur ein Teil des Problems. Mindestens ebenso wichtig ist die Frage, wie wir in positiver Weise spezifizieren können, welches die Differenzen zwischen einer feministischen Frau und einem feministischen Mann sind.

Die Anerkennung des Anspruchs, daß europäische AmerikanerInnen die von Frauen (und Männern) mit Dritte-Welt-Abstammung erstellten Analysen nutzen sollten, um aktiv das europäisch-amerikanische Leben zu verstehen zu versuchen, ist kein Luxus, sondern eine Notwendigkeit für den Feminismus. Für mich ist das keine Übung in weißem Narzißmus, wie manche unterstellen mögen, sondern ein notwendiges Moment des Verstehens anderer Menschen und meiner Beziehungen zu ihnen, indem ich erkenne, wo ich aus der Perspektive ihres Lebens in diesen Beziehungen verortet bin. Ich muß gerade als europäische Amerikanerin in diesen Diskurs eintreten – nicht als vermeintlich »farblose« oder als weiße Rassistin, sondern als weiße Frau. Ich muß Verantwortung für meine Identität, meine rassische gesellschaftliche Verortung übernehmen, indem ich erkenne, wie ich mit anderen Weißen und Farbigen verbunden bin; indem ich erkenne, welche Konsequenzen meine Überzeugungen und Verhaltensweisen als europäische Amerikanerin haben.[10] Das Selbstverständnis, nach dem ich suche, muß als Ergebnis meiner eigenen Lokalisierung als europäisch-amerikanische Person in den ursprünglich von DenkerInnen mit Dritte-Welt-Abstammung erarbeiteten Analysen entstehen und als Ergebnis meiner Fortführung der Analysen, indem ich über meine Welt mit Hilfe der Interpretationen, die sie bereitgestellt haben, nachdenke –, aber immer noch aus meiner eigenen differenten sozialen Identität heraus. Ich kann nur eine Weiße sein, die Verantwortung für ihre rassische Identität übernehmen will; ich kann keine Farbige sein. Wie ich bereits an früherer Stelle angemerkt habe, muß die Validität unserer Erkenntnisansprüche in weiten Teilen unabhängig davon sein, wer sie erhebt, aber es macht noch immer einen Unterschied, wer was wann und zu wem sagt.

Ist es nicht außerdem notwendig, Männer zu ermutigen – von ihnen zu verlangen –, daß sie *ihr* Denken bei der Selbstverortung als Angehörige der Gruppe der »Männer« in der Weise ansetzen, wie feministische Analysen sie fassen, um dann in dieser Richtung weiterzugehen, indem sie über sich selbst und die Welt um sie herum mit Hilfe von feministischen Analysen nachdenken – trotzdem mit einem kreativen Blickwinkel auf *ihr* und von *ihrem* Leben aus, das schließlich nur sie »haben«? Selbstverständlich beobachten wir Frauen, wie sie dieses Leben haben;

299

wir hören, was sie darüber sagen; wir staunen über die eigenartigen Verbindungspfade zwischen Ereignissen und den Umgebungen, die wir sehen, und die merkwürdigen Dinge, die sie über solche Ereignisse und Umgebungen aussagen, und wir denken darüber nach, warum sie sich so verhalten, wie sie es tun. Unser Leben ist nicht vollständig privat; es ist kein geheimer Besitz, der einen zum Solipsismus verurteilt.

Eine weitere Überlegung möchte ich hier anschließen: Die Autorinnen des *Combahee River Collective* (1983) sind der Ansicht, daß es uns »schwerfällt, Rassen-, Klassen- und Geschlechterunterdrückung voneinander zu trennen, weil wir sie in unserem Leben meistens gleichzeitig erfahren« (ebd.: 213). Ja, es ist eindeutig ein Luxus, der herrschenden Rasse und Klasse anzugehören, der es einigen Frauen erlaubt, ihre Unterdrückung nur »als Frau« zu erfahren. Als europäisch-amerikanische Intellektuelle sind wir nicht durch die Rassenhierarchie oder sogar, jedenfalls die meisten von uns nicht, durch Klassenstrukturen unterdrückt. Aber wir können *lernen,* die Rassen- und Klassenverhältnisse, an denen wir teilhaben, zu erfahren. Wir können die kausalen Verknüpfungen zwischen den Ereignissen in unserem Leben und denen im Leben von farbigen und armen Menschen erkennen. Wir können unsere Rassen- und Klassensituation als eine erfahren lernen, die uns über die Maßen mit Rassen- und Klassenprivilegien ausstattet. Ich kann lernen, die männliche Suprematie, die mein Leben prägt, als genau die Sorte männlicher Vorherrschaft zu erfahren, der Frauen meiner Klasse und Rasse unterworfen werden, und als verschieden von der Form männlicher Vorherrschaft, der afrikanische Amerikanerinnen oder arme Frauen unterworfen werden. Wir können erkennen, daß wir es schwierig finden, Rassen- und Klassenvorteile von den spezifischen Formen zu trennen, die die männliche Suprematie in unserem Leben annimmt. Wenn es für die Frauen des *Combahee River Collective* eine Tugend ist, die Rassen- und Klassendimensionen der sozial konstruierten Erfahrung, in deren Rahmen sie die Welt begreifen, nicht zu leugnen, warum ist es nicht auch für uns andere ein Wert? Wir können keine weniger verzerrten Erklärungen und Verständnisse erkennen und hervorbringen, wenn wir von einer Identität und gesellschaftlichen Verortung ausgehen, die zur Hälfte oder zu zwei Dritteln verdrängt wird. Wenn wir die Haltung einnehmen, daß wir diese Dimensionen unseres Lebens separieren oder ignorieren können, wie unterscheiden wir uns dann noch von den Männern in den vorherrschenden gesellschaftlichen Gruppen, die beanspruchen, die Autorität *ihrer* Erkenntnisansprüche von den sozialen Situationen trennen zu können, die diese Ansprüche hervorbrachten?

Aber wenn wir weißen Frauen auf die beschriebene Weise Erkennende werden können, dann kann es auch das »Monster«. Wenn das Monster es nicht kann, können wir es auch nicht. Sein Schicksal scheint mit unserem verbunden zu sein.

Drei überraschende Konsequenzen der Standpunkt-Logik

Wir sind jetzt in der Lage festzustellen, daß die feministische Standpunkt-Logik drei Ergebnisse hat, die aus der Perspektive der im allgemeinen der marxistischen Theorie zugeschriebenen Logik, deren erkenntnistheoretische Mittel die Standpunkt-Theorie nutzt, überraschend erscheinen. Erstens muß das Subjekt feministischer Erkenntnis – der oder die HervorbringerIn dieser weniger voreingenommenen und verzerrten Beschreibungen und Erklärungen – vielfältig und sogar widersprüchlich sein, und zwar in zweifacher, verschiedener Weise. Zum einen leben Frauen nur in historisch spezifischen kulturellen Formen – reich oder arm, schwarz oder weiß, italienisch oder chinesisch, heterosexuell oder lesbisch. Die kulturellen Formen beinhalten auch, ob ich eine Produzentin oder Konsumentin wissenschaftlicher Erkenntnis, eine Tochter oder auch eine Mutter bin. Diese vielfältigen Leben stehen in vielen Aspekten im Konflikt zueinander – sie sind nicht einfach different, sondern gegensätzlich –, und doch ist jedes ein potentieller Ausgangspunkt für feministische Erkenntnis. Deshalb ist feministisches Denken oder Wissen keine einheitliche und kohärente »Sprache«, sondern besteht aus vielfältigen und häufig widersprüchlichen Wissensbeständen. Wie das Subjekt feministischer Erkenntnis ist auch die Klasse »Frauen« vielfältig.

Des weiteren ist auch jedes individuelle feministische Erkenntnissubjekt in sich auf eine Weise vielfältig, die die Situation der Frauen als Klasse spiegelt. Das Bewußtsein der Denkenden ist gespalten, sie ist integrierte Außenseiterin, die marginale Person, die jetzt auch im Zentrum gesehen werden kann, das Individuum, das zwei Programmen verpflichtet ist, die selbst zumindest teilweise im Konflikt zueinander stehen (sozialistische Feministin, schwarze Feministin, jüdische Feministin, weltliche Forscherin), das Individuum, das feministische Wissenschaften und neue Erkenntnisse hervorgebracht hat. Es ist das Denken, das von einer widersprüchlichen Position ausgeht, das feministische Erkenntnis generiert. Deshalb bedeutet die Standpunkt-Direktive, das Denken beim Leben von Frauen anzusetzen, daß wir von vielfältigen Lebensbedingungen ausgehen müssen, die in vielerlei Hinsicht konfliktreich sind und die alle ihre eigenen vielfältigen und widersprüchlichen Verbundenheiten haben. (Im Unterschied dazu nahm sowohl die konventionelle empiristische Philosophie als auch der Marxismus ein einheitliches und kohärentes Erkenntnissubjekt an.)

Folglich und zweitens fordert die Logik der Standpunkt-Theorie, daß das Subjekt emanzipatorischer feministischer Erkenntnis auch das Subjekt von allen anderen emanzipatorischen Erkenntnisprojekten sein muß. Da lesbische, arme und schwarze Frauen alle Frauen sind, muß der Feminismus erfassen, wie Geschlecht, Rasse, Klasse und Sexualität dazu benutzt werden, sich gegenseitig zu konstruieren. Er muß dies tun, wenn er für marginalisierte Frauen emanzipatorisch sein soll, aber auch, wenn er für die Frauen aus den dominanten Gruppen in bezug auf ihre eigene Situation maximal wissenschaftlich sein soll. Andernfalls gäbe es keine Möglichkeit, zwischen Feminismus und einem engen Eigeninteresse der Frauen aus den herrschenden Gruppen zu unterscheiden – gerade so wie das konventionelle androzentrische Denken kein Kriterium bereitstellt für die Unterscheidung von »besten Überzeugungen« und solchen, die dem Eigeninteresse der Männer dienen.

Auch andere emanzipatorische Bewegungen müssen auf diese Weise verfahren, wenn sie *ihre* Ziele erreichen wollen. Das heißt, Arbeiterbewegungen müssen ihre Welt auch aus der Perspektive des Lebens von Arbeiterinnen betrachten; antirassistische Bewegungen müssen ihre Fragen auch aus der Perspektive des Lebens von farbigen Frauen behandeln; schwule Befreiungsbewegungen müssen ihr Denken auch beim lesbischen Leben ansetzen. Es sind auch nicht nur die Frauen in diesen anderen Bewegungen, die die Welt aus der Perspektive des Lebens von Frauen »erkennen« sollen; alle an diesen Bewegungen Beteiligten müssen dies tun, wenn die Bewegungen ihre Ziele erreichen sollen. Dies erfordert, daß Frauen den Programmen dieser Bewegungen aktiv eine Richtung geben. Aber es erfordert auch, daß die Männer in diesen Bewegungen in der Lage sind, eigenständige Erkenntnisse über sich selbst und die Welt aus der Perspektive des Lebens von Frauen zu generieren –, so wie John Stuart Mill, Marx und Engels und spätere Denker es getan haben.

Drittens können Frauen demnach nicht die einzigen Produzentinnen feministischer Erkenntnis sein. Frauen können diese Fähigkeit nicht als einzig und allein ihnen eigene beanspruchen, und Männern darf es nicht durchgehen, wenn sie den Versuch ablehnen, feministische Analysen zu produzieren mit der Begründung, daß sie keine Frauen sind. Männer müssen ebenfalls bestimmte Formen spezifisch feministischer Erkenntnisse aus ihrer spezifischen sozialen Situation heraus beitragen. Auch das Denken der Männer kann beim Leben von Frauen ansetzen, unter Einbeziehung all der Möglichkeiten, die die feministische Theorie mit ihren reichhaltigen und widersprüchlichen Tendenzen uns allen – Männern wie Frauen – eröffnet hat. Es wird dort beginnen, um das maximal objektive theoretische Rahmenwerk zu erreichen, innerhalb dessen Männer anfangen können, ihr eigenes Leben auf weniger voreingenommene und verzerrte Weise zu beschreiben und zu erklären. Dies ist notwendig, wenn Männer irgend etwas hervorbringen sollen, was über »Chauvinismus« oder geschlechtlich geprägte Alltagsüberzeugungen über sich selbst und die Welt, in der sie leben, hinausgeht. HistorikerInnen sind der Ansicht, daß die Vergangenheit die Gegenwart erhellen kann, wenn wir einen breiteren Kontext und eine kontrastierende Perspektive schaffen, innerhalb derer wir heutige Institutionen und gesellschaftliche Praktiken untersuchen. Aus denselben Gründen kann die »distanzierte Gegenwart« die »nahe Gegenwart« erhellen; für Männer kann die Sichtweise aus dem Leben von Frauen Aufschluß geben über ihr eigenes Leben, da sie einen breiteren Kontext und eine kontrastierende Perspektive schafft, in deren Rahmen sie die Institutionen und Praktiken kritisch untersuchen können, innerhalb derer ihre eigenen Überzeugungen und Verhaltensweisen, sozialen Beziehungen und Institutionen auftauchen. Männer müssen dafür kämpfen, für sich selbst eine Art Erfahrung ihrer eigenen Geschlechtsidentität zu ermöglichen, die der männliche Suprematieanspruch bisher verboten hat.

Die Erfahrungen einer Frau zu machen – eine Frau zu sein – ist eindeutig nicht ausreichend für die Generierung feministischer Erkenntnis; alle Frauen haben Frauenerfahrungen, aber nur in bestimmten historischen Momenten produzieren einige von uns überhaupt so etwas wie feministische Erkenntnis. Unsere Erfahrung belügt uns, und die Erfahrungen des dominanten Geschlechts, der vorherrschenden Klasse, Rasse und Sexualität produzieren weitere luftdichte, umfassende, weithin beglaubigte und hartnäckige Lügen. Die Erfahrungen der herrschenden Gruppe bringen den »*common sense*« der jeweiligen Zeit hervor, der einen so bizarren und faszinierenden Gegenstand für AnthropologInnen und HistorikerInnen abgibt. Wir müssen alle in gesellschaftlichen Verhältnissen leben, die die sozialen Arrangements naturalisieren, die tatsächlich optional sind; sie werden durch die Macht der herrschenden Gruppen geschaffen, sollen aber natürlich erscheinen. Es ist nicht notwendig, eine ganz *be-*

stimmte Form menschlicher Erfahrung zu haben, um zu lernen, wie wir weniger voreingenommene und verzerrte Überzeugungen aus der Perspektive des Lebens von Frauen produzieren können. Es ist »nur« notwendig zu lernen, wie wir das »spontane Bewußtsein«, das vom eigenen sozialen Ort ausgeht, überwinden können – wie wir eine kritische, objektive Perspektive erlangen können. Ich sage ironisch »nur«, weil der Prozeß des Verstehens von Lebensbedingungen mit den Augen feministischer Theorie für viele Frauen ein extrem schmerzvoller, wenn auch ein kraftspendender Prozeß gewesen ist, der ihnen, wie sie selbst sagen, eine »zweite Geburt« beschert hat. Sicherlich ist es auch für Männer ein schmerzvoller Prozeß, liebgewonnene Überzeugungen über sich selbst und ihre Welten aufzugeben und sich nach ihrer »zweiten Geburt« für neue Verhaltensweisen und Lebensprojekte zu entscheiden.[11]

Diese drei Konsequenzen feministischer Standpunkt-Logik haben für jede der anderen Befreiungsbewegungen ihre Analogien. Zum Beispiel ist das Subjekt afrikanisch-amerikanischer Erkenntnis vielfältig; es muß auch das Subjekt jeder anderen emanzipatorischen Bewegung sein, weshalb afrikanisch-amerikanische Erkenntnis nicht nur von afrikanischen AmerikanerInnen allein produziert werden kann. Ich möchte in aller Kürze die Logik dieses arrogant erscheinenden Anspruchs bis zu Ende verfolgen. Wenn afrikanische AmerikanerInnen in historisch spezifischen Konfigurationen von Klassen-, Rassen-, Geschlechter-, Sexualitäts- und kulturellen Verhältnissen leben, dann muß das Subjekt oder der oder die HervorbringerIn afrikanisch-amerikanischer Philosophie oder Soziologie vielfältig sein. Die Lebensbedingungen, die den Ausgangspunkt für afrikanisch-amerikanisches Denken bilden, werden dann auch den Ausgangspunkt feministischen, sozialistischen, schwulen und lesbischen und anderen emanzipatorischen Denkens bereitstellen. Sie sind Teil des multiplen Subjekts *jeden* emanzipatorischen Denkens. Auf diese Weise müssen nicht nur afrikanische AmerikanerInnen sich verpflichtet fühlen, Erkenntnisse aus der Perspektive afrikanisch-amerikanischen Lebens zu generieren. Die Kritik eines oder einer weißen, westlichen PhilosophIn, die von den von afrikanischen AmerikanerInnen und anderen Farbigen erstellten Analysen ausgeht, darf vielleicht nicht »afrikanisch-amerikanische Philosophie« genannt werden – denn es ist von großer politischer Bedeutung, wie eine Denkweise genannt wird –, aber sie muß afrikanisch-amerikanisches Denken *sein*, wenn sie eine maximal objektive Darstellung westlicher Philosophie werden soll.[12]

»Verräterische« Identitäten und soziale Verortungen

Die widersprüchliche Identität und soziale Situierung, die eine Folge der Standpunkt-Logik ist, sind bereits in einer Reihe von Analysen sichtbar geworden. Kapitel 10 hat einige wesentliche Beiträge zum feministischen Denken im allgemeinen präsentiert, die beim lesbischen Leben ansetzen: zum Beispiel, daß heterosexuelle Frauen und Männer und schwule Männer, und nicht nur Lesben, jetzt über die Möglichkeit von Frauen nachdenken können, Intimität *und* Autonomie zu wählen, anstatt sich zwischen beiden entscheiden zu müssen; daß es homoerotische Subtexte in Filmen, Romanen und intellektuellen Traditionen gibt (und in unseren eigenen alltäglichen und institutionellen sozialen Beziehungen), die oberflächlich betrachtet heterosexuell erscheinen. Mit der Hilfe von Analysen, die beim lesbischen Leben ansetzten (und zunächst einmal fast immer von Lesben erstellt wurden), haben Lesben und Heterosexuelle gelernt, ihre ansonsten spontan heterosexistische Erfahrung »gegen den Strich zu lesen« (heterosexistische Annahmen haben auch die lesbische und schwule »Erfahrung« geprägt, wie HistorikerInnen herausstellen). Einige, deren sexuelle Identität nicht »marginal« war (in dem Sinne, daß sie heterosexuell waren), sind »marginal geworden« – nicht, indem sie ihre Heterosexualität, sondern indem sie das spontane Bewußtsein aufgaben, das durch ihre heterosexuellen Erfahrungen in einer heterosexistischen Welt geschaffen wurde. Diese Menschen denken nicht »als Lesben«, weil sie keine Lesben sind. Aber sie denken als heterosexuelle Personen, die von lesbischen Analysen gelernt haben.

Entsprechend können auch Weiße *als Weiße* »verräterische« Lesarten der rassischen Annahmen in von Weißen verfaßten Texten – in Literatur, Geschichte und Wissenschaft – einführen. Zum Beispiel aktiviert die Historikerin Minnie Bruce Pratt (1988) in einem viel diskutierten Essay ihre Identität als Weiße und Lesbe im Dienste eines antirassistischen Verständnisses ihrer eigenen kulturellen Erbschaft. Sie stellt sich noch einmal die Stadt in einem der Südstaaten vor, in der sie aufgewachsen ist, und kontrastiert die voreingenommene und verzerrte Sichtweise, die ihr Vater, in Loyalität zur Konföderation, ihr mitzugeben versuchte, mit dem, was sie darüber gelernt hat, seit sie Geschichte aus der Perspektive des Lebens von Schwarzen betrachtet. Sie versucht, mit der Tatsache zurechtzukommen, daß der wunderschöne Baum am Rande der Stadt – unter dem sie als Kind so oft gepicknickt hat – einer ist, an dem früher viele *»strange fruits«* gehangen hatten, wie die berühmte Metapher aus Billie Hollidays Song über das Lynchen es ausdrückt. Sie setzt sich damit auseinander, ihre Identität als weiße Südstaatenfrau, die lesbisch ist, mit ihrer Wut und ihrem Haß auf dasjenige zu verbinden, wofür die Südstaaten in den Augen rassistischer SüdstaatlerInnen stehen. Sie versucht, aus allen Elementen ihrer Identität einen positiven Sinn zu schöpfen.[13] Die weiße, lesbische Dichterin Adrienne Rich (1979) hat eine ähnliche Anstrengung unternommen.

Obwohl diese Feministinnen von ihrem eigenen sozialen Ort aus sprechen, sprechen sie nicht aus der eigenen Erfahrung rassischer Unterdrückung heraus oder auf der Grundlage unhinterfragter weißer suprematistischer Annahmen, sondern aufgrund einer kritischen Reflexion auf ihre eigene Welt als weiße Antirassistinnen. Sie versuchen, als erstes zu erkennen, was diese Welt ist und wie jemand sie vermittelt über ein kritisch *reflexives,* aber immer noch weißes Bewußtsein sieht. Ihre Beiträge dazu, wie *wir* die Welt sehen, sind besondere, gerade weil sie Möglichkeiten gefunden haben, ihre ganzen Identitäten und sozialen Situationen als Weiße zu aktivieren und uns erkennen zu lassen, wie sie Verantwortung für ihre Identität übernehmen, wie sie kausale Verbindungen zwischen ihrer eigenen sozialen Situation als Weiße und der Situation von Schwarzen in Vergangenheit und Gegenwart aufdecken.

Eine verwirrende Frage ist, ob es eine Bedeutung hat, daß, obwohl sie nicht wie Schwarze die weiße Suprematie erfahren haben, sie sehr wohl die Erfahrung der Unterdrückung als Frauen und Lesben kennen. Muß jemand in irgendeiner Form Unterdrückung erfahren haben, um die von mir diskutierte Sorte verräterischer Analyse hervorbringen zu können? Reicht dazu vielleicht die politisch so unschuldige Erfahrung der Unterwerfung des Kindes unter die »Vorherrschaft der Erwachsenen« aus? Können wir uns an Erfahrungen »erinnern«, die wir niemals gemacht haben, gerade so wie wir die Furcht, den Horror, die Verwirrung oder das Vergnügen erinnern, die wir empfinden, wenn wir uns mit fiktiven oder historischen Charakteren identifizieren – mit Ödipus oder Antigone, Frederick Douglass oder Sojourner Truth? Oder kann jemand Verantwortung für seine soziale Identität übernehmen, ohne jemals Unterdrückung erfahren zu haben?

Viele weiße Männer teilen diese Erfahrung; sie sind Juden oder arm oder gehören aus anderen Gründen einer »unterdrückten Minderheit« an. Ich schlage aber vor, daß wir davon ausgehen sollten, daß auch überprivilegierte weiße Männer Möglichkeiten haben, Verantwortung für ihre Identitäten zu übernehmen. Die meisten von ihnen *wollen* dies vielleicht nicht tun, aber sie *können* es. Und einige tun es auch. Wir können danach fragen, wo der große, machtvolle, autonome Wille bleibt, den angeblich nur Menschen wie sie besitzen –, der Wille, über den wir in der westlichen Philosophie so viel zu hören bekommen haben. Lassen wir sie mit der Behauptung davonkommen, daß *sie* durch ihre historische Identität gebundener sind, als sie es uns in ihren Seminaren über Aristoteles, Hobbes, Rousseau und andere »*dead white boys*«, deren Voraussetzungen sie uns zur Strukturierung unseres Denkens nahelegen, zugestehen?

Selbstverständlich ist intellektuelle und politische Aktivität gefordert, wenn die Einsichten anderer zur Generierung eigener Analysen herangezogen werden. Ich kann nicht einfach wie ein Roboter wiederholen, was afrikanisch-amerikanische DenkerInnen äußern, und dabei niemals Verantwortung für meine eigenen Analysen der Welt übernehmen, die ich, eine europäische Amerikanerin, vermittelt über ihre Einsichten wahrnehmen kann. Wenn ich so handeln würde, würde ich für verrückt gehalten oder als eine angesehen, die in heimtückischer Weise ihr Denken abwertet und die Legitimität ihrer Analysen unterminiert. Wenn ich aber, zu einer Rassenfrage befragt, niemals über Äußerungen hinausgelange wie etwa »Patricia Hill Collins (1986) meint ...«, dann impliziere ich, daß ich meine eigene Meinung zum Thema zurückhalte. Es ist wichtig, Anerkennung zu zollen, wo diese geboten ist; in dieser Hinsicht versagen europäische AmerikanerInnen häufig, wenn sie über Rassenfragen sprechen. Ich muß aber lernen, wie ich selbst die Welt aktiv und kreativ in anderer Weise sehen kann mit Hilfe der theoretischen und politischen Blickwinkel, die afrikanisch-amerikanische DenkerInnen ursprünglich konstruiert haben, um besondere Einsichten zu produzieren. Ein effektiver Antirassismus braucht aktiv denkende AntirassistInnen, und nicht etwa weiße Roboter, die »programmiert« sind zu wiederholen, was Schwarze sagen.

Die mögliche Entstehung eines ähnlich »verräterischen« männlichen feministischen Denk- und Handlungssubjekts ist das Thema der Auseinandersetzungen von vielen AutorInnen in dem neueren Sammelband von LiteraturwissenschaftlerInnen mit dem Titel *Men in Feminism* (Jardine/Smith 1987). Diese AutorInnen verlangen von Männern, daß sie das schwierige, schmerzvolle, aber wichtige Projekt in Angriff nehmen, sich selbst, ihr Leben und ihre Welt in den Begriffen zu analysieren, die Feministinnen entwickelt haben: »Du mußt uns alles über deine Sexualität erzählen, deine Beziehung zu deiner Mutter, zu deinen Vätern« (sowohl biologische Väter als auch »Väter« in intellektuellen Traditionen), und auch über »Tod, Skopophilie, Fetischismus, Penis und Hoden, Erektion, Ejakulation (nicht zu reden vom Phallus), Verrücktheit, Paranoia, Homosexualität, Blut, taktile Befriedigungen, Befriedigung im allgemeinen, Begehren, ... Voyeurismus, etc.«[14] Dies soll keine Wiederholung der misogynen Berichterstattung zu solchen Themen sein, die für die »normale« Männersprache, Freuds »normale männliche Misogynie« charakteristisch ist, sondern ein Bericht, der von feministischer Theorie und Praxis informiert ist. Der Literaturkritiker Stephen Heath (1987) drückt diesen Punkt so aus: »Wir sollten vielleicht damit anfangen, daß wir zu verstehen versuchen, *wer wir als Männer sind,* und diese Frage eher vom Feminismus aus stellen, als darüber nachzudenken, was ›sie‹ von einem angenommenen männlichen Wir erwarten.« Diese Männer sollen nicht versuchen, »wie eine Frau zu lesen« oder Feministinnen zu erzählen, wie sie denken sollen, oder die Vielfalt der anderen Sünden im Namen eines vermeintlichen männlichen Feminismus zu begehen. Es sollte ihnen statt dessen gelingen zu unterscheiden, was im Rahmen des Feminismus in der Macht von Frauen und was in der Macht von Männern steht (obwohl auch Feministinnen in bezug auf diese Differenz nicht immer ganz klar gesehen haben). Sie sollen gerade *als Männer* über sich selbst, ihre Körper und ihr Leben, Texte und Politik sprechen und dabei feministische Einsichten anwenden, um die Welt als Männer zu sehen, die in bezug auf von Frauen generierte feministische Analysen genauso sachkundig sein können, wie Feminstinnen es untereinander erwarten. Niemand wird darin perfekt sein, aber es kommt darauf an, Strategien zu entwickeln, die Männer genauso wie Frauen, Weiße genauso wie Farbige, Heterosexuelle genauso wie Schwule und Lesben, ökonomisch Überprivilegierte genauso wie die arbeitende Klasse und die Armen ermutigen, Subjekte historischen Verstehens zu werden.

Die Produktion *neuer* Einsichten mittels der Forschung und des Wissens, die in verräterischen sozialen Identitäten wurzeln, ist jedoch nicht die einzige oder vielleicht nicht einmal die wichtigste Aufgabe, die Menschen, die diese Verortungen wählen, übernehmen können. Männer, die Teil der Lösung, und nicht das Problem des Feminismus sein wollen, können die von Feministinnen produzierten Einsichten fördern. Sie können über das Denken, Schreiben und die Leistungen von Frauen lehren und schreiben. Sie können eingestehen, was sie dem Feminismus schulden. Sie können Studentinnen und feministische Projekte für Studenten unterstützen. Sie können den Sexismus und Androzentrismus ihrer männlichen Kollegen und anderer Denker, Autoren und Figuren des öffentlichen Lebens kritisieren. Sie können Frauen und Feministinnen mit materiellen Ressourcen versorgen. Sie können darauf bestehen, daß Praxis und Politik an Arbeitsplätzen, in Gemeinden und Familien in einer Weise neu gestaltet werden, die die Kluft zwischen den sozialen Ressourcen von Männern und Frauen schließt. Kurz gesagt, sie können als Feministen politisch aktiv sein. Schließlich haben sie als Männer Zugang zu ökonomischen, politischen, sozialen und psychologischen Ressourcen, die Frauen häufig immer noch nicht zur Verfügung stehen. Sie können sich selbst und der Welt zeigen, daß sie sich wirklich »im Feminismus« bewegen und diesen nicht nur benutzen, um ihre Karrieren zu fördern oder ihr Erscheinungsbild in den Augen ihrer Freundinnen und Kolleginnen aufzubessern (vgl. Jardine 1987: 60 f. zu einer ähnlichen Auflistung). Wie Feministinnen wissen, ist politischer Kampf eine Vorbedingung für Erkenntnis: Männer *werden* entdecken, was es wirklich mit der patriarchalen Macht auf sich hat, wenn sie den Sexismus ihrer männlichen Kollegen diesen selbst gegenüber kritisieren.

Aber wenn Feministinnen von Männern erwarten, sich diesen Programmen zu verpflichten, dann müssen wir FeministInnen (Frauen und Männer) uns in den gleichen Auseinandersetzungen als Weiße gegen Rassismus, Heterosexuelle gegen Heterosexismus, ökonomisch Überprivilegierte gegen Klassenunterdrückung, Menschen im Westen gegen Imperialismus engagieren (insofern jede und jeder von uns in diese Kategorien paßt). Wir müssen verräterische Programme im Dienste dieser anderen Projekte entwicklen, so daß wir besser verstehen, wie wir »disloyal gegenüber der Zivilisation« auf all die Arten sein können, die so dringend nötig sind.

Ich hoffe, daß klar geworden ist, daß ich es sowohl schwerer als auch leichter machen will, männliche Feministen, weiße AntirassistInnen usw. zu werden. Zum Beispiel muß ich schwierige Aufgaben übernehmen, wenn ich effektive antirassistische Einsichten hervorbringen will. Wie gesagt, ich kann nicht einfach übernehmen, was Farbige geäußert haben. Ich muß mich in bezug auf farbige Menschen, ihre Kämpfe und Kulturen bilden. Ich muß auch meine eigene Ignoranz untersuchen – die weiße, kulturell belohnte Ignoranz, die die Philosophin Marilyn Frye (1983) diskutiert. Ich muß weiße Ausbeutung, Herrschaft, Unterdrückung und Privilegierung erforschen. Ich muß ebensolche Erklärungen für diese Bedingungen erarbeiten, wie ich sie von Männern in bezug auf die Bedingungen erwarte, die ihnen Privilegien verschaffen. Dies ist ein Antirassismus bzw. ein männlicher Feminismus, der auf Kompetenz basiert. Wenn diese Prozesse nicht schmerzvoll sind, lasse ich mich möglicherweise nicht richtig auf sie ein. Schließlich kann es kein reines Vergnügen sein, die unbeabsichtigten rassistischen Annahmen aufzudecken, die viele meiner Gedanken und Handlungen angeleitet haben – besonders in solchen Momenten, in denen ich gerade versuchte, antirassistisches Engagement zu verwirklichen. Das Erreichen einer verräterischen Identität oder sozialen Verortung erfordert also die Erfüllung schwieriger und schmerzvoller Aufgaben.

Manche Menschen genießen die Herausforderung solcher Aufgaben. Die Artikulation der Erfordernisse für die Erlangung verräterischer Identitäten versorgt sie mit wirklichen Programmen. Manche würden eher schwierige Wahrheiten über sich selbst und ihre Welt erkennen, als anzunehmen, daß sie unangemessen denken und sich unangemessen benehmen. (Die meisten von uns zögen es wahrscheinlich vor, diese Wahrheiten behutsam zu erkennen. Wir bekommen nicht immer das, was wir vorziehen, aber wir können uns selbst mit dem Hinweis trösten, daß, da wir zu einer privilegierten Gruppe gehören, wir bereits dazu bestimmt sind, viel mehr von dem zu bekommen, was wir wollen, als die Unterdrückten.) Die weite Verbreitung von paradoxen Botschaften von Weißen für Farbige und von Männern für Frauen — »handle wie ich, aber wage es nicht, wie ich zu handeln« – hat den Effekt der Stillstellung und Befriedung gerade der Menschen, die eigentlich disloyal gegenüber der »Zivilisation« werden wollen. Wenn wir die Programme zur Erlangung verräterischer Identitäten und sozialer Verortungen spezifizieren, wird es einfacher, sie zu erreichen. Wir haben dann keine Entschuldigungen mehr, uns zu beschweren, daß wir in jedem Fall falschliegen, ob wir es tun oder nicht.

Ein weiterer guter Grund für die Entwicklung verräterischer sozialer Identitäten ist der, daß, wenn ich nicht lerne, kritisch von diesen Identitäten aus zu denken, meine Sichtweise von Rasse und Klasse dazu neigen würde, sich auf die Unterdrückung von anderen zu konzentrieren, anstatt auf meine eigene Situation und die Perspektive, die sie eröffnet. Schließlich sind es die Angehörigen meiner Rasse und Klasse, die Rassismus und Klassenausbeutung praktizieren. Wenn es mir nicht gelingt, eine verräterische Wahrnehmung meiner Rasse und Klasse zu aktivieren, dann befördere ich implizit die Form des »Ausforschens«, die Feministinnen an Sexisten kritisiert haben. Darüber hinaus verzichte ich auf *meine* eigene Perspektive auf mich selbst, wenn ich über meine Rasse ausschließlich aus der Sicht von Rassisten nachdenke oder, umgekehrt, nur aus der Sicht von Farbigen. Es gelänge mir dann nicht, eine aktive Rolle einzunehmen bei der Definition dessen, was meine rassische Identität sein könnte. Ich akzeptierte die passive, widerstandslose und unkreative Rolle, die mir andere zugeschrieben haben. Ich würde es zulassen, als Roboter, als Objekt in ihren Dramen eingesetzt zu werden –, wenn ich auch in den Dramen unter der Autorenschaft der vorherrschenden Ideologien einerseits und 'denen vom unterdrückten Menschen andererseits sehr verschiedene Rollen zu spielen hätte. (Und ich will nicht etwa suggerieren, daß Farbige und ökonomisch Benachteiligte mir nur »schlechte« Rollen zudenken würden.) Es hat immer Menschen europäischer Herkunft gegeben, die öffentlich und in ihrem persönlichen Leben Rassismus und Imperialismus unterminiert haben, die ihre weiße Überprivilegiertheit dazu benutzt haben, deren Institutionalisierung zu untergraben. Sie haben Sichtweisen genutzt, die ursprünglich von Menschen mit Dritte-Welt-Abstammung entwickelt worden waren, um ein weniger voreingenommenes und verzerrtes Verständnis ihrer eigenen Situation zu gewinnen. Dies kann es für Weiße auch bedeuten, »weiß zu sein«.

Viele von uns möchten Frauen und Männer für feministische und andere gegenkulturelle Studien und Politik rekrutieren. Menschen beteiligen sich aber nicht gerade begeistert an solchen Bemühungen, wenn ihnen fortgesetzt mitgeteilt wird, daß sie die falsche Sorte Personen sind, um in dieser Gruppe zu sprechen, und daß folglich ihr Lernen nur passiv sein kann – dasjenige wiederholend, was andere sich für sie ausgedacht haben. Wir müssen Handlungsprogramme für all die sozialen Identitäten und Orte ausarbeiten, die unsere potentiellen Mitglieder mitbringen. Wenn Frauen, Farbige, Schwule und Lesben und die ökonomisch Benachteiligten gegenkulturelle Programme für sich selbst schaffen können, dann können dies auch Männer, Weiße, Heterosexuelle und ökonomisch Überprivilegierte.

Die Beziehung zwischen Erfahrung und Erkenntnis ist für die emanzipatorischen erkenntnistheoretischen Bewegungen eine um nichts weniger schwierige Frage, als sie es für den konventionellen westlichen Diskurs gewesen ist. Die Befreiungsbewegungen können nicht umhin, sich auf den widersprüchlichen Charakter von Erfahrung zu beziehen, als auf der einen Seite hoch geschätzte und schwer zu erreichende Vorbedingung für die Möglichkeit der Erkenntnisproduktion aus der Perspektive des Lebens marginalisierter Menschen und auf der anderen Seite als Ort der »offenkundigen«, aber stark verzerrten, kulturweit verbreiteten Überzeugungen. Die vorangegangenen Reflexionen haben versucht, einige Ressourcen zu identifizieren, um über die Scylla der »Perspektive aus dem Nirgendwo« und die Charybdis eines Erfahrungsfundamentalismus hinauszugelangen. Sie legen Objektivität nicht nur für die Sichtweisen Marginalisierter nahe, sondern auch für die Anwendungen dieses theoretischen Rahmenwerks durch Menschen, die sich entscheiden, »marginalisiert« zu *werden*. Uns in den überprivilegierten Gruppen wird es nicht gelingen, die Privilegien abzulegen, die die gesellschaftliche Ordnung uns beharrlich zuerkennt. Männer werden immer als Männer wahrgenommen und behandelt, egal wie feministisch ihr Verhalten ist; Weiße werden als Weiße wahrgenommen und behandelt, egal wie antirassistisch ihre Programme sind. Entscheidend ist, daß wir uns nicht vorstellen, daß Männer und Menschen europäischer Herkunft in den herrschenden Gruppen wirklich ein marginales Leben führen, in der Weise, wie es Frauen und Farbige gezwungen sind zu tun. Aber wir können lernen, *nicht* aus dem »spontanen Bewußtsein« unserer sozialen Situation heraus zu denken und zu handeln, sondern aus einem verräterischen Bewußtsein heraus, für das wir uns mit Hilfe kritischer Gesellschaftstheorien entscheiden, die von emanzipatorischen Bewegungen hervorgebracht werden. Wir können festhalten, daß diese Haltung mindestens einige der postmodernistischen Programmpunkte in die Tat umsetzt.

In pädagogischer Hinsicht stellt dieser Ansatz Ressourcen dafür bereit, daß wir unsere Studierenden und KollegInnen animieren, nach objektiven Perspektiven auf ihr eigenes Leben zu suchen als eine Möglichkeit, emanzipatorische Erkenntnis aus ihren eigenen (transformierten) sozialen Situationen heraus zu produzieren. Und politisch können wir – respektvoll, vorläufig, aber bestimmt – versuchen, zwischen unseren vielfältigen sozialen Befreiungsbewegungen Kontinuitäten zu schaffen und progressive Beziehungen zwischen ihnen zu fördern. Der Punkt ist nicht, daß Frauen sich mit individuellen Männern, Farbige sich mit individuellen Weißen »verbünden«, sondern vielmehr, daß unsere wissenschaftlichen und politischen Bewegungen die Grundlagen für »Solidarität« etablieren sollen. Die Entwicklung von möglicherweise lebensfähigen Programmen ist keine vollständige Lösung für die Herausforderung, solche Solidaritäten zu schaffen, sie kann zu diesem Projekt aber Ressourcen beitragen.

Die erkenntnissuchenden und politischen Projekte der emanzipatorischen Bewegungen haben die herrschenden Kulturen als fremde und bizarre Traditionen neu erfunden, von denen sie Techniken lernen und gegen die sie ihre eigenen Programme setzen können.[15] Welche bessere Alternative könnte es für die Entwicklung demokratischerer Gesellschaften geben als die, daß diejenigen von uns in den über Gebühr begünstigten Gruppen sich in emanzipatorischen Bewegungen einreihen und sich selbst als »Andere« neu erfinden?

Kapitel 12

WAS IST FEMINISTISCHE WISSENSCHAFT?
Schlußfolgerung

Die Frage, ob es eine feministische Wissenschaft geben kann, ist in der einen oder anderen Form und mit verschiedenen Interessen von nahezu allen gestellt worden, die an den feministischen Dikussionen über die Wissenschaften partizipieren oder diese Diskussionen betrachten.[1] Dieses Kapitel untersucht die Gründe für die negativen oder nur begrenzt positiven Antworten von einigen feministischen Autorinnen und betrachtet dann, wie die Argumente der vorangegangenen Kapitel den Gedanken begründen, daß es bereits spezifisch feministische Wissenschaften *gibt* und daß es sowohl für den Feminismus wie für die Wissenschaften förderlich ist, diese weiterzuentwickeln.

Die Vielfalt der Antworten

Wir erwarten vielfältige Antworten auf jedwede Frage zu Feminismus und Wissenschaft, weil – wie ich am Anfang angemerkt habe – die beiden Begriffe selbst umkämpftes Terrain markieren. Der Begriff »feministisch« ist in einigen Subkulturen des Westens und ausgeprägter in der Zweiten und Dritten Welt ein Attribut, das gegen Frauen verwendet wird, die öffentlich Graueninteressen und in intimeren Zusammenhängen ihre eigenen verteidigen. Manchmal wird er benutzt, um Distanz zu schaffen zwischen der Sprecherin/dem Sprecher und bürgerlichen, rassistischen, eurozentrischen und heterosexistischen Tendenzen im Feminismus. In den Vereinigten Staaten und auch anderswo gibt es Männer und Frauen, die darauf bestehen, nicht feministisch zu sein, die aber energisch Interessen vertreten, die ununterscheidbar von spezifisch feministischen sind. Diese Menschen setzen den Feminismus als Ganzen gleich mit den radikaleren Positionen, die ebenfalls innerhalb feministischer Theorie und Politik eingenommen worden sind.

FeministInnen dagegen, die das Etikett für sich beanspruchen, wetteifern mit vielfältigen und konträren Positionen darum zu definieren, was als Feminismus gelten soll. Liberaler Feminismus, sozialistischer Feminismus, afroamerikanischer Feminismus, Dritte-Welt-Feminismus, lesbischer Feminismus und postmodernistischer Feminismus artikulieren je unterschiedliche Maßstäbe für Alternativen zu den herrschenden Voreingenommenheiten der bestehenden Wissenschaften. Darüber hinaus arbeiten Feministinnen in verschiedenen Weisen in den Wissenschaften und erfahren sie unterschiedlich. Die Beschränkungen, innerhalb deren sich die Beschäftigten in der Physik, im (US-amerikanischen) Gesundheitswesen, im Technologie-Transfer zur Dritten Welt oder in der Soziologie die Frage nach einer feministischen Wissenschaft stellen, sind in vielerlei Hinsicht unvergleichlich.

WissenschaftskritikerInnen, auch die feministischen, denken über Wissenschaft in den Kategorien von verschiedenen Metatheorien nach: Unterschiedliche Traditionen in Wissenschaftsphilosophie und -soziologie können gegensätzliche Antworten auf die Frage befördern, ob es eine feministische Wissenschaft geben kann. Außerdem ist die Frage, was legitimerweise als wissenschaftlich gelten darf, in den Natur- und den Sozialwissenschaften wie auch in der Wissenschaftphilosophie und -soziologie umstritten, genau wie in den zeitgenössischen öffentlichen Debatten über solche Themen wie »Kreatianismus«, ganzheitliche Medizin, Behaviorismus und Soziobiologie. Folglich werden beide – Feminismus und Wissenschaft – durch fortgesetzte Kämpfe um politische Ressourcen konstruiert, und sie werden solange umkämpftes Terrain bleiben, solange von ihnen angenommen wird, daß sie selbst solche Ressourcen bereitstellen. Das Echo dieser Dispute ist in feministischen Reflexionen darüber zu vernehmen, wie über ein positives Programm für die Wissenschaften nachgedacht werden kann.

Bevor ich fortfahre, muß ich betonen, daß ich mit der Frage nach »feministischer« Wissenschaft weder eine *weibliche* noch eine *feminine* Wissenschaft zu diskutieren beabsichtige – was immer diese sein könnten. Einige KritikerInnen haben beschlossen, feministische Wissenschaftsdiskussionen so zu interpretieren, als ob deren Protagonistinnen eine »weibliche Wissenschaft« vertreten würden. In manchen Fällen scheinen diese KritikerInnen zu glauben, daß feministische Wissenschaftsdiskussionen den Einfluß männlicher Biologie kritisch beurteilen und daß sie deshalb den Einfluß weiblicher Biologie auf die Wissenschaft befördern wollen. Diese Ansicht habe ich nirgendwo sonst artikuliert gefunden als in diesen antifeministischen Schriften. An anderen Stellen begegnen uns Unterschlagungen der Differenz zwischen den Begriffen weiblich, feminin und feministisch. Entweder können diese antifeministischen Kritiker nicht zwischen dem biologischen *(sex)* und dem sozialen Geschlecht *(gender)* und einer theoretisch-politischen Position unterscheiden, oder sie versuchen, feministische metawissenschaftliche Diskussionen zu diskreditieren, indem sie andeuten, daß diese Diskusisonen lediglich mit absurden Gegenständen befaßt sind. Was immer diese KritikerInnen im Kopf haben, mein Punkt ist, über die Möglichkeit *feministischer*, und nicht über die weiblicher Wissenschaft nachzudenken.

Andere KritikerInnen des Feminismus – und auch einige Feministinnen – haben feministische Wissenschaft und etwas, das sie als »weibliche« Wissenschaft bezeichnen, miteinander verbunden.[2] Es ist wahr, daß der Feminismus »das Weibliche« neu bewertet; alle feministischen DenkerInnen, die die Möglichkeit feministischer Wissenschaft erwägen, haben Tendenzen der herrschenden Kultur zurückgewiesen, die besonderen Einblicke und Fähigkeiten von Frauen, die sie in das soziale Leben einschließlich der Wissenschaft einbringen, zu ignorieren und zu entwerten. Deshalb sind die Reevaluation der Aktivitäten, die Frauen zugeschrieben werden, deren Fähigkeiten und Talente, die sie in diesen Aktivitäten entwickeln und entfalten, und das Lernen, das das Leben der Frauen selbst zum Ausgangspunkt nimmt, wichtige Aspekte feministischen Denkens auf allen disziplinären Gebieten. Und da Wissenschaft und Weiblichkeit in den politischen Arenen immer wieder als Gegensätze konstruiert worden sind, ist es verlockend zu versuchen, dieses Muster durch Zurückweisung zu zerstören oder die Kluft zwischen beiden zu überbrücken.[3] Aber die meisten Feministinnen sind in bezug auf Weiblichkeit genauso kritisch wie in bezug auf Männlichkeit, weil beide Geschlechter sozial konstruiert sind im Rahmen von Geschlechterverhältnissen, die von den herrschenden Institutionen entworfen und gestützt werden. Frauen sind systematisch von leitenden Positionen in diesen Institutionen ausgeschlossen worden und damit von der (Mit-)Gestaltung des Geschlechts, das sie tragen müssen.[4] Als Ergebnis dessen würden es wohl die meisten Feministinnen (und vermutlich die meisten derjenigen, die unkritisch von »Weiblichkeit« begeistert sind) heftig zurückweisen, feministische Wissenschaft mit weiblicher Wissenschaft zu identifizieren.

Um zu meiner Frage zurückzukommen: Ein brauchbarer Weg, die Vielfalt existierender feministischer Wissenschaft zu konzeptualisieren, ist der, drei Gruppen von DenkerInnen zu unterscheiden, die eine negative oder nur begrenzt positive Antwort geben, und eine vierte Gruppe zu benennen, der diejenigen angehören, die positiv antworten, dabei aber nur an die Sozialwissenschaften und allenfalls die Biologie denken.

Erst »nach der Revolution«?

Zum ersten gibt es diejenigen, die meinen, daß – obwohl signifikante Fortschritte in Richtung auf feministische Wissenschaften schon jetzt gemacht werden können – der Begriff »feministische Wissenschaft« für Praktiken und Institutionen der Zukunft vorbehalten sein sollte.[5] Weitreichende soziale Veränderungen müßten eintreten, so glauben sie, bevor sich irgend etwas entwickelt, das begründet als feministische Wissenschaft angesehen werden kann.

Ruth Bleier (1986) hat Charakteristika einer feministischen Wissenschaft der Zukunft zusammengefaßt und dabei herausgestellt, daß eine solche Auflistung in diesem frühen Stadium provisorisch bleiben muß. Zuallererst müssen WissenschaftlerInnen den Einfluß ihrer eigenen Werte und Glaubensvorstellungen auf ihre wissenschaftlichen Praktiken anerkennen und lernen, die Auswirkungen dieses Einflusses zu identifizieren. Sie »müssen explizit in ihren Annahmen sein; ehrlich, vorsichtig und skeptisch in ihren Methoden; offen in ihren Interpretationen der Signifikanz jeder Studie; klar in der Beschreibung der möglichen Fallstricke in ihrer Arbeit und den daraus folgenden Schlüssen; und verantwortlich im Gebrauch der Sprache, die dem wissenschaftlichen und nichtwissenschaftlichen Publikum ihre Ergebnisse vermitteln soll«. Darüber hinaus würden feministische Annäherungen an Wissenschaft »beabsichtigen, die Forschung zu eliminieren, die zur Ausbeutung und Zerstörung der Natur, zur Ausrottung der menschlichen Rasse und anderer Spezies führt und die der Rechtfertigung dient, Menschen aufgrund ihrer Rasse, ihres Geschlechts, ihrer Klasse, ihrer Sexualität oder ihrer Nationalität zu unterdrücken«. Feministische Wissenschaft

»wäre nicht elitär und autoritär, und deshalb müßte sie für jede interessierte Person – physisch und intellektuell – zugänglich sein. Sie wäre bescheiden und würde anerkennen, daß jede neue ›Wahrheit‹ partiell ist, das heißt unvollständig genauso wie kulturgebunden. Indem sie wahrnähme, daß verschiedene Menschen differente Erfahrungen, Kulturen und Identifikationen (und damit verschiedene Perspektiven, Werte, Ziele und Blickpunkte) haben, zielte die feministische Wissenschaft auf kulturelle Vielfalt ab, so daß unsere vielfältigen Interpretationen unterschiedliche Facetten der Realität, die wir zu verstehen versuchen, beleuchten würden. Diese Vielfalt garantierte die Sensitivität der *scientific community* für die Bandbreite der Konsequenzen ihres Tuns und erhöhte auf diese Weise die Verantwortlichkeit für die Ziele der Wissenschaft und für die Anwendung und Nebenprodukte ihrer Forschung.«

Viele dieser Veränderungen werden nicht eintreten, so Bleier, bevor WissenschaftlerInnen nicht

»Wissenschaft, ihre Methoden, Theorien und Ziele ohne die Sprache und Metaphern von Kontrolle und Herrschaft rekonzeptualisieren. Damit dies in einem signifikanten Maße geschieht, müssen tiefgreifende Veränderungen stattfinden in einem System, das auf Macht, Kontrolle und Herrschaft basiert und das diejenigen anerkennt und belohnt, die seine Ideologien und Absichten unterstützen und bestärken. So wie die Vernichtung aller Nuklearwaffen und das Verbot ihrer Herstellung nicht gleichbedeutend mit dem Weltfrieden, aber ein dringender erster Schritt sind, so können Feministinnen trotz allem fortfahren, erste Schritte in Richtung einer Transformation der Ideologien und Praktiken der modernen Institution Wissenschaft zu gehen.« (ebd.: 15 f.)

So wie Bleier haben viele Feministinnen den Gebrauch von Metaphern problematisiert. Carolyn Merchant (1980), Evelyn Fox Keller (1985) und andere Wissenschaftshistorikerinnen haben herausgestellt, daß das Vertrauen auf Metaphern und Modelle sowohl von der Natur als auch von Forschungsprozessen, die solche Ordnungs- und Beziehungsformen ins Zentrum rücken, die in bürgerlichen, westlichen Begriffen von Männlichkeit idealisiert werden, zu partiellen und verzerrten Beschreibungen und Erklärungen von Natur und sozialem Leben führt. Metaphern und Modelle, die stärker den Kontext als isolierte Charakterzüge und Verhaltensweisen, eher interaktive als lineare Beziehungen und eher demokratische als autoritäre Ordnungsmodelle in beidem, Forschung und Natur, betonen, könnten weniger voreingenommene und verzerrte Beschreibungen und Erklärungen hervorbringen. Diese alternativen Metaphern und Modelle sind mit Weiblichkeit assoziiert worden; ihr Gebrauch kann als das Eindringen von Werten in wissenschaftliche Praktiken und Ergebnisse gedacht werden, die dem Leben von Frauen entstammen.

Die Wissenschaftshistorikerin Elizabeth Fee (1983) formuliert Gründe dafür, den Begriff »feministische Wissenschaft« für eine mögliche zukünftige Wissenschaft zu reservieren:

»Zum gegenwärtigen Zeitpunkt entwickeln wir eine feministische Kritik der bestehenden Wissenschaft und nicht etwa eine feministische Wissenschaft. Die Kritik folgt aus dem, was über die Beziehung von Wissenschaft und Gesellschaft gesagt worden ist: Wir erwarten von einer sexistischen Gesellschaft, daß sie eine sexistische Wissenschaft entwickelt. Analog können wir von einer feministischen Gesellschaft erwarten, daß sie eine feministische Wissenschaft entwickelt. Uns heute eine feministische Wissenschaft in einer feministischen Gesellschaft vorzustellen, ist etwa so, als fragten wir einen mittelalterlichen Bauern, er möge sich die genetische Theorie oder die Herstellung einer Raumkapsel vorstellen. Unsere Vorstellungen sind bestenfalls ausschnitthaft und insubstantiell. Es gibt keine Möglichkeit, sich im voraus eine ausformulierte wissenschaftliche Theorie vorzustellen. Es steht uns trotzdem frei, mit Ideen zu spielen und Kriterien zu betrachten, die eine feministische Wissenschaft erfüllen sollte. Aber wir sollten dies weder verwechseln mit der tatsächlichen Produktion wissenschaftlicher Theorie, noch sollten wir unsere Unfähigkeit, uns eine entwickelte feministische Wissenschaft vorzustellen, als Beleg dafür nehmen, daß diese selbst nicht möglich ist.« (Ebd.: 22)

Die wenigen Feministinnen in Laboren hier und da sind nicht in der Lage, die Programme der Naturwissenschaften neu zu entwerfen. Die Programme für die außerordentlich teure Forschung in Physik, Chemie und zum großen Teil auch in der Biologie werden in internationalen Gremien festgelegt und sind sehr stark von staatlicher und industrieller Finanzierung abhängig.

Dies alles sind überzeugende Argumente dafür, den Begriff »feministische Wissenschaft« für die empirische Wissenssuche zu reservieren, die dereinst das erfolgreiche Ergebnis von feministischen und anderen emanzipatorischen Kämpfen für die Transformation der Gesellschaften sein wird, in deren Rahmen Wissenschaft stattfindet. Die Vertreterinnen dieser Ansicht bestehen darauf, daß Veränderungen in den Laboren und wissenschaftspolitischen Gremien nur partiell und ineffektiv sein können, solange nicht emanzipatorische Bewegungen auch die soziale Ordnung verändern, für die Wissenschaft eine so wichtige Ressource ist. Und sie veranlassen uns, strategisch zu denken: Welche Veränderungen in Wissenschaft und Gesellschaft wären am effektivsten, um dieses Ziel zu erreichen?

Nichtsdestotrotz führen uns die Argumente dieses Buches zu der anderen Schlußfolgerung, daß feministische Wissenschaften bereits entwickelt sind. Wenn wir die Vorstellung vom wissenschaftlichen Wissensuchen aus ihren eurozentrischen, naturwissenschaftlichen und positivistischen Paradigmen herauslösen – ein Unterfangen, für das die vorangegangenen Kapitel versucht haben, Mittel zur Verfügung zu stellen –, so können wir fortfahren, unsere Aufmerksamkeit den vorangehenden Interessen zu widmen, und haben doch gute Gründe, diese breite feministische Aufmerksamkeit für die Wissenschaft als sich entwickelnde, spezifisch feministische Wissenschaft zu konzeptualisieren. Aber ich greife der weiteren Argumentation dieses Kapitels vor.

Nur gute oder schlechte Wissenschaft?

Einige BeobachterInnen sind der Ansicht, daß dasjenige, worauf FeministInnen sich als feministische Wissenschaft beziehen, tatsächlich einfach nur gute Wissenschaft ist. Zum einen, so meinen sie, sind viele der Veränderungen, für die FeministInnen plädieren, bereits mehrmals in der Wissenschaftsgeschichte von anderen vorgeschlagen worden. Wenn NichtfeministInnen heute und in der Vergangenheit dieselben Veränderungen gefordert haben wie FeministInnen, dann sind diese Veränderungen nicht spezifisch feministisch, und es gibt keinen Grund, über so etwas wie »feministische Wissenschaft« zu reden. Der bekannte Biologe und Wissenschaftshistoriker Stephen Jay Gould hat so argumentiert[6], und auch die Mitglieder einer Organisation feministischer Naturwissenschaftlerinnen, die October 29th Group (1989), berichten: »Als die Frage, ob es eine ›feministische Wissenschaft‹ geben kann, zum ersten Mal gestellt wurde, erschien sie angesichts unserer traditionellen wissenschaftlichen Ausbildung absurd: Gute Wissenschaft ist gute Wissenschaft, welcher politischen Überzeugung WissenschaftlerInnen auch immer sind, so dachten wir.« (Ebd.: 254) (Einige Mitglieder der Gruppe änderten später ihre Meinung; andere taten dies nicht.)

Die konventionelle Dichotomie von »guter« und »schlechter Wissenschaft« erfaßt jedoch nicht das ganze Problem. Wie die Biologin Anne Fausto-Sterling (1985) herausstellt, ist es kein Zufall, daß FeministInnen – meistens Frauen, wenn auch nicht in allen Fällen – nach Veränderungen rufen, die zu »guter Wissenschaft« führen, wie Gould und die October 29th Group es nennen. Dies sind Personen, »die zunächst heftige Kämpfe um die Chance auszufechten hatten, überhaupt wissenschaftlich arbeiten zu können. Gerade ihr Status als Außenseiterinnen – Frauen und Feministinnen in einer männlichen Wissenschaftswelt – verleiht ihnen eine Perspektive, die sich mit Recht als feministisch bezeichnen kann«. Fausto-Sterling erklärt, daß die Revisionen, die Feministinnen gefordert haben, »obwohl sie ja vielleicht eher gute Wissenschaft repräsentieren, im Kontext einer riesigen und vielfach verzweigten politisch-kulturellen Bewegung, dem modernen westlichen Feminismus, entstanden sind. Lediglich auf guter wissenschaftlicher Analyse gegenüber der schlechten zu bestehen hieße, die wichtige Rolle zu ignorieren, die der Feminismus bei der *Erzwingung* der Revision unzulänglicher und oft bedrückender, repressiver Modelle weiblicher Gesundheit und weiblichen Verhaltens gespielt hat.« Die Wahrscheinlichkeit ist groß, daß es keine gute Wissenschaft geben wird, wenn wir die Rolle politischer Veränderung für den Erkenntnisfortschritt nicht anerkennen.

»In der Vergangenheit haben Legionen hervorragend ausgebildeter Ärzte und Wissenschaftler nicht erkannt und kritisiert, was gegen die biomedizinischen und verhaltenswissenschaftlichen Modelle weiblichen Verhaltens einzuwenden ist. Warum? Meiner Ansicht nach deshalb, weil ihnen kein alternativer Bezugsrahmen zur Verfügung stand, innerhalb dessen sie eine neue Sichtweise hätten entwickeln können. Der Feminismus bot diese neue Perspektive und eröffnete damit vielen WissenschaftlerInnen – auch solchen, die sich nicht als politische Feministinnen betrachten – die Möglichkeit, in eine neue Richtung voranzuschreiten. Solange eine politische und gesellschaftliche Bewegung fehlte, hat es die ›gute Wissenschaft‹ nicht sehr weit gebracht. ... Solide Forschung allein genügt nicht. *Gute Wissenschaft* – die in diesem historischen Augenblick viele Erkenntnisse des Feminismus einschließt – kann sich nur dann behaupten, wenn ihr das soziale und politische Klima Raum zum Wachstum und zur Entfaltung läßt.« (Ebd.: 293, 298 f.)

Stephen Jay Gould (1983) kommt diesem Verständnis nahe, wenn er in anderem Kontext über die Fortschritte der Wissenschaftsgeschichte schreibt:

»Wissenschaft ist eine gesellschaftlich verankerte Tätigkeit, da sie von Menschen betrieben werden muß. Fortschritte erzielt sie durch Ahnungen, Weitblick und Intuition. Vieles von ihrem Wandel im Zeitverlauf bezeichnet nicht eine weitere Annäherung an die absolute Wahrheit, sondern die Veränderung der kulturellen Kontexte, von denen sie so nachhaltig beeinflußt wird. Fakten sind keine reinen und unverfälschten Informationsbröckchen; auch die Kultur hat Einfluß darauf, was wir sehen und wie wir es sehen. Darüber hinaus sind Theorien keine unerbittlichen Ableitungen aus Fakten. Die kreativsten Theorien sind häufig phantasievolle Visionen, die den Fakten übergestülpt werden; die Quelle der Phantasie ist ebenfalls stark kulturell bestimmt.« (Ebd.: 16)

Das Bestehen darauf, daß es nur gute oder schlechte Wissenschaft, aber keine feministische Wissenschaft geben kann, führt in irreführende und der Intuition widersprechende Richtungen. Sollten wir davon sprechen, daß die misogynen und rassistischen Wissenschaften, die Gould kritisiert, gute Wissenschaft waren, solange WissenschaftlerInnen die Kritik an ihnen nicht kannten (nicht darauf hörten? nicht ernstnahmen?)? Diese Interpretation würde die ablehnende Haltung von WissenschaftlerInnen rechtfertigen, nach Kritik zu suchen oder auch nur darauf zu hören. Sollten wir im Gegenteil davon sprechen, daß – weil alle Wissenschaft für zukünftige Revisionen offen sein muß – niemand im Prinzip oder jemals gute Wissenschaft produzieren kann? Diese logischen Verlängerungen der Dichotomie gute Wissenschaft/schlechte Wissenschaft enthüllen die Probleme mit dieser Konzeption wissenschaftlicher Praxis.

Fehlgeleitete Anstrengungen

Die Kommentare, die poststrukturalistische Feministinnen in anderen Kontexten hier und da angebracht haben, legen eine andere Antwort nahe. Es ist wichtig, so meinen sie, die vorherrschenden Diskussionen und Praktiken zu stören, aber ohne daß wir uns verpflichten, positive Darstellungen dessen zu liefern, »was wir tun sollten« oder »wie die Welt wirklich ist«. Kritik ist ein Wert an sich, ob wir uns lebensfähige Alternativen vorstellen können oder nicht. Sie läßt Menschen in neue Richtungen denken. Sie schafft Raum für die Entstehung neuer Gedanken und Handlungen, die zu fragil sind, als daß sie in umfassend elaborierte Doktrinen oder Aktionspläne gepreßt werden könnten. Kritische Diskussionen können verkürzt werden, wenn wir uns vorschnell alternativen Programmen und Darstellungen zuwenden. Die Forderung nach alternativen Programmen als Bedingung dafür, daß jegliche vorausgehende Kritik überhaupt akzeptiert wird, kann simplifizierende oder schlicht starrköpfige Lösungen für Probleme befördern, die immer noch nicht ganz begriffen werden. Ist es nicht darüber hinaus arrogant und eine Illusion, wenn wir einer einzelnen oder besonderen Gruppe die Fähigkeit zusprechen zu beschreiben, »wie die Welt ist« und »was wir tun sollten«? Übereilte »praktische« Lösungen vermeiden die harte Arbeit, im intellektuellen wie politischen Sinne, die nötig ist, um tatsächlich bei ihnen anzukommen. Diese Verfahrensweise kann dazu führen, daß letztlich nur unpraktikable Lösungen bereitgestellt werden.

Der poststrukturalistische Ansatz stellt wichtige Fragen. Nichtsdestotrotz müssen wir zugeben, daß er nicht dazu geeignet ist, PolitikerInnen zu befriedigen, die darauf angewiesen sind zu erfahren, welches heute die besten Einschätzungen dessen sind, »wie die Welt ist« und »was wir tun sollten«. Sie müssen versuchen, den Schaden zu beheben und zu vermeiden, der Frauen durch sexuelle Gewalt, das Gesundheitssystem, das Rechtssystem, gefährliche Technologien und eine profit-orientierte Ökonomie zugefügt werden wird. Es ist eine große Stärke der zuerst beschriebenen beiden Positionen, daß sie die bestehenden natur- und sozialwissenschaftlichen Institutionen in ihre Versuche einbeziehen, sich feministische Wissenschaften vorzustellen. Selbst der offenkundige Konservatismus des Versuchs, »schlechte Wissenschaft« nur zu korrigieren oder eine feministische Soziologie oder Biologie zu schaffen, die einfach nur »gute Soziologie« oder »gute Biologie« wäre, muß gegen die radikalen Konsequenzen der energischen und fortgesetzten Versuche abgewogen werden, von »hier« nach »da« zu gelangen – damit die Institutionen transformiert werden können, innerhalb derer wissenschaftliche Erkenntnissuche derzeit stattfindet. Für die meisten Frauen in den Natur- und Sozialwissenschaften ist die Möglichkeit der Transformierung dieser Institutionen die Bedingung dafür, daß sie ihre Arbeit in diesen Institutionen fortsetzen können. Wir anderen brauchen sie an diesen Orten (wie ich in Kapitel 3 argumentiert habe), denn wie könnten wir in Zukunft feministische Wissenschaften haben, wenn es keine Wissenschaftlerinnen gäbe?

Feministische Sozialwissenschaften sind Wissenschaften

Diejenigen, die meinen, daß es feministische Wissenschaften geben kann, nur heute noch nicht, und die zögern, die Möglichkeit feministischer Wissenschaften hier und heute zu unterstützen, scheinen nur die Naturwissenschaften im Kopf zu haben. In den Sozialwissenschaften und sogar in Biologie und Medizin jedoch, in Disziplinen also, die eine Vielfalt an Forschungstraditionen aufweisen, scheint die Idee nicht so weit hergeholt, heute eine feministische Soziologie, Wirtschaftswissenschaft, Biologie, Anthropologie oder Psychologie zu schaffen. In diesen Gebieten konkurrieren feministische Bemühungen mit bestehenden nichtfeministischen Forschungsprogrammen in den Auseinandersetzungen um Erklärungserfolge und institutionelle Legitimationen, die bereits üblich waren, bevor der Feminismus auf der Szene erschien. Afrikanisch-amerikanische Soziologie, marxistische Anthropologie, holistische Medizin und Soziobiologie sind uns als Forschungstraditionen geläufig, die in ihren jeweiligen Feldern mit einer Vielfalt theoretischer Ansätze konkurrieren. In diesen Kontexten kann feministische Soziologie, Anthropologie, Medizin oder Biologie einfach als wissenschaftliche Erkenntnissuche definiert werden, die von bestehenden feministischen Theorien und Programmen angeleitet wird.

Die Notwendigkeit der Disloyalität gegenüber konventionellen Annahmen

Alle Spannungen und Dispute über ein positives wissenschaftliches Programm für den Feminismus sind fruchtbar. Die feministische Erkenntnissuche muß Adäquatheitskriterien gerecht werden, die aufgrund der vielen verschiedenen Bedürfnisse von Frauen und Männern entstehen, Wissenschaften zu schaffen, die angemessene Beschreibungen und Erklärungen von Natur und sozialen Verhältnissen liefern können. Ich behaupte jedoch, daß eine Reihe der Annahmen oder Positionen in diesem Diskurs denjenigen konventionellen Überzeugungen ausgesprochen treu bleiben, die Feministinnen andernorts kritisieren. Eine dieser Positionen folgt zum Beispiel anglo-amerikanischen Konventionen, indem sie den Begriff »Wissenschaft« in seiner zentralen und paradigmatischen Bedeutung auf die Naturwissenschaften beschränkt, im Unterschied zur europäischen Praxis, die das Etikett »wissenschaftliche Erkenntnissuche« auch solchen Formen systematischer und effektiver Forschung zuerkennt, die in den Sozialwissenschaften oder auch in den Geisteswissenschaften und Künsten bevorzugt angewandt werden. Eine andere regressive Annahme hält daran fest, daß – insofern feministische Wissenschaftsprogramme die Grundlagen dieses Feldes immer noch diskutieren – wir noch nicht davon sprechen können, den Status einer Wissenschaft erreicht zu haben. Der kritische Diskurs über die Grundlagen ist in dieser Sichtweise ein Symptom für einen vorwissenschaftlichen Status; erst wenn »normale« Forschungsprogramme etabliert sind und niemand mehr darüber debattiert, wie feministische Forschung zu betreiben ist, werde der Feminismus eine echte eigene Wissenschaft haben.[7] Eine verwandte Position nehmen die verbliebenen VertreterInnen der positivistischen Programme in exzessiver Weise ein, insofern sie die Metatheorien der Wissenschaft nicht als integralen Bestandteil der reinen Wissenschaft begreifen. Sie nehmen die Notwendigkeit einer scharfen Trennung zwischen einer Theorie darüber, wie empirische Erkenntnisse zu erzielen sind, und dem tatsächlichen empirischen Erkenntnisgewinn an; nur der letztere gilt wirklich als Wissenschaft (vgl. Kapitel 3). Die eurozentrische Haltung, daß »echte Wissenschaft« nur das ist, was der moderne Westen so nennt oder zu nennen beliebt, hält es schließlich fälschlicherweise für sinnlos, sich effektive Wissenschaften vorzustellen, die ganz andere Theorien über Natur, andere Ansätze zur Erreichung empirischer Erkenntnisse und andere Programme hätten, als die moderne westliche Wissenschaft. Diese Annahme hat die (unbeabsichtigte) Konsequenz, daß die Wissenschaften der chinesischen und afrikanischen Hochkulturen (vgl. Kapitel 9) nicht Wissenschaften genannt werden dürften (obwohl ich bezweifle, daß die Feministinnen, deren Sichtweisen ich hier zusammengefaßt habe, mit solch einer Position in Verbindung gebracht zu werden wünschen).

Die Ausweitung feministischer Wissenschaften

Als Beitrag zur weitergehenden Debatte möchte ich noch eine andere Antwort vorschlagen, die sich aus den zentralen Themen dieses Buches ergibt. Die Behauptung, daß feministische Wissenschaften bereits existieren, artikuliert ein Verständnis von Feminismus und von Wissenschaft, das mit Ideen korrespondiert, die in anderen emanzipatorischen Wissenschaftsbewegungen und in der neuen sozialwissenschaftlichen Wissenschaftsforschung auftauchen. Weil die umfassendsten feministischen Wissenschaften am Schnittpunkt von transformierter Wissenschaftslogik und transformiertem Feminismus, den ich in früheren Kapiteln untersucht habe, in den Blick kommen, möchte ich noch einmal die Bahnen dieser beiden Transformationen nachzeichnen.

Die transformierte Logik der Wissenschaft

Betrachten wir zunächst, was feministische Wissenschaft wäre, wenn unsere Wissenschaftskonzeption umfassend genug wäre, daß die Wissenschaften in systematischer Weise alle Beweisstücke für ihre Ansprüche kritisch überprüfen könnten – oder wenigstens signifikant mehr Beweisstücke, als sie bis jetzt anzuerkennen in der Lage sind. Kapitel 6 hat Maßstäbe für eine »strenge Objektivität« diskutiert, die die Identifikation und kritische Überprüfung der Sorten von Beweisen ermöglichen könnten, die bis jetzt weitgehend unerforscht in den Wissenschaften wirken: nämlich die von einer eng gefaßten *scientific community* geteilten Überzeugungen und Annahmen. Der Feminismus braucht Wissenschaften, die objektiver als die erkenntnissuchenden Praktiken der androzentrischen, bürgerlichen Gruppen im Westen sind, welche als objektive, leidenschaftslose, interesselose, universelle Wissenschaft ausgegeben wurden. Frauen – und Männer – können die Welt, in der wir leben, oder die realen Entscheidungsmöglichkeiten, die wir haben, nicht verstehen oder erklären, solange die Wissenschaften die Welt in erster Linie aus der Perspektive des Lebens der herrschenden Gruppen beschreiben und erklären. Wenn wir über diese Gesellschaft und ihre Natur nur vermittelt über ihre »Einheimischen« etwas erfahren können – das heißt innerhalb konzeptueller Rahmen und Programme, die durch die Bedürfnisse und Wünsche der Eingeborenen der herrschenden Klasse, Rasse und des herrschenden Geschlechts beschränkt sind –, können wir keine objektiven Erklärungen in bezug auf Natur, ihr oder unser Leben gewinnen. Die konventionellen Wissenschaften im Westen sind in dieser Hinsicht nur »Volks-Wissenschaft«; soll heißen, daß sie hochkomplexe Glaubenssysteme sind, die dazu dienen, alle Sorten Ziele zu erreichen, die diese »Eingeborenen« haben. In manchen Fällen profitieren einige von uns »Nichteingeborenen« von diesen Projekten, obwohl die Chance dafür größer ist, wenn wir das Geschlecht, die Rasse oder Klasse der »Einheimischen« teilen. Aber die Erfolge der Wissenschaften und ihrer Technologien werden häufig nur unter großen Kosten für die anderen Rassen, Klassen und das andere Geschlecht erreicht, deren Arbeit und Leiden die Profite der Wenigen möglich gemacht haben. Diese Probleme mit der von den »Einheimischen« so genannten Wissenschaft sind in früheren Kapiteln und von anderen KritikerInnen zur Genüge differenziert worden.

Begriffliche Inadäquatheiten unterstützen die Elitepolitik der westlichen Wissenschaft. Wir sind jetzt in der Lage, vier Merkmale der sozialen Beziehungen der Wissenschaften zur Natur vollständiger zu verstehen, die die konventionellen Wissenschaftsauffassungen nicht begreifen. Erstens ist Wissenschaft Politik mit anderen Mitteln, aber sie kann auch zuverlässige empirische Information produzieren; sie kann dies tun, zum besseren oder schlechteren, da sie an Politik partizipiert. Zweitens beinhaltet Wissenschaft sowohl progressive als auch regressive Tendenzen, und sie bleibt in dem Maß offen für Manipulation durch regressive gesellschaftliche Kräfte, in dem ihre Institutionen sich nicht mit diesen internen widersprüchlichen Eigenschaften auseinandersetzen und sie anerkennen. Drittens befinden sich die Beobachtenden und das zu Beobachtende auf derselben kausalen Ebene und werden von denselben Sorten gesellschaftlicher Kräfte geprägt. Deshalb simuliert Natur-als-Objekt-wissenschaftlicher-Erkenntnis in entscheidender Hinsicht Kultur, weil wir sie nur als bereits sozial konstituierte wahrnehmen können, und sie wird unter anderem durch wissenschaftliche Prozesse sozial rekonstituiert. Darüber hinaus prägen dieselben gesellschaftlichen Kräfte, die Natur-als-Objekt-der-Erkenntnis und andere Teile der Kultur bestimmen, auch uns und unsere wissenschaftlichen Arbeiten – die besten wie auch die schlechtesten. Viertens setzen alle Wissenschaften Erkenntnistheorien voraus (Theorien darüber, was Erkenntnis ist), und beide, Wissenschaften und Erkenntnistheorien, implizieren Wissenssoziologien (Theorien über die sozialen Charakteristika der Produktion von Erkenntnis). Aber die disziplinären Traditionen und Konventionen der Philosophie, der sozialwissenschaftlichen Wissenschaftsforschung und der Wissenschaften selbst lassen die Fachleute auf diesen Gebieten an hauptsächlich archaischen, ausgesprochen engen, unterdrückten oder unbewußten Erkenntnistheorien und Wissenssoziologien festhalten.[8]

Die transformierte Logik der Wissenschaften bricht dezidiert mit der Annahme der Autonomie der Naturwissenschaften von Gesellschaft und Gesellschaftstheorie. Die Tatsache, daß die Naturwissenschaften nicht über Menschen oder ihre sozialen Beziehungen – historische Intentionalitäten – forschen, nimmt sie nicht davon aus, auf gesellschaftliche Theorien und Forschungsprogramme als zentrale Komponenten angewiesen zu sein. Es ist klar, daß es bei vielem, was die Naturwissenschaften zu beschreiben und erklären versuchen, gar nicht um Intentionalität geht. (Da vielfältige Formen von Intentionalität als immer weiter in die Tierwelt hineinreichende erkannt werden, verschieben sich die Grenzen zwischen Natur- und Sozialwissenschaften selbst.[9] Sie haben sich bis jetzt aber nicht genug verschoben, um diesen Anspruch zu widerlegen.) Die »Eigenartigkeit« des Mangels an Intentionalität bei vielem in der natürlichen Welt nimmt die Naturwissenschaften jedoch nicht von den Direktiven kritischer Sozialwissenschaft aus, die beschränkenden und fördernden Einflüsse zu untersuchen, die von verschiedenen historisch spezifischen gesellschaftlichen Verhältnissen auf die Formung von Überzeugungen ausgeübt worden sind. Die Naturwissenschaften müssen die kritischen, selbstreflexiven Methoden integrieren, die in den Sozialwissenschaften im Entstehen begriffen sind, um das intuitive, spontane Bewußtsein von Natur und Forschung zu hemmen, für das wir alle, aber besonders WissenschaftlerInnen, anfällig sind (vgl. Bhaskar 1989: Kapitel 4). Ich habe argumentiert, daß die Naturwissenschaften eine spezielle Form von Sozialwissenschaft sind und als solches konzipiert werden sollten. Nur auf diese Weise kann strenge Objektivität aktiviert werden, die auf sozial verorteter Wissenschaft und auf wissenschaftlichen, und nicht etwa »volkstümlichen« Interpretationen dieser gesellschaftlichen Institutionen besteht.

Wenn wir von dieser Wissenschaftskonzeption ausgehen, gibt es keinen Grund mehr, nicht auch davon auszugehen, daß feministische Wissenschaften bereits existieren. Sie bestehen aus feministischen Metatheorien für Wissenschaft und Forschungsprogramme in den Natur- und Sozialwissenschaften, die bereits von diesen Metatheorien angeleitet werden. In den Sozialwissenschaften und der Biologie sind diese Theorien und Programme bereits etabliert, obwohl ein Großteil der Arbeit in diesen Gebieten immer noch nicht dementsprechend organisiert ist. Aber die von Feministinnen hervorgebrachten Theorien und Forschungsprogramme gewinnen zunehmend an Status. Obwohl manche Menschen astrologische und andere heutzutage diskreditierte Praktiken, die für die wissenschaftliche Erkenntnissuche im prä- und frühmodernen Westen zentral gewesen sind, immer noch sinnvoll finden, sind sie an den Rand der modernen westlichen und wissenschaftlichen Erkenntnissuche gedrängt worden. Ist es dann nicht angemessen, wenn wir uns ein ähnliches Schicksal für die soziologischen Forschungsprojekte vorstellen, die vorgeben, kommunale Organisationen oder die Beschäftigungsstrukturen zu erklären, ohne die feministische Kritik an den konventionellen Herangehensweisen an diese Themen zu betrachten? Oder für ökonomische Forschungsprojekte, die sich die Erklärung der Muster von Armut oder der internationalen »Entwicklung« vornehmen, ohne feministische Kritiken an herkömmlichen Ansätzen zu berücksichtigen?

Es trifft zu, daß es in solchen Wissenschaftsgebieten wie Physik und Chemie überhaupt noch keine Forschungsprogramme gibt, die durch feministische Theorien angeleitet wären. Es gibt feministische Kritiken an verschiedenen Aspekten von Physik und Chemie, Analysen der Rolle der Naturwissenschaften bei der Beförderung des Androzentrismus und Ansätze zu weniger sexistischen sozialen Beziehungen in den Laboren. Aber die Forschung in diesen Feldern wird auf internationaler Ebene organisiert und ist deshalb weniger empfänglich für feministische Einflüsse, wie sie bereits auf regional organisierte Sozialforschungsprojekte einwirken. Die naturwissenschaftlichen Disziplinen werden vielleicht niemals feministische oder andere Formen der Erkenntnissuche entwickeln, die emanzipatorische soziale Bedürfnisse befördern – oder vielleicht doch. Beim gegenwärtigen Stand ihrer Entwicklung gibt es zumindest die Möglichkeit, daß sie in der Elitepolitik ihrer FürsprecherInnen gefangen bleiben[10] –, wenn nicht diejenigen, die eine solche Zukunft alarmierend finden, die Initiative ergreifen, damit es nicht dazu kommt. Aber die Entwicklung feministischer Wissenschaft hängt nicht davon ab, ob *alle* Gebiete der zeitgenössischen Wissenschaft transformiert werden können, sondern nur davon, ob wenigstens einige erkenntnissuchende Prozesse in bezug auf natürliche und soziale Welten in Gang gebracht werden können, die nicht durch androzentrische, sondern durch feministische Ziele motiviert sind. Wenn neue Wissenschaften aufkommen, werden andere marginalisiert. Alchemie und Astrologie waren für die Entwicklung der Wissenschaft ihrer Zeit nützlich (so meinen WissenschaftshistorikerInnen), aber für die Bedürfnisse der nachfolgenden Generationen, die später die westlichen Wissenschaften entwickelten, irrelevant. In Anbetracht der Berichte von HistorikerInnen über den engen Zusammenhang der Entwicklung der modernen Wissenschaft und der Entwicklung der Kriegführung in der frühmodernen Periode (vgl. z.B. Jacob 1988: 251) können wir nur hoffen, daß eine postmoderne Welt nicht mehr auf viele der Wissenschaften angewiesen sein wird, die der moderne Westen so nützlich fand.

Eine transformierte Logik des Feminismus

Ich kann mich nun schneller auf die transformierte Logik des Feminismus beziehen, weil sie das Thema des letzten Kapitels gewesen ist. Ich habe dort argumentiert, daß das Subjekt feministischer Erkenntnis vielfältig und manchmal sogar widersprüchlich ist, insofern Frauen in jeder Klasse, Rasse, Sexualität, Kultur und Gesellschaft vorkommen. Das feministische Denken ist folglich vielfältig und sogar widersprüchlich, da es von den Lebensbedingungen all dieser differenten Frauen ausgehen muß. Darüber hinaus ist das Subjekt oder der oder die VermittlerIn feministischer Erkenntnis auch das Subjekt jeden anderen emanzipatorischen Erkenntnisprojekts: Die Befreiung der Arbeiterinnen muß für die Programme der ArbeiterInnenbewegungen zentral sein, der Lesben für die Homosexuellenbewegungen, der farbigen Frauen für die Dritte-Welt-Befreiungsbewegungen und so weiter. Diese Bewegungen brauchen feministische Erkenntnis, um ihre eigenen Ziele erreichen zu können, genauso wie der Feminismus *ihre* Erkenntnisse braucht.

Aus diesem Grund sind Frauen auch in gewissem Sinn nicht die einzigartigen Subjekte feministischer Erkenntnis. Feministisches Denken muß seine kritischen Untersuchungen der natürlichen und sozialen Beziehungen auf das Leben von Frauen gründen. Aber auch Männer müssen lernen, wie sie ausgehend von ihren eigenen besonderen sozialen Situationen kritisch als solche Männer denken können, die Verräter an der männlichen Suprematie und allgemeiner an den konventionellen Geschlechterverhältnissen sind. Analoge Konsequenzen der Standpunkt-Logik leiten die Erkenntnisprojekte anderer Befreiungsbewegungen an.

Die Frage der Beziehung zwischen Erfahrung und Erkenntnis ist in den emanzipatorischen Erkenntnistheorien noch immer problematisch. Es ist wichtig, die Integrität und Weisheit zu bewahren, die kulturell spezifischen, und besonders vormals ignorierten und abgewerteten, Erfahrungen innewohnen, während wir gleichzeitig der Tatsache Rechnung tragen, daß Erfahrung in vielerlei Hinsicht unsere Lebensrealitäten verbirgt. Erfahrung »lügt«. Es ist notwendig, daß wir die Haltung der konventionellen westlichen Erkenntnistheorie vermeiden, die »von nirgendwo zu blicken« vorgibt, und es gleichzeitig ablehnen, das spontane Bewußtsein unserer Erfahrungen zu überhöhen –, daß wir einen

Erfahrungsfundamentalismus ablehnen, der nur zu oft als einzige Alternative erscheint. Eine sinnvolle Position ist die, davon auszugehen, daß die Erfahrung der mächtigeren Gruppen häufiger, tiefgehender und hartnäckiger trügt, als die Erfahrungen der weniger mächtigen, obwohl auch die letzteren wissenschaftlich, kausal erklärt werden müssen. Die Möglichkeit, Erkenntnisse über das Leben der Mächtigeren aus der Perspektive des Lebens der weniger Mächtigen hervorzubringen, sollte den wohlmeinenden Angehörigen der mächtigeren Gruppen jedoch nicht *geschenkt* werden; statt dessen sollten diejenigen von uns, die solche »Machtprivilegien« haben und die sie dazu benutzen wollen, die soziale Gerechtigkeit zu vergrößern, von sich selbst *verlangen,* was unsere erklärten guten Absichten fordern.

Schließlich muß ich noch anmerken, daß nicht nur die Logik der Standpunkt-*Theorien* zu den Ansprüchen führt, die für sie erhoben werden. Wenn eine Theorie uns »zwänge«, politisch abscheulichen, deprimierenden und gegen das Gefühl sprechenden Ansprüchen zuzustimmen, dann könnten wir diese Konsequenzen an sich als gute Gründe dafür ansehen, die Theorie unplausibel zu finden. Statt dessen erklärt die erweiterte Logik der Standpunkt-Theorie bestimmte Glaubens- und Verhaltensmuster, die im zeitgenössischen intellektuellen und politischen Leben bereits gut entwickelt sind. Effektive progressive politisch Arbeitende und Denkende informieren sich in zunehmendem Maß darüber, welche Vorschläge Politik und Analysen anderer emanzipatorischer Bewegungen in bezug darauf machen, wie diese Arbeitenden und Denkenden ihr eigenes Leben und ihre eigenen Gedanken begreifen sollten, obwohl die eindeutigsten Äußerungen hinsichtlich der Notwendigkeit solcher neuen Wissenschaften bisher nur in feministischen Arbeiten erschienen sind.

Die Feminismen der »feministischen Wissenschaft« bewegen sich bereits in Richtung auf wissenschaftlichere Feminismen, in dem Sinne, daß sie »strenger reflexiv« werden (vgl. Kapitel 6). Sie fangen an, die historische Verortung ihrer eigenen Analysen und deren Konsequenzen für das Leben von anderen zu begreifen. Das Denken ausgehend vom Leben der Frauen stellt entscheidende Ressourcen für die Neuerfindung der Wissenschaften für die »Vielen« bereit, die diejenigen Wissenschaften ersetzen sollen, die oft nur für die elitären »Wenigen« da sind. Ohne diese neuen Wissenschaften blieben privilegierte Gruppen in bezug auf wichtige Gesetzmäßigkeiten und Grundlagen von natürlichen und sozialen Verhältnissen und in bezug auf ihre eigene Identität in der sozialen und natürlichen Welt zutiefst ignorant. Ohne diese Wissenschaften bliebe der Mehrheit der Völker auf der Welt das Wissen vorenthalten, das sie befähigen könnte, demokratische Kontrolle über ihre Lebensbedingungen zu erlangen.

Wessen Wissenschaften? Wessen Wissen? Die Antworten zu diesen Fragen liegen bei uns.

ANMERKUNGEN

Vorwort

1 Gleich zu Beginn soll darauf hingewiesen werden, daß für Harding der Begriff »sciences« vor dem Hintergrund der US-amerikanischen Tradition all die Wissenschaften umfaßt, die sich auf das mechanistische naturwissenschaftliche Paradigma gründen. Es wäre jedoch falsch, im Deutschen von »Naturwissenschaften« zu sprechen, weil der Begriff »sciences« auch weite Teile der Sozialwissenschaften umfaßt. Der Begriff »Wissenschaft« ist in der europäischen Tradition zwar tendenziell ähnlich, aber nicht so eindeutig besetzt. (Anm. d.Ü.).

Kapitel 1

1 Viele sagen, daß die Probleme mit dem Postmodernismus ebenso groß sind. Der Postmodernismus wird in späteren Kapiteln behandelt.
2 Der Philosoph Cornel West hat diesen Punkt betont in der Plenarsitzung am 11. Mai 1989 zum Thema »Was sind Kulturstudien« auf einer Konferenz, die das Committee for Cultural Studies an der City University of New York gefördert hat.
3 Die Zuschreibungen Erste, Zweite und Dritte Welt sind westliche Konstruktionen. Sie verzerren globale politische Bedingungen in vielerlei Hinsicht, immer zum Nutzen der westlichen Welt. Ich benutze sie dennoch aus Mangel an besseren Begriffen.
4 Einen guten Einstieg in diese Literatur ermöglicht die Essaysammlung Harding/O'Barr 1987. Vgl. auch die in Kapitel 1 zitierten Quellen.
5 Die Übersetzung des Begriffs *gender* als *Geschlecht* wird nicht noch zusätzlich mit dem Attribut »sozial« versehen, weil es sich in der hiesigen feministischen Diskussion inzwischen durchgesetzt hat, »Geschlecht« ganz allgemein als soziale Konstruktion zu betrachten. Statt dessen wird zur Differenzierung nur dann der amerikanische Begriff in Klammern hinzugefügt, wenn Harding vom biologischen Geschlecht *(sex)* spricht (Anm d.Ü.).

6 Haraway (1988) betont die Wichtigkeit dieser Einsicht und benutzt den Begriff »Verortete Erkenntnisse« (situated knowledges).
7 Die Auseinandersetzungen um ein »starkes Programm« in der Wissenssoziologie markieren den neuesten Stand in der Diskussion dieses Anspruchs. Diese Debatte wird später behandelt werden. Ich stimme mit einigen ihrer Aspekte überein, mit anderen dagegen nicht; vgl. z.B. Bloor 1977.
8 Wie auch andere habe ich die Möglichkeiten der feministischen Standpunkt-Erkenntnistheorie angezweifelt, sich mit den Differenzen zwischen verschiedenen Frauenleben zu beschäftigen. Hier verteidige ich jedoch die Theorie gegen diesen und verwandte skeptische Einwände.

Kapitel 2

1 *Affirmative action* kommt im Deutschen etwa den Maßnahmen zur »positiven Diskriminierung« gleich. Dieser Begriff ist in den Vereinigten Staaten durch die Tradition der Bürgerrechtsbewegungen von Minderheiten und überhaupt durch die Dringlichkeit der Probleme, die sich aus der ethnischen Heterogenität der Gesellschaft ergeben, weitaus positiver besetzt als in der BRD, wo er keine größere politische Rolle spielt. Ebenso gibt es in den USA bereits seit den 60er Jahren gesetzlich abgestützte politische Programme zur aktiven Förderung von Frauen und ethnischen Minoritäten in Hochschule, Wissenschaft und hochqualifizierten Berufen. Im hiesigen politischen Kontext wird in bezug auf Frauengleichstellungspolitik vielmehr über »Quotierung« diskutiert. Um beiden politischen Kontexten gerecht zu werden, wird im folgenden sowohl der Begriff der »positiven Diskriminierung« als auch der der »Quotierung« verwendet (siehe auch Kapitel 3; Anm. d.Ü.)
2 Ich versuche hier nicht, einen Literaturüberlick zu geben. Repräsentative Essayzusammenstellungen sind Schiebinger (1987) und Harding/O'Barr (1987). Vgl. außerdem Schiebingers erhellenden Überblick. Die neueste und umfassendste Bibliographie bieten Wylie u.a. (1990); vgl. auch den Überblick über einen Teil der Literatur von Wylie u.a. (1989).
3 Vgl. Bernal (1987); die Kapitel 8, 9 und 11 untersuchen den Gewinn, den der Versuch, die Kategorie »Rasse« feministischen Wissenschaftskritiken und den daraus resultierenden Herausforderungen hinzuzufügen, bringen kann.
4 Die Sentenz stammt aus dem Gedicht »A Litany for Survival« von Audre Lorde (1978).
5 Vgl. Millman/Moss Kanter (1975) zu frühen ausgewiesenen Argumenten für die Wichtigkeit solcher Fragestellungen für ein Verständnis der Organisation des sozialen Lebens; vgl. Anderson (1988) für einen umfassenden Literaturüberblick und eine kritische Analyse, wie diese Fragestellungen das soziologische Verständnis des sozialen Lebens verändert haben. Die neuere Frauengeschichte und -soziologie ergänzen sich gegenseitig, aber es sind in erster Linie neuere historische Perspektiven, die ausgedehnte Analysen der Wissenschaften beeinflussen.

6 Die Konnotationen der Begriffe *feminin, female* und *womanly* sind im Amerikanischen andere, als die deutschen Begriffe *feminin, weiblich* und *fraulich* wiedergeben könnten. Im Deutschen beziehen sich *feminin* und *fraulich* viel stärker als im Amerikanischen auf äußerliche sexuelle Merkmale, weshalb meistens die drei amerikanischen Begriffe alle mit *weiblich* übersetzt werden, sofern es um soziale Konstruktionen von Verhalten und Persönlichkeit oder z.B. um »weibliche Wissenschaft« geht. (Entsprechendes gilt für »masculin«, »male« und »manly«.) (Anm. d. Ü.)

7 Studien über das westliche Denken, die der psychoanalytischen Theorie verpflichtet sind und das Nachdenken über Wissenschaft und Erkenntnistheorie erhellen, schließen die folgenden ein: Balbus 1982, besonders Kapitel 9 und 10, in denen der Autor die Korrelation zwischen kulturellen Differenzen in bezug auf die Kinderaufzucht und kulturellen Einstellungen gegenüber der Natur diskutiert; Chodorow 1978; Flax 1983; Hirschman 1989; Keller 1984 und Keller/Grontowski 1983.

8 Ausnahmen finden sich in der Bibliographie von Fausto-Sterling/English (1982).

9 Viele Kritikerinnen benutzen dieses Argument. Eine gute neuere Analyse ist Hubbard (1990).

10 Vgl. Cockburn (1988); Ehrenreich/English (1979); Cowan (1983); zu kritischen Studien über die Situation von Frauen in Dritte-Welt-Entwicklungsprojekten vgl. z.B. Bourque/Warren (1987); Mies (1986); Mies u.a. (1988).

11 Die Methodenfrage ist unter Feministinnen eine Quelle der Verwirrung. Vgl. z.B. Harding 1987a; Harding 1987b (eine andere Fassung der Einleitung zu der von mir herausgegebenen Sammlung); vgl. auch Scheman 1989; Smith 1989 (Kommentare zu Harding 1987b) und Harding 1989 (Antwort auf die Kommentare von Scheman und Smith). Dorothy Smith hat meiner Kritik an Feministinnen und anderen, die versuchen, politische Veränderungen in den Wissenschaften über methodische Veränderungen zu konzeptualisieren, widersprochen. Ich hätte in dem Original-Essay anmerken sollen, daß Smith den Begriff »Methode« in radikaler und wichtiger Weise transformiert hat (ihre Arbeit diskutiere ich besonders in Kapitel 5).

12 Zu einer erhellenden Diskussion darüber, wie soziale und kulturelle Werte die Begründungen der wissenschaftlichen Ergebnisse prägen, vgl. Longino 1990.

Kapitel 3

1 Vgl. die Zeitschrift *Science for the People*. Galileis Intentionen waren komplexer, als die Anspielung auf diese Sentenz es ausdrücken kann; vgl. z.B. Jacob (1988).

2 Siehe Anm. 1 in Kapitel 2.

3 Trofim Denisowitsch Lysenko war bis 1956 Präsident der Leninakademie für Landwirtschaft und erfand eine Methode, durch Vernalisation während der Keimung Winter- in Sommerweizen zu verwandeln. Er versuchte, den dia-

lektischen Materialismus durch eine biologisch unhaltbare Vererbungstheorie zu stützen (vgl. Herder Lexikon; Anm. d.Ü.).

4 Ich finde es an dieser Stelle wichtig hervorzuheben, daß es bereits feministische Wissenschaften *gibt* (wie ich in Kapitel 12 argumentiere), eine Position, die ich in dem Essay, der die Grundlage für dieses Kapitel ist, nicht eingenommen habe. (In: *Women's Studies International Forum* 12, no. 3 (1989), 271-283.)

5 Teil II beschäftigt sich detaillierter mit den erkenntnistheoretischen Annahmen, die diese beiden Ansätze strukturieren.

6 Vgl. Bhaskar (1989), Kapitel 4 »Philosophien als Ideologien der Wissenschaft: Ein Beitrag zur Kritik des Positivismus«, zu einer Darstellung und Kritik der Grundsätze des Positivismus, die von Wissenschaftsenthusiasten immer noch hochgehalten werden.

7 Vgl. Hartsock (1983); Rose (1983); Smith (1987); Harding (1986) und Teil II dieses Buches.

8 Weitere Gründe für diese wissenschaftliche und erkenntnistheoretische Asymmetrie werden in Kapitel 5 diskutiert.

9 Diese Wissenschaftssoziologie ist fehlerhaft, wie ich später ausführen werde, aber dennoch erhellend.

10 Bhaskar (1989) hebt hervor, daß die erstaunliche Flexibilität und Adaptivität dieser Wissenschaftstheorie sich auf die Weigerung ihrer Anhängerinnen gründet, anzuerkennen, daß überhaupt eine Wissenschaftstheorie im Spiel ist.

11 Zur Erinnerung für die KollegInnen aus den Naturwissenschaften: Das Thema hier ist die Philosophie, d.h. die Theorie der Wissenschaftsgeschichte und -praxis, die als Empirismus bekannt ist, und nicht die Wünschbarkeit empirischer Forschung.

12 Rossiter (1982) erzählt die Geschichten dieser Kämpfe in den Vereinigten Staaten.

13 Dies ist eine übliche und billige Art, die feministischen Standpunkt-Theorien und die psychologische Objektbeziehungstheorie, bei der sie sich zum Teil informieren, mißzuverstehen. Die Teile II und III gehen näher auf diese Fehlinterpretation ein.

14 Biologinnen, die in ihren Argumenten für eine feministische Wissenschaft wichtige Aspekte des hier behandelten Zugangs zu Wissenschaft und Erkenntnis ausdrücken, sind: Birke (1986); Bleier (1984), Kapitel 8; Fausto-Sterling (1985), Kapitel 7.

Kapitel 4

1 Zur Diskussion dieser drei zum Teil widersprüchlichen Manifestationen der Geschlechterbeziehungen vgl. Harding (1986: 52-56).

2 Im Unterschied zu den offenkundigen Empfehlungen solcher KritikerInnen wie z.B. Restivo (1988).

3 Vgl. Kolakowski (1968); Merchant (1980); Sohn-Rethel (1978); Jacob (1988); van den Daele (1977); Berman (1981).
4 Vgl. Rouse (1987); Merchant (1980); van den Daele (1977); Harding (1986: Kapitel 8 und 9).
5 Der Begriff »Phlogiston« bezeichnet nach einer wissenschaftlichen Theorie des 18. Jahrhunderts einen Stoff, der allen brennbaren Körpern beim Verbrennungsprozeß entweichen sollte. – Die »Phrenologie« behauptete, daß aus den Schädelformen auf bestimmte geistig-seelische Veranlagungen geschlossen werden könne. – Zum »Lysenkoismus« vgl. Anm. 3 in Kapitel 3. – Der »Kreatianismus« ist eine christliche Lehre, die davon ausgeht, daß Gott jede einzelne Menschenseele aus dem Nichts erschafft (vgl. Duden 5; Anm. d.Ü.).
6 Vgl. Bloor (1979); Barnes (1977); Knorr-Cetina (1981); Knorr-Cetina/Mulkay (1983).
7 Vgl. z.B. Bloor (1977: 142-44). Zu Versuchen, dieses Problem zu beheben, indem die von der Logik des »strong programme« in der Soziologie geforderte Annahme des Relativismus bis an ihr amüsantes und trotzdem katastrophales Ende verfolgt wird, siehe Woolgar (1988).
8 Dieser Teil wiederholt einige der Argumente aus Harding (1986: Kapitel 2).
9 Vgl. Hesse (1966); Merchant (1980); vgl. auch meine Diskussion der Schlußfolgerungen von Hesse in Harding (1986: 233-39).
10 Vgl. z.B. Belenky u.a. (1986); Gilligan (1982); Harding (1983); Lloyd (1984); Wiredu (1979).
11 Vgl. die Diskussion dieses Problems in Scheman (1989: 40-44).
12 Vgl. Mies (1986) zu einer Diskussion der Gründe dafür, warum ein kapitalistisches, imperialistisches Patriarchat es paradoxerweise Frauen in der Dritten Welt nicht erlauben kann, sich fortzupflanzen, während es darauf besteht, daß die Frauen in der Ersten Welt es tun sollten.
13 Vgl. Formans (1987) Analyse des Verlustes an Reinheit in der Physik des 20. Jahrhunderts und Restivos (1988) Argument, daß die »Reinheit der Wissenschaft« unsere Fähigkeit blockiert, die moderne Wissenschaft als gesellschaftliches Problem zu begreifen.
14 Dieses Problem wird in der Arbeit der »strong programme«-TheoretikerInnen weder gelöst noch überhaupt anerkannt; vgl. Bloor (1977); Barnes (1977); Knorr-Cetina (1981); Knorr-Cetina/Mulkay (1983).
15 Dies sind die Thesen der Standpunkt-TheoretikerInnen, die ausführlich in den folgenden Kapiteln diskutiert werden.
16 Ich habe diesen Punkt in Harding (1986) in einführender Weise diskutiert.
17 Vgl. z.B. die von Forman (1987) analysierten Fälle; vgl. auch Gould (1981).
18 Dies ist eine andere Art, die Argumentation von Forman (1987), Gould (1981), Keller (1985), Merchant (1980), van den Daele (1977) und anderen zu formulieren.

Kapitel 5

1 Die Annäherung auf halbem Wege zwischen Standpunkt-Denken und postmodernen Tendenzen ist ein Hauptanliegen des restlichen Buches, insbesondere der Kapitel 7, 11 und 12.
2 Darauf hat Zillah Eisenstein (1981) in bezug auf die liberale feministische politische Theorie, mit der der feministische Empirismus verknüpft ist, hingewiesen.
3 Vgl. z.B. Bhaskar (1989); Fuller (1988); Rouse (1987). Lynn Hankinson Nelson (1990) gelingt es, vertraute empiristisch-erkenntnistheoretische Annahmen zu problematisieren und gleichzeitig die Position des feministischen Empirismus zu stärken, indem sie argumentiert, daß der Individualismus, von dem viele Empiriker ausgehen, tatsächlich nicht mit dem Empirismus übereinstimmt. Sie argumentiert, daß der Empirismus den Feminismus und seine Kritik des Individualismus braucht, um seine eigenen Projekte erfolgreich verfolgen zu können.
4 Einige gebrauchen die Begriffe »Standpunkt« und »Perspektive« synonym, so daß sie die eigene und andere Positionen in den einen Topf der Standpunkt-Theorien werfen, obwohl die Theorien, auf die sie sich beziehen, tatsächlich empiristische, pluralistische oder in anderer Weise von der »Standpunkt-Theorie« verschiedene sind.
5 Die Argumente der Standpunkt-Theorie sind auch im Kontext anderer emanzipatorischer sozialer Bewegungen vorgebracht worden (ein Punkt, auf den ich später zurückkommen werde): vgl. z.B. Amin (1989); Aptheker (1989); Collins (1986); Rodney (1982); Said (1978); Said (1988).
6 Ich habe über die Unterschiede zwischen feministischem Empirismus und feministischer Standpunkt-Erkenntnistheorie bei einer Reihe von Gelegenheiten geschrieben, meistens in der Absicht, den Boden für eine Diskussion über die ungewöhnlichere Standpunkt-Erkenntnistheorie zu bereiten. Die avanciertesten dieser Ausführungen sind Harding (1987c; 1987d; 1989b). Die folgende Analyse, warum Geschlechterdifferenzen wissenschaftliche und erkenntnistheoretische Ressourcen schaffen, entspricht einer leicht veränderten Version von Harding (1990).
7 Ich setze für »pervers« »verzerrt« ein, denn was für die einen »Perversionen« sind, stellen für andere möglicherweise die höchstgeschätzten Vergnügungen dar. Der Begriff »verzerrt« scheint mir weniger solchen extremen Unterschieden in der Bewertung zugänglich zu sein.
8 In *The Science Question in Feminism* (1986; dt.: *Feministische Wissenschaftstheorie*, 1990) habe ich die Unterschiede in den Grundlagen von vier Standpunkt-Theoretikerinnen diskutiert: Rose, Hartsock, Flax und Smith. Hier betrachte ich zusätzliche Vorschläge zur Grundlegung feministischer Forschung.
9 Standpunkt-Theorien müssen nicht einem Essentialismus verpflichtet sein. In Harding (1986) habe ich zu diesem Mißverständnis der »Logik« der Standpunkt-Theorien beigetragen; im vorliegenden Buch widerspreche ich einer essentialistischen Lesart.
10 Vgl. Flax (1983). Siehe auch Nancy Hirschmans (1989) Gebrauch der Ob-

jektbeziehungstheorie zur Begründung einer Standpunkt-Erkenntnistheorie.

11 Ich habe weiter oben ausgeführt, daß Ruddick, Gilligan und Belenky – unter anderen – ihre Kritiken an der Verallgemeinerung der stereotyp männlichen zur allgemein menschlichen Vernunft nicht im Hinblick auf eine Standpunkt-Erkenntnistheorie entwickelt haben. Mein Punkt hier ist es, daß ihre Argumentationen auch so genutzt werden können.

12 Smith spricht vom »Standpunkt der Frauen« und nicht von einem feministischen Standpunkt.

13 Zu einer erhellenden Analyse dieser Widersprüche vgl. Sokoloff (1978).

14 Einen guten Überblick für die moderne Wissenschaft liefert van den Daele (1977).

15 Vgl. z.B. Hesse (1971); Zilsel (1912). Auf einen historischen Vorläufer anderer Art weist der marxistische Theoretiker Frederic Jameson hin, der argumentiert, daß, obwohl der ungarische Marxist Georg Lukács für die originäre Entwicklung der Standpunkt-Theorie verantwortlich zeichnet, es heute nicht die Fürsprecher von Lukács oder andere zeitgenössische Marxisten, sondern die feministischen Standpunkt-Theoretikerinnen sind, die »die glaubwürdigsten Nachkommen des Denkens von Lukács« darstellen; vgl. Jameson (1988); Lukács (1968).

16 Kapitel 7 und Teil III entwickeln die Logik der feministischen Standpunkt-Theorie weiter, so daß der Gegensatz zu den marxistischen Ursprüngen noch deutlicher wird.

17 Einige KritikerInnen (einschließlich einiger feministischer) behaupten, daß es eine feministische Erkenntnistheorie gibt, die davon ausgeht, daß die Erfahrungen von Frauen feministische Erkenntnisansprüche begründen. Einige KritikerInnen meinen, daß die feministische Standpunkt-Theorie diese Auffassung vertritt. Zum Teil wird diese angebliche Erkenntnistheorie als gynozentrische oder »weibliche« Erkenntnistheorie bezeichnet. Die Artikulation der Erfahrungen von Frauen spielt in feministischen Erkenntnistheorien eine große Rolle; wie ich in den Kapiteln 6 und 11 argumentiere, ermöglicht die Artikulation der Erfahrungen von Frauen weniger voreingenommene und verzerrte Erkenntnis, aber sie stellt kein Wissen mit fester Grundlage bereit – sie begründet nicht Erkenntnis.

Kapitel 6

1 Der Begriff *judgemental relativism* wird hier mit Bewertungs- oder Beurteilungsrelativismus übersetzt. Es geht Harding um die grundsätzliche erkenntnistheoretische Frage nach den Kriterien für Objektivität bzw. für »Bewertungen«. An anderen Stellen in der wissenssoziologischen Literatur wird auch von »Kriterienrelativismus« gesprochen. (Anm. d.Ü.)

2 Vgl. z.B. Bloor (1977); und viele Beiträge in Woolgar (1988).

3 Dies ist ein wichtiges Thema in Bernstein (1983). Ähnliche Zweifel an der Fähigkeit der eingebürgerten Vorstellungen von Objektivität, gerechte Ein-

schätzungen zu befördern, tauchen in vielen Essays in Menkel-Meadow u.a. (1988) auf.

4 Diskussionen zu einem oder mehreren der Schwerpunkte finden sich in Hollis/Lukes (1982); Krausz/Meiland (1982); Bernstein (1983); Mohanty (1989). Ein kurzer, guter bibliographischer Essay zur neueren Wissenschaftsphilosophie, innerhalb derer und gegen die die spezifische Diskussion dieses Kapitels antritt, ist Fuller (1989). Für ausführlichere Studien, die mit meinen Argumenten hier übereinstimmen, vgl. Fuller (1988) und Rouse (1987).

5 Zusätzliche Arbeiten, die für dieses Kapitel fruchtbar waren, schließen die folgenden ein: Haraway (1988); Haraway (1989); Flax (1990); und die Arbeiten der Standpunkt-Theoretikerinnen selbst, insbesondere Hartsock (1983); Smith (1987); Rose (1983); Collins (1986) – obwohl jede dieser Theoretikerinnen zweifellos einzelnen Aspekten meiner Argumentation nicht zustimmen würde.

6 Dies ist das Thema vieler feministischer, linker und antirassistischer Analysen von Biologie und Sozialwissenschaften. Vgl. z.B. Fausto-Sterling (1985); Gould (1981); Guthrie (1976); Haraway (1987); Harding (1987a); Ladner (1973); Rose/Rose (1979b); Schiebinger (1989).

7 Die Nützlichkeit solcher politischen Bewegungen für den Erkenntnisfortschritt in den Wissenschaften wurde in Kapitel 3 diskutiert.

8 Vgl. Kapitel 4. Rouse (1987) bietet eine gute Analyse der Implikationen der Foucaultschen Vorstellungen von Politik und Macht für die Wissenschaft.

9 Ebd.: 19. Unter den »neuen empiristischen« Arbeiten, die Rouse im Kopf hat, sind Laudan (1977); Hesse (1980); Cartwright (1983).

10 Vgl. Haraway (1989), insbesondere Kapitel 10, für eine Analyse der Differenzen zwischen den anglo-amerikanischen, japanischen und indischen Konstruktionen von »Natur«, die die Forschungsgegenstände in der Primatologie prägen.

11 Fuller (1988) benutzt das Anti-Abfallgesetz als Beispiel in einem anderen Kontext.

12 Ich benutze die Begriffe »gut« und »schlecht« synonym für »wahr« und »falsch«, »besser abgesichert« und »weniger abgesichert«, »plausibel« und »unplausibel« usw.

13 Wie ich in den Kapiteln 5 und 7 betone, ist das Denken vom Leben der Frauen aus etwas, das sowohl Männer als auch Frauen *lernen* müssen. Die Erzählungen von Frauen über ihre Erfahrungen sind nicht dasselbe wie das Denken vom Leben der Frauen aus.

14 Vgl. z.B. Amin (1989); Aptheker (1989); Collins (1986); Rodney (1982); Said (1978: VIII).

15 Vgl. Berman (1981) zu einer Analyse der Welt, die mit der Modernität – begrüßenswerterweise – verloren geht. Einige Feministinnen haben versucht, modernistische Projekte mit prämodernistischen Mitteln zu demontieren.

16 Haraway (1988) hebt diesen Punkt hervor und benutzt den Begriff »göttlicher Trick« *(the God trick)*.

17 Vgl. z.B. Chodorow (1978); Dinnerstein (1976); Gilligan (1982); Keller (1984).

18 Einen guten Einblick in die Fallstricke eines solchen Projekts gibt die Ahnung, die Robert Blauner und David Wellman (1973) dämmerte, daß nichts von dem, was sie taten, die koloniale Beziehungsstruktur zwischen ihnen selbst und ihren schwarzen InformantInnen aus der Umgebung von Berkeley eliminieren konnte (vgl. ebd.). Der Ökonom Vernon Dixon (1976) argumentiert, daß aus der Perspektive einer afrikanischen oder afroamerikanischen Weltsicht die Idee lächerlich erscheint, daß die Beobachtung die beobachteten Dinge nicht verändert. Vgl. auch meine Diskussion der Kongruenz von afrikanischen und feministischen Weltsichten in Harding (1986: Kapitel 7).
19 Vgl. z.B. Bloor (1977) und Woolgars (1988b) interessanten Text genauso wie andere (etwas bizarre) Diskussionen zu Reflexivität in Woolgar (1988a).
20 Diese Vorstellung wird ausführlicher in Kapitel 11 entwickelt.

Kapitel 7

1 Ich habe das Thema der Beziehung zwischen Feminismus und Postmodernismus zum ersten Mal in Harding (1986) aufgenommen und später in Harding (1989c). Meine Argumentation hier weicht von der in den früheren Abhandlungen ab.
2 Die beiden Programme sind durchaus kompatibel, weil beide, Humanismus und Aufklärung, darauf hinauslaufen, daß einige Disziplinen in spezifischer historischer Weise eine Aufwertung erfahren und den Vorrang vor anderen Disziplinen und Werten erhalten. Weder der Begriff »Humanismus« noch der der »Aufklärung« sind jedoch völlig zutreffend, um die Gegenstände der hier in Rede stehenden Diskussionen zu erfassen, und auch die Begriffe »Moderne« (versus »Postmoderne«) oder »wissenschaftliche Weltanschauung« passen nicht. Niemand hat bisher einen unproblematischen Begriff für diesen Diskussionskontext vorgeschlagen.
3 Das *strong programme* bzw. die Wissenssoziologie ist in mancherlei Hinsicht mangelhaft, ich betrachte hier aber lediglich die Kritiken an der Standpunkt-Theorie, die sie hervorbringt.
4 Kapitel 5 hat diese Unterscheidung entfaltet. Kapitel 11 entwickelt die Argumentation, daß Männer lernen können und müssen, eigenständige Erkenntnisse mithilfe der Perspektiven der Lebenswelten von Frauen zu generieren.
5 Ebd.: 251. Das Zitat im Zitat ist aus Newton-Smith (1981: 253). Mills weist uns außerdem auf Schmaus (1985) hin.
6 Rouse (1987: 17), Hervorhebung im Original; vgl. auch Aronowitz (1988).
7 Feministische Wissenschaftsansätze wollen solche »Folgewissenschaften« von sexistischen, androzentrischen, rassistischen, imperialistischen und von Klassenvorurteilen geprägten Wissenschaften bereitstellen.
8 Zu Beispielen wichtiger Kritiken am weißen, westlichen Feminismus von Frauen mit Dritte-Welt-Abstammung vgl. Anzaldua (1987); Carby (1982); Hooks (1982); Hull u.a. (1982); Lorde (1984); Moraga/Anzaldua (1983); B.

Smith (1983); Spivak (1987); Zinn u.a. (1986). Zu Kritiken am Heterosexismus im feministischen Denken vgl. u.a. Frye (1983); Rich (1980).

9 Analysen des Essentialismus und des Eurozentrismus und Diskussionen dieser Vorwürfe finden sich in vielen Beiträgen zu feministischer Erkenntnistheorie und, oftmals insbesondere, zur Standpunkt-Theorie. Zu den wichtigsten zählen: Di Stefano (1989); Flax (1989); Flax (1990); Fraser/Nicholson (1989); Grant (1987); Hartsock (1987); Hawkesworth (1989); Hekman (1987); Hekman (1990).

10 Dieser Umstand verändert sich. Ein gutes Beispiel dieses Wandels (das mir in die Hände fiel, gerade als ich dieses Kapitel abschloß) ist Laclau/Mouffe (1985).

11 In Harding (1986) habe ich diese skeptischen Fragen aufgeworfen, ohne sie zu beantworten; das Ergebnis davon war ein übertrieben negativer Eindruck von den Möglichkeiten der Standpunkt-Theorie, den ich hier zu korrigieren versuche.

12 Smith (1987) besteht darauf, die Beobachterin auf derselben Ebene der Kritik wie ihre Gegenstände zu verorten; vgl. Kapitel 6.

13 Bell Hooks (1989) stellt die Frage auf diese Weise.

14 Ein oft zitierter Führer durch den Postmodernismus ist Andreas Hyussen (1989).

15 Es ist außerdem verwirrend, daß PhilosophInnen dazu neigen, von »Modernität« als in der Renaissance aufkommende zu sprechen (wie bei »moderner Wissenschaft« und »moderner Philosophie«), während Literatur- und KulturkritikerInnen den Begriff »Moderne« auf die literarischen und künstlerischen Richtungen des frühen 20. Jahrhunderts anwenden und EntwicklungstheoretikerInnen sich auf die »Modernisierung« verschiedener Gesellschaften zu verschiedenen Zeiten in den letzten 150 Jahren beziehen.

16 Kapitel 11 entfaltet die Bedeutung des »gespaltenen Bewußtseins« *(bifurcated consciousness)* für die Erkenntnissuche noch weitergehend.

Kapitel 8

1 Ich erwähne die ethnische Zugehörigkeit dieser Autorinnen, weil diese Information in dem Kennzeichen »westlich« nicht enthalten ist.

2 Gute Bibliographien finden sich in Fausto-Sterling (1987); Gonzalez (1984); Hubbard (1982: Abschnitte »Farbige Frauen« und »Frauen in der Dritten Welt«).

3 Die Berichte über diese Kämpfe in Vergangenheit und Gegenwart mehren sich, vgl. z.B. Lightfoot (1989); Manning (1983); Sands (1986); Sertima (1986) und andere, die Fausto-Sterling (1987) aufführt.

4 Für die Sozialwissenschaften vgl. z.B. Guthrie (1976); Ladner (1973).

5 Ich bin Evelyn Hammonds zu Dank verpflichtet für die Betonung der Wichtigkeit dieses Punktes.

6 Ein guter neuerer Bericht findet sich in *Milbank Quarterly 65* (1987), besonders Nachträge 1-2.

7 Palmer (1983) bietet eine wichtige Diskussion der Beziehung zwischen den heutigen Lebensbedingungen von afrikanischen Amerikanerinnen und denen von europäischen Amerikanerinnen.
8 Vgl. Bock (1983) zu einem vergleichbaren Szenario im nationalsozialistischen Deutschland.
9 Vgl. besonders die Aufsätze in Arditti u.a. (1984) und in Spallone/Steinberg (1987).
10 Gute Quellen sind Bourque/Warren (1987); ISIS (1984); Mies (1986) und Mies u.a. (1988).
11 In Ergänzung zu den in Anmerkung 10 zitierten Quellen vgl. Ehrenreich/Fuentes (1981).
12 Eine kleine Sammlung dieser Arbeiten sind Collins (1986); Collins (1989); Davis (1981); Dill (1983); Giddings (1985); Zinn u.a. (1986).
13 Vgl. die Diskussionen, in welcher Weise Metaphern soziale und wissenschaftliche Mittel darstellen, in Harding (1986).

Kapitel 9

1 Die Schreckensvisionen vom Schicksal der modernen westlichen Welt in z.B. LeGuin (1974) und Piercy (1976) erscheinen ebenso dokumentarisch wie fiktiv.
2 Z.B. Aronowitz (1988); Berman (1981); Easlea (1980); Forman (1987); Gould (1981); Jacob (1988); Leiss (1972); Levins/Lewontin (1987); Merchant (1980), Rose/Rose (1979b); Schiebinger (1989).
3 Dies ist die Aufklärungsabsicht solcher Studien wie Horton (1967).
4 Siehe die Diskussion dieses Punktes im Hinblick auf westliche Kulturen in Bloor (1977).
5 Wendort u.a. (1986); Webster (1986). Siehe auch van Sertima (1977).
6 van Sertima (1986: 23). Vgl. auch Newsome (1986) und Finch (1986).
7 Dieses Buch wurde zuerst 1972 in London und Tansania und 1974 in den Vereinigten Staaten veröffentlicht. Rodney wurde am 13. Juni 1980 ermordet.
8 Unter den Arbeiten, die darauf bestehen, daß kausale Beziehungen zwischen den Geschichten betrachtet werden müssen, die der Westen bis jetzt als getrennte und unabhängige gesehen hat, ist eine frühe und wichtige Studie die von Williams (1944). Zwei spätere Studien, die die nachfolgende Arbeit (und Kontroverse) angeregt haben, sind Wallerstein (1974) und Frank (1978). Siehe auch Wolf (1982). Andere KritikerInnen haben die Entwicklung westlicher Mythen, Ideologien und Verdrängungen analysiert, die die realen Beziehungen zwischen dem Westen und »dem Rest« legitimierten oder verbargen, vgl. z.B. Amin (1989); Bernal (1987); Morrison (1989), mit einer erschreckenden Neuinterpretation von Melvilles *Moby Dick;* Mudimbe (1988); Said (1979).
9 Rodney (ebd.: 96) nimmt zehn Millionen als vorsichtige Schätzung für diese Verluste an. Seine Vermutung wird unterstützt durch Philip D. Curtin (zitiert in Wolf 1982: 195).

10 Die Theorie von Frank (1978) und Wallerstein (1974) wird *world systems theory* genannt.
11 Die *world systems theory*, die auf die eine oder andere Weise von allen drei Autoren in Anspruch genommen wird, hat ihre Grenzen. Sie ist zu ökonomistisch, zu deterministisch; sie unterbewertet staatliche Aktivitäten oder die Wirksamkeit von solchen Politikformen, die nicht als Klassenkämpfe gefaßt werden können; sie trägt wenig dazu bei, ökonomische, politische und soziale Widersprüche zu identifizieren, die möglicherweise Chancen für einen positiven Wandel beinhalten. Folglich ist sie eine ausgesprochen deprimierende Theorie, die denjenigen Gruppen wenig Hoffnung bietet, die vielleicht doch effektiv an einem positiven Wandel arbeiten. Vgl. z.B. Skocpol (1977); Brenner (1987). (Ich danke Cynthia Enloe und Evelynn Hammonds für die Diskussion dieser Frage und Enloe für die Zitate.) Trotzdem ist diese Theorie wichtig, weil sie die Aufmerksamkeit darauf lenkt, daß wir diejenigen Ursachen der Bedingungen in der Ersten und Dritten Welt identifizieren müssen, die jeweils außerhalb dieser Welten liegen. Sie ist ein wertvolles Gegengift gegen enge und eigennützige Interpretationen. Zwei *world systems* TheoretikerInnen, die über die Grenzen der Theorie hinausgehen, sind Amin (1989) und Mies (1986). Siehe auch Mies u.a. (1988).
12 Gute Darstellungen sind Hountondji (1983); Mudimbe (1988); Wiredu (1980) und Kimmerle (1991).
13 Einen guten Überblick über diese Literatur bieten Bourque/Warren (1987).
14 Das Begriffsproblem, das Harding mit *underadvantaged* hat und mit *overadvantaged* und *de-advantaged* in den Griff zu bekommen versucht, läßt sich in dieser Schärfe im Deutschen nicht wiederfinden oder wiedergeben und auch nicht sprachlich elegant lösen (Anm. d.Ü.).
15 Gerald Turkel hat mich auf die Bedeutung aufmerksam gemacht, diesen Punkt in eben diesen Begriffen zu diskutieren, und zwar mit seinem Kommentar zu einer Version dieses Kapitels, die ich am *Delaware Seminars in Women's Studies, University of Delaware, Newark* im Dezember 1987 vorgestellt habe.
16 Kapitel 6 hat solche Kriterien in einem anderen Kontext diskutiert.
17 Vgl. Lévy-Bruhl (1910 und 1926); Horton (1967); Hountondji (1983); Mudimbe (1988).
18 Vgl. Kapitel 6 zur Diskussion der »strengen Objektivität«, auf die Theorien wissenschaftlicher Erkenntnis angewiesen sind, wenn sie in der Lage sein wollen, alternative Darstellungen westlicher Wissenschaft und Technologie zu erarbeiten.
19 Ich habe diesen Aspekt detailliert in Harding (1986, Kapitel 7) diskutiert.

Kapitel 10

1 Vgl. Kapitel 5-7 zur »Logik« der Standpunkt-Theorie. Sollte ich mich auf *den* lesbischen Standpunkt oder auf lesbische Standpunkte beziehen? Ersteres

birgt die Gefahr des Essentialismus, letzteres riskiert, »die Perspektive des Lebens von Lesben« mit lesbischen Erfahrungen und Äußerungen zu vermischen. Individuelle Erfahrungen und deren Zeugnisse konstituieren den notwendigen Ausgangspunkt für die Entwicklung von Erklärungen, wenn diese überhaupt irgend etwas über die Welt aussagen sollen. Aber die daraus resultierenden Theorien führen zur Neuinterpretation der Erfahrungen, und zwar trifft dies sowohl auf die Individuen zu, die diese Erfahrungen gemacht haben, als auch auf diejenigen, die nur von ihnen gehört haben (z.B. hat die Theorie, daß Schwule und Lesben weder moralisch sündhaft noch biologisch krank, sondern politisch unterdrückt sind, die Art und Weise, in der Lesben und Schwule ihre vergangenen und zukünftigen Erfahrungen begreifen, radikal verändert). Ich verwende den Singular, um der Tendenz entgegenzuwirken, daß die individuellen Erfahrungen oder Äußerungen zu Lasten von theoretisch vermittelten »objektiven Darstellungen« (vgl. Kapitel 6) überbewertet werden.

2 Judith Roof weist darauf hin, daß die Assoziation des schwulen Mannes mit Weiblichkeit heterosexuellen Männern dazu dient, sich der »unschuldigen« Natur männlicher homosozialer Bünde zu versichern (persönliches Gespräch).

3 Siehe Judith Butler (1990) zu einer subtilen und verblüffenden Analyse der Geschlechtsidentität *(sex identity)* als Teil der sozialen Konstruktion des Geschlechts *(gender)*, die ganz grundlegend ein performativer Akt und kein innerlicher Zustand ist.

4 Frances Hanckel hat mich auf die Wichtigkeit dieser Fragen aufmerksam gemacht. Siehe Butler (1990) zu Politikformen, die möglich werden, wenn wir einmal anfangen, solche Fragen zu stellen.

5 Emily Martin (1987) diskutiert die Fabrikmetapher, die in der Gynäkologie für die Konzeptualisierung der weiblichen Fortpflanzungsorgane favorisiert wird.

6 Darauf hat Judith Roof in Gesprächen hingewiesen.

7 Evelyn Fox Keller (1984) hat diesen Punkt diskutiert.

8 Aristoteles verwendet den Terminus »Kochen« als Metapher für alle natürlichen Prozesse, die unter Einfluß von Wärme eine Veränderung der Beschaffenheit von Körperflüssigkeiten oder anderen natürlichen Substanzen bewirken. Seine Vorstellung ist also die, daß dem weiblichen im Unterschied zum männlichen Samen, der den Eindruck ausgeflockter Milch macht, weniger Wärme zugeführt wird (Anm. d.Ü., für den Hinweis danke ich Jürgen Frese).

9 Die Rolle von Metaphern ist besonders in Kapitel 2 diskutiert worden.

Kapitel 11

1 Aus diesem Grund sind die Überlieferungen von SklavInnen so eine wertvolle Quelle für HistorikerInnen, vgl. z.B. Douglass (1968).

2 Meine Überschrift ist von Michelle Cliff (1980) entlehnt. Ein Großteil dieses

Kapitels entspricht einer früheren Version, vgl. Harding (1991). Joan Hartman und Ellen Messer-Davidows Kommentare zu der damaligen Fassung haben mir geholfen, dieses Kapitel zu verbessern.

3 »Identitäten« entstehen aufgrund von sozialen Verortungen und können auch dazu eingesetzt werden, soziale Verortungen zu legitimieren.

4 Vgl. Collins (1986) und meine ausführlichere Beschäftigung mit dieser Autorin in Kapitel 5. Siehe auch Hooks (1983).

5 Vgl. z.B. Bordo (1987) zur Geschichte dieser Idee.

6 Es sei daran erinnert, daß ein Standpunkt keine Perspektive ist; man braucht Wissenschaft und Politik, um einen Standpunkt zu erlangen. Standpunkte sind sozial vermittelt; Perspektiven sind unvermittelt (vgl. Kapitel 5-7).

7 Es ist in diesem Zusammenhang hilfreich, sich an das Argument von Judith Butler (1990) zu erinnern, daß Geschlecht kein grundlegender innerer Zustand, sondern ein performativer Akt ist.

8 Zu aufschlußreichen Diskussionen dieser Themen siehe Aiken u.a. (1987); Friedman/Sarah (1982); Jardine/Smith (1987).

9 Tootsie ist der in weibliche Kleider schlüpfende männliche Charakter in dem nach ihm benannten Film, der behauptet, besser als jede Frau zu wissen, wie es ist, eine Frau zu sein. Es ist wichtig, daß wir diese Haltung auf feministischer Grundlage kritisieren können, ohne in eine »Schwulenschelte« zu verfallen.

10 Bettina Aptheker (1989) diskutiert die Wichtigkeit dieser Verantwortungsübernahme für die eigene Identität.

11 Mary O'Brian (1981) ist der Ansicht, daß das Schaffen der (männlichen Vorherrschafts-)Kultur und Geschichte die »zweite Geburt« der Männer ist. Wenn wir das annehmen, kann die Schaffung einer feministischen Kultur ihre »dritte Geburt« sein.

12 Im Gegensatz zu der Weise, in der manche diese Argumentation interpretieren mögen, liefert sie m.E. die Begründung dafür, mehr afrikanisch-amerikanische und andere aus der Dritten Welt stammende PhilosophInnen anzuwerben und einzustellen, um aus der Abnahme ihrer Zahl, mit der wir gegenwärtig konfrontiert sind, wieder eine Zunahme werden zu lassen. Die amerikanische Philosophie ist durch die geringe Anzahl an farbigen PhilosophInnen verarmt, sowohl in führenden »weißen« akademischen Institutionen als auch in den traditionell schwarzen Colleges. Diese wenigen, und nicht etwa PhilosophInnen europäischer Herkunft, haben berichtet, wie die Welt aus der Perspektive afrikanisch-amerikanischen und anderen Dritte-Welt-Lebens aussieht, und die westliche Philosophie scheint in diesen Perspektiven tatsächlich einen sehr begrenzten Horizont zu haben; vgl. z.B. Harris (1983); Mudimbe (1988 und 1977-78); und die Arbeit von West (1982, besonders Kapitel 1-3). Dementsprechend ist es kein Zufall, daß es in erster Linie Frauen gewesen sind, die feministische Perspektiven entwickelt haben. Das Denken reflektiert die soziale Situation derjenigen, die es produzieren, aber »Lebens«situationen sind nicht biologisch determiniert: Menschen, die sich in politisch regressiven sozialen Situationen befinden, können und müssen Veränderungen herbeiführen, wenn sie ihre Politik und ihr Denken verändern wollen.

13 Vgl. auch die Diskussion der Analyse von Pratt in Kaplan (1987); und Martin/Mohanty (1986).
14 Jardine (1987: 60). Jardine schreibt die erste Frage Hélène Cixous zu.
15 Dies ist die Art Mudimbes (1988: 171), das Vorhaben heutiger afrikanischer Philosophie zu benennen.

Kapitel 12

1 Vgl. z.B. Birke (1986); Bleier (1984) und die Einleitung zum Sammelband Bleier (1986); Fausto-Sterling (1985); Fee (1983) und Fee (1986); Haraway (1986); Keller (1987); Longino (1989); October 29th Group (1989); Rose (1983) und Rose (1986); Rosser (1986) und Rosser (1988).
2 Vertreterinnen einer »gynozentrischen Wissenschaft« befassen sich manchmal mit »weiblicher« Wissenschaft im Sinne von Wissenschaften, die verkörpern, was für spezifisch weibliche Interaktionsmodi mit oder Denkweisen über Natur gehalten werden; in anderen Fällen bezieht sich der Begriff »gynozentrische Wissenschaft« auf wissenschaftliche Praktiken von Frauen, die bisher nicht als Wissenschaft angesehen wurden; in manchen Fällen wird er für feministische Wissenschaft gebraucht.
3 Vgl. z.B. Schiebinger (1989) zur Geschichte der Dichotomie Wissenschaft/Weiblichkeit.
4 Vgl. Butler (1990) zu der Argumentation, daß Geschlecht kein grundlegender innerer Zustand, sondern ein performativer, täglich wiederholter Akt ist.
5 Gute Beispiele für diese Argumentation finden sich in Birke (1986); Bleier (1986); Fee (1983) und October 29th Group (1989). Dies scheint auch Longinos (1989) Position zu sein, obwohl sie der Ansicht ist, daß der Begriff »feministische Wissenschaft« bedeuten sollte, »als Feministin Wissenschaft zu betreiben«.
6 Siehe z.B. Goulds Rezension (1984: 7) zu Bleiers *Science and Gender* (auch zitiert in Fausto-Sterling 1985: 208).
7 Thomas Kuhn (1970) entwickelte diese konservative Position.
8 Diese Probleme sind besonders in den Kapiteln 1 und 7 diskutiert worden.
9 Zu einer erstaunlichen Darstellung, wie weit sich diese Grenzen in die Tierwelt hinein verschoben haben, siehe Noske (1989).
10 Diesen Punkt habe ich in früheren Kapiteln diskutiert; vgl. auch Forman (1987).

LITERATUR

Abir-Am, Pnina G., Dorinda Outram (1987), *Uneasy Careers and Intimate Lives: Women in Science, 1789-1979*, New Brunswick, N.Y.
Adams, Hunter Havelin III (1986a), »African Observers of the Universe: The Sirius Question«, in: Sertima 1986.
- (1986b), »New Light on the Dogon and Sirius«, in: Sertima 1986.
Aiken, Susan Hardy, Karen Anderson, Dorothy Dinnerstein, Judy Lensink, Patricia MacCorquodale (1987), »Trying Transformations: Curriculum Integration and the Problem of Resistance«, in: *Signs* 12: 2.
Amin, Samir (1989), *Eurocentrism*, New York.
- (1990), *Delinking*, London.
Anderson, Margaret (1988), *Thinking About Women: Sociological Perspectives on Sex and Gender*, New York.
Aptheker, Bettina (1982), *Women's Legacy: Essays on Race, Sex, and Class in American History*, Amherst, Mass.
- (1989), *Tapestries of Women's Life: Women's Work, Women's Consciousness, and the Meaning of Daily Experience*, Amherst, Mass.
Anzaldua, Gloria (1987), Borderlands/La Frontera: The New Metiza, San Francisco.
Arditti, Rita, Renate Duelli-Klein, Shelley Minden (Hg.) (1984), *Test-Tube Women: What Future of Motherhood?*, Boston (dt.: *Retortenmütter. Frauen in den Labors der Menschenzüchter*, Reinbek 1985).
Aristoteles (1908-52), *De generatione animalium*, in: *The Works of Aristotle*, hg. v. J.A. Smith/W.D. Ross, Oxford.
Aronowitz, Stanley (1988), *Science as Power: Discourse and Ideology in Modern Society*, Minneapolis.
Asante, Molefi, Asante, Kariamu (1986), »Great Zimbabwe: An Ancient African City-State«, in: Sertima 1986.

Balasubrahmanyan, Vimal (1984), »Women as Target in India's Family Planing Policy«, in: Arditti u.a. 1984 (dt. 1985).
Balbus, Isaac (1982), *Marxism and Domination*, Princeton, N.J.
Barker-Benfield, G.J. (1977), *The Horrors of the Half-Known Life*, New York.

Barnes, Barry (1977), *Interests and the Growth of Knowledge,* Boston.
Baruch, A. Brody, Nicholas Capaldi (Hg.) (1968), *Science: Men, Methods, Goals,* New York.
Belenky, Mary G., B.M. Clinchy, N.R. Goldberger, J.M. Tarule (1986), *Women's Ways of Knowing: The Development of Self, Voice, and Mind,* New York (dt.: *Das andere Denken. Persönlichkeit, Moral und Intellekt der Frau,* übers. v. Nele Löw Beer, Frankfurt am Main/New York 1991).
Berman, Morris (1981), *The Reenchantment of the World,* Ithaca (dt.: *Die Wiederverzauberung der Welt,* München 1984).
Bernal, Martin (1987), *Black Athena: The Afroasiatic Roots of Classical Civilization,* New Brunswick, N.Y. (dt.: *Schwarze Athene: die afro-asiatischen Wurzeln der griechischen Antike,* übers. v. Joachim Rehork, München 1987).
Bernstein, Richard (1983), *Beyond Objectivism and Relativism,* Philadelphia.
Bhaskar, Roy (1989), *Reclaiming Reality,* New York.
Birke, Lynda (1986), *Women, Feminism, and Biology,* New York.
Blauner, Robert, David Wellman (1973), »Toward the Decolonization of Social Research«, in: Ladner 1973.
Bleier, Ruth (1984), *Science and Gender: A Critique of Biology and Its Theories on Women,* New York.
– (Hg.) (1986), *Feminist Approaches to Science,* New York.
Bloor, David (1977), *Knowledge and Social Imagery,* London.
Bock, Gisela (1983), »Racism and Sexism in Nazi Germany: Motherhood, Compulsory Sterilization, and the State«, in: *Signs* 8: 3.
Bordo, Susan (1987), *The Flight to Objectivity,* Albany.
Bourque, Susan C., Kay B. Warren (1987), »Technology, Gender, and Development«, in: *Daedalus* 116: 4.
Brenner, Robert (1987), »The Origins of Capitalist Development: A Critique of Neo-Smithian Marxism«, in: *New Left Review* 104.
Bunch, Charlotte (1988), *Passionate Politics: Essays 1968-1988,* New York.
Bunkle, Phillida (1984), »Calling the Shots? The International Politics of Depoprovera«, in: Arditti u.a. 1984.
Butler, Judith (1990), *Gender Trouble: Feminism and the Subversion of Identity,* New York (dt.: *Das Unbehagen der Geschlechter,* Frankfurt/M. 1991).

Carby, Hazel V. (1983), »White Women Listen! Black Feminism and the Boundaries of Sisterhood«, in: *The Empire Strikes Back: Race and Racism in 70's Britain,* hg. v. Center for Contemporary Cultural Studies, London.
– (1987), *Reconstructing Womanhood,* New York.
Cartwright, Nancy (1983), *How the laws of Physics Lie,* Oxford.
Chodorow, Nancy (1978), *The Reproduction of Mothering,* Berkeley (dt.: *Das Erbe der Mütter,* übers. v. Gitta Mühlen-Achs, München 1985).
Cliff, Michelle (1980), *Claiming an Identity Ther Taught me to Despise,* Watertown, Mass.
Cockburn, Cynthia (1988), *Machinery of Dominance: Women, Men, and Technical Know-How,* Boston (dt.: *Die Herrschaftsmaschine. Geschlechterverhältnisse und technisches Know-how,* übers. v. Gabriele Mischkowski, Hamburg 1988).

Collins, Patricia Hill (1986), »Learning from the Outsider Within: The Sociological Significance of Black Feminist Thought«, in: *Social Problems* 33.
- (1989), »The Social Construction of Black Feminist Thought«, in: *Signs* 14: 4.

Combahee River Collective (1983), »A Black Feminist Statement«, in: Cherrie Moraga/Gloria Anzaldua (Hg.), *This Bridge Called My Back: Writings by Radical Women of Color*, Latham, N.Y.

Cowan, Ruth Schwartz (1983), *More Work for Mother: The Ironies of Household Technology from the Open Hearth to Microwave*, New York.

Daele, Wolfgang van den (1977), »Die soziale Konstruktion der Wissenschaft – Institutionalisierung und Definition positiver Wissenschaft in der zweiten Hälfte des 17. Jahrhunderts«, in: Gernot Böhme/Wolfgang van den Daele/Wolfgang Krohn, *Experimentelle Philosophie*, Frankfurt/M. (engl.: »The Social Construction of Science«, in: Everett Mendelsohn/Peter Weingart/Richard Whitley (Hg.), *The Social Production of Scientific Knowledge*, Dordrecht 1977).

Davis, Angela (1981), *Women, Race, and Class*, New York (dt.: *Rassismus und Sexismus. Schwarze Frauen und Klassenkampf in den USA*, übers. v. Erika Stöppler, Berlin 1982).

D'Emilio, John, Estelle Freedman (1988), *Intimate Matters: A History of Sexuality in America*, New York.

Dill, Bonnie Thornton (1983a), »Race, Class, and Gender: Prospects for an All-Inclusive Sisterhood«, in: *Feminist Studies* 9.
- (1983b), »On the Hem of life: Race, Class, and the Prospects for Sisterhood«, in: Amy Swerdlow/Hanna Lessingler (Hg.), *Class, Race, and Sex*, Boston.

Dinnerstein, Dorothy (1976), *The Mermaid and the Minotaur: Sexual Arrangements and Human Malaise*, New York (dt.: *Das Arrangement der Geschlechter*, übers. v. Hilde Weller, Stuttgart 1979).

Di Stefano, Christine (1989); »Dilemmas of Difference: Feminism, Modernity, and Postmodernism«, in: Nicholson 1989.

Dixon, Vernon (1976), »World Views and Research Methodology«, in: L.M. King/Vernon Dixon/W.W. Nobles (Hg.), *African Philosophy: Assumptions and Paradigms for Research on Black Persons*, Los Angeles.

Douglass, Frederick (1968), *Narrative of the Life of Frederick Douglass, An American Slave*, New York.

Easlea, Brian (1980), *Witch Hunting, Magic, and the New Philosophy*, Brighton, Eng.
- (1983), *Fathering the Unthinkable*, London (dt.: *Väter der Vernichtung: Männlichkeit, Naturwissenschaftler und der nukleare Rüstungswettlauf*, übers. v. Matthias Fienbork, Reinbek 1986).

Ehrenreich, Barbara, Deirdre English (1979), *For Her Own Good: 150 Years of Expert's Advice to Women*, New York.

Ehrenreich, Barbara, Annette Fuentes (1981), »Life on the Global Assembly Line«, unveröffentl. Manuskr.

Eisenstein, Zillah (1981), *The Radical Future of Liberal Feminism*, New York.

Engels, Friedrich (1973[11]), *Der Ursprung der Familie, des Privateigentums und des Staats*, Berlin (engl.: *The Origins of the Family, Private Property, and the State*, New York 1942).
- (1959), *Die Entwicklung des Sozialismus von der Utopie zur Wissenschaft*, Berlin (zuerst 1883).

Enloe, Cynthia (1990), *Bananas, Beaches, and Bases: Making Feminist Sense of International Politics*, Berkeley.

Faderman, Lillian (1981), *Surpassing the Love of Man: Romantic Friendship and Love between Women from the Renaissance to the Present*, New York (dt.: *Köstlicher als die Liebe der Männer: Romantische Freundschaft und Liebe zwischen Frauen von der Renaissance bis heute*, übers. v. Fiona Dürler und Anneliese Tenisch, Zürich 1990).

Fausto-Sterling, Anne, Lydia English (1982), »Women and minorities in Science: Course Materials Guide«, (erhältlich bei Fausto-Sterling, Division of Biology and Medicine, Brown University, Providence, RI 02912).
- (1986), »Women and Minorities in Science: An Interdisciplinary Course«, in: *Radical Teacher* 30.

Fausto-Sterling, Anne (1985), *Myths of Gender: Biological Theories about Women and Men*, New York (dt.: *Gefangene des Geschlechts? Was biologische Theorien über Mann und Frau sagen*, übers. v. Brigitte Stein, München 1985).
- (1987), »Women and Minorities in Science: Course Material Guide«, (erhältlich bei der Autorin, s.o., Fausto-Sterling/English 1982).
- (o.J.), »In Search of Sarah Bartmann«.

Fawcett, Millicent Garrett (1912), *Women's Suffrage: A Short History of a Great Movement*, London.

Fay, Brian, Donald Moon (1977), »What Would an Adequate Philosophy of Social Science Look Like?«, in: *Philosophy of Social Science* 7.

Fee, Elizabeth (1983), »Women's Nature and Scientific Objectivity«, in: Marian Lowe/Ruth Hubbard (Hg.), *Women's Nature: Rationalization of Inequality*, New York.
- (1986), »Critiques of Modern Science: The Relationship of Feminism to Other Radical Epistemologies«, in: Bleier 1986.

Ferguson, Ann (1981), »Patriarchy, Sexual Identity, and the Sexual Revolution«, in: *Signs* 7: 1.
- (1989), *Blood at the Root: Motherhood, Sexuality, and Male Dominance*, Winchester, Mass.

Feyerabend, Paul K. (1970), »Consolations for the Specialist«, in: Imre Lakatos/Alan Musgrave (Hg.), *Criticism and the Growth of Knowledge*, New York (dt.: »Kuhns Struktur wissenschaftlicher Revolutionen – Ein Trostbüchlein für Spezialisten?«, in: Imre Lakatos/Alan Musgrave (Hg.), *Kritik und Erkenntnisfortschritt*, Braunschweig 1974).

Feynman, Richard (1964), *The Feynman Lectures in Physics*, Reading, Mass. (dt.: *Vorlesungen über Physik*, München 1971).

Finch, Charles S. (1986), »The African Background of Medical Science«, in: Sertima 1986.

Flax, Jane (1983), »Political Philosophy and the Patriarchal Unconscious: A Psychoanalytic Perspective on Epistemology and Metaphysics«, in: Harding/Hintikka 1983.
- (1989), »Postmodernism and Gender Relations in Feminist Theory«, in: Nicholson 1989 (dt.: »Postmoderne und Geschlechterbeziehungen in der feministischen Theorie«, in: *Psychologie und Gesellschaftskritik* 63/64, übers. v. Ruth Großmaß/Christiane Schmerl, 1992).
- (1990), *Thinking Fragments: Psychoanalysis, Feminism, and Postmodernism in the Contemporary West*, Berkeley.
Forman, Paul (1971), »Weimar Culture, Causality, and Quantum Theory, 1918-1927: Adaption by German Physicists and Mathematicians to a Hostile Intellectual Environment«, in: *Historical Studies in the Physical Sciences* 3.
- (1987), »Behind Quantum Electronics: National Security as the Basis for Physical Research in the U.S., 1940-1960«, in: *Historical Studies in Physical and Biological Sciences* 18.
Foucault, Michel (1980), *A History of Sexuality*, Bd. 1, New York (dt.: *Sexualität und Wahrheit*, Bd. 1, übers. v. Ulrich Raulff und Walter Seiter, Frankfurt/M. 1987).
Frank, André Gunder (1978), *World Accumulation, 1492-1789*, New York.
Fraser, Nancy, Linda J. Nicholson. (1989), »Social Criticism without Philosophy: An Encounter between Feminism and Postmodernism«, in: Nicholson 1989.
Freud, Sigmund (1982), »Weiblichkeit«, in: *Neue Folge der Vorlesungen zur Einführung in die Psychoanalyse* (1933), Studienausgabe Bd. 1, Frankfurt/M.
Friedman, Scarlet, Elizabeth Sarah (Hg.) (1982), *On the Problem of Men*, London.
Frye, Marilyn (1983), *The Politics of Reality: Essays in Feminist Theory*, Trumansburg, N.Y.
Fuller, Steven (1988), *Social Epistemology*, Bloomington.
- (1989), »The Philosophy of Science since Kuhn: Reading on the Revolution That Has Yet to Come«, in: *Choice*, Dez. 1989.

Gates, Henry Louis Jr. (Hg.) (1986), »*Race*«, *Writing and Difference*, Chicago.
Geertz, Clifford (1988), »Being There« und »Being Here«, in: ders., *Works and Lives*, Stanford, Calif.
Giddings, Paula (1985), *When and Where I Enter: The Impact of Black Women on Race and Sex in America*, New York.
Gilligan, Carol (1982), *In a Different Voice: Psychological Theory and Women's Development*, Cambridge, Mass. (dt.: *Die andere Stimme. Lebenskonflikte und Moral der Frau*, übers. v. Brigitte Stein, München 1984).
Gilman, Sander (1985), *Difference and Pathology: Stereotypes of Sexuality, Race, and Madness*, Ithaca (dt.: *Rasse, Sexualität und Seuche. Stereotype aus der Innenwelt der westlichen Kultur*, Reinbek 1992).
Gonzalez, Nancy L. (1984), »Professional Women in Developing Nations: The United States and the Third World Compared«, in: Haas/Perucci 1984.
Gould, Steven Jay (1981), *The Mismeasure of Man*, New York (dt.: *Der falsch vermessene Mensch*, übers. v. Günter Seib, Basel; Boston; Stuttgart 1983).

- (1984), »Rezension« zu Ruth Bleier, *Science and Gender*, in *New York Times Book Review* vom 12.8.
Grant, Judith (1987), »I feel, Therefore I Am: A Critique of Female Experience as the Basis for a Feminist Epistemology«, in: *Women and Politics* 7: 3.
Guthrie, Robert V. (1976), *Even the Rat Was White: A Historical View of Psychology*, New York.

Haas, Violet B., Carolyn C. Perrucci (Hg.) (1984), *Women in Scientific and Engineering Professions*, Ann Arbor.
Hamlyn, D.W. (1967), »History of Epistemology«, in: Paul Edwards (Hg.), *Encyclopedia of Philosophy*, Bd. 3, New York.
Haraway, Donna (1986), »Primatology Is Politics by Other Means«, in: Bleier 1986.
- (1988), »Situated Knowledges: The Science Question in Feminism and the Privilege of Partial Perspective«, in: *Feminist Studies* 14: 3.
- (1989), *Primate Visions: Gender, Race, and Nature in the World of Modern Science*, New York.
Harding, Sandra, Merrill Hintikka (Hg.) (1983), *Discovering Reality: Feminist Perspectives on Epistemology, Metaphysics, Methodology, and Philosophy of Science*, Dordrecht.
Harding, Sandra, Jean O'Barr (1987), *Sex and Scientific Inquiry*, Chicago.
Harding, Sandra (1983a), »Why Has the Sex/Gender System Become Visible Only Now?«, in: Harding/Hintikka 1983.
- (1983b), »Is Gender a Variable in Conceptions of Rationality? A Survey of Issues«, in: Carol C. Gould, *Beyond Domination: New Perspectives on Women and Philosophy*, Totowa, N.J. (dt.: »Geschlechtsidentität und Rationalitätskonzeptionen. Eine Übersicht«, in: List/Studer 1989).
- (1986), *The Science Question in Feminism*, Ithaca (dt.: *Feministische Wissenschaftstheorie. Zum Verhältnis von Wissenschaft und sozialem Geschlecht*, übers. v. Michael Haupt, Hamburg 1990).
- (Hg.) (1987a), *Feminism and Methodology: Social Science Issues*, Bloomington.
- (1987b), »The Method Question«, in: *Hypathia* 2: 3.
- (1987c), »Feminism and Theories of Scientific Knowledge, in: *American Philosophical Association Newsletter on Feminism and Philosophy* 1.
- (1987d), »Epistemological Questions«, Editor's Conclusion, in: Harding 1987a.
- (1989a), »Response« (to Scheman und Smith), in: *American Association Newsletter on Feminism and Philosophy* 88: 3.
- (1989b), »Feminist Justificatory Strategies«, in: Ann Garry/Marilyn Pearsall (Hg.), *Women, Knowledge, and Reality: Explorations in Feminist Philosophy*, Boston.
- (1989c), »Feminism, Science, and the Anti-Enlightenment Critiques«, in: Nicholson 1989.
- (1990), »Starting Thought from Women's Lives: Eight Resources for Maximizing Objectivity«, in: *Journal of Social Philosophy* 21.
- (1991), »Who Knows? Identities and Feminist Epistemology«, in: Joan Hart-

man/Ellen Messer-Davidow (Hg.), *(En)Gendering Knowledge: Feminist in Academe,* University of Tennessee Press.

Harris, Leonard (Hg.) (1983), *Philosophy Born of Struggle: Anthology of Afro-American Philosophy from 1917,* Dubuque, Iowa.

Hartsock, Nancy (1983), »The Feminist Standpoint: Developing the Ground for a Specifically Feminist Historical Materialism«, in: Harding/Hintikka 1983.

– (1987), »Epistemology and Politics: Minority vs. Majority Theories«, in: *Cultural Critique* 7.

Hawkesworth, Mary E. (1989), »Knowers, Knowing, Known: Feminist Theory and Claims of Truth«, in: *Signs* 14: 1.

Heath, Stephen (1987), »Male Feminism«, in: Jardine/Smith 1987.

Hekman, Susan (1987), »The Feminization of Epistemology: Gender and the Social Sciences«, in: *Women and Politics* 7: 3.

– (1990), »Comment on Hawkesworth's ›Knowers, Knowing, Known: Feminist Theory and Claims of Truth‹«, in: *Signs* 15: 2.

Hesse, Mary (1966), *Models and Analogies in Science,* Notre Dame, Ind.

– (1980), *Revolutions and Reconstructions in the Philosophy of Science,* Bloomington.

Hine, Darlene Clark (1985), »Co-Laborers in the Work of the Lord: Nineteenth Century Black Women Physicians«, in: Ruth J. Abram (Hg.), *»Send Us a Lady Physician«: Women Doctors in America, 1835-1920,* New York.

– (1989), *Black Women in White: Racial Conflict and Cooperation in the Nursing Profession, 1890-1950,* Bloomington.

Hintikka, Merrill B., Jaakko Hintikka (1983), »How Can Language Be Sexist?«, in: Harding/Hintikka 1983.

Hirschman, Nancy (1989), »Freedom, Recognition, and Obligation: A Feminist Approach to Political Theory«, in: *American Political Science Review* 83: 4.

Hollis, Martin, Steven Lukes (Hg.) (1982), *Rationality and Relativism,* Cambridge, Mass.

Hooks, Bell (1982), *Feminist Theory: From Margin to Center,* Boston.

– (1989), *Talking Back: Thinking Feminist, Thinking Black,* Boston.

Horton, Robin (1967), »African Traditional Thought and Western Science«, in: *Africa* 37.

Hountondji, Paulin (1983), *African Philosophy: Myth and Reality,* Bloomington.

Hubbard, Ruth, M.S. Henifin, Barbara Fried (Hg.) (1982), *Biological Women: The Convenient Myth,* Cambridge.

Hubbard, Ruth (1983), »Have Only Men Evolved?«, in: Harding/Hintikka 1983 (dt.: »Hat die Evolution die Frauen übersehen?«, in: List/Studer 1989).

– (1990), *The Politics of Women's Biology,* New Brunswick, N.J.

Hull, Gloria T., Patricia Bell Scott, Barbara Smith (Hg.) (1982), *All the Women Are White, All the Blacks Are Men, but Some of Us Are Brave: Black Women's Studies,* Old Westbury, N.Y.

Hume, David (1888), *A Treatise of Human Nature,* Oxford (dt.: *Ein Traktat über die menschliche Natur,* übers. v. Theodor Lipps, nach der 2. durchges. Aufl. v. 1904, Hamburg 1973).

Hynes, Patricia (1989), *The Recurring Silent Spring,* New York.

Hyussen, Andreas (1989), »Mapping the Postmodern«, in: Nicholson 1989.

ISIS Women's International Information and Communication Service (1984), *Women in Development: A Resource Guide for Organisation and Action,* Philadelphia.

Jacob, Margaret (1988), *The Cultural Meaning of the Scientific Revolution,* New York.
Jaggar, Alison (1983), *Feminist Politics and Human Nature,* Totowa, N.J.
– (1989), »Love and Knowledge: Emotion in Feminist Epistemology«, in: dies./Susan Bordo (Hg.), *Gender/Body/Knowledge,* New Brunswick, N.J.
Jameson, Fredric (1988), »History and Class Consciousness as an ›Unfinished Project‹«, in: *Rethinking Marxism* 1: 1, 49-72.
Jardine, Alice, Paul Smith (Hg.) (1987), *Men in Feminism,* New York.
Jardine, Alice (1987), »Odor di Uomo or Compagnons de Route«, in: dies./Smith 1987.
Johnson, Willard R. (1986), »The Ancient Akan Script: Sankofa by Niangoran-Bouah«, in: *Sertima* 1986.

Kaplan, Karen (1987), »Deterritorializations: The Rewriting of Home and Exile in Western Feminist Discourse«, in: *Cultural Critique* 6.
Keller, Evelyn Fox, Christine R. Grontkowski (1983), »The Mind's Eye«, in: Harding/Hintikka 1983.
Keller, Evelyn Fox (1985), *Reflections on Gender and Science,* New Haven, Conn. (dt.: *Liebe, Macht, Erkenntnis. Männliche oder weibliche Wissenschaft,* übers. v. Bettina Blumenberg, München 1986).
– (1987), »Women Scientists and Feminist Critics of Science«, in: *Daedalus* 116: 4.
Kline, Morris (1980), *Mathematics: The Loss of Certainty,* New York.
Knorr-Cetina, Karin (1981), *The Manufacture of Knowledge,* Oxford (dt.: *Die Fabrikation von Erkenntnis,* Frankfurt/M. 1984).
Knorr-Cetina, Karin, Michael Mulkay (Hg.) (1983), *Science Observed: Perspectives on the Social Study of Science,* Beverly Hills, Calif.
Kolakowski, Leszek (1968), *The Alienation of Reason: A History of Positivist Thought,* New York (dt.: *Die Philosophie des Positivismus,* a.d. Polnischen v. Peter Lachmann, München 1971).
Krausz, Michael, Jack Meiland (Hg.) (1982), *Relativism: Cognitive and Moral,* Notre Dame, Ind.
Kuhn, Thomas (1957), *The Copernican Revolution,* Cambridge, Mass. (dt.: *Die kopernikanische Revolution,* übers. v. Helmut Kühnelt, Braunschweig/Wiesbaden 1980).
– (1962), *The Structure of Scientific Revolutions,* Chicago (dt.: *Die Struktur wissenschaftlicher Revolutionen,* Frankfurt/M. 1977).

Ladner, Joyce (Hg.) (1973), *The Death of White Sociology,* New York.
Latour, Bruno, Steve Woolgar (1979), *Laboratory Life: The Social Construction of Scientific Facts,* Beverly Hills, Calif.

Laudan, Larry (1977), *Progress and Its Problems: Toward a Theory of Scientific Growth*, Berkeley.
Leguin, Ursula (1974), *The Dispossessed*, New York (dt.: *Planet der Habenichtse*, München 1990).
Leiss, William (1972), *The Domination of Nature*, Boston.
Levins, Richard, Richard Lewontin (1987), *The Dialectical Biologist*, Cambridge.
Lévy-Bruhl, Lucien (1910), *Les fonctions mentales dans les sociétés inférieures*, Paris (dt.: *Die geistige Welt der Primitiven*, übers. v. Margarethe Hamburger, München 1927).
Lewontin, R.C., Steven Rose, Leon J. Kamin (1984), *Not in Our Genes: Biology, Ideology, and Human Nature*, New York (dt.: *Die Gene sind es nicht...: Biologie, Ideologie und menschliche Natur*, München 1988).
Lightfoot, Sara Lawrence (1989), *Balm in Gilead: Journey of a Healer*, New York.
List, Elisabeth, Herlinde Studer (Hg.) (1989), *Denkverhältnisse. Feminismus und Kritik*, Frankfurt/M.
Lloyd, Geneviève (1984), *The Man of Reason: »Male« and »Female« in Western Philosophy*, Minneapolis (dt.: *Das Patriarchat der Vernunft. »Männlich« und »weiblich« in der westlichen Philosophie*, übers. v. Adriane Rinsche, Bielefeld 1985).
Longino, Helen, Ruth Doell (1983), »Body, Bias, and Behavior: A Comparative Analysis of Reasoning in Two Areas of Biological Science, in: *Signs* 9: 2.
Longino, Helen (1989), »Can There Be a Feminist Science?«, in: Nancy Tuana (Hg.), *Feminism and Science*, Bloomington.
– (1990), *Science as Social Knowledge: Values and Objectivity in Scientific inquiry*, Princeton, N.J.
Lorde, Audre (1978), *The Black Unicorn*, New York.
– (1984), *Sister Outsider*, Trumansburg, N.Y.
Lukács, Georg (1968), *Geschichte und Klassenbewußtsein*, Werke Bd. 2, Darmstadt und Neuwied (engl.: *History and Class Consciousness*, Cambridge 1971).
Lumpkin, Beatrice (1986a), »Africa in the Mainstream of Mathematics History«, in: Sertima 1986.
– (1986b), »The Pyramids: Ancient Showcase of African Science and Technology«, in: Sertima 1986.
Lynch, B.M./Robbins, L.H. (1986), »Namoratunga: The First Archaeoastronomical Evidence in Sub-Saharan Africa«, in: Sertima 1986.

Mc Kinnon, Catherine (1982), »Feminism, Marxism, Method, and the State«, in: *Signs* 7:3 (dt.: »Feminismus, Marxismus, Methode und der Staat: Ein Theorieprogramm«, in: List/Studer 1989).
Malloy, Stewart C. (1986), »Traditional African Watercraft: A New Look«, in: Sertima 1986.
Manning, Kenneth (1983), *Black Apollo of Science: The Life of Edward Everett Just*, New York.
Martin, Biddy, Chandra Talpade Mohanty (1986), »Feminist Politics: What's Home Got to Do with It?«, in: Teresa de Lauretis (Hg.), *Feminist Studies/Critical Studies*, Bloomington.

Martin, Emily (1987), *The Women in the Body*, Boston (dt.: *Die Frau im Körper*, übers. v. Walmot Möller-Falkenberg, Frankfurt/M. 1989).

McIntosh, Peggy, »Understanding Correspondences between White Privilege and Male Privilege through Women's Studies Work«, erscheint demnächst.

Menkel-Meadow, Carrie, Martha Minow, David Vernon, (Hg.) (1988), »Women in Legal Education: Pedagogy, Law, Theory, and Practice«, Sonderheft *Journal of Legal Education* 38.

Merchant, Carolyn (1980), *The Death of Nature: Women, Ecology, and the Scientific Revolution*, New York (dt.: *Der Tod der Natur. Ökologie, Frauen und neuzeitliche Naturwissenschaft*, übers. v. Holger Fliessbach, München 1987).

Mies, Maria (1986), *Patriarchy and Accumulation on a World Scale: Women in the International Division of Labor*, Atlantic Highlands, N.J. (dt.: *Patriarchat und Kapital: Frauen in der internationalen Arbeitsteilung*, übers. v. Stefan Schmidlin, Zürich 1988).

Mies, Maria, Veronika Bennholdt-Thomsen, Claudia von Werlhof (1983), *Frauen – die letzte Kolonie*, Reinbek (engl.: *Women: The Last Colony*, Atlantic Highlands, N.J. 1988).

Milbank Quarterly (1987), »Currents of Health Policy: Impacts on Black Americans«, 65.

Millman, Marcia, Rosabeth Moss Kanter (Hg.) (1975), *Another Voice: Feminist Perspectives on Social Life and Social Science*, New York.

Mill, John Stuart, Harriet Taylor Mill (1970), »The Subjection of Women«, in: Alice S. Rossi (Hg.), *Essays on Sex Equality*, Chicago.

Mills, Charles (1988), »Alternative Epistemologies«, in: *Social Theory and Practice* 14: 3.

Mohanty, S.P. (1989), »Us and Them: On the Philosophical Bases of Political Criticism«, in: *Yale Journal of Criticism* 2: 2.

Moraga, Cherrie, Gloria Anzaldua (Hg.) (1983), *This Bridge Called My Back: Writings by Radical Women of Color*, Latham, N.Y.

Morrison, Toni (1989), »Unspeakable Things Unspoken: The Afro-American Presence in American Literature«, in: *Michigan Quarterly Review* 28: 1.

Mudimbe, V.Y. (1977-78), »Philosophy and the Black Experience«, Special Issue, *Philosophical Forum* 9: 2-3.

– (1988), *The Invention of Africa: Gnosis, Philosophy, and the Order of Knowledge*, Bloomington.

National Academy of Sciences (1989), *On Being a Scientist*, Washington, D.C.

Needham, Joseph (1969), *The Grand Titration: Science and Society in East and West*, Toronto.

Nelson, Lynn Hankinson (1990), *Who Knows: From Quine to a Feminist Empiricism*, Philadelphia.

Newsome, Frederick (1986), »Black Contributions to the Early History of Western Medicine«, in: Sertima 1986.

Newton, Isaac (1687), *Mathematical Principles of Natural Philosophy* (dt.: *Mathematische Grundlagen der Naturphilosophie*, übers. v. Ed Dellian, Hamburg 1988).

Newton-Smith, W.H. (1981), *The Rationality of Science*, Boston.

Nicholson, Linda J. (Hg.) (1989), *Feminism/Postmodernism*, New York.
Noske, Barbara (1989), *Humans and Other Animals: Beyond the Boundaries of Anthropology*, Winchester, Mass.

O'Brian, Mary (1981), *The Politics of Reproduction*, Boston.
October 29th Group (1989), »The October 29th Group: Defining a Feminist Science«, in: *Women's Studies International Forum* 12: 3.

Palmer, Phyllis (1983), »White Women/Black Women: The Dualism of Female Identity and Experience«, in: *Feminist Studies* 9: 1.
Piercy, Marge (1976), *Woman on the Edge of Time*, New York.
Pizan, Christine de (1405), *Le Livre de la Cité des Dames*, Paris (dt. Erstausgabe: *Das Buch von der Stadt der Frauen*, Berlin 1986).
Popper, Karl (1972^4), *Conjectures and Refutations: The Growth of Scientific Knowledge*, London.
Pratt, Minnie Bruce (1988), »Identity: Skin Blood Heart«, in: Elly Bulkin/Minnie Bruce Pratt/Barbara Smith (Hg.), *Yours in Struggle*, Ithaca, N.Y.

Reiser, Stanley (1978), *Medicine and the Reign of Technology*, Cambridge.
Restivo, Sal (1988), »Modern Science as a Social Problem«, in: *Social Problems* 35: 3.
Rich, Adrienne (1979), »Disloyal to Civilization: Feminism, Racism, Gynephobia«, in: dies., *On Lies, Secrets, and Silence: Selected Prose, 1966-78*, New York.
– (1980), »Compulsory Heterosexuality and Lesbian Existence«, in: *Signs* 5: 4 (dt.: »Zwangsheterosexualität und lesbische Existenz«, übers. v. Renate Stendhal in: Dagmar Schultz (Hg.) (1983), *Macht und Sinnlichkeit*, Berlin; außerdem in List/Studer 1989).
Rodney, Walter (1982), *How Europe Underdeveloped Africa*, Washington (dt.: *Afrika: Die Geschichte einer Unterentwicklung*, Berlin 1975).
Roof, Judith (1989), »Between Knowledge and Desire: Freud's Readings of Lesbian Sexuality«, Beitrag präsentiert beim Delaware Seminar in Women's Studies, University of Delaware, Newark, im November 1989.
Rose, Hilary, Steven Rose (1979a), »The Incorporation of Science«, in: dies. (Hg.) (1979b), *Ideology of/in the Natural Sciences*, Cambridge, Mass.
Rose, Hilary (1979), »Hyper-reflexivity: A New Danger for the Counter Movements«, in: Helga Nowotny/Hilary Rose (Hg.), *Counter-Movements in the Sciences: The Sociology of the Alternatives to Big Science*, Dordrecht.
– (1983), »Hand, Brain, and the Heart: A Feminist Epistemology for the Natural Sciences«, in: *Signs* 9: 1.
– (1986), »Nothing Left Than Half the Labs«, in: Janet Finch/Michael Rustin (Hg.), *Agenda for Higher Education*, New York.
Rosser, Sue (1986), *Teaching Science and Health from a Feminist Perspective*, New York.
– (1988), *Feminism in the Science and Health Care Professions: Overcoming Resistance*, New York.

Rossiter, Margaret (1982), *Women Scientists in America: Struggles and Strategies to 1940*, Baltimore, Md.
Rothschild, Joan (1988), *Teaching Technology from a Feminist Perspective*, New York.
Rouse, Joseph (1987), *Knowledge and Power: Toward a Political Philosophy of Science*, Ithaca.
Rubin, Gayle (1975), »The Traffic in Women's Notes on the ›Political Economy‹ of Sex«, in: Rayna Rapp Reiter (Hg.), *Toward an Anthropology of Women*, New York.
Ruddick, Sara (1989), *Maternal Thinking: Toward a Politics of Peace*, Boston (dt.: *Mütterliches Denken*, Frankfurt am Main/New York 1993).

Said, Edward (1978), *Orientalism*, New York (dt.: *Orientalismus*, Frankfurt/M. 1981).
– (1988), Foreword to *Selected Subaltern Studies*, hg. v. Ranajit Guha/Gayatri Chakravorty Spivak, New York.
Sands, Aimeé (1986), »Never Meant to Survive: A Black Woman's Journey« (Interview mit Evelynn Hammonds), in: *Radical Teacher* 30.
Sayre, Anne (1975), *Rosalind Franklin and DNA: A Vivid View of What It Is Like to Be a Gifted Woman in an Especially Male Profession*, New York.
Scheman, Naomi (1989), »Commentary« (on Harding's »The Method Question«), in: *American Philosophical Association Newsletter on Feminism and Philosophy* 88: 3.
Schiebinger, Londa (1987), »The History and Philosophy of Women in Science: A Review Essay«, in: *Signs* 12: 2.
– (1989), *The Mind Has No Sex: Women in the Origins of Modern Science*, Cambridge, Mass. (dt.: *Schöne Geister. Frauen in den Anfängen der modernen Wissenschaft*, 1993).
Schmaus, Warren (1985), »Reasons, Causes, and the ›Strong Programme‹ in the Sociology of Knowledge«, in: *Philosophy of the Social Sciences* 15.
Sertima, Ivan van (1977), *They Came Before Columbus: The African Presence in Ancient America*, New York.
– (Hg.) (1986), *Blacks in Science: Ancient and Modern*, New Brunswick, N.J.
Shore, Debra (1986), »Steel Making in Ancient Africa«, in: Sertima 1986.
Showalter, Elaine (1987), »Critical Cross-Dressing: Male Feminists and the Women of the Year«, in: Jardine/Smith 1987.
Simons, Margaret (1979), »Racism and Feminism: A Schism in the Sisterhood«, in: *Feminist Studies* 5: 2.
Skocpol, Theda (1977), »Wallerstein's World Capitalist System: A Theoretical and Historical Critique«, in: *American Journal of Sociology* 82.
Smith, Barbara (Hg.) (1983), *Home Girls: A Black Feminist Anthology*, Latham, N.Y.
Smith, Dorothy (1987), *The Everyday World as Problematic: A Feminist Sociology*, Boston.
– (1989), »Comment«, in: *American Newsletter on Feminism and Philosophy* 88: 3.
Smith-Rosenberg, Carroll (1975), »The Female World of Love and Ritual: Relations between Women in Nineteenth Century America«, in: *Signs* 1: 1.

Snitow, Ann, Christine Stansell, Sharon Thompson (Hg.) (1983), *Powers of Desire: The Politics of Sexuality*, New York (dt.: *Die Politik des Begehrens: Sexualität, Pornographie und neuer Puritanismus*, übers. v. Pieke Biermann, Berlin 1985).
Sohn-Rethel, Alfred (1973²), *Geistige und körperliche Arbeit*, Frankfurt/M. (engl.: *Intellectual and Manual Labor*, London 1978).
Sokoloff, Natalie (1978), »Motherwork and Working Mothers«, in: Alison M. Jaggar/Paula S. Rothenberg (Hg.), *Feminist Frameworks*, New York.
Spallone, Patricia, Deborah Steinberg (Hg.) (1987), *Made to Order*, New York.
Spelman, Elizabeth V. (1988), *Inessential Woman: Problems of Exclusion in Feminist Thought*, Boston.
Spivak, Gayatri Chakravorty (1986), »Three Women's Texts and a Critique of Imperialism«, in: Henry Louis Gates Jr. (Hg.), *»Race,« Writing, and Difference*, Chicago.
– (1987), *In Other Worlds: Essays in Cultural Politics*, New York.
Stepan, Nancy (1986), »Race and Gender: The Role of Analogy in Science«, in: *Isis* 77.

Tiffany, Sharon, Kathleen J. Adams (1985), *The Wild Woman: An Inquiry into the Anthropology of an Idea*, Cambridge, Mass.
Traweek, Sharon (1988), *Beamtimes and Life Times: The World of High Energy Physicists*, Cambridge, Mass.

Vance, Carole (1984), *Pleasure and Danger: Exploring Female Sexuality*, Boston.

Wallerstein, Immanuel (1974), *The Modern World System: Capitalist Agriculture and the Origins of the European World Economy in the Sixteenth Century*, New York (dt.: *Das moderne Weltsystem: Kapitalistische Landwirtschaft und die Entstehung der europäischen Weltwirtschaft im 16. Jahrhundert*, übers. v. Angelika Schweikhart, Frankfurt/M. 1986).
Webster, Bayard (1986), »African Cattle Bones Stir Scientific Debate«, in: Sertima 1986.
Wellman, David (1977), »Prejudiced People Are Not the Only Racists in America«, in: *Portraits of White Racisms*, New York.
Wendort, Fred, Romuald Schild, Angela E. Close (1986), »An Ancient Harvest on the Nile«, in: Sertima 1986.
West, Cornel (1982), *Prophecy Deliverance: An Afro-American Revolutionary Christianity*, Philadelphia.
Williams, Eric (1944), *Capitalism and Slavery*, Chapel Hill.
Winters, Clyde-Ahmad (1986), »The Ancient Manding Script«, in: Sertima 1986.
Wiredu, J.E. (1979), »How Not to Compare African Thought with Western Thought«, in: Richard A. Wright (Hg.), *African Philosophy: An Introduction*, Washington, D.C.
– (1980), *Philosophy and African Culture*, Cambridge.
Wittig, Monique (1981), »One Is Not Born a Woman«, in: *Feminist Issues* 1: 2.
Wolf, Eric (1982), *Europe and the People without History*, Berkeley (dt.: *Die Völker*

ohne Geschichte: Europa und die andere Welt seit 1400, übers. v. Niels Kadritzke, Frankfurt/M. 1986).
Woolf, Virginia (1964), *Mrs Dalloway,* New York (zuerst 1925; dt.: *Mrs Dalloway,* Frankfurt/M. 1982).
Woolgar, Steve (Hg.) (1988a), *Knowledge and Reflexivity,* Beverly Hills, Calif.
– (1988b), »Reflexivity Is the Ethnographer of the Text«, in: Woolgar 1988a.
Wylie, Alison, Kathleen Okruhlik, Sandra Morton, Leslie Thielen-Wilson (1990), »Feminist Critiques of Science: A Comprehensive Guide to the Literature«, in: *Resources for Feminist Research,* Canada 90: 2.
– (1989), »Feminist Critiques of Science: The Epistemological and Methodological Literature«, in: *Women's Studies International Forum* 12: 3.

Zaslavsky, Claudia (1986), »The Yoruba Number System«, in: Sertima 1986.
Zilsel, Edgar (1942), »The Sociological Roots of Science«, in: *American Journal of Sociology* 47.
Zimmerman, Bonnie (1991), »Seeing, Reading, Knowing: The Lesbian Appropriation of Literature«, in: Joan Hartmann/Ellen Messer-Davidow (Hg.), *(En)Gendering Knowledge: Feminist in Academe,* Knoxville.
Zinn, Maxine-Baca, Lynn Weber Cannon, Elizabeth Higginbotham, Bonnie Thornton Dill (1986), »The Costs of Exclusionary Practices in Women's Studies«, in: *Signs* 11: 2.
Zinn, Maxine-Baca, D. Stanley Eitze (1987), *Diversity in American Families,* New York.

Aus unserem Programm

Gerda Lerner
DIE ENTSTEHUNG DES FEMINISTISCHEN BEWUSSTSEINS
Vom Mittelalter bis zur Ersten Frauenbewegung
1993. 424 Seiten. ISBN 3-593-34916-7

Die Entstehung des feministischen Bewußtseins beschreibt den über zwölfhundertjährigen Kampf der Frauen, ihren Kopf von patriarchalen Gedanken zu befreien, die Geschichte der Frauen zu erschaffen und ein feministisches Bewußtsein zu erlangen. Brillant erzählt, ist das Buch angefüllt mit inspirierenden Darstellungen außergewöhnlicher Frauen, die die vorgegebenen Grenzen patriarchalen Denkens überschritten, unter ihnen Hildegard von Bingen, Roswitha von Gandersheim, Christine de Pizan, Emily Dickinson, Bettine von Arnim, Karoline von Günderode und viele andere.

»Ein wunderbares Buch voller Weisheit. Alle, die über das Denken von Frauen nachdenken, sollten dieses Buch lesen, unser Erbe entdecken und die Brüche darin betrachten.« *Nell Irvin Painter, Princetom University*

Gerda Lerner
DIE ENTEHUNG DES PATRIACHATS
1991. 374 Seiten. ISBN 3-593-34529-3

Solange, wie Männer und Frauen die Unterordnung der einen Hälfte der Menschheit unter die andere als ›natürlich‹ betrachten, ist es unmöglich, sich eine Gesellschaft vorzustellen, in der Unterschiede nicht zugleich Unterordnung oder Dominanz bedeuten. Die feministische Kritik des patriarchalen Gebäudes der Wissenschaft legt das Fundament für eine korrekte Analyse der Wirklichkeit, eine Analyse, die endlich das Ganze von einem Teil unterscheiden kann.« *Gerda Lerner*

»Gerda Lerner – weltweit als Begründerin der historischen Frauenforschung anerkannt – rollt in ihrem Buch 4000 Jahre Geschichte neu auf: eine wichtige Pionierarbeit.« *Frankfurter Allgemeine*

Campus Verlag · Frankfurt/New York